船体制图

杜尊峰　郝宁珺　主编

天津大学出版社
TIANJIN UNIVERSITY PRESS

图书在版编目(CIP)数据

船体制图 / 杜尊峰，郝宁珺主编. —天津 ：天津大学出版社，2020.10（2023.1重印）
ISBN 978-7-5618-6814-0

Ⅰ.①船…　Ⅱ.①杜…　①郝…　Ⅲ.①船体－工程制图－高等学校－教材　Ⅳ.①U662.2

中国版本图书馆CIP数据核字(2020)第211282号

出版发行　天津大学出版社
地　　址　天津市卫津路92号天津大学内(邮编:300072)
电　　话　发行部:022-27403647
网　　址　www.tjupress.com.cn
印　　刷　天津泰宇印务有限公司
经　　销　全国各地新华书店
开　　本　185mm×260mm
印　　张　18.75（插页6）
字　　数　481千
版　　次　2020年10月第1版
印　　次　2023年1月第2次
定　　价　48.00元

前　言

“船体制图”是船舶与海洋工程专业非常重要的专业基础课程，其主要任务是培养学生绘制和识读船体工程图样的能力。学生通过本门课程的学习，可以了解船体图样表达的主要内容，掌握船体制图特有的表达形式、绘图技巧和识读方法，熟悉与船体制图有关的国家、行业及企业标准和规范，为后续的学习和工作储备足够的知识。

知识点多、实践性强、与工程联系紧密是“船体制图”课程的主要特点。本教材主要是根据船舶行业企业对岗位职业能力的共性要求，基于船舶设计任务，紧紧围绕船舶建造过程中船体图样识读和绘制等工作内容进行编写的，并以典型船舶的设计图纸为载体，通过船型辨别、结构认识、读图绘图等系列训练，使学生能够具备使用和管理船舶技术图样的能力。

本教材具有以下几个特点。

(1)从课程目标到课程内容，强化课程思政在课程建设与教育教学过程中的引领作用，以“润物细无声”的方式融入课程思政元素。编者运用“船人舶事”，以鲜活的案例和时代英模激发学生爱国奉献、敬业自强的情怀，增强学生对行业的认知和认同。

(2)打造立体教材，实现碎片化、数字化和移动化学习。根据学生的认知规律和接受能力，将学生不易掌握的基础理论、难以想象的工程图样画法以及教材内容的扩展补充，通过二维码技术，以视频动画的形式呈现出来，力求图文并茂、通俗易懂，使学生更容易理解专业知识，提高学习兴趣。

(3)继承创新，与时俱进。在响应国家发展、民族复兴对培养新时代人才提出的迫切需求，对标新时代中国特色社会主义建设战略安排，汲取已有成功经验和做法的基础上，编者不断推进理念、内容、方法的更新。教材所参考引用的标准与规范均为最新版，示例也都是当前海运领域应用广泛的代表性船型。

本教材共分为12章，首先概述船体图样的分类、特点和发展变革，并介绍船体制图的一般规定；然后重点介绍船体型线图、总布置图、船体结构节点图、中横剖面图、基本结构图、肋骨型线图、外板展开图、分段划分图、分段结构图的识读与绘制；最后展望船体图样的未来。其内容贴近行业实际，具有较强的指导作用。本教材既可作为船舶与海洋工程专业的本科教材，也可供海事、物流管理等行业相关人员参考。

编者在编写本教材过程中得到了不少船厂专家和造船工程师的帮助与支持，在此对他们致以深切的谢意。同时，编者编写时还借鉴了一些专业教材、期刊、网络资料等，这些已在参考文献中注明。特别感谢硕士研究生文树吉为本书收集相关文献和制作动画，为此付出了辛勤劳动。

由于作者水平有限，书中肯定有许多缺陷和不完善的地方，相关设计图样可能会有疏漏或偏差，敬请读者和有关专家批评指正。

编者

2020年5月

目　录

第1章　绪论

1.1　船体图样的作用与地位

船体图样是造船工程界表达设计思想,进行技术交流和指导造船生产的技术文件,是船舶工程的语言和文字,是船舶工程师必须掌握的工程语言。“一张图胜过千言万语。”船体图样属于工程图样范畴,绘制船体图样依据的基本原理和采用的基本方法与其他工程图样一致。但是船舶与一般工程产品相比,其尺度大、结构复杂、机械设备多样,这就导致了船体图样在表达内容、表达方法、尺寸标注以及图线运用等方面具有自身的特点。船体制图是研究如何用图样来表达船体形状、结构和布置的课程,也是学习绘制和识读船体图样的重要课程。

船舶行业在不断发展变化,船的种类从最初的独木舟发展到现在的各类运输船及各种高附加值船舶。无论船舶种类怎么变,船舶建造都必须在船体图样的基础上进行,船体图样是一切船舶进行设计、制造和检验的依据。可以说,船体图样是衔接设计与建造,保证质量、进度与成本最重要的环节。

船体图样是船舶建造的依据,图纸的质量直接影响船舶建造质量,图纸设计是船舶质量的决定性环节。图纸设计得不合理,轻则降低船舶的适航性能,重则导致船舶结构性安全问题。

船舶建造的进度,不仅受工艺和场地的影响,而且直接受到图纸的影响。在船舶建造过程中,如果发现设计图纸有不合理的地方或者明显错误,一般由工程师向其主管提出问题,主管审核后由技术部门向设计单位提出修改意见,设计单位修改后,再反馈给生产设计部门。这一过程将大大延长船舶建造工期,因此船体图样的质量对于船舶建造进度的重要性是不言而喻的。

此外,良好的船体图样可以大大降低船舶造价。设计阶段是确定工程项目造价的主要阶段,按照德国专家墨尔的研究结果,工程项目各个阶段对投资的影响程度是不同的。总的影响趋势是,随着项目的开展,各项工作对投资的影响程度逐步下降,设计阶段对投资的影响程度可高达95%,施工阶段最多不超过10%。

1.2　船体图样的分类

船舶图纸包含船体、轮机和电气三大类,船体图样是其中重要的组成部分。船体图样的种类见表1-1。

表 1-1　船体图样种类

类型	名称		表达内容	章节和附图
总体图样（表示船舶形状和总体布置情况的图样）	型线图		表示船体形状	第 3 章和附图 1、附图 2（作业）
	总布置图		表示全船总体布置情况	第 4 章和附图 3
船体结构图样（表示船体结构的组成，构件的结构形式和尺寸，构件间的连接方式，构件数量、质量、所用材料等内容的图样）	中横剖面图		船体中段范围内的数个典型横向剖面图，表示船体主要纵、横构件的尺寸和结构形式	第 6 章和附图 4
	基本结构图		由一个纵向和数个水平方向的剖面图或剖视图组成，与中横剖面图一起组成表示船体结构的三视图，从而完整地表达全船主要横、纵构件的尺寸和结构形式	第 7 章和附图 5
	肋骨型线图		表示全船肋骨形状，外板纵、横板缝布置以及与外板相连的纵向构件的布置	第 8 章和附图 6
	外板展开图		表示船体外板在横向展开后的形状，外板厚度的分布，纵、横板缝的排列，外板上开口的大小和位置，外板的接缝及与外板直接相连的纵、横构件的相对位置	第 9 章和附图 7
	分段结构图（表示船体各分段中构件的形状、大小、数量、质量、材料、连接方式和工艺要求的图样）	主体分段结构图	表示主体各分段的立体或平面结构	第 11 章和附图 10、附图 11（作业）
		艏艉分段结构图	表示艏部和艉部的结构	
		舱壁分段结构图	表示纵、横舱壁的结构	
		上层建筑分段结构图	表示上层建筑的甲板及围壁的结构	
		艏艉柱分段结构图	表示艏、艉柱结构	
船体工艺图样（表示船体建造方法、装配顺序和工艺设备的图样，是为了指导船体建造以及保证船体施工质量所绘制的图样）	分段图	分段划分图	表示船体分段划分情况和分段数量	第 10 章和附图 8、附图 9
		构件理论线图	表示船体构件的安装位置	—
		胎架结构图	表示船体胎架的结构及其构件大小	—
		分段装焊程序图	表示分段装配和焊接程序	—
	—	全船余量与补偿布置图	表示全船分段余量与补偿的布置、大小以及余量切割时机	—
		船台墩木布置图	表示船台墩木在船底的布置情况	—

续表

类型	名称		表达内容	章节和附图
船体舾装图样（表示船体舾装件的布置及其结构的图样）	舾装布置图（表示舾装设备布置情况）	锚泊设备布置图	表示全船锚泊设备的布置和定位	—
		系泊设备布置图	表示全船系泊设备的布置和定位	—
		起货设备布置图	表示全船起货设备的布置和定位	—
		其他布置图	表示信号、消防、舱室属具的布置等	—
	舾装结构图（表示舾装件的结构形式和大小）	桅结构图	表示船舶桅杆的结构与布置	—
		烟囱结构图	表示船舶烟囱的结构与布置	—
		舱盖结构与布置图	表示船舶舱口盖的结构与布置	—
		其他结构图	—	—

注：附图见书末插页和二维码。

1.3　船体图样的特点

机械制图和船体制图两门课程都是讲述如何按一定的投影方法和有关技术规定，用图样来准确表达某个空间形体的形状、大小及相对位置等内容。但船体图样与机械图样存在以下区别。

（1）船体图样中表达的内容繁多，涉及面广，不仅包括船体的外部形状和大小、船舶内部的空间划分、内部各空间的功能，还包括支撑这些空间和实现各空间功能的结构。为了方便使用，避免图纸过大且不容易绘制，船体图样一般采用小比例绘制。如型线图，在绘制时比例通常选择 1∶100 甚至 1∶200。而机械图样一般表达的是机械设备、零件及其装配图，通常采用较大的比例绘制。

（2）船体构件和船舶上的设备多而杂，一般在船体图样中对设备投影采用标准图形符号绘制，而用不同的图线来表示船体构件投影，这样做既能简化图面，又能表示结构和设备，便于识读，也便于绘制。而机械制图中常采用正投影画法。如总布置图，在绘制时，船用的各种设备、武器、家具、门、窗、舱口盖、栏杆、灯具等都可用专有的形象化图形表达。在船体结构图样中，可以用简单的粗虚线代表不可见的板材剖面。

（3）船体图样不宜采用机械制图中规定的通常的尺寸标注方法，而应通过“优化”或简化方法，在不同的图样中有针对性地对船体曲面、构件的定形和定位尺寸进行标注。如在型线图中，对表示船体总体尺寸的船体主尺度直接列表说明，对船体曲面的定形尺寸和定位尺寸采用型值表的方式表达。在结构图中，所有船体构件的定形尺寸采用集中标注的形式，定位尺寸以“金属构件理论线”为量度的依据。在布置图中,各种设备的定形尺寸和定位尺寸一般不加标注,而允许直接用比例尺在图样中量取。

(4)船体图样中的剖面图表达含义特殊。船体剖面图是介于剖面图和剖视图之间的一种含义特殊的视图,除表达所剖构件形状之外,更主要的是表达所剖构件与其连接构件的连接方式。因此,在绘图和识图时,对空间想象能力提出了更高的要求。

1.4 船舶图纸的发展变革

古代造船起步于遥远的原始社会的新石器时代,历史悠久,源远流长。最初,人们把树干削平、挖空,制成独木舟;后来将树木捆扎在一起,制成使用面积更大的木筏。独木舟和木筏为先人们的捕鱼生活提供了极大的便利。先人不断探索造舟和筏的技术,改变舟头尾的形状和筏的材料,逐渐有了竹筏、草筏、羊皮筏等等。经过不懈努力,不断吸取舟和筏的优点,人们创造性地制出了木板船,这是造船史上的飞跃,开辟了航海及河运史上的新时期。在中国航海博物馆中,陈列着这样一个特殊的文物。乍一看,这不过是一块腐朽的木头,但它可是迄今为止世界上发现最早的独木舟,其时代距今约 7 600 年,见图 1-1。

图 1-1 2002 年杭州萧山跨湖桥遗址出土文物——世界上第一艘独木舟

在《周易 · 系辞下》中有这样一句话:“刳木为舟,剡木为楫。”它的意思是挖空树木使之成为船只,削制木材使之成为桨楫。那个时候,船体结构简单,技术原始粗糙,造船不需要现代意义上的船体图样。真正具有实用意义的工程船图,在宋代以后才得以广泛应用。

以造船为目的而绘制的船体图画最早见于北宋曾公亮、丁度等人所著《武经总要·前集·卷十一》。该卷绘有船图六幅,其中之一如图 1-2 所示。当时的船图尽管在表达上与现代制图方法有所不同，但也说明当时船体图样已达到一定的水平。

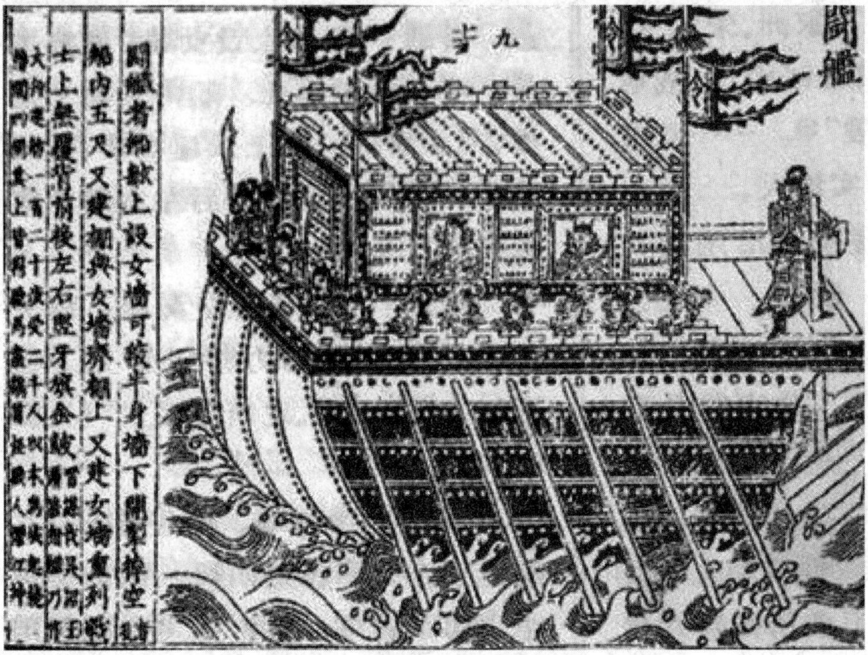

图 1-2　斗舰

到了明代，中国古代造船技术达到鼎盛期，不仅船舶设计、船舶建造水平居世界前列，管理水平也达到了一个新的高度，相关法式、制度陆续出台。当时李昭祥所著的《龙江船厂志》，记载有明代著名造船厂——南京龙江船厂的历史资料，它是记述明代造船史和官营手工业管理史的重要文献。它用船图记载了明代典型船舶的尺度、结构形式、木作工艺、用材制度等，其中船体图样的图示方法和图说理论体现了中国古代船体图样的高水平。

船人舶事：中国古代造船史的三个巅峰

在中国古代造船技术的发展过程中，曾经有三个高峰时期——秦汉时期、唐宋时期和明朝时期。秦汉时期，我国的造船技术远远领先于世界其他各国，当时就能造出多种类型的民船和战船。民船有龙舟、漕舫、艑、舸、艇、轻舟之分，战船有楼船、斗舰、艨艟、龙船之别，此外还有适航性好的海船。在汉代，我国已经普及了船的属具锚、舵、橹、帆的使用。西方舵的发明和使用比我国晚了 1 000 年左右。汉代的船舶已不再是一般的木板船，而是有较为发达的上层建筑的船。唐宋时期，中国古代造船业的发展进入成熟期，舟船种类多、体积大、工艺先进，在国际上享有很高的声誉，中国船工被称为“世界上最先进的造船匠”。这一时期，铁钉钉连技术被用于造船，并且出现了船模造船技术，即在施工前先造一个小船模，然后加以分解，按一定比例放大制成部件，再组装成船，其原理与现代造船中的放样原理一致。明朝时期的造船技术登上了我国古代造船史的顶峰，造船厂遍布全国滨江沿海各地，以江苏、福建、湖广、浙江等地最为发达。各地出现了大批官办船厂，如南京的龙江船厂、苏北的清江船厂、山东的清河船厂、福建的台南船厂和东北的吉林船厂。这些船厂规模大、组织严密、工种齐全,此时的船具有两大特点:一是船体增大;二是船型名目繁多,比较有代表性的船型有鸟船、沙船、福船、广船。郑和下西洋的大型宝船可以称得上是明代最大的船舶,其长度约 138 m,宽度约 56 m,载质量约 2 500 t,排水量为 3 100 t。

(摘自 https://www.sohu.com/a/393807990_99896587,略有改动)

近代,西方绘制船体图样采用的多面正投影方法是通过总结、整理传统的图示方法,并结合近代几何学理论总结出的一套科学、完善的绘图方法,沿用了 200 多年,至今仍然被船舶工程的各个技术部门广泛运用并不断发展。近代的船体图样是手工绘制的,设计师用游标卡尺、三角板、圆规、2B 铅笔等在画图板上手工绘图。随着电脑的普及,设计人员开始学习计算机辅助设计(Computer Aided Design,简称 CAD),即利用计算机及其图形设备绘图。与手工绘图相比,CAD 制图效率明显提高。比如相似的设计图,只需简单修改即可,重复的工作越多,CAD 的效率优势越明显。CAD 在制图精度、资料保管等方面的优势是手工制图无法比拟的。

随着现代计算机科学的发展,船舶设计与制造正在朝着自动化、专业化、集成化的方向发展,与之相适应的专业化船舶三维设计软件也相继出现。这些设计软件运用可视化技术,在虚拟的设计空间完成船舶几何形态、结构构件的设计;在进行管系、轮机、电器元件、舱室属具及船舶设备的布置、设计时,减少了二维设计中可能出现的一些不切实际的布置方案和船机电不协调而产生的种种矛盾,解决了以往需要机舱模型才能解决的问题,从而使整个设计过程合理、可靠、可视;大大降低了设计人员的工作强度,优化了设计过程,节约了设计成本。现代船舶三维设计软件的应用,使造船技术有了飞跃性的进步,同时也为船舶图形学开辟了更广泛的应用前景。

船人舶事:造船的崛起之路

郑和七下西洋,标志着我国古代造船、航海技术达到了最高峰。可是,随着明清闭关锁国政策的实施,中国的造船技术开始衰落,郑和下西洋的资料档案等也湮没在历史的长河中,几乎荡然无存。在郑和航海活动结束以后,明朝长期实行海禁和锁国政策,禁止造大海船,明代著名造船工厂——龙江船厂不再造海船,明朝先进的造船技术后继无人,慢慢失传,《龙江船厂志》中写道:"海船已废,尺度无考。"到了清朝,由于清初东南沿海地区的反清力量比较强大,清政府仍旧推行海禁政策,封锁海域。此时正是西方工业革命蓬勃发展的时期,蒸汽机和其他科学技术成就在造船和航海事业中得到广泛应用,造船和航海技术进入了一个新的时代。

直至中华人民共和国成立后,经过一代代造船人的努力,中国的造船业才逐步走向现代化。2002 年以来,我国造船产量以年均 35% 以上的速度递增。2010 年以后,我国船舶业的造船完工量、新接订单量和手持订单量三大指标均居世界第一,中国成为世界第一造船大国。

但是,我国还未成为造船强国,船舶工业创新发展的质量还不高,创新引领和创新驱动不足，创新模式仍以追随型为主。尤其是高技术船舶概念设计，对外依存度较高，海洋工程装备前端工程设计能力薄弱，核心系统和设备仍受制于人。作为船舶专业的大学生，应当树立科技报国的信念，努力学习，砥砺推助海洋强国梦。

（摘自 https://www.sohu.com/a/130214784_119038 和 http://finance.people.com.cn/n/2012/0918/c1004-19033564.html，略有改动）

1.5　关于本课程学习方法的建议

船体制图是一门研究如何用图样表达船体形状、结构和布置等的理论与实践相结合的专业基础课程，目的是培养学生绘制和阅读船体图样的能力，使其能够解决实际工程中遇到的与图纸相关的问题。

1. 课程的主要任务

（1）研究船舶设计与制造过程中的图示和图解问题。

（2）培养绘制和阅读船体图样的能力。

（3）培养船舶工程中空间几何问题的想象能力与解决能力。

2. 课程学习建议

1）复习工程制图和船体结构两门课程

本课程需要用到工程制图和船体结构两门课程的知识，为了更好地学习船体制图课程，建议大家复习上述两门课程中与船体制图相关的知识。

2）阅读教材

教材是学生学习的主要依据，学生应多阅读教材，了解各章节的学习目的和内容，以图为主，围绕教材例图，弄清基本概念和基本作图方法，抓住重点内容，努力攻克难关。

3）多做练习

教材每章后附有一定量的练习题，通过练习，学生可以理解基本理论，掌握识图、绘图方法，了解船体结构特点及工艺特点，并掌握一定的绘图技巧。

练习时可以手工、计算机绘图并举，灵活处理。

4）实践课

本课程针对具体章节设置了上机实践课，集中学习使用 CAD 绘制船体图样。

第 2 章　船体制图的一般规定

2.1　船体图样的相关标准

船体图样是建造船舶的重要技术文件。为了便于船舶设计、生产和技术交流，国家有关部门制定和颁布了一系列相关的技术标准，其中有中国国家标准化管理委员会颁布的国家标准（GB、GB/T），全国船舶标准化技术委员会和中国船舶工业总公司颁布的行业标准（CB、CB*、CB/T、CB*/T）以及中华人民共和国交通部颁布的交通标准（JT、JT/T）。国家标准、行业标准和交通标准又分为强制性标准（GB、CB、CB*、JT）和推荐性标准（GB/T、CB/T、CB*/T、JT/T）。强制性标准必须执行，推荐性标准鼓励企业自愿采用。

船舶标准代号的组成见图 2-1。

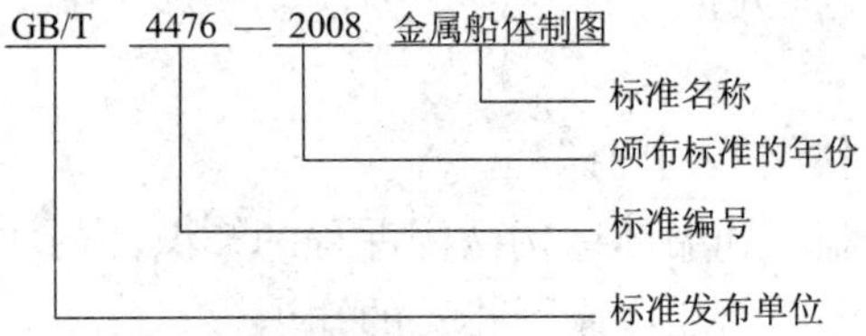

图 2-1　船舶标准代号的组成

与船体制图直接相关的标准如表 2-1 所示。

表 2-1　船体制图相关标准

标准代号	标准名称
GB/T 4476—2008	《金属船体制图》
GB/T 3894—2008	《造船　船舶布置图中元件表示法》
CB/T 860—1995	《船舶焊缝代号》
CB/T 253—1999	《金属船体构件理论线》
CB/T 14—2011	《船舶产品专用图样和技术文件编号》
CB* 3182—83	《船体结构　相贯切口与补板》
CB/T 3183—2013	《船体结构　型材端部形状》
CB/T 3184—2008	《船体结构　流水孔、透气孔、通焊孔和密性焊段孔》
CB/T 3990—2007	《船舶工程 AutoCAD 制图规则》
JT/T 293—1995	《定义船体线型几何信息》

船人舶事：壮志不已，不辞劳苦

王公衡（1906—1987），原名世铨，字公衡，造船学家和教育家，中国造船工程学会和交通大学造船系创始人之一，先后毕业于国立交通大学唐山土木工程学院、英国格拉斯哥大学和英国格林威治皇家海军学院。

他是我国船舶流体力学学科的先驱者，主持建成国内第一座设备先进的双轨拖车式船模试验池。自 18 世纪以来，世界上许多国家都相继建造水池进行船模试验。实践充分证明，水池对学术研究、新船型的研制有十分重要的意义，而我国却没有一座水池。抗日战争胜利后，一些造船界老前辈联名向政府建议，作为战争赔偿，把日本的水池设备拆回来，在中国建立水池。但这一建议却如石沉大海，没有回音。中华人民共和国成立后，这一愿望才得以实现。1954 年，为发展造船事业，筹建上海造船学院，王公衡负责建造船模试验池的工作。当时船舶工业局已在上海修建了一座长 70 m 的小型单轨绞车式船模试验池，可以满足高等学校的教学要求，技术也比较简单。王公衡从全局出发，考虑到在国内重复建造大同小异的设备不利于造船事业的发展，所以力主建造一座设备先进的双轨拖车式船模试验池，这一主张得到了造船界各方面的广泛支持。在领导船池建设的过程中，人们印象最深的是王公衡考虑问题时一丝不苟的科学研究精神。船池建设中的每一个细节，他都反复推敲。从整体设计到地脚螺栓的安装，从轨道水平校验以适应船池变形到保证拖车安全装配，从各种设备的安装到测试仪器的校验，他都一一提出了详细方案。由于他的孜孜不倦和博学多才，船池建设进行得很顺利，同时也保证了我国第一座现代化双轨拖车式船模试验池按期保质投入使用。

为了填补我国造船领域内专业辞书的空白，适应造船技术的发展，1979 年 5 月，原第六机械工业部、交通部、原国家水产总局和海军系统联合发起编辑出版《船舶工程辞典》，并聘请王公衡为总编辑。作为一部大型的综合性专业辞典，该辞典收有船体、轮机、电气、导航、材料与防腐、舰艇装备、电子计算机应用以及造船史等与造船相关的数百万词条。该辞典涉及学科之多和内容之全面，在国内外同类辞书中，均无出其右者。因此，辞典编纂的难度和工作量之大可想而知。当时王公衡已 70 多岁，年迈体弱，本可以在晚年多享些清福，但他壮志不已，不辞所请，以有生之年能再做出最后贡献为荣，毅然担此重任。从编辑部成立之日起，他每天早晨 8 时起就开始工作，从确定编辑方针、组织编写方法到选定词目和编审词条等工作，他都亲自策划和参与实施。在王公衡的尽力领导下，全体编写人员共同努力，克服种种困难，《船舶工程辞典》终于在 1985 年全部定稿交出版社。这部倾注了他晚年全部精力的辞典，由于出版方面的各种原因，直至 1988 年 6 月才问世。可惜那时王公衡已逝，但他严谨的治学精神和高尚的学者风度却让人难以忘怀。

（摘自 http://www.csname.org.cn/zjys/zjjs/6b77212a04b144fdad5835dcf77a7d65.htm，略有改动）

2.2 图纸幅面和图样比例

《金属船体制图 第 1 部分:一般规定》(GB/T 4476.1—2008)对船体图样的图纸幅面尺寸作了具体规定。

2.2.1 基本幅面

绘制船体图样时,应按照实际情况选择表 2-2 中规定的基本幅面。

表 2-2 基本幅面

幅面代号	A0	A1	A2	A3	A4
$B \times L$/mm	841 × 1 189	594 × 841	420 × 594	297 × 420	210 × 297
图纸面积 /m²	1.00	0.50	0.25	0.12	0.06
c/mm	10			5	
a/mm	25				

2.2.2 幅面的延伸

根据绘图的需要,必要时可加长表 2-2 中基本幅面的尺寸,其加长量按所选基本幅面短边尺寸的整数倍沿着短边增加,见图 2-2。所有的图幅宽度加长后不应超过 A0 幅面的宽度。

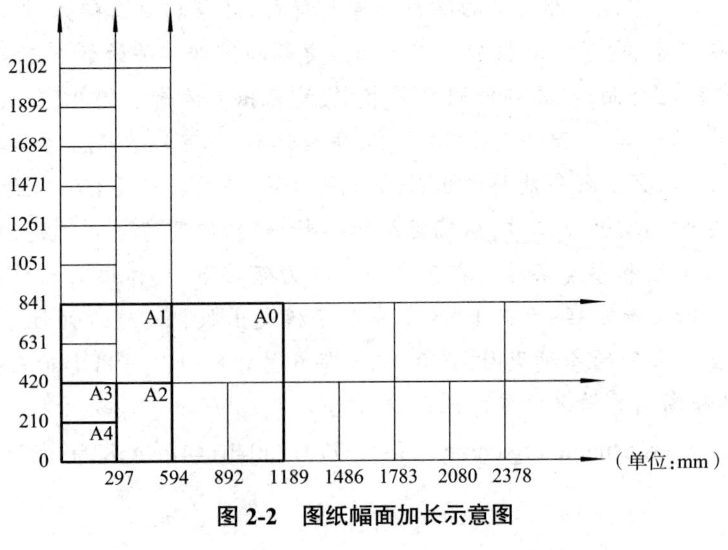

图 2-2 图纸幅面加长示意图

2.2.3　图框格式

图纸一般留有装订边，在四边画有边框线，边框线用粗实线绘制，图框格式见图 2-3，图框尺寸 a、c 见表 2-2。

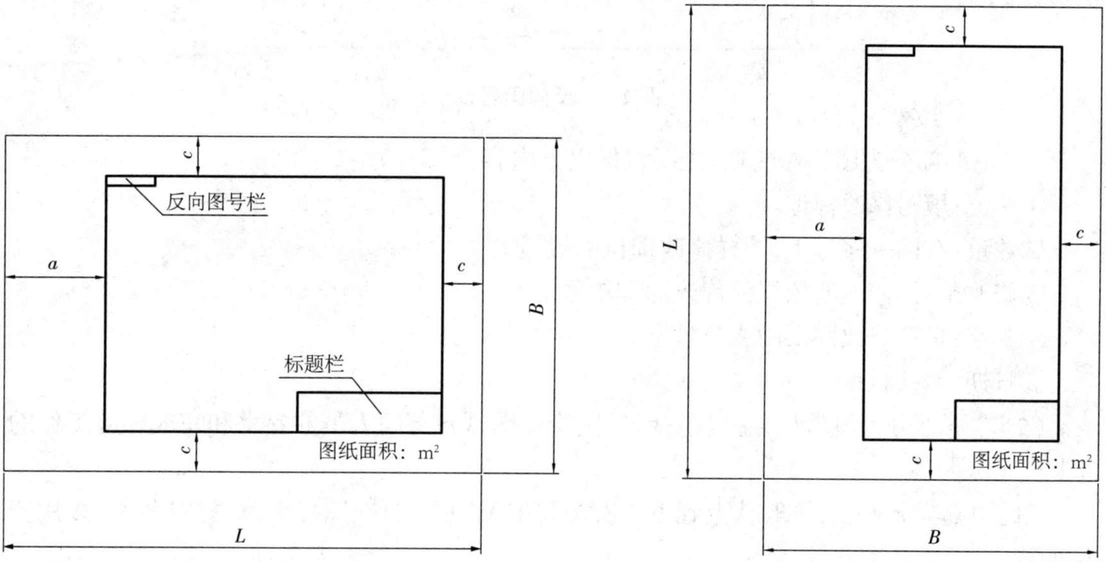

图 2-3　图框格式

2.2.4　标题栏和反向图号栏

为了便于图样的收发、保管和借阅，规定在图纸的右下角绘出标题栏，在图纸的左上角一般有反向图号栏，其格式与尺寸见图 2-4 和图 2-5。

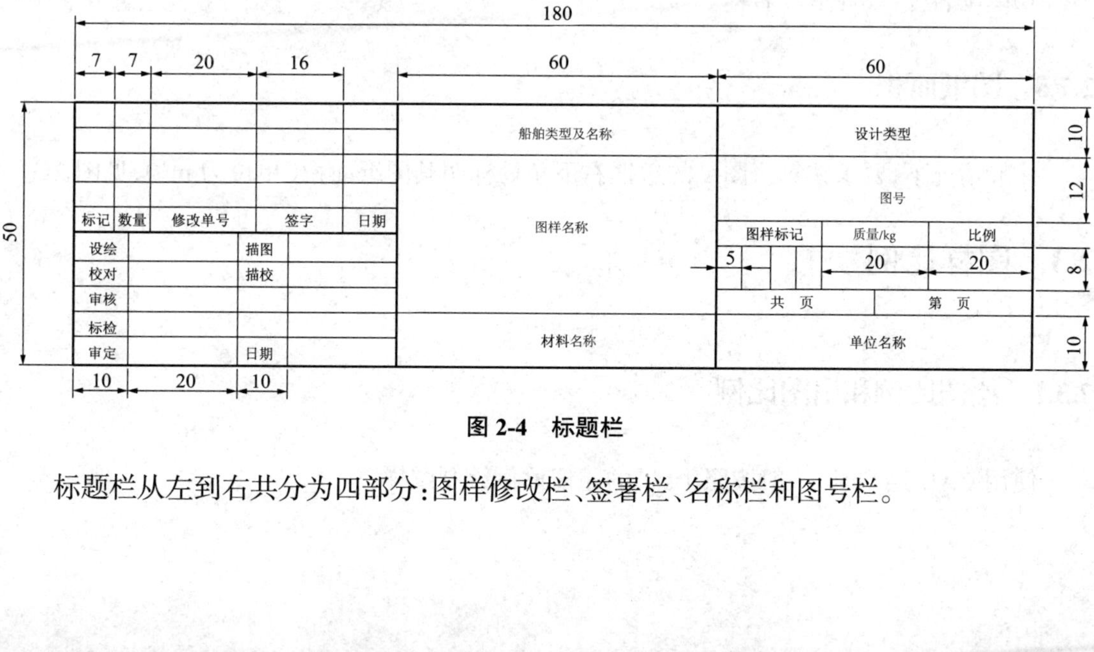

图 2-4　标题栏

标题栏从左到右共分为四部分：图样修改栏、签署栏、名称栏和图号栏。

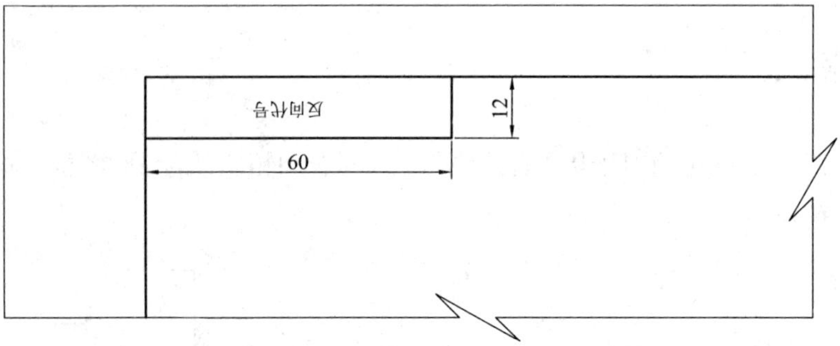

图 2-5 反向图号栏

（1）左上部分为图样修改栏，主要包括以下内容。

①标记：填写修改标记。

②数量：在同一序号下，图样修改部位的数量。

③修改单号：修改所依据的修改通知单号。

④签字：负责修改图纸的人员签字。

⑤日期：修改日期。

（2）左下部分为签署栏，主要包括设计、绘制图纸各部门人员的签字和完成相应工作的日期。

（3）中部为名称栏，一般从上到下依次为船舶类型及名称、图样名称、材料名称（多用于零件图）。

（4）右部为图号栏，主要包括以下内容。

①设计类型：本图的设计属性。

②图号：图样编号。

③图样标记：产品生产性质。

④质量：产品的净质量。

⑤比例：绘制本图的主要视图所采用的比例。

⑥单位名称：设计单位名称。

2.2.5 图纸面积

一般情况下，要求在每张图纸的边框右下角处标明其图纸面积（单位为 m^2），见图 2-3。

2.3 图样比例

2.3.1 绘图比例和出图比例

使用 CAD 绘图时，一般按照 1：1 的原值比例绘制图样。

手绘图纸时，绘图比例主要根据所绘船体、设备、结构的尺寸以及图纸幅面的大小确定。可以按表 2-3 选取合适的比例进行图样的绘制。

需要按比例出图时，应选择表 2-3 中相应的比例。

表 2-3　图样的比例

比例种类	采用的比例							
原值比例	1 ∶ 1							
缩小比例			1 ∶ 2	1 ∶ 2.5			1 ∶ 5	
	1 ∶ 10		1 ∶ 20	1 ∶ 25	1 ∶ 30	1 ∶ 40	1 ∶ 50	1 ∶ 75
	1 ∶ 100	1 ∶ 150	1 ∶ 200	1 ∶ 250				
放大比例	2 ∶ 1　2.5 ∶ 1　5 ∶ 1　10 ∶ 1　50 ∶ 1　100 ∶ 1							

2.3.2　比例的标注

每张图样上都必须注明图样比例，同一张图样上统一采用一个比例时，应将比例标注在标题栏内，书写方式为 1 ∶ 100、5 ∶ 1 等。同一张图样中各视图的比例不一致时，则将主要视图的比例标注在标题栏内，其他视图、剖视图、节点图等的比例另行标注在视图名称线的下方，如图 2-6 所示。

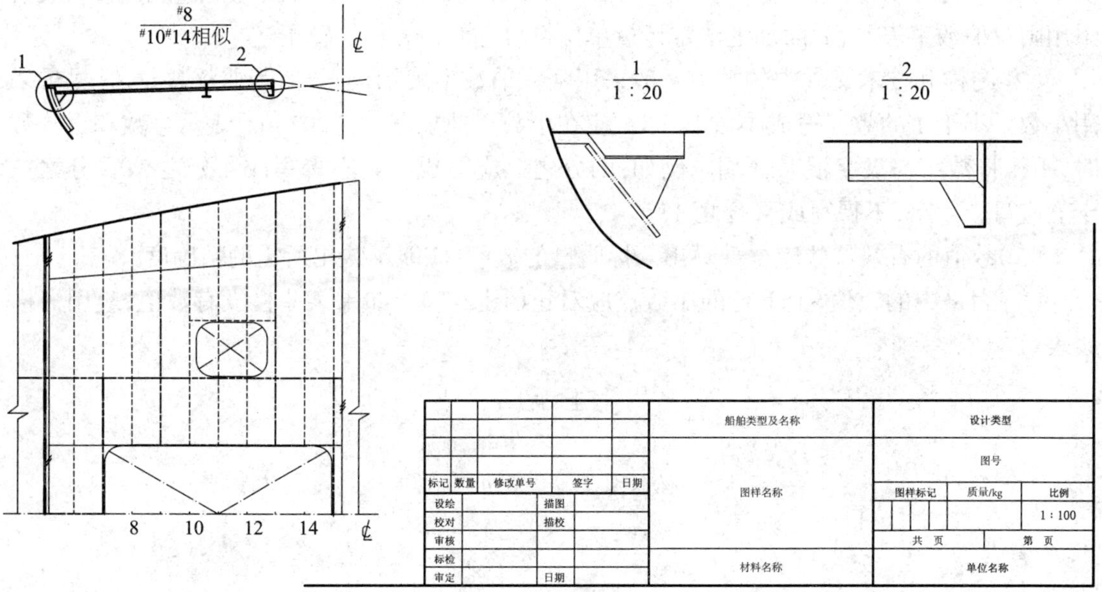

图 2-6　比例的标注

2.4 书写方法

2.4.1 文字的书写

汉字要求字体为长仿宋体,并采用中华人民共和国国务院正式公布推行的《汉字简化方案》中规定的简化字。字体的高度即号数,一般采用 10 mm、7 mm、5 mm、3.5 mm、3 mm、2.5 mm、1.8 mm 七种。用作指数、脚注等的数字或字母,其字号比正文的字号小一号。

2.4.2 计量单位的书写

以毫米(mm)作为单位时,不需标注其计量单位的符号;如采用其他单位,则必须注明。当在文字描述中列出同一计量单位的一系列数值时,可仅在最后一个数字后面加计量单位符号,如 1.0、2.0、3.0、4.0、5.0 m。

2.4.3 数值的书写

(1)表示非物理量的数, 10 以内的数字,在某些情况下可按习惯用汉字书写,如“做三次试验”,大于 9 的数字一般应采用阿拉伯数字,如“15 根管子”。表示物理量的数,一般应采用阿拉伯数字表示,后面加上法定计量单位符号,如“5 m 长的管子”。

(2)图样和技术文件中的数值一般采用阿拉伯数字表示,当数值为非整数时,宜尽量采用小数。小于 1 的数字写成小数形式时,应在小数点前加零,如 0.01 m。表示分数和百分数时,不得将数字与汉字混杂使用。例如:四分之三应写成 3/4,不得写成 4 分之 3;百分之三十五应写成 35%,不得写成百分之 35。

(3)数值的有效位数应全部写出。标明量的数值,应能反映出所需的精确度。

(4)表格中的数值,上下行的小数点应对正(图 2-7)。如果某些栏没有数值,应用短横线表示。

主尺度

总长	104.200 m
垂线间长	97.500 m
型宽	17.20 m
型深	8.50 m
吃水	6.60 m
梁拱	0.03 m

图 2-7 数值书写举例

2.4.4　文字说明的编号

技术文件按其内容分成若干章、条进行叙述，编号使用阿拉伯数字加下脚点制，下脚点为圆点，在阿拉伯数字右下角，示例见图 2-8。

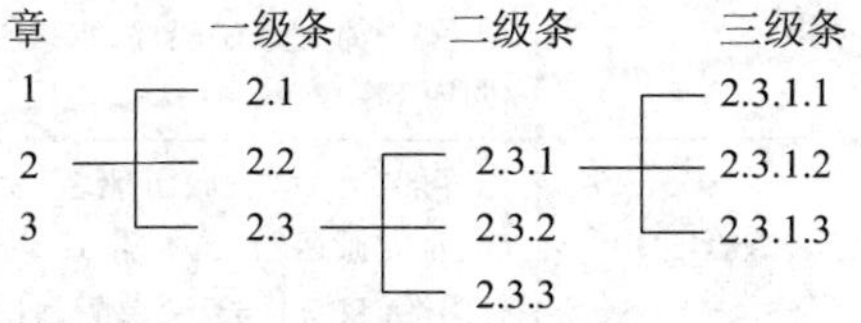

图 2-8　文字说明的编号写法示例

当采用分行并列叙述简短内容时，可采用列项的形式，列项中每一项前加破折号或加上后带半圆括号的小写拉丁字母序号，示例见图 2-9。

示例1：
工艺要求：
——加工精度；
——焊接方法；
——装配要求。
示例2：
工艺要求：
a）加工精度；
b）焊接方法；
c）装配要求。

图 2-9　列项文字说明写法示例

2.5　图样、技术文件的编号方法和规定

为了方便查阅图纸和技术文件，一般需要对其进行分类编号。图样和技术文件的编号分别称为图号和文件号。本节介绍的编号方法选自《船舶产品专用图样和技术文件编号》（CB/T 14—2011）。

2.5.1　图样的编号方法和规定

图样的编号由下列三部分组成。

（1）产品代号。产品代号由单位代号（由主管部门授予，代表产品的设计单位）、船舶分类号（代表不同类型的船舶，见表 2-4）及船舶序号（由设计单位自行编写，代表该类产品的顺序号）组成。

（2）图样和技术文件分类号（见附录 2）。分类号由以下三部分组成：第 1 位数称为部，如 2 部为船舶设备和舱面属具；第 2 位数称为组，如 22 组为系泊和拖带设备；第 3 位数称为类，如 221 类为系泊设备及其装置。

表 2-4　船舶分类号

分类号	船舶类别	示例
1	战斗舰艇	驱逐舰、护卫舰等
2	辅助舰船	登陆舰、侦察船、布雷舰(船)、捞雷船、供应舰、补给舰、消磁船、靶船、训练船等
3	海洋开发用船	海上钻井装置、钻井驳船、钻井辅助船、铺管船、浮油回收船、采油用平台、海底采矿船、海水提铀船、海上浮式生产储油(气)船、近海供应船等
4	客船、客货船、货船、游艇	客船、客货船、旅游船、杂货船、散装货船、散粮船、矿砂船、运煤船、水泥搬运船、运木船、冷藏运输船、集装箱船、滚装船、载驳货船、补给船、自航货驳、交通船、运水船、气垫船、水翼船(艇)等
5	油船、液货船、化学品船	成品油船、原油船、食用油船、沥青船、液化船、矿油船、散化船等
6	拖船、港作船、渡船、推船	港作拖船,海洋拖船,打捞救助船,工程拖船,供应拖船,三用拖船,顶推船,带缆船,引航船,海关船,消防船,粪便、污油、污水回收船,汽车渡船,火车渡船,联检船,垃圾船,水面清扫船,绞滩船等
7	驳船、趸船、舟桥	干货驳、液货驳、甲板驳、船载驳、趸船、浮桥舟、铁路舟桥、分节驳、冷藏驳、泥驳、起重驳等
8	渔类船、农用船	渔业指导船、渔业监督船、渔业救助船、渔业调查船、渔业实习船、渔业冷藏运输船、拖网渔船、围网渔船、刺网渔船、钓鱼船、捕鲸船、捕虾船、海兽船、水产采集船、渔业基地船、渔业加工船、渔业补给船、综合作业渔船、排灌船、多用途水泥农船等
9	特种船舶	挖泥船、航标船、布缆船、浮船坞、测量船、破冰船、潜水工作船、海洋打捞船、海洋地质勘探船、地质取芯船、海洋调查船、水声船、极地考察船、卫星跟踪船、环境保护船、修理船、医疗船、抛石船、打桩船、起锚船、炸礁船、电站船等
0	其他	以上均未涉及的船舶类别

(3)分类中的图样序号。图样序号表示每一分类中图样的顺序,分为两种情况:不表示隶属关系(如 TJU454-100-001,表示第 1 号总图);表示隶属关系(如 TJU454-231-01-02,表示舵叶结构图序号后再加一层隶属关系舵叶中的轴承)。

以上三部分以短横线隔开,如图 2-10 所示。

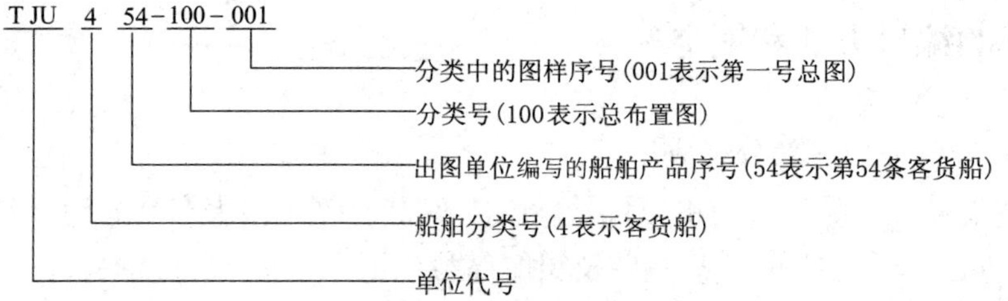

图 2-10　图样编号示例

2.5.2　技术文件的编号方法和规定

技术文件的编号方法与图样的编号方法相同。

有时在技术文件编号的后面需加尾注,以说明它是何种类型的文件。如 SC406-400-001TM,表示该技术文件为图样目录。尾注代号见表 2-5。

表 2-5　尾注代号

文件种类	尾注代号	含义
明细表	MX	明细
图样(技术文件)目录	TM	图目
总结	ZJ	总结
汇总表	HZ	汇总
技术条件	JT	技条
试验文件	SY	试验
证明书	ZM	证明
说明书	SM	说明
计算书	JS	计算
鉴定书	JD	鉴定
其他文件	QT	其他

2.6　船体图样中的图形符号

《金属船体制图　第 2 部分:图形符号》(GB/T 4476.2—2008)规定了船体图样或技术文件中需要用到的图形符号,见表 2-6。

表 2-6　金属船体制图图形符号

序号	名称	符号	应用范围	示例
1	吃水符号	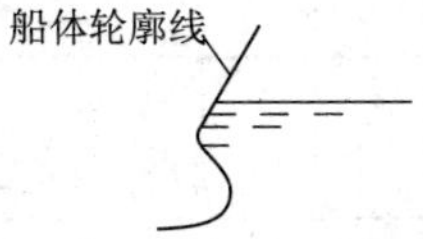	总体图样(总布置图、中横剖面图)	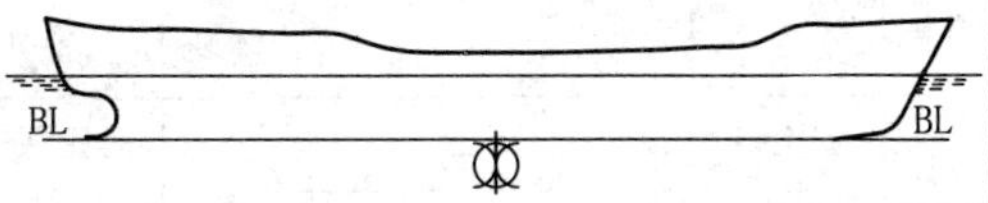
2	船中符号		总体图样(型线图、总布置图、基本结构图)	

续表

序号	名称	符号	应用范围	示例
3	轴系剖面符号		横剖面图、机舱分段结构图、机座图	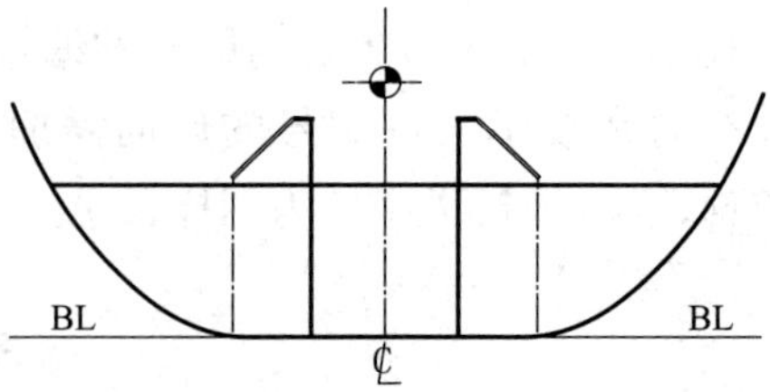
4	端接缝和边接缝符号 一般接缝	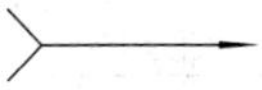	横剖面图、分段结构图	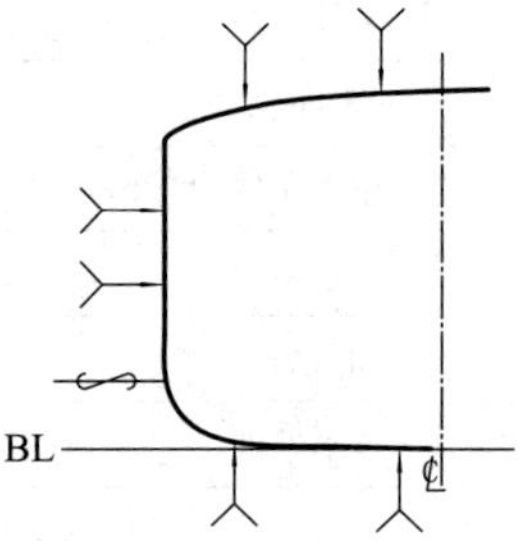
	分段接缝		外板展开图、分段结构图	
			中横剖面图、分段划分图	
5	连续符号	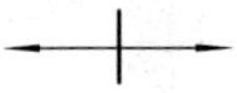	各种结构图、节点图	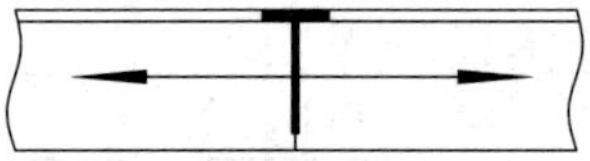
6	间断符号		各种结构图、节点图	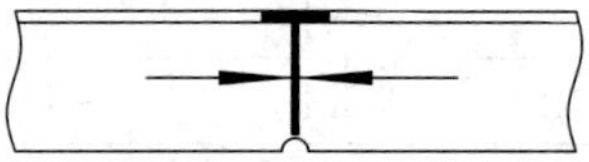
7	视向符号	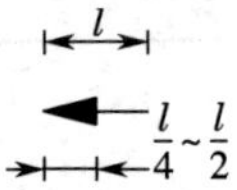	横剖面图、分段结构图	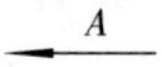
8	肋位符号	FR 或 #	横剖面图、分段结构图	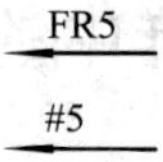
9	小开口剖面符号	 	各种结构图	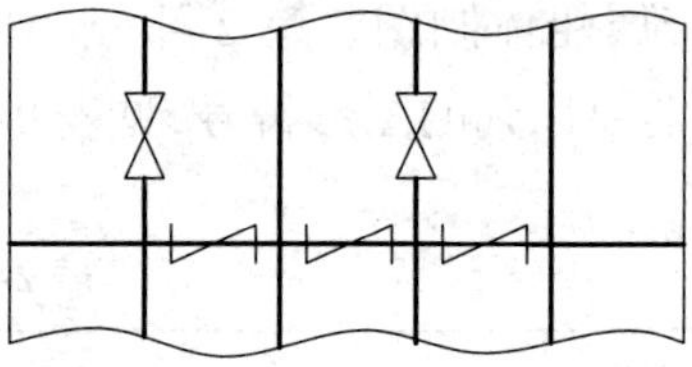
10	剖切符号		各种剖面图、节点图	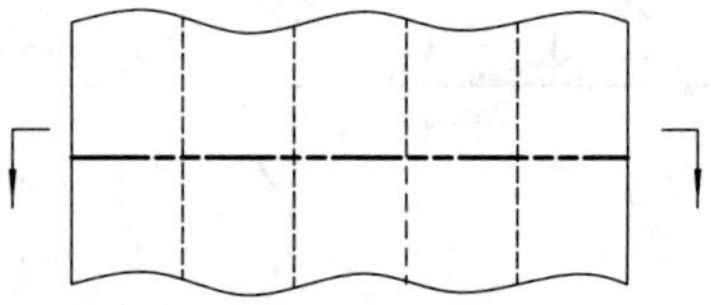
11	理论线符号		理论线图、分段施工图	—

2.7　船体图线及符号应用

在船体图样中，线条所表达的不仅是船体、设备、构件的形状，还包含构件的类型、剖面的符号以及工艺结构等工程信息。在结构图样中，还可以用不同的图线来表示不同构件在视图中的投影。

《金属船体制图　第 1 部分：一般规定》（GB/T 4476.1—2008）规定了船体图样中采用的图线形式及使用范围，见表 2-7。

表 2-7　船体图线及应用

图线名称	形式与规格	应用范围	示例
粗实线	线宽b=0.4~1.2 mm	（1）板材和骨材剖面简化线； （2）机械设备、部件的可见轮廓线（总布置图除外）； （3）名称线	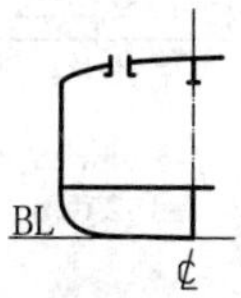
细实线	线宽为b/3	（1）可见轮廓线； （2）尺寸线与尺寸界线； （3）基线； （4）型线； （5）接缝线； （6）剖面线； （7）规格线； （8）引出线与指引线	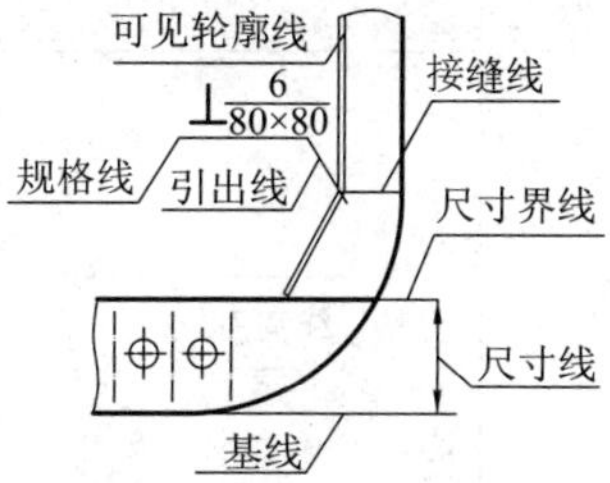
粗虚线	l e l=5 mm e=1~2 mm	不可见板材的简化线（除规定采用轨道线表示的情况）	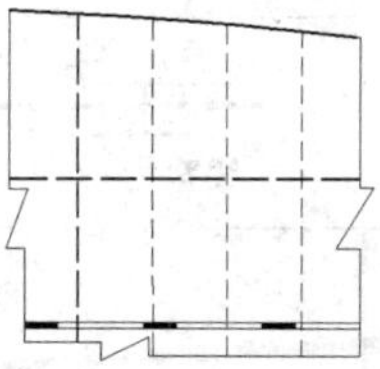
细虚线	线宽为b/3	（1）不可见轮廓线； （2）不可见次要构件（肋骨、横梁、纵骨、扶强材等）的简化线	
粗点画线	l l_1　e l=5 mm　l_1=1 mm e=1~2 mm	（1）可见主要构件（强肋骨、舷侧纵桁、强横梁、甲板纵桁、舱壁桁材等）的简化线； （2）各种索、链等的简化线	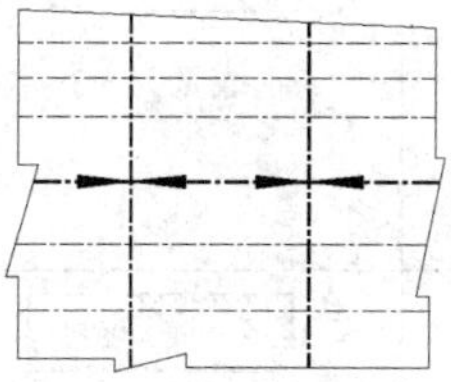

续表

图线名称	形式与规格	应用范围	示例
细点画线	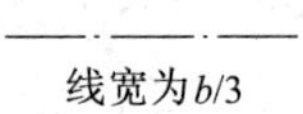 线宽为$b/3$	(1)中心线； (2)可见次要构件(肋骨、横梁、纵骨、扶强材等)的简化线； (3)开口对角线； (4)液舱范围线； (5)转圆线； (6)折角线	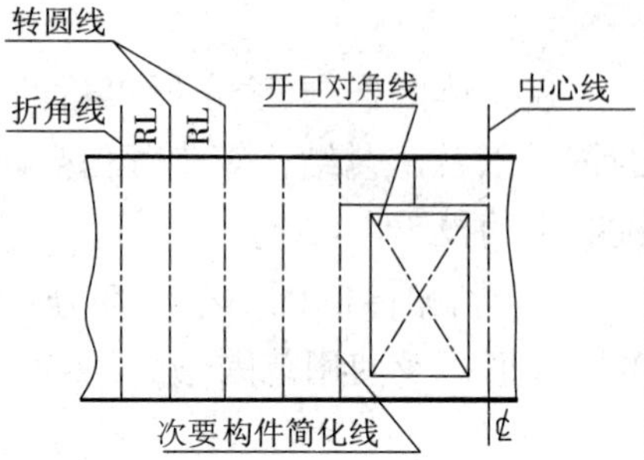
粗双点画线	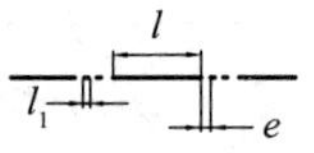 l=5 mm　l_1=1 mm e=1~2 mm	不可见主要构件(强肋骨、舷侧纵桁、强横梁、甲板纵桁、舱壁桁材等)的简化线	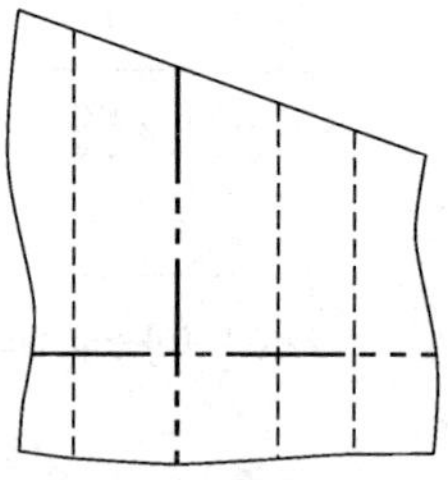 甲板以下的强构件简化线
细双点画线	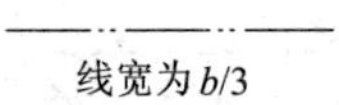 线宽为$b/3$	(1)非本图构件可见轮廓线； (2)假想构件可见轮廓线； (3)肋板边线； (4)工艺开口线	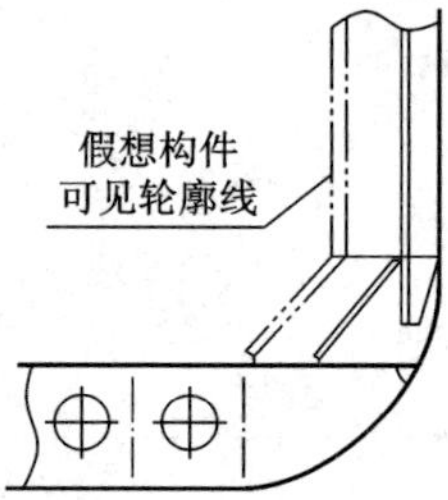
轨道线	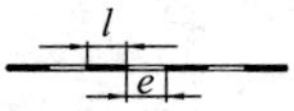 线宽为b,$l=e$	主船体结构图内不可见水密板材简化线(肋骨型线图、分段划分图等除外)	—
斜栅线	 线宽为$b/3$	分段界线(分段划分图除外)	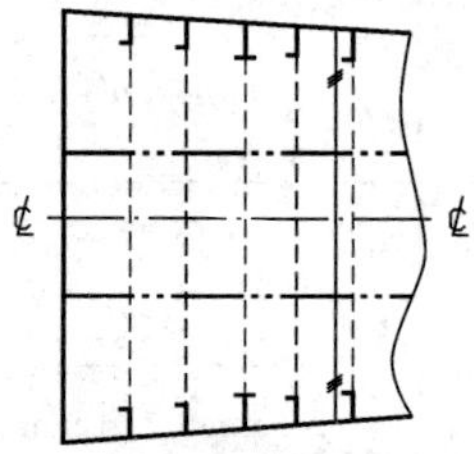
阴影线	 线宽为$b/3$	覆板、垫板的焊接轮廓线	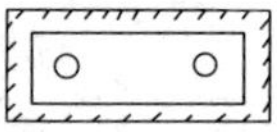
折断线、波浪线	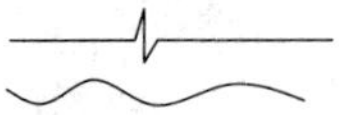 线宽为$b/3$	构件断裂边界线	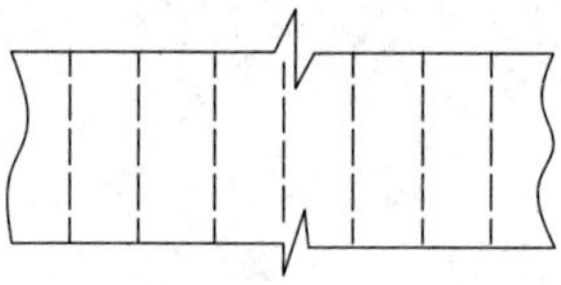

图线在设备图样和结构图样中的应用举例分别见图 2-11 和图 2-12。

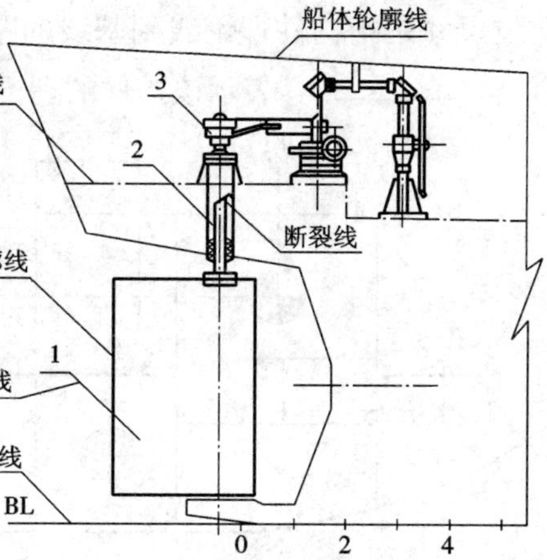

图 2-11　图线在设备图样中的应用举例

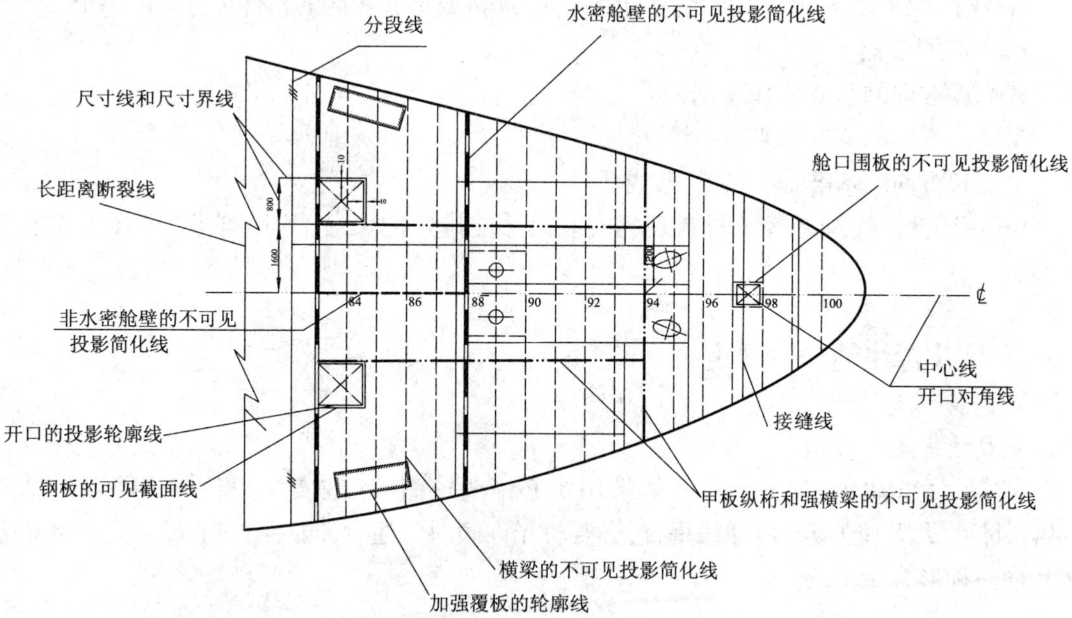

图 2-12　图线在结构图样中的应用举例

2.8　尺寸标注

《金属船体制图　第 4 部分：尺寸注法》（GB/T 4476.4—2008）对船体图样中的尺寸标注进行了规定。

2.8.1　尺寸标注的一般原则

（1）构件的大小以图样上标注的尺寸数字为依据，与图形的大小和绘图的准确度无关。

（2）船舶图样和其他技术文件中的尺寸，以 mm 为单位时，不需要标注计量单位。

（3）船体构件的定位尺寸是指构件理论线到基线的距离。当不符合《金属船体构件理论线》的规定时，需用符号“ ”表示该构件的理论线位置，见图 2-13。

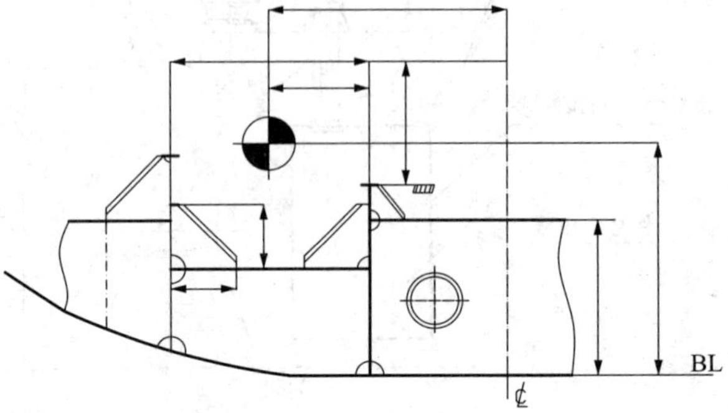

图 2-13 定位尺寸的特殊标注方法

（4）同一船体结构的尺寸一般只标注一次，规格或尺寸相同的构件可只标注一个。

（5）定位尺寸：

①高度方向的基准是基线、水线；

②宽度方向的基准是船体中线、船舷；

③船长方向的基准是中站线、站线、肋骨线。

（6）待定尺寸（即须经放样或现场安装时才能确定的尺寸）均用符号“~”加尺寸数字标注。

2.8.2 尺寸标注的一般规定

1. 尺寸线

（1）尺寸线用细实线绘制，其两端用实心箭头或斜线（细实线）指到尺寸界线，见图 2-14。尺寸界线一般应与尺寸线垂直，必要时允许倾斜。注意，同一图样上尺寸线的终端应采用同一种形式。

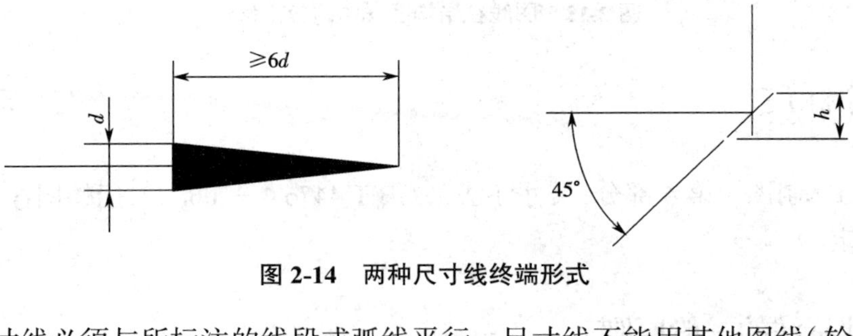

图 2-14 两种尺寸线终端形式

（2）尺寸线必须与所标注的线段或弧线平行。尺寸线不能用其他图线（轮廓线、轴线、中心线及它们的延长线和尺寸界线）代替，一般也不得与其他图线重合或画在其延长线上。

（3）尺寸线之间的距离不应小于 4 mm。

（4）标注圆的直径和圆弧半径尺寸时，可参考图 2-15；当圆弧的半径过大或在图形范围内无法标出其圆心位置时,可参考图2-16。

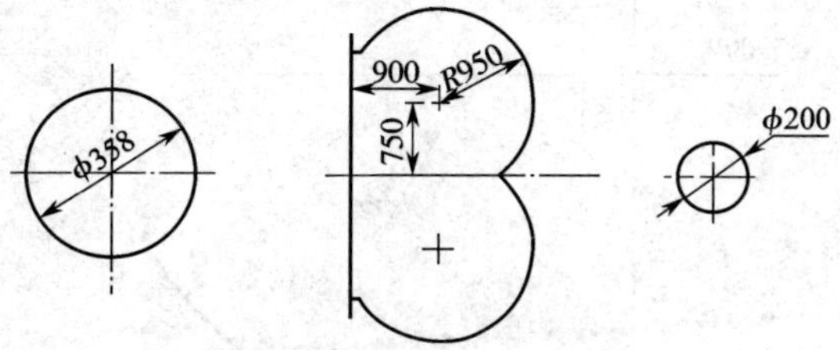

图2-15　圆的直径、圆弧半径的注法

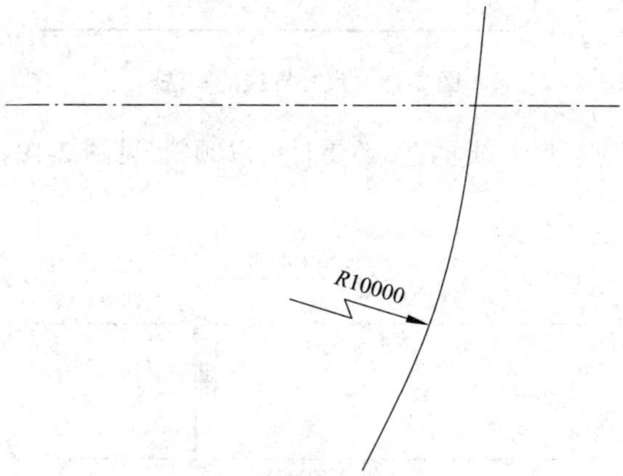

图2-16　大圆弧半径的注法

(5)在没有足够的位置画箭头或写数字时,允许使用圆点代替箭头,见图2-17。

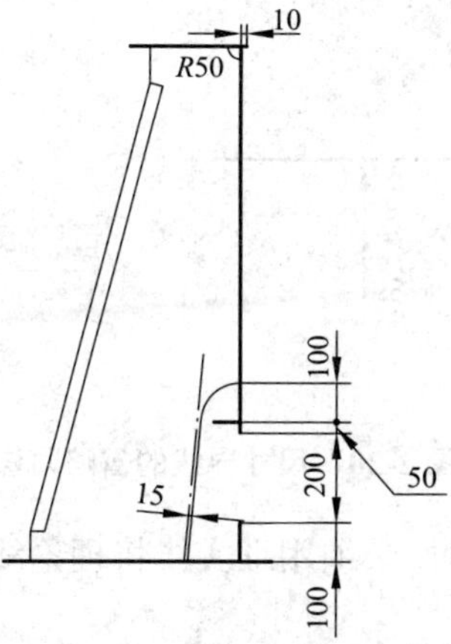

图2-17　无足够的位置画箭头或写数字时的尺寸注法

2. 尺寸界线

(1)尺寸界线也用细实线绘制,并应自构件的理论线、站线、肋骨线、轴线、中线、基线等处引出,也可以将这些线本身和曲线轮廓线等作为尺寸界线,见图2-18。

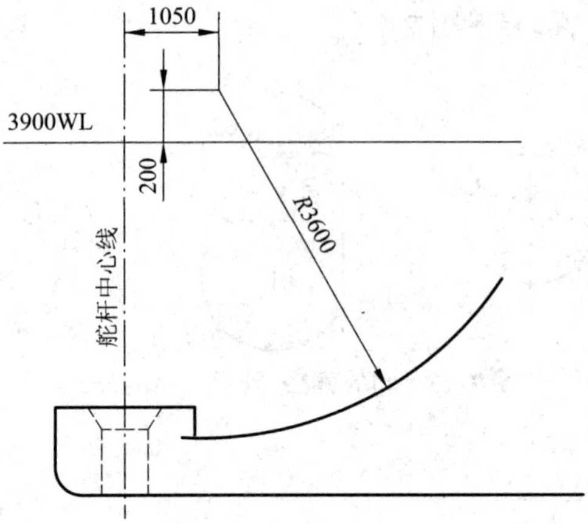

图 2-18 尺寸界线的写法

（2）尺寸界线一般应与尺寸线垂直，必要时可以倾斜，见图 2-19。

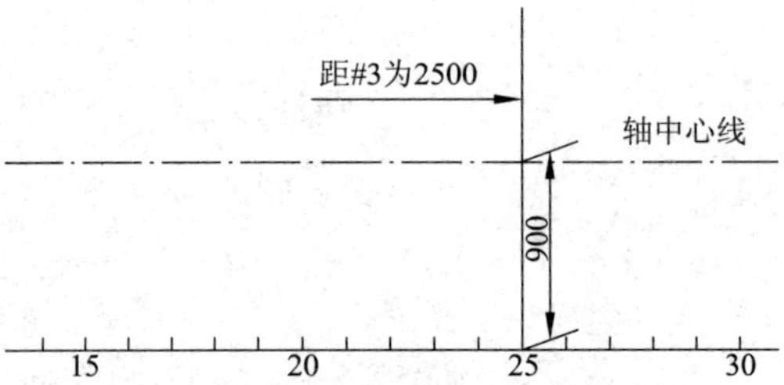

图 2-19 尺寸界线的倾斜写法

（3）尺寸界线过长时，基准线的尺寸界线可省略不画，但应用文字标明，见图 2-20。

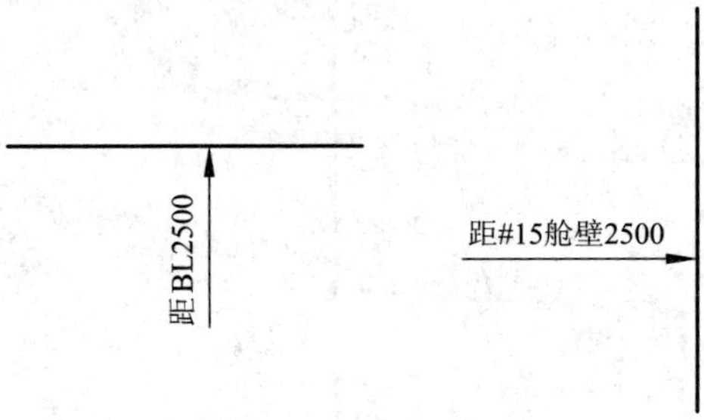

图 2-20 尺寸界线的省略写法

（4）在光滑过渡处标注尺寸时，必须用细实线将理论线（轮廓线）延伸，从它们的交点处引出尺寸界线，见图 2-21。

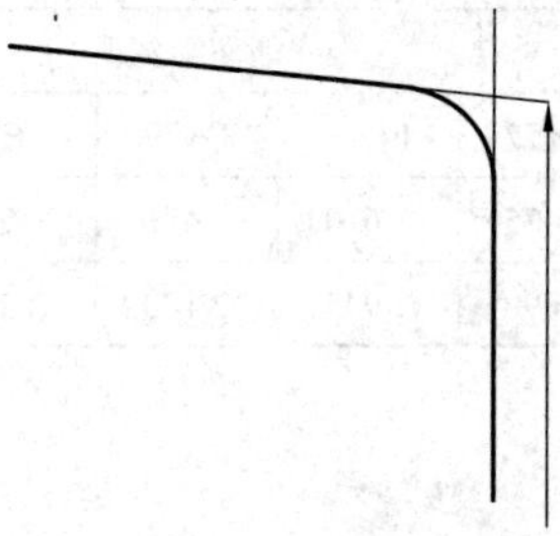

图 2-21　光滑过渡处的尺寸注法

3. 尺寸数字

(1)尺寸数字一般垂直填写在尺寸线的上方或中断处,但应尽量采用同一种方式。当位置不够时,也可以引出标注。

(2)尺寸数字不允许被任何图线穿过,否则应将该图线断开。

(3)构件等距离分布时,可采用图 2-22 的标注方法。

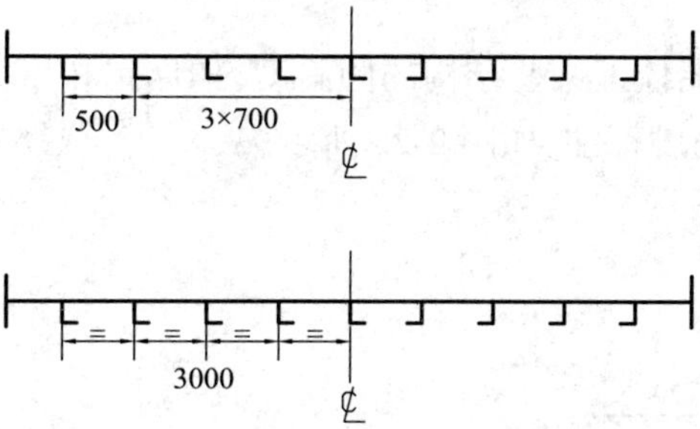

图 2-22　构件等距离分布的标注法

(4)标注曲线的尺寸有两种方法:一种是直接标注,见图 2-23;另一种是型值表法,即将曲线轮廓上的若干点坐标值用型值表列出,见图 2-24。

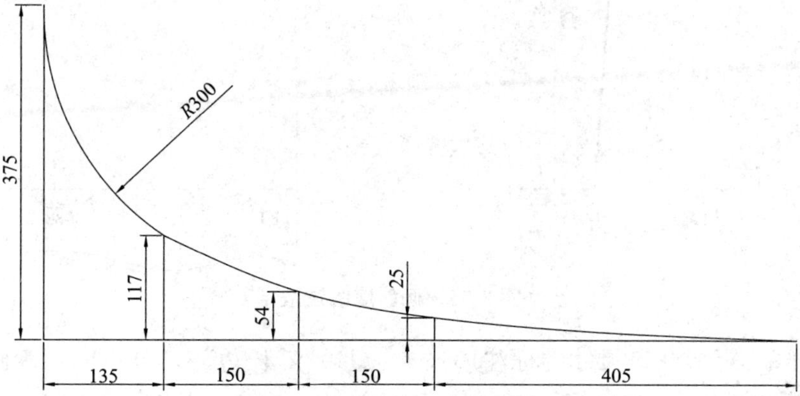

图 2-23　曲线尺寸的直接标注法

名称	烟囱半宽值										
	FR74	FR75	FR76	FR77	FR78	FR79	FR80	FR81	FR82	FR83	FR84
顶线	—	—	1 310	1 475	1 610	1 685	1 587	1 515	1 072	—	—
底线	1 332	1 530	1 722	1 890	2 045	2 170	2 235	2 200	2 032	1 710	1 040

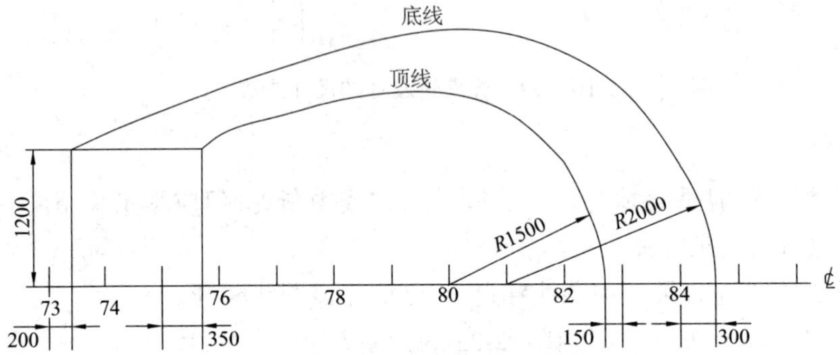

图 2-24 曲线尺寸的型值表法

(5)倾斜度的注法。船体上某些结构的倾斜度，如烟囱和甲板室前端壁的倾斜度，应采用直角坐标法，而不宜用角度标注，如图 2-25 所示。

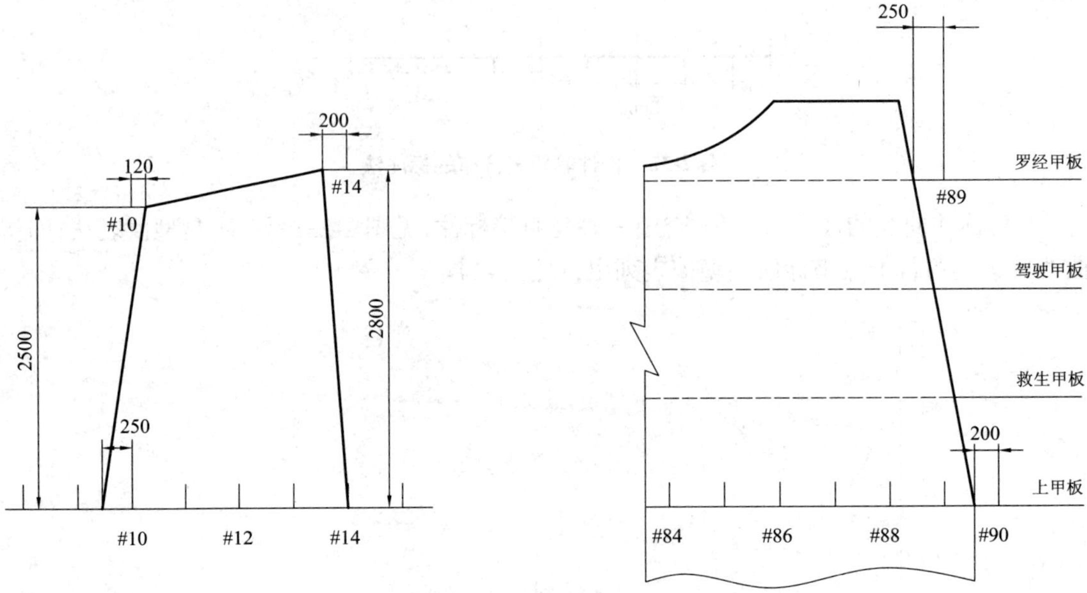

图 2-25 倾斜度的注法

(6)图样中，矩形开口尺寸的标注形式为“短边 × 长边”，若开口四角为圆弧形，则用“*R*”表示圆弧的半径。窗户的开口高度为开口中心到围壁下甲板上缘的垂直距离，用“*h*”表示门的开口下缘距甲板上缘的最小距离。相同尺寸的开口可只标注一次，见图 2-26。

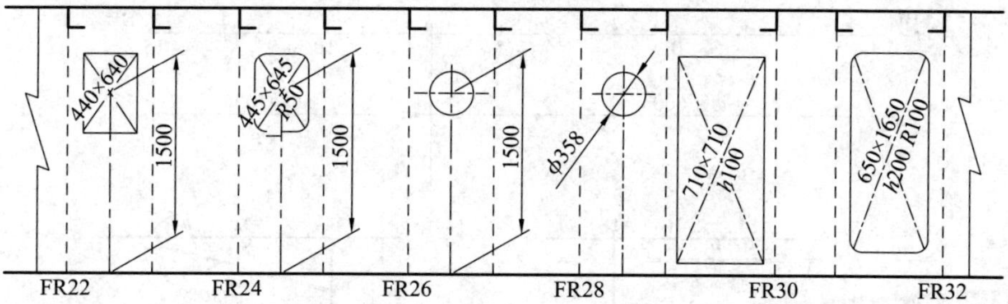

图 2-26　门、窗开口尺寸的标注法

(7)人孔、减轻孔的尺寸标注见图 2-27。当标注人孔时,须在开孔中心线的下方用文字(人孔)注明。

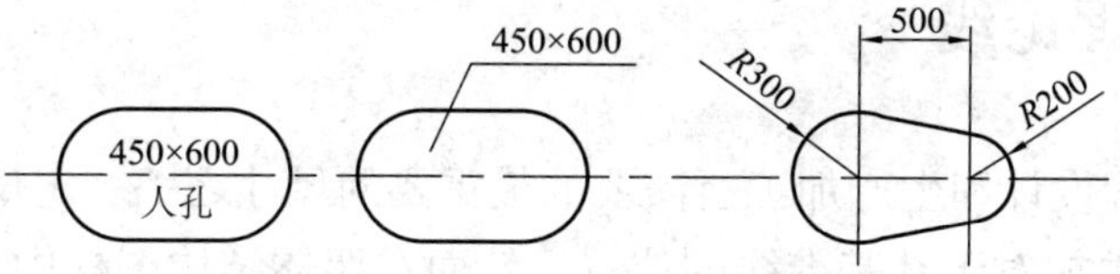

图 2-27　人孔、减轻孔的尺寸标注法

(8)特殊开口(如流水孔、通焊孔、透气孔)的开孔尺寸标注见图 2-28。

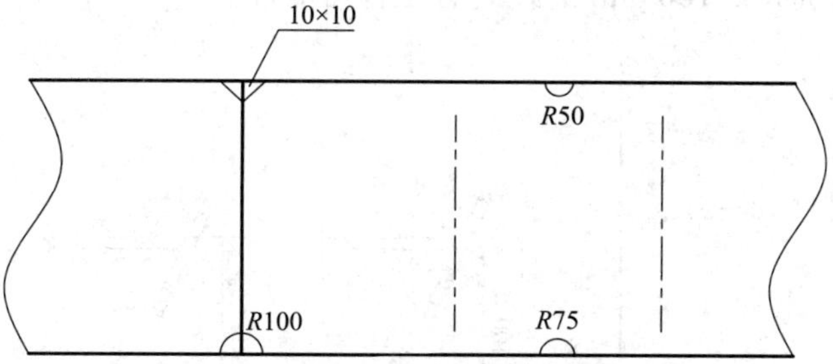

图 2-28　特殊开口的尺寸标注法

4. 肋位号的编写

肋位由船艉向船艏依次进行编号。其中全船性图样每隔五挡肋距标注肋位号,肋距不同时,应分别标注出不同区域的肋距。

船体分段结构图中肋位按偶数标注,不满四个肋位的均应标出。

不在船体中线或者基线的肋位号,应在肋位号前加注"#",如图 2-29 所示。

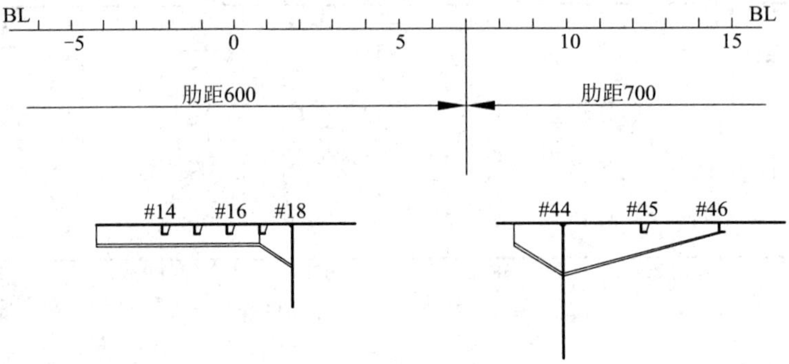

图 2-29　肋位号的编写方法

2.9　金属构件理论线

定位尺寸是工程设计和生产加工所需要的最重要的尺寸之一。定位尺寸的作用是在船体图样中标明某构件相对于其基准线的位置。然而在船体结构图样中，由于采用小比例画法，由板和型材组成的构件在图样中通常用图线简化地表示其投影，构件剖面常以粗实线表示。对构件所标注的定位尺寸往往无法在图中表示清楚。如图 2-30 所示，舷侧桁材至基线的距离为 3 100 mm，而这 3 100 mm 的距离有三种可能性。

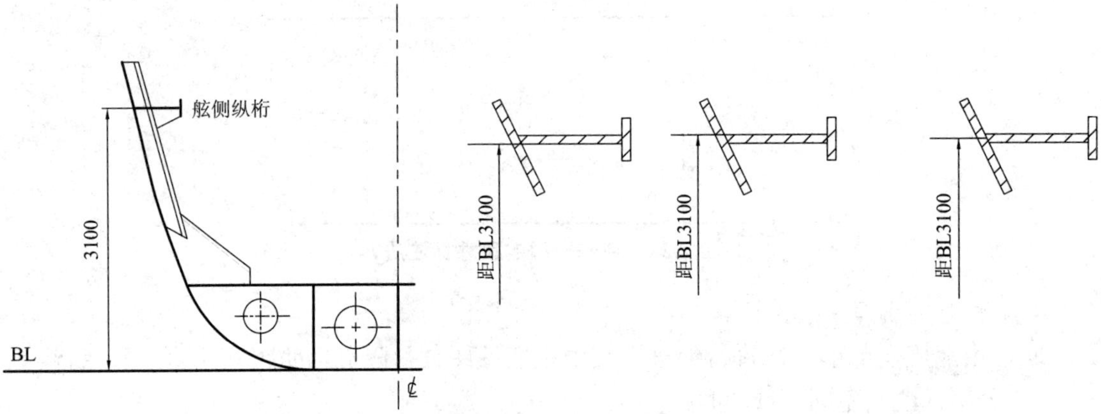

图 2-30　对舷侧桁材定位方式的不同理解

因此，《金属船体构件理论线》(CB/T 253—1999)对船体图样的定位尺寸和安装基准作了规定，即规定了船体构件理论线的位置。船体构件理论线(ML)是确定构件定位尺寸的依据，也是船体建造时确定构件安装位置的基准线。

2.9.1　确定理论线的基本规定

(1)上下靠基线。在船体的高度方向，凡基线以上的各构件的理论线都取在靠近基线的一边，见图 2-31(a)。

（2）前后靠船中。船体长度方向，位于船体中站前后的构件，其理论线取靠近船中的一侧，见图 2-31（b）。

（3）左右靠船体中线。船体宽度方向，位于船体中线两旁的构件，其理论线取靠近船体中线面的一侧，见图 2-31（c）。

（4）位于船体中线上的对称构件取板厚中间，见图 2-31（d）。

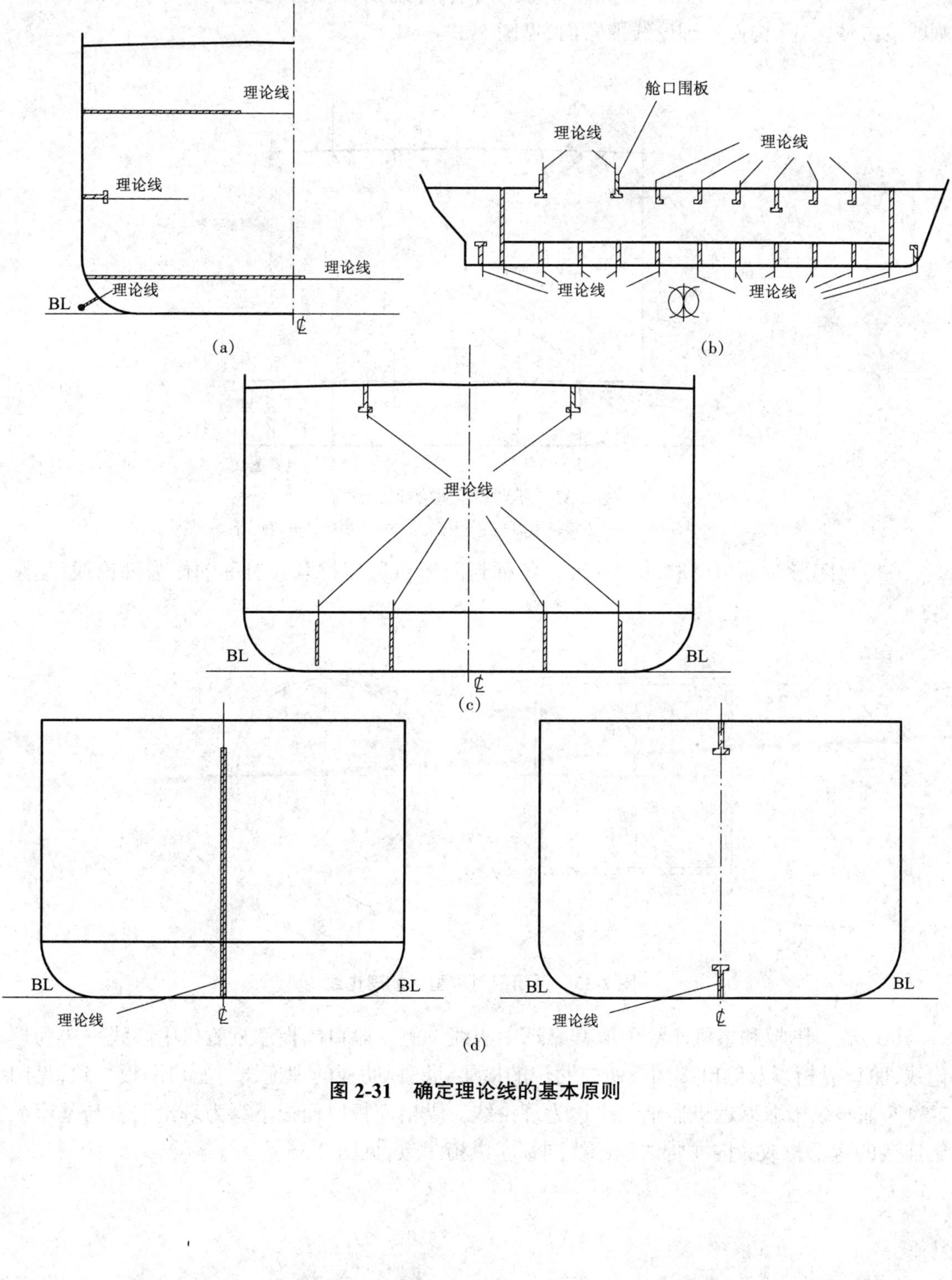

图 2-31　确定理论线的基本原则

2.9.2 确定理论线的其他规定

为了测量和加工的方便、合理，部分构件的理论线可不遵循上述原则，其理论线位置根据下列规定确定，与上面的基本规定无关。

（1）不对称型材取背面。不对称型材指角钢、球扁钢、槽钢和折边板等。为了测量定位画线的方便，这些构件的理论线取背面，见图 2-32。

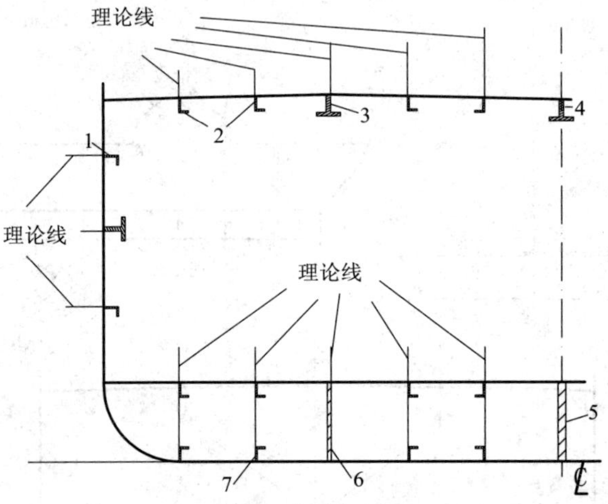

图 2-32 不对称型材的理论线

1—舷侧纵骨；2—甲板纵骨；3—甲板纵桁；4—甲板中纵桁；5—中底桁；6—旁底桁；7—船底纵骨

（2）封闭形对称型材取其对称轴。各种封闭形对称型材取其对称轴作为理论线，见图 2-33。`

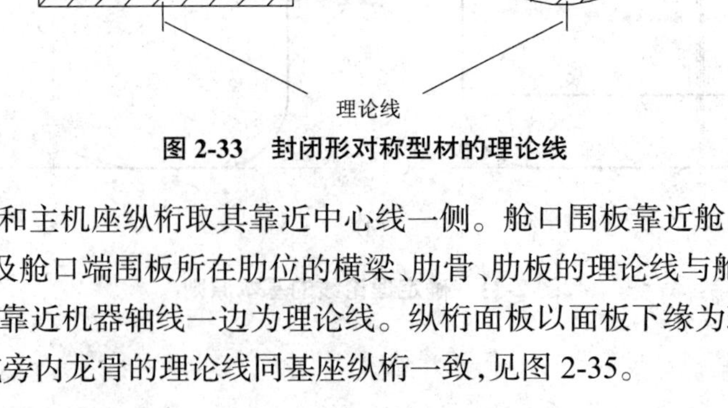

图 2-33 封闭形对称型材的理论线

（3）舱口围板和主机座纵桁取其靠近中心线一侧。舱口围板靠近舱口中心线一边为理论线，舱口纵桁以及舱口端围板所在肋位的横梁、肋骨、肋板的理论线与舱口围板一致，见图 2-34。基座纵桁取靠近机器轴线一边为理论线。纵桁面板以面板下缘为理论线。与基座纵桁连接的旁桁材或旁内龙骨的理论线同基座纵桁一致，见图 2-35。

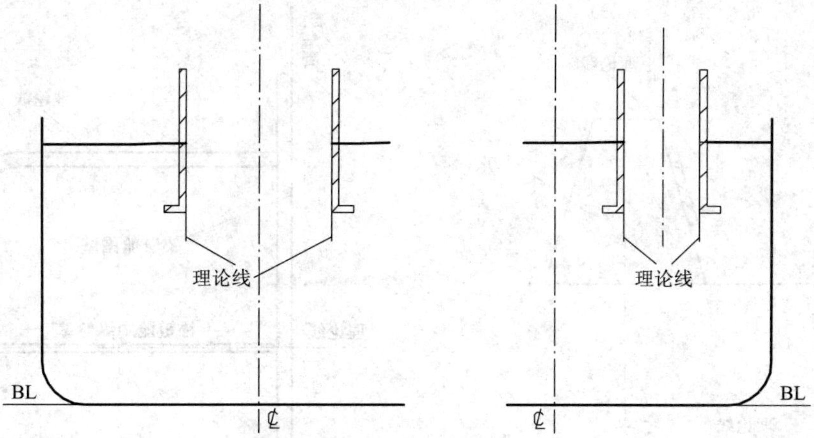

图 2-34　舱口围板的理论线

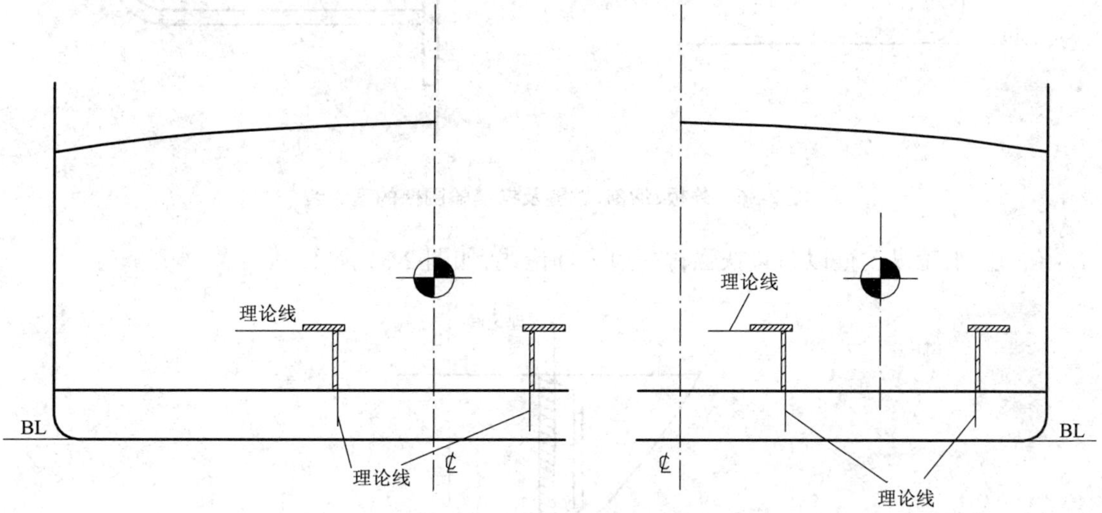

图 2-35　基座纵桁的理论线

(4)外板、烟囱、轴隧以板的内缘为理论线,如图 2-36(a)所示;锚链舱围壁以板的外缘为理论线,如图 2-36(b)所示。

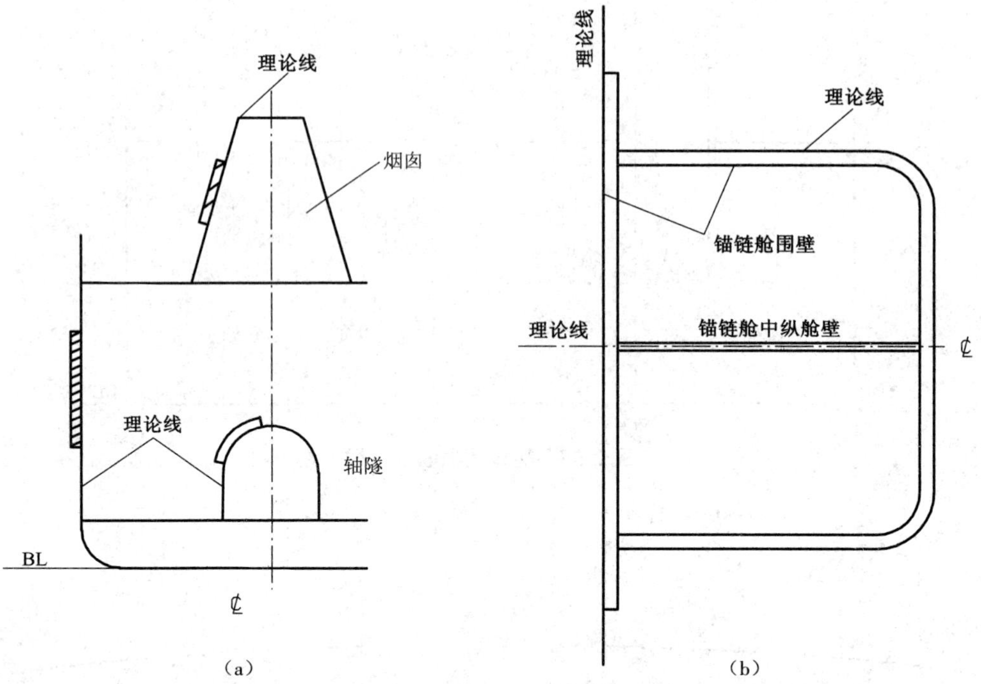

图 2-36　外板、烟囱、轴隧及锚链舱围壁的理论线

(5)边水舱纵舱壁以布置扶强材一边为理论线,如图 2-37 所示。

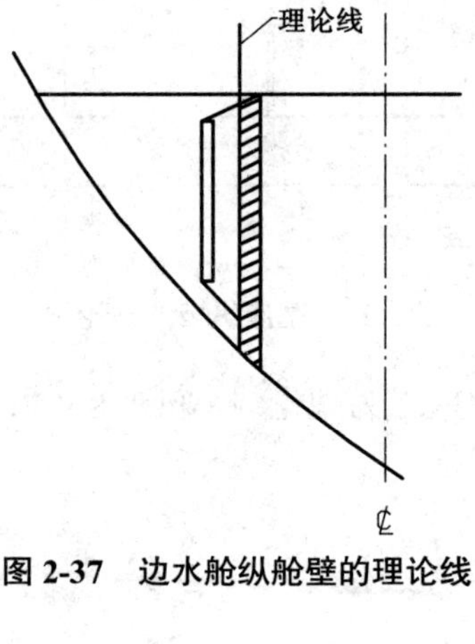

图 2-37　边水舱纵舱壁的理论线

2.10　船舶焊缝符号

钢质船体构件间的连接主要采用焊接工艺。焊接方法、焊缝形式及焊缝尺寸都通过焊缝符号反映在船体施工图样中。所以,掌握焊缝符号的含义和标注方法,对于识读和绘制船体施工图样十分重要。本节主要介绍焊缝符号的组成与标注方法。

2.10.1　焊接方法和焊缝形式

1. 焊接方法

现代船舶建造中常用的焊接方法有电弧焊和电渣焊两种，其中电弧焊最为常用。

1）电弧焊

电弧焊是以电弧作为热源，利用空气放电的物理现象，将电能转换为焊接所需的热能和机械能，从而达到连接金属的目的。电弧焊的主要方法有焊条电弧焊、埋弧焊、气体保护焊等。电弧焊是应用最广泛、最重要的熔焊方法，其生产量占焊接生产总量的 60% 以上。

焊条电弧焊是工业生产中应用最广泛的焊接方法，它的原理是利用电弧放电（俗称电弧燃烧）所产生的热量将焊条与工件互相熔化并在冷凝后形成焊缝，从而获得牢固的接头。

电弧焊可分为手工电弧焊、半自动电弧焊、自动电弧焊。自动电弧焊通常是指埋弧自动焊，在焊接部位覆有起保护作用的焊剂层，将由填充金属制成的光焊丝插入焊剂层，与焊接金属产生电弧，电弧埋藏在焊剂层下，电弧产生的热量熔化焊丝、焊剂和母材金属形成焊缝，其焊接过程是自动进行的。

2）电渣焊

电渣焊是以电流通过熔渣所产生的电阻热作为热源，将填充金属和母材熔化，凝固后形成金属原子间的牢固连接。在开始焊接时，使焊丝与起焊槽短路起弧，不断加入少量固体焊剂，利用电弧的热量使之熔化，形成液态熔渣，待熔渣达到一定深度时，增加焊丝的送进速度并降低电压，使焊丝插入渣池，电弧熄灭，从而转入电渣焊焊接过程。

电渣焊的特点如下。

（1）适用于大厚度构件的焊接。焊件均为 I 形坡口，只留一定尺寸的装配间隙便可一次焊接成形，所以生产效率高，焊接材料消耗较少。理论上电渣焊能焊接的板厚是无限的，但实际上要受到设备和操作技术的限制，故常焊的板厚为 13~500 mm。

（2）适用于焊缝处于垂直位置的焊接，也可用于倾斜焊缝（与地平面的垂线夹角 ≤ 30°）的焊接。垂直位置对于电渣焊形成熔池及焊缝的条件最好，焊缝金属中不易产生气孔及夹渣。

船人舶事：史上最难焊接材料之一

LNG 船（液化天然气船）被称为世界造船界“皇冠上的明珠”，是世界公认最难建造的高技术、高可靠性、高附加值的“三高”特殊船舶。它要在 −163 ℃的极低温环境下，漂洋过海运送液化天然气。为适应这种温度剧变，LNG 船内部有一套复杂的系统。其中，货舱维护系统由两层绝缘箱和两层薄膜组成，它是建造 LNG 船的关键。殷瓦钢（invar）也称为不膨胀钢、殷瓦合金、殷钢，是含 36% 镍的合金钢。由于殷瓦钢的热膨胀系数极低，在巨大的温差下，其几乎不发生变形，在温度极低的环境下，依然保持良好的强度，并且具有比中碳钢更强的耐腐蚀性。在 −196 ℃的工作环境下，现有的可选材料中，殷瓦钢是最适合运输和储存液化气体的金属材料。

然而，殷瓦钢极为娇贵，0.7 mm 厚的殷瓦钢用手摸一下，24 小时就会锈穿，所以在焊接过程中必须极为小心！在焊接中殷瓦钢上不能有一滴汗珠、一个手印，这就要求工人在焊接时，不仅手上准，更要心里稳，焊工们的任何情绪波动，都有可能直接影响焊接的质量。殷瓦钢的焊接需要最高级别（即 G 级）的焊工佩戴专用羊皮吸汗手套在极其艰苦的环境下进行。

在 LNG 船上，焊接异常困难的殷瓦钢不仅必不可少，而且用量不小。一条 LNG 船，殷瓦钢焊接总长度达 130 km，虽然 90% 是自动焊，但还有 13 km 特殊位置的焊缝，需要焊工将一块块薄如纸的殷瓦钢像做衣服一样，一块一块连接起来。走 3.5 m 路可能只需要 4 s，而焊完一条 3.5 m 长度的焊缝却需要整整 5 个小时。一旦出现任何焊接质量问题，将导致相邻一大片殷瓦钢板的更换和重新焊接，返修工时至少要 1 000 小时。如果焊缝上存在一个针眼大小的漏点，就有可能造成整船的天然气发生爆炸，后果极其严重，所以有人称 LNG 船为“海上移动的原子弹”。

在世界民用造船领域，建造一艘 LNG 船的难度堪比建造一艘航母，最早只有美国、日本、韩国和欧洲少数几个发达国家能建造 LNG 船。能够在 LNG 船上进行全位置殷瓦钢手工焊接的焊工，必须经过法国液化天然气围护系统公司（GTT）的严格考核，取得合格证书之后，每个月都要重新考核一次，考核合格才能继续上岗工作。最初，外国人并不看好中国人能掌握这项技术。2005 年，我国才有了第一批 16 个掌握这项焊接技术的工人。目前，中国已经能够自主设计建造 LNG 船，并且不断探索创新，基本掌握了世界造船尖端技术，打破了国外在该领域的垄断局面。

（摘自 http://www.ecorr.org/news/industry/2018-10-24/170790.html 和 http://www.360doc.com/content/20/0225/20/68574602_894796229.shtml，略有改动）

2. 焊缝形式

焊缝是焊接接头的组成部分，焊缝形式由接头的形式确定，焊接接头是指焊件相互连接时需要焊接的部分。船体焊接中常见的焊接接头有对接接头、T 形接头、搭接接头、角接接头和塞焊接头，如图 2-38 所示。

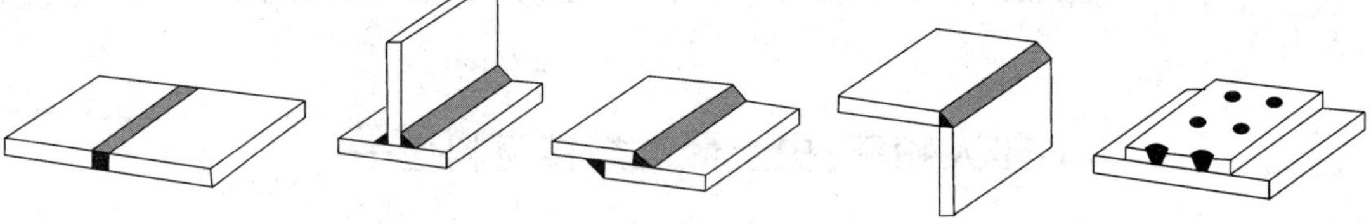

（a） （b） （c） （d） （e）

图 2-38 焊接接头形式

（a）对接接头 （b）T 形接头 （c）搭接接头 （d）角接接头 （e）塞焊接头

对接接头 T 形接头 搭接接头 角接接头 塞焊接头

焊接接头经焊接后形成的接缝称为焊缝。搭接焊缝、T 形焊缝和角接焊缝的断面形状是一致的,统称为角焊缝。所以,船体焊缝可归结为对接焊缝、角焊缝和塞焊缝三种类型。

1)对接焊缝

对接接头施焊后形成的焊缝称为对接焊缝。对接焊缝都是连续焊缝,而且是不渗透的,因此必须保证焊透。根据板厚及施工要求,对接焊缝常开有坡口。坡口形式有卷边、I 形、V 形、X 形、U 形和 K 形等多种,如图 2-39 所示。

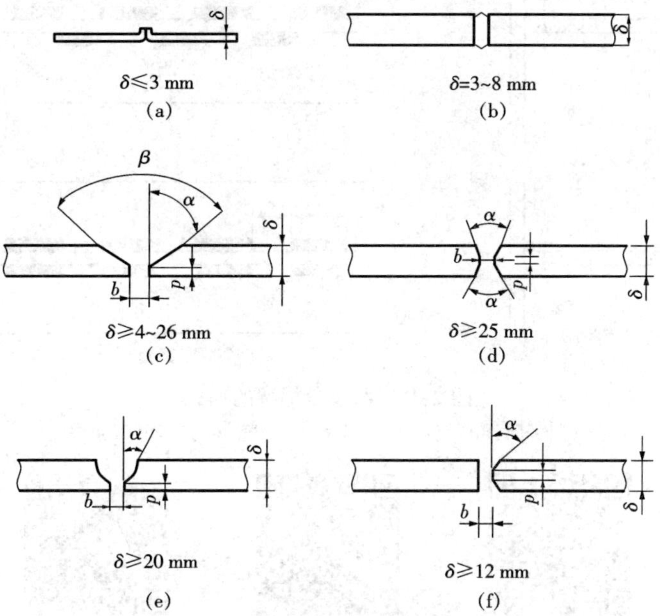

图 2-39　对接焊缝及其坡口形式

(a)卷边　(b)I 形　(c)V 形　(d)X 形　(e)U 形　(f)K 形

2)角焊缝

角焊缝又分为连续角焊缝和断续角焊缝两种。

(1)连续角焊缝:整条焊缝连续无中断的角焊缝称为连续角焊缝。连续角焊缝可以是单面的,也可以是双面的。为了保证一定的熔深和连接强度,连续角焊缝也有 I 形、V 形、U 形等形式,如图 2-40 所示。

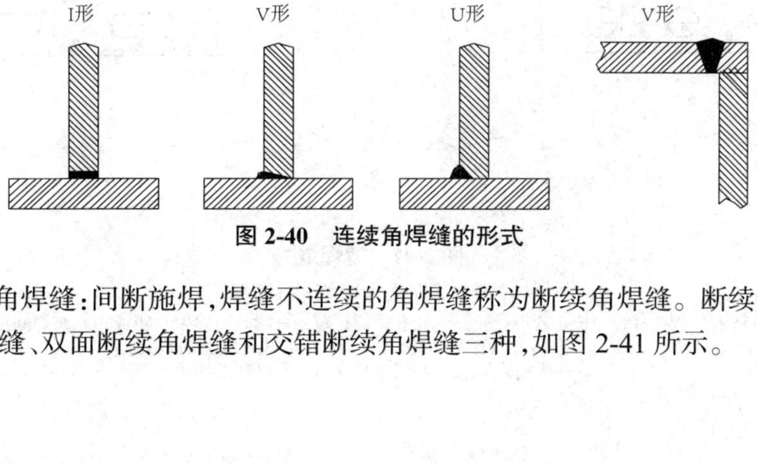

图 2-40　连续角焊缝的形式

(2)断续角焊缝:间断施焊,焊缝不连续的角焊缝称为断续角焊缝。断续角焊缝又分为单面断续角焊缝、双面断续角焊缝和交错断续角焊缝三种,如图 2-41 所示。

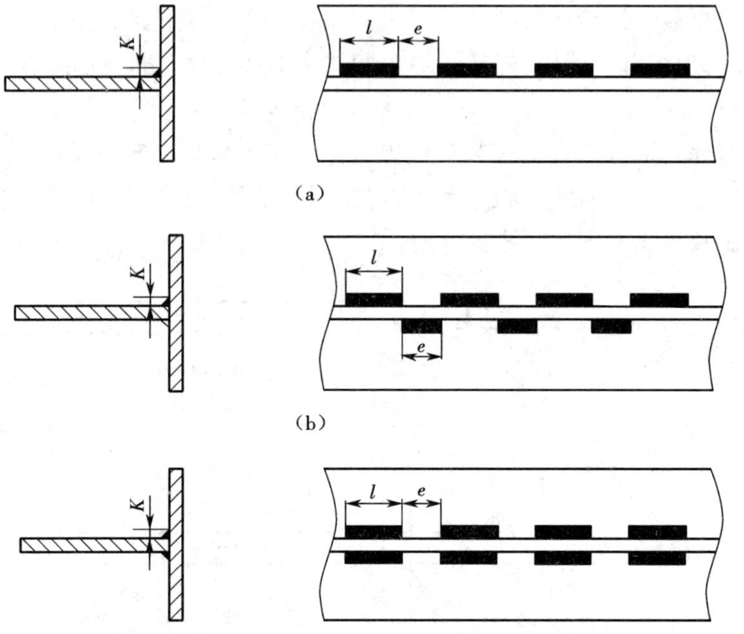

（a） （b） （c）

图 2-41　断续角焊缝的形式

（a）单面断续角焊缝　（b）交错断续角焊缝　（c）双面断续角焊缝

单面断续角焊缝　交错断续角焊缝　双面断续角焊缝

3）塞焊缝

塞焊接头施焊后形成的焊缝称为塞焊缝。塞焊缝有圆孔塞焊缝（图 2-42（a））和长孔塞焊缝（图 2-42（b））两种。

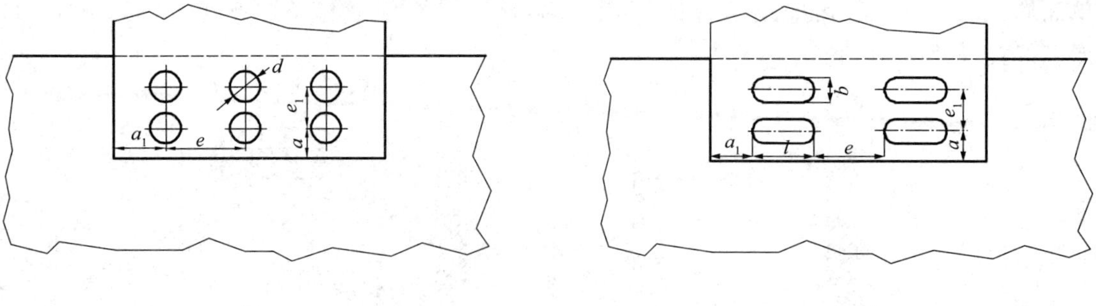

(a) (b)

图 2-42　塞焊缝

（a）圆孔塞焊缝　（b）长孔塞焊缝

d—圆孔塞焊直径；l—长孔塞焊孔长；b—长孔塞焊孔宽；e—圆孔塞焊中心距或长孔塞焊间距；
e_1—行距；a—沿行距方向圆孔或长孔中心线至板边的距离；
a_1—沿行向圆孔中心线或长孔边缘至板边的距离

船体焊接中，角焊缝数量最多，对接焊缝次之，塞焊缝最少。

2.10.2　焊缝符号

焊缝符号包括焊缝基本符号、焊缝辅助符号及尺寸、焊接方法和指引线四部分。为了简化，在图样上标注焊缝时一般仅采用基本符号和指引线，其他内容可以在相关的技术文件中说明。

1. 指引线

指引线由箭头线和基准线（实线和虚线）组成，如图 2-43 所示。

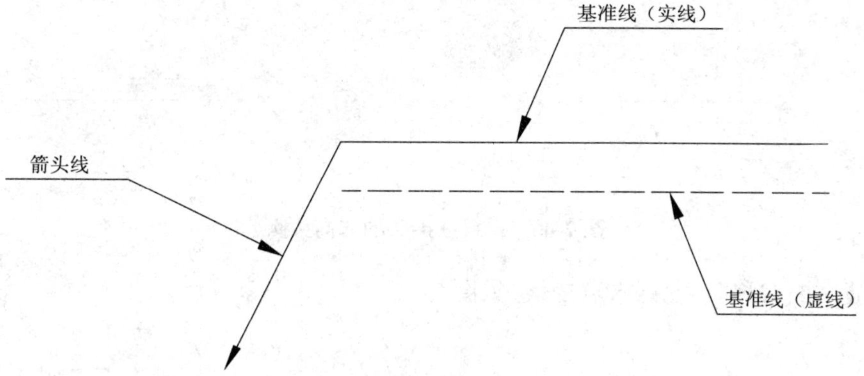

图 2-43　指引线

1）箭头线

箭头直接指向的接头侧为接头的箭头侧，与之相对的则为接头的非箭头侧，如图 2-44 所示。

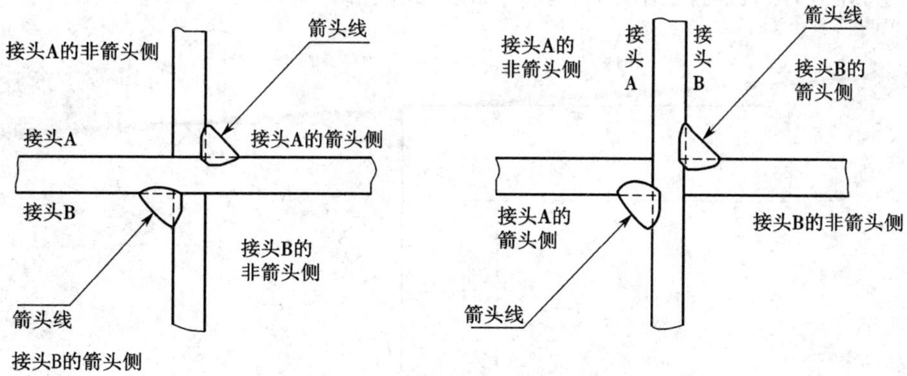

图 2-44　接头的箭头侧及非箭头侧示例

2)基本符号与基准线的相对位置

当基本符号在实线侧时,表示焊缝在箭头所指一侧,见图 2-45。

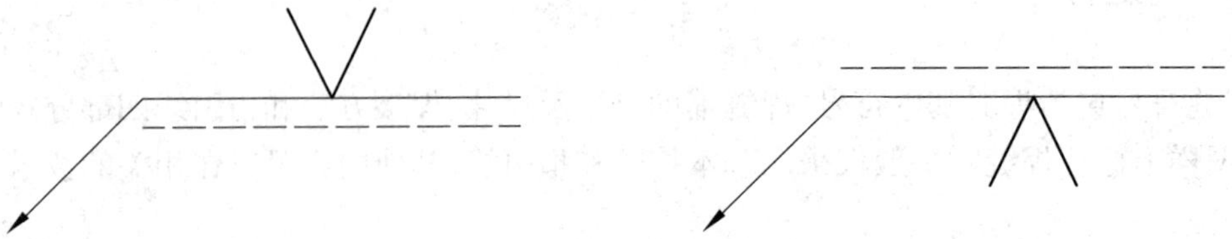

图 2-45　焊缝在接头的箭头侧

当基本符号在虚线侧时,表示焊缝在非箭头所指一侧,见图 2-46。

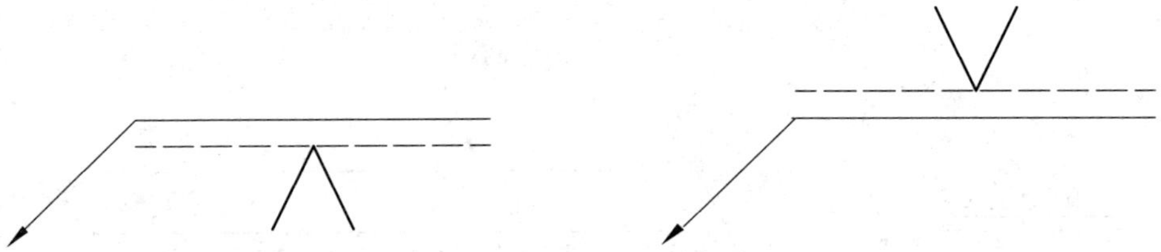

图 2-46　焊缝在接头的非箭头侧

当焊缝两面对称时,允许省略虚线,见图 2-47。

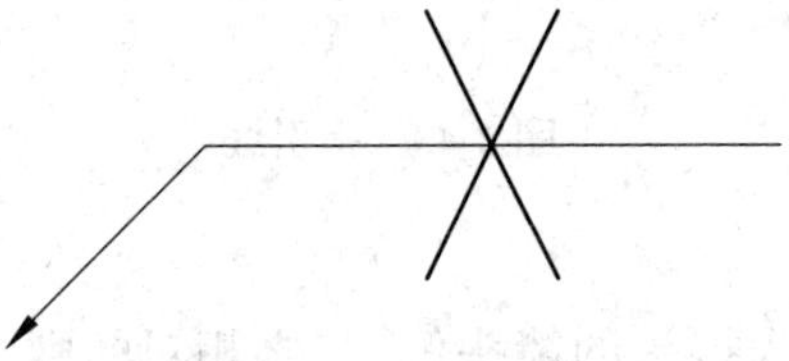

图 2-47　对称焊缝

在明确焊缝分布位置的情况下,有些双面焊缝也可省略虚线,见图 2-48。

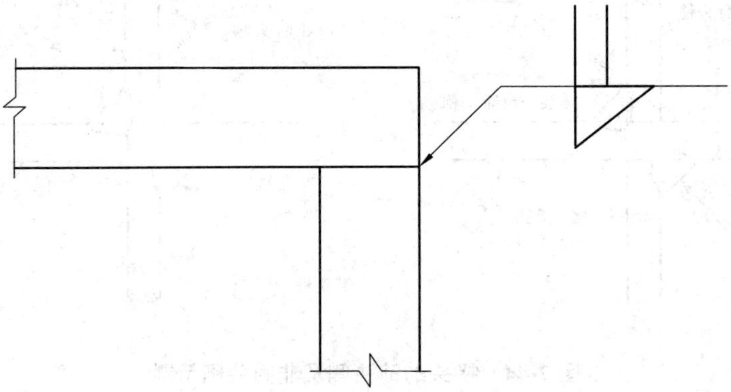

图 2-48　双面焊缝

2. 焊缝基本符号

焊缝基本符号用于表示焊缝的剖面形状，是焊缝符号中必须标注的符号，用粗实线绘制，见表 2-8。

表 2-8　焊缝基本符号

序号	焊缝名称	焊缝形式	焊缝基本符号
1	I 形焊缝		
2	V 形焊缝		
3	带钝边 V 形焊缝		
4	单边 V 形焊缝		
5	带钝边单边 V 形焊缝		
6	U 形焊缝		
7	单边 U 形（J 形）焊缝		
8	角焊缝	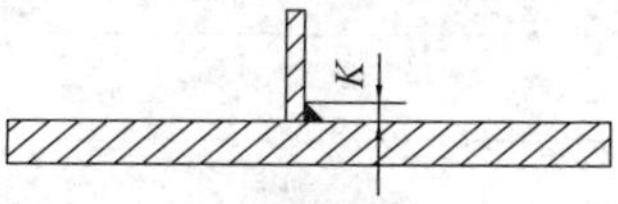	 一般只注焊脚高 *K*
9	塞焊缝	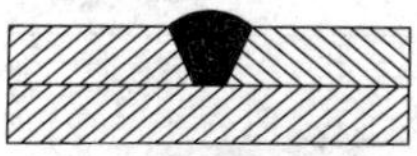	
10	封底焊缝		

3. 基本符号的组合

标注双面焊缝或接头时，基本符号可以组合使用，见表 2-9。

表 2-9　基本符号的组合

序号	名称	示意图	符号
1	双面 V 形焊缝（X 焊缝）		
2	双面单 V 形焊缝（K 焊缝）	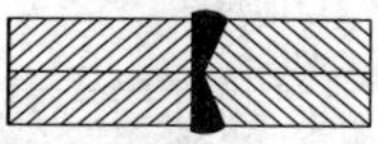	
3	带钝边的双面 V 形焊缝		
4	带钝边的双面单 V 形焊缝	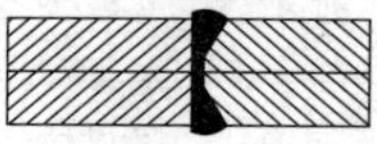	
5	双面 U 形焊缝		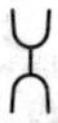

4. 补充符号

补充符号用来补充说明有关焊缝或接头的某些特征(如表面形状、衬垫、焊缝分布、施焊地点等),具体见表 2-10。

表 2-10 补充符号

序号	名称	符号	说明
1	平面		焊缝表面通常经过加工后平整
2	凹面		焊缝表面凹陷
3	凸面		焊缝表面凸起
4	圆滑过渡		焊趾处过渡圆滑
5	永久衬垫	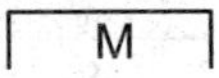	衬垫永久保留
6	临时衬垫	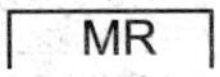	衬垫在焊接完成后拆除
7	三面焊缝		三面带有焊缝
8	周围焊缝		沿着工件周边施焊的焊缝,标注位置为基准线与箭头线的交点处
9	现场焊缝		在现场焊接的焊缝
10	尾部		可以表示所需的信息

5. 尺寸符号

尺寸符号用来表示焊缝接头、坡口形状尺寸和焊缝外形尺寸。必要时,可以在焊缝符号中标注相关尺寸,如表 2-11 所示。

表 2-11 尺寸符号

符号	名称	示意图
δ	工件厚度	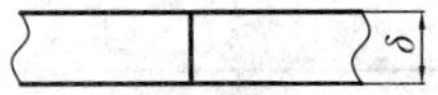
α	坡口角度	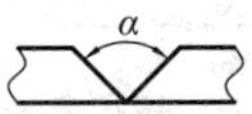
β	坡口面角度	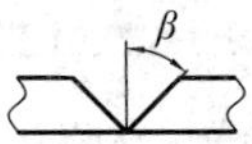
b	根部间隙	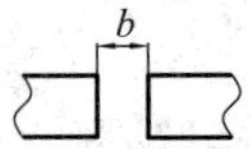
p	钝边高度	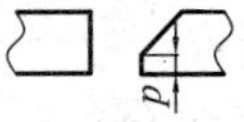
R	根部半径	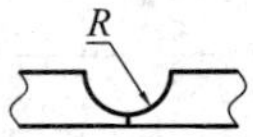

续表

符号	名称	示意图
H	坡口深度	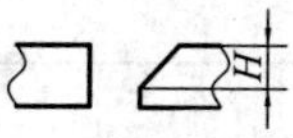
S	焊缝有效厚度	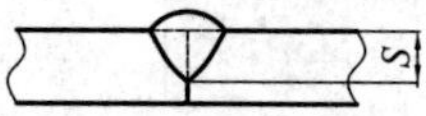
c	焊缝宽度	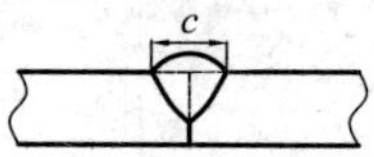
K	焊脚尺寸	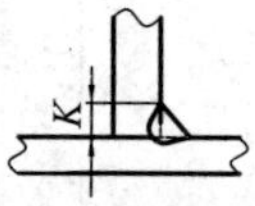
d	点焊:熔核直径 塞焊:孔径	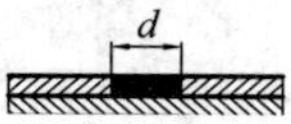
n	焊缝段数	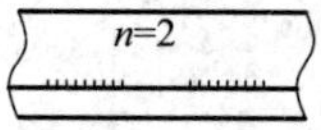
l	焊缝长度	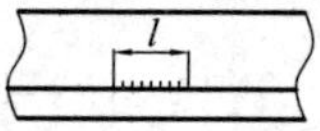
e	焊缝间距	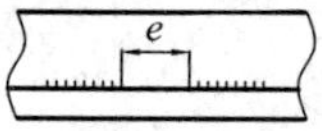
N	相同焊缝数量	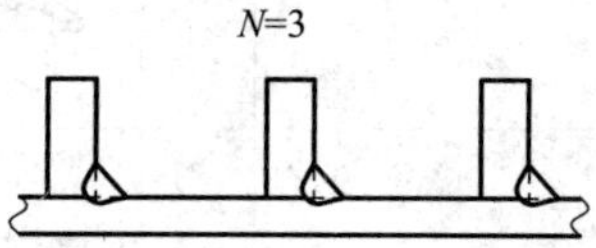
h	焊缝余高	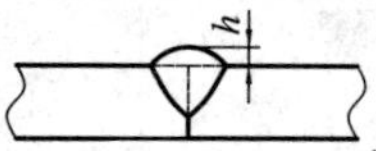

尺寸的标注规则如图 2-49 所示。

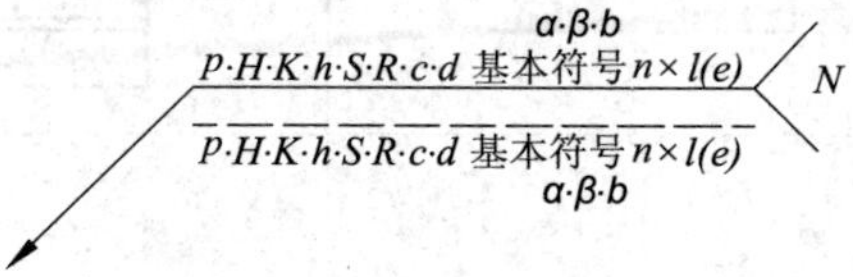

图 2-49　尺寸标注方法

其中,横向尺寸(焊缝横截面上的尺寸)标注在基本符号的左侧,包括钝边高度(p)、坡口深度(H)、焊脚尺寸(K)、焊缝余高(h)、焊缝有效厚度(S)、根部半径(R)、焊缝宽度(c)、熔核直径(d)。

纵向尺寸(焊缝长度方向的尺寸)标注在基本符号的右侧,包括焊缝长度(l)、焊缝间距(e)。

坡口角度(α)、坡口面角度(β)、根部间隙(b)标注在基本符号的上侧或下侧。

相同焊缝数量标注在尾部。

表 2-12 为船舶焊缝符号标注方法示例。

表 2-12　船舶焊缝符号标注方法示例

焊缝形式	示意图	标注方法
连续角焊缝	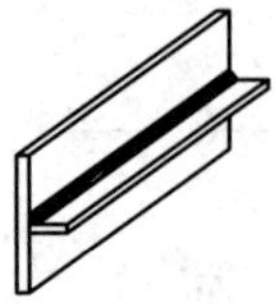	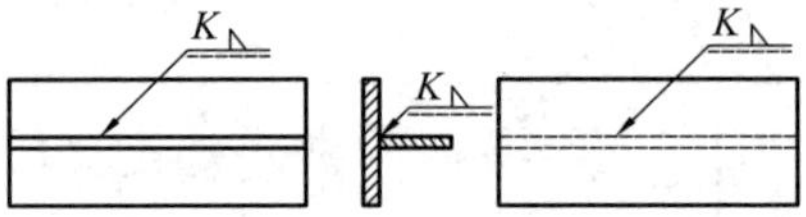
	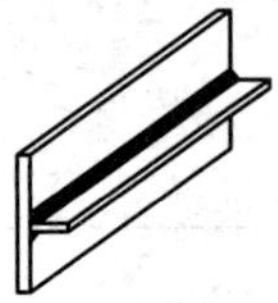	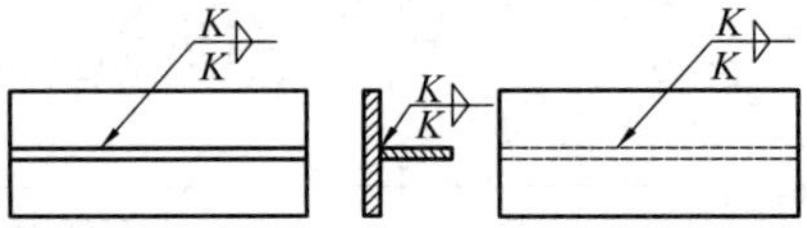
	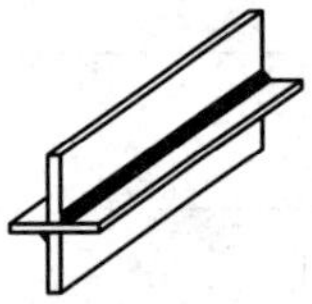	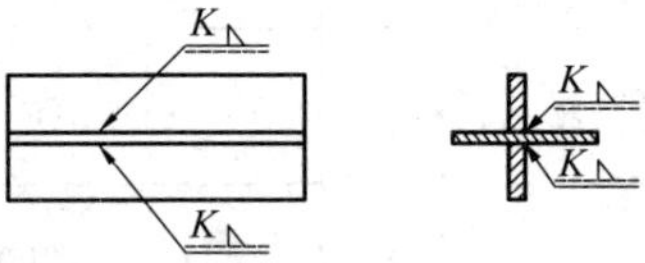
	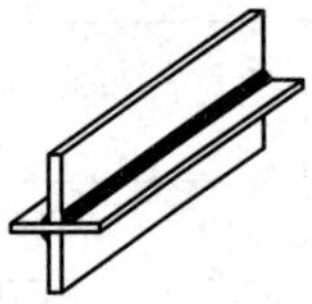	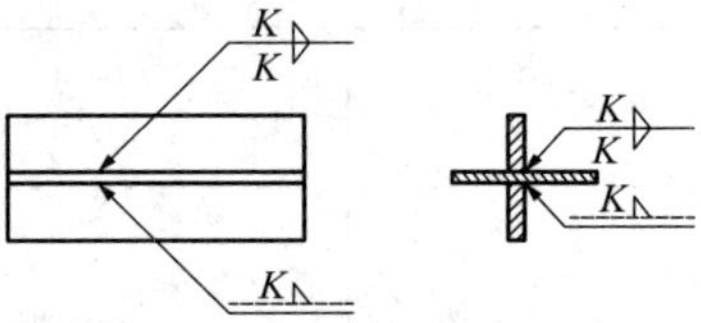
断续角焊缝	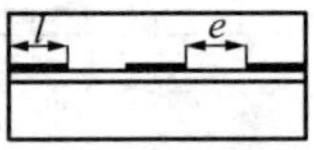	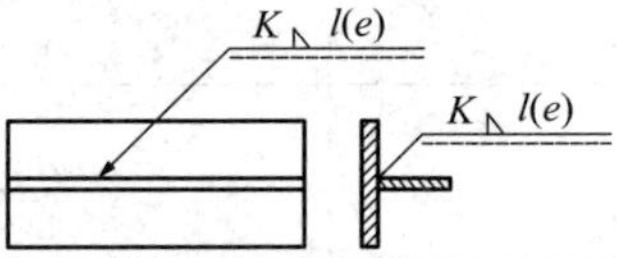
交错断续角焊缝	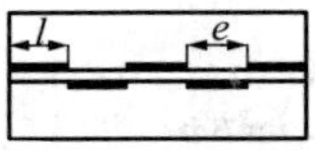	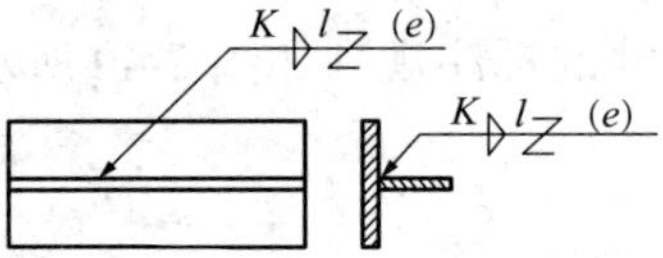
双面断续角焊缝	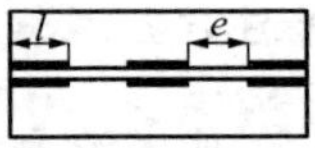	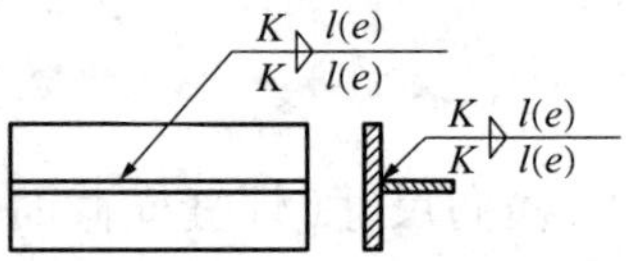
一面连续角焊缝，另一面断续角焊缝	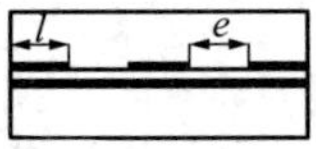	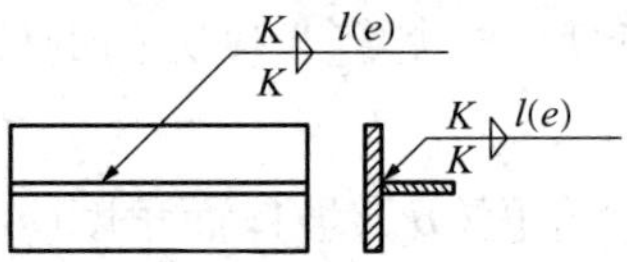

续表

焊缝形式	示意图	标注方法
塞焊缝或槽焊缝、周围焊缝	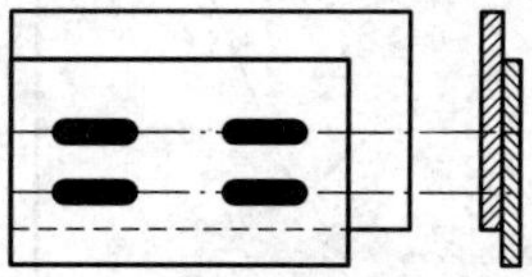	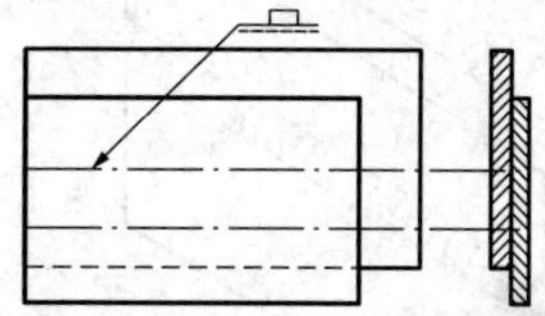
	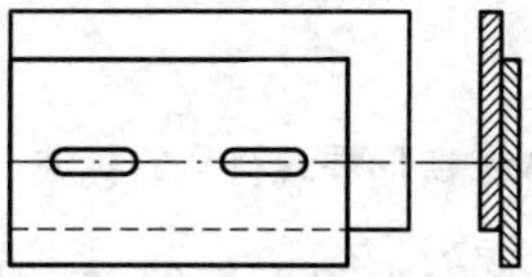	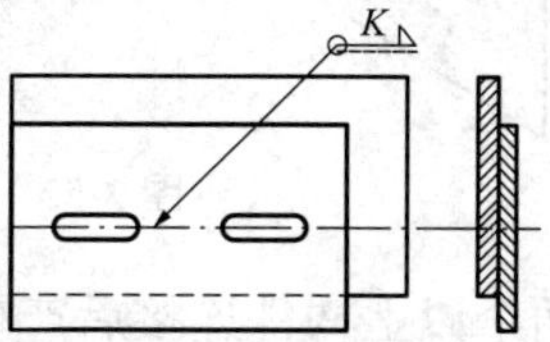

除上述要求外，标注焊缝符号时还应注意以下几点。

（1）焊缝符号应在焊缝特征明显的视图中表示，便于识读。同一焊缝的焊缝符号一般只需表示一次，见图 2-50。

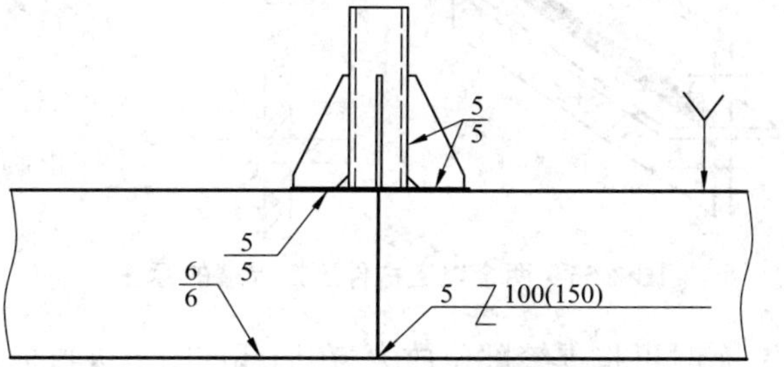

图 2-50　焊缝标注示例

（2）若干条焊缝的焊缝符号完全相同，位置又相邻近时，可以采用公共基准，见图 2-51。

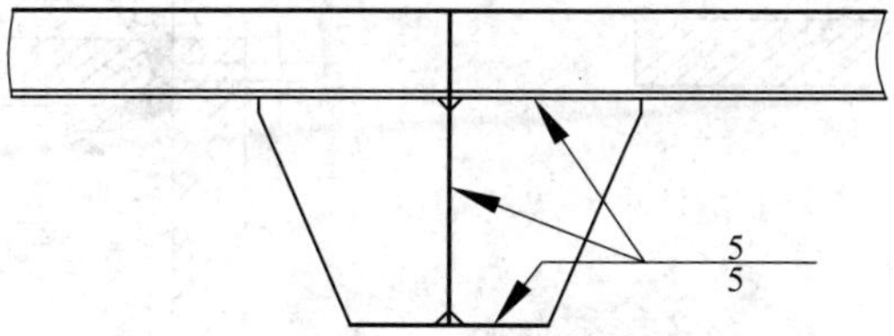

图 2-51　焊缝符号相同时的标注方法

（3）标注单边 V 形、单边 U 形的焊缝符号时，箭头应指向带有坡口一侧的工件，见图 2-52。

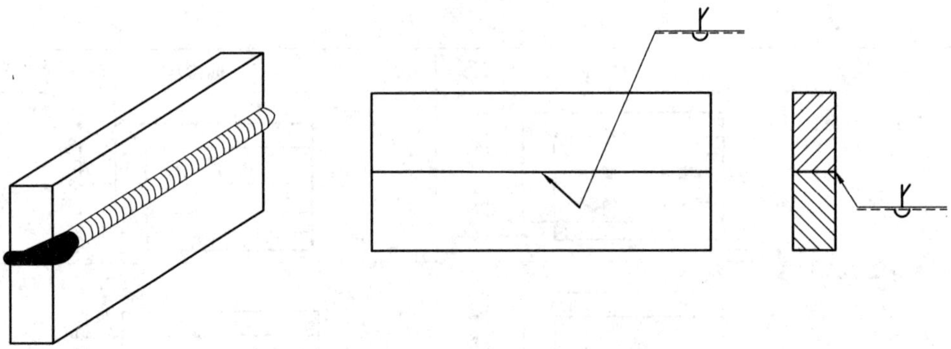

图 2-52 单边 V 形、单边 U 形焊缝符号的标注

(4)两个以上构件连接后产生的焊缝不能作为双面焊缝,其焊缝符号和尺寸应分别标注,见图 2-53。

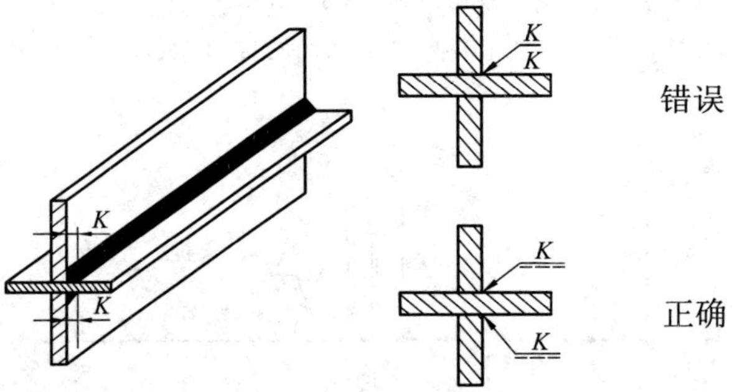

图 2-53 两个以上构件连接焊缝的标注

(5)坡口尺寸标注,有时可将焊缝部位放大,在局部详图上进行标注,见图 2-54。

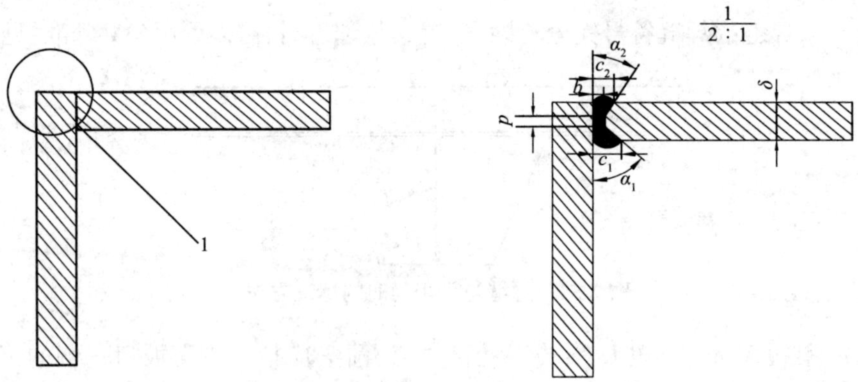

图 2-54 坡口详图

十大名船之哈尔滨舰(052 型)

哈尔滨舰是中国第二代导弹驱逐舰,被誉为“中华第一舰”,代表中国水面舰船武器装备 20 世纪 90 年代初的最高水准,实现了中国海军首访大洋彼岸。该舰于 1986 年由江南造船厂开始建造,经过 8 年的建造、试验,于 1992 年年底试航。该舰全长 142.7 m,全宽 15.1 m,吃水 5.1 m,满载排水量 4 200 t,续航能力 5 000 n mile/15 kn。

052 型驱逐舰研制期间用的是当时刚刚“出世”的特种钢,这种钢材各方面的性能能否达标是一个严峻的考验。在钢材研制期间,由于特种钢的碳当量高,焊接后淬硬倾向大,容易产生裂缝,所以必须对特种钢在低温和常温条件下的刚性进行对接焊接试验。1989 年夏,特种钢中板焊接抗裂性能试验在冷库试验室拉开了序幕。参加冷库试验的人至今都不会忘却那强烈的冷热反差作用对人体的肆虐:大热天走进零度以下的冷库里,张开的毛孔就在一瞬间收缩起来,身上即使穿着厚厚的棉大衣,也难以抵挡这突如其来的寒冷;待到做完试验走出冷库,浑身的血液似释放的洪水汹涌澎湃,要过好一会儿,人才能缓过来。为了测得精确的数据,研制组的人员除了在冷库进行试验外,还从上海到洛阳,再到哈尔滨,跑了大半个中国,做了几百次试验,为造舰获取了最为宝贵的第一手资料。

然而,考验并没有停止。052 型导弹驱逐舰使用的新型钢种在试焊时总有开裂现象,这种新型钢材里加的元素多,强度高,但可焊性差,容易产生裂缝。当时,江南焊王刘维新尝试了各种焊接办法都不成功。一个偶然的机会,刘维新发现如果改变以往习惯的焊接方法,裂缝的问题就能有所改善。问题的关键不在焊条、焊丝,而在一个看似不起眼的配件衬垫上。最终,通过调整衬垫的位置,解决了焊接开裂问题。

(选自《甲板上的中国:揭秘当代中国十大名船》,大连海事大学出版社,2016)

哈尔滨舰

练习题

一、选择题

1.《金属船体制图》(GB/T 4476—2008)采用的标准是(　　)。

A. 国家强制性标准 GB　　B. 行业强制性标准 CB

C. 国家推荐性标准 GB/T　　D. 行业推荐性标准 CB/T

2.《金属船体制图》(GB/T 4476—2008)中粗实线表示的内容较多,但不表示(　　)。

A. 板材剖面的简化线　　B. 骨材剖面的简化线

C. 设备的可见轮廓线　　D. 尺寸线

3. 一般来说,以下描述正确的是(　　)。

A. 实线常表示可见的构件

B. 虚线常表示不重要的构件

C. 点画线只用于对角线

D. 其他剖面的线不能重叠画在同一剖面上

4. 站在双层底的内底板上,如果想画出水密肋板,则应该用(　　)。

A. 粗实线　　B. 粗虚线　　C. 轨道线　　D. 粗双点画线

5. 强肋骨、强横梁、甲板纵桁均属于强构件,当它们不可见时,一般画成(　　)。

A. 粗虚线　　B. 粗点画线　　C. 粗双点画线　　D. 轨道线

6. 以下(　　)构件应以其对称线作为理论线。

A. 甲板纵骨　　B. 舷侧纵桁　　C. 中底桁　　D. 旁底桁

7. 对外板的理论线而言,下列描述正确的是(　　)。

A. 内底板应以板的上缘为理论线

B. 外底板应以板的上缘为理论线

C. 舷侧板应以外侧为理论线

D. 甲板应以船中处的甲板上缘为理论线

8. 在船体图线的形式和应用中,细点画线可用于表示(　　)。

A. 引出线与指引线　　B. 不可见肋骨

C. 可见横梁　　D. 开口对角线

E. 非本图构件的可见轮廓线　　F. 折角线

9. 下列构件中,其理论线的定位正确的是(　　)。

A. 沿船长方向,舱口端横梁以靠船中一边为理论线

B. 沿船宽方向,旁底桁以厚度的中线为理论线

C. 沿高度方向,舷侧纵桁以 T 形材的对称中心为理论线

D. 舱口纵桁以靠舱口对称中心的一边为理论线

E. 中底桁以中纵剖线为理论线

F. 基座纵桁的腹板以靠近轴中心线的一边为理论线

10. 对下列板的理论线描述正确的是(　　)。

A. 平板龙骨应以板的下边缘为理论线

B. 船底板的理论线在板的上缘

C. 舷侧板的理论线在板的外侧

D. 甲板板的理论线在板的下缘

E. 纵舱壁的理论线在舱壁板的厚度中线上

F. 横舱壁的理论线在靠船中的一边

二、绘图及标注题

1. 在习题图 2-1 中,标明图线的意义及符号名称。

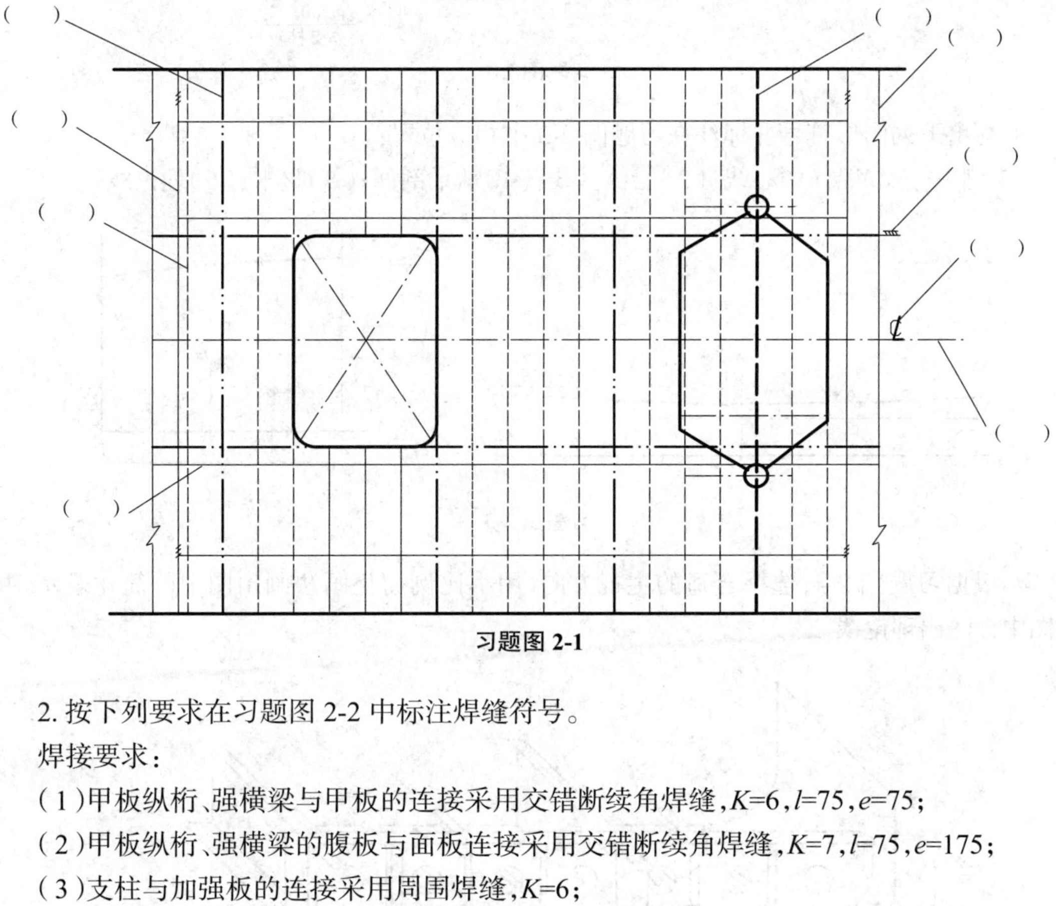

习题图 2-1

2. 按下列要求在习题图 2-2 中标注焊缝符号。

焊接要求:

(1)甲板纵桁、强横梁与甲板的连接采用交错断续角焊缝,K=6,l=75,e=75;

(2)甲板纵桁、强横梁的腹板与面板连接采用交错断续角焊缝,K=7,l=75,e=175;

(3)支柱与加强板的连接采用周围焊缝,K=6;

(4)肘板与其他构件的连接采用双面连续角焊缝,K=5。

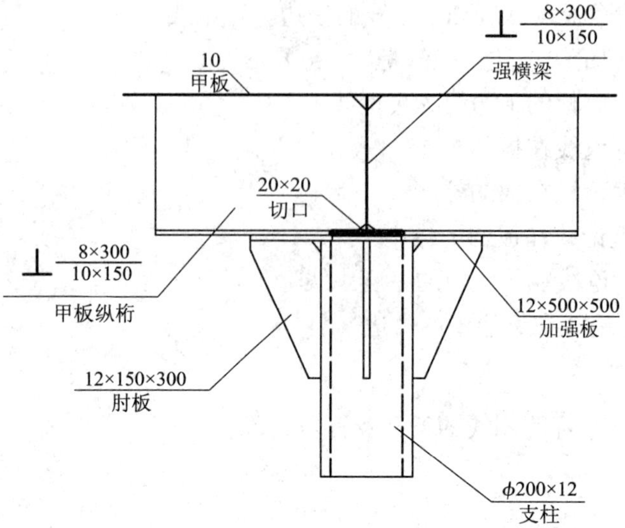

习题图 2-2

3. 写出下列图形符号并标注在习题图 2-3 中相应位置：
(1)船中；(2)船体中心线；(3)船体基线；(4)轴系剖面；(5)吃水；(6)理论线。

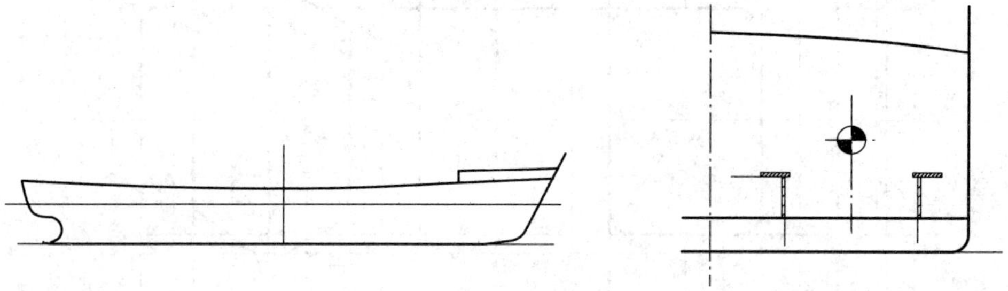

习题图 2-3

4. 根据习题图 2-4，选择合适的主视方向，用小比例简化画法画出图中的简化表示，并在图中标注出理论线。

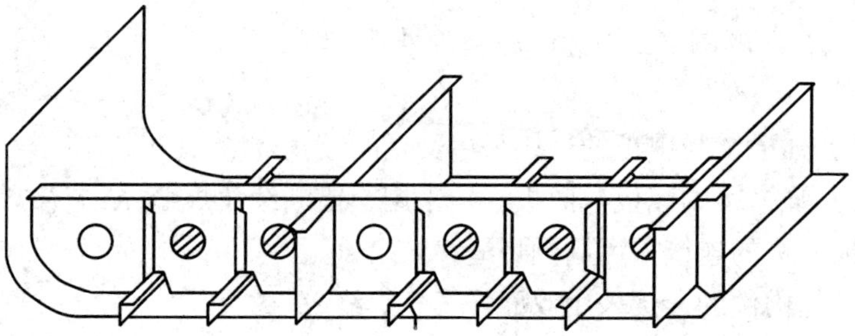

习题图 2-4

5. 在习题图 2-5 中标出各构件理论线的位置。

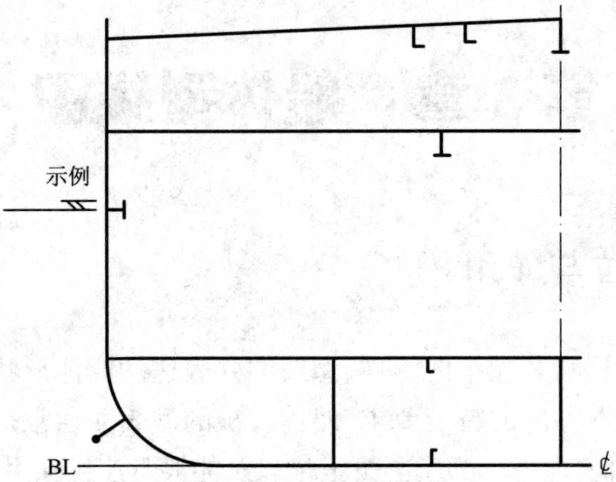

习题图 2-5

第 3 章　船体型线图

3.1　型线图的地位与作用

型线图是表示船体形状和大小的图样，型线图要表达的船体形状包括外板的形状和甲板的形状。由于船舶航海性能的特定要求，船体外板的型表面通常是一个具有双重曲度的光滑曲面，纵向和横向都有曲度。为了减少上浪以及能够迅速排除甲板积水，露天甲板型表面一般也是光滑曲面。如果用机械图中的方法，只能将船体的外部形状分别投影到 *V*、*H*、*W* 面上，得到船体的主视图、俯视图、左视图。这三个投影图只能粗略地反映船体的外形特征，不能完整表达出船体的准确形状和真实大小。因此，船体的真实形状不能用正投影三视图完整地表达。那么船体的形状如何表达呢？为完整、准确地表达船体的形状和大小，需设计一张专门的图样——船体型线图。这是由能反映船体曲面变化情况的型线组成的特殊三视图，它在三个互相垂直的投影面上，不但画出船体外轮廓线的投影，同时画出一系列特殊平面与船体表面交线的投影。

船体型线图是采用标高投影法绘制而成的。在船长、船深、船宽三个方向进行标高投影，即用三个相互垂直的基本剖切平面，并分别用三组平行于这三个基本剖切平面的平面与船体相截，得到三组曲线，投影到三个投影面上，才可得到表示船体曲面形状的图样——型线图。

金属船体的外板和甲板由钢板构成，钢板具有一定的厚度且厚度分布不均匀，因此船体外板有外表面和内表面之分，甲板则有上表面和下表面之分。为了更加准确地描述船体的几何特征，消除因为板厚不同产生的差异，型线图所表示的形状是外板内表面和甲板下表面的形状，亦即船体型表面的形状（或称理论表面形状）。

船体型线图是最基本、最重要的船体图样之一，也是一张全船性图样。它的主要用途为：

（1）表示船体的形状和大小；

（2）是船舶设计时计算各种技术性能的主要依据；

（3）绘制其他图样的主要依据；

（4）进行船体放样工作的依据。

型线图绘制的精确程度直接影响航海性能计算的准确性和船体的建造质量。因此，对型线图的绘制精度有较高的要求。

3.2　型线图的三个基本剖切面

根据《金属船体制图》（GB/T 4476—2008）的规定，民用船舶图样一般将船舶置于和正立投影面平行的位置，船艏绘于图纸右侧，船艉绘于左侧。

采用工程制图标准规定的第一象限正投影方法表达船体图样。人站立于船上，面向船艏，人的左右手方向分别定义为船的左右两舷。

用标高投影法表示船体的形状，必须先选定三个基本剖切平面。在型线图中选取中线面（正投影面 V 面）、设计水线平面（水平投影面 H 面）和中站面（侧投影面 W 面）这三个相互垂直且相交的平面作为基本剖切平面，如图 3-1 所示。

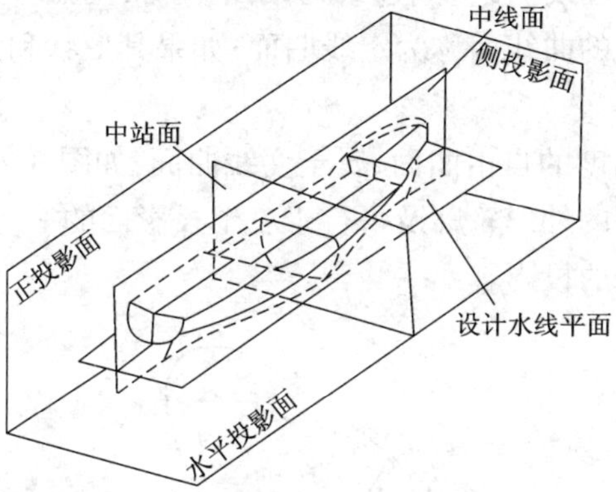

图 3-1　相互垂直的三个基本剖切平面

基本剖切平面

3.2.1　中线面

将船体分为左、右对称两部分的纵向（船长方向）垂直平面称为中线面。自艉向艏看，其左边部分称为左舷，右边部分称为右舷。

3.2.2　设计水线平面

通过船体的设计吃水线（通常为船舶满载时的吃水线）所作的一个水平面称为设计水线平面。

3.2.3　中站面

通过垂线间长的中点所作的横向（船宽方向）垂直平面称为中站面。

3.3 船体型表面形状的表达

3.3.1 船体外板型表面形状的表达

曲线面可以看作一曲线(称为母线)在空间连续运动所形成的轨迹。母线在运动过程中,如果形状和大小不改变,则形成的曲线面称为定线曲面;如果其形状和大小是变化的,则形成的曲线面称为变线曲面。

外板型表面一般是具有三向曲度的自由曲面,属于变线曲面,如图 3-2 所示。应采用变线曲面的表达方法画出外板型表面的外形轮廓及平行于三个投影面的三组平面截切曲面而得到的三组截交线在三个投影面上的投影。

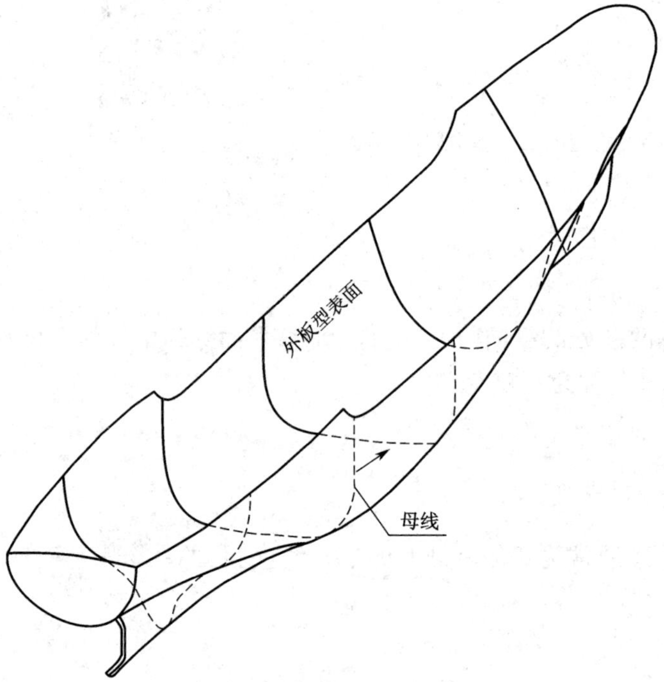

图 3-2 船体外板型表面的形成

船体外板型表面的形成

1. 外板型表面的投影

1)外板型表面的侧投影面(W 面)投影

外板型表面的 W 面投影见图 3-3(a)。外板型表面顶缘线——外板顶线或舷墙顶线的投影通常为曲线,不反映真形。对 W 面,最大外形轮廓的投影一般来说与船舶最大宽度处的横剖线投影一致。由于船体形状对称于中线面,所以外板型表面的 W 面投影也对称于中线面。为了避免船艏与船艉部分外板型表面的 W 面投影互相重叠,影响视图的清晰,一般将最大轮廓线至船艏部分的外板型表面的投影画在中线面投影的右方,将最大轮廓线至船艉部分的外板型表面的投影画在中线面投影的左方，即画成图 3-3（a）的形式。

2）外板型表面的正投影面（*V* 面）投影

外板型表面的 *V* 面投影见图 3-3（b）。外板型表面顶缘线称为外板顶线。如果外板上部设置舷墙结构，外板型表面顶缘线则是舷墙板的顶缘线，称为舷墙顶线。通常外板顶线及舷墙顶线是空间曲线，它的 *V* 面投影常为曲线，不反映真形，见图 3-4。中线面与船体型表面的交线称为外廓线，包含艏轮廓线、龙骨线和艉轮廓线。外板型表面对 *V* 面的最大外形轮廓投影与外廓线一致。

3）外板型表面的水平投影面（*H* 面）投影

外板型表面的 *H* 面投影见图 3-3（c）。外板顶线或舷墙顶线的投影通常为曲线，不反映真形。对于一般船舶而言，由于外板顶线或舷墙顶线的宽度通常最大，所以对 *H* 面的最大外形轮廓的投影常与外板顶线或舷墙顶线的 *H* 面投影一致。有些船舶的艉部舷墙是内倾的，这部分最大轮廓线的投影常与甲板边线或折角线的 *H* 面投影一致，需视具体船型而定。由于船体形状对称于中线面，因而型线图中只画出外板型表面的左舷部分的 *H* 面投影。

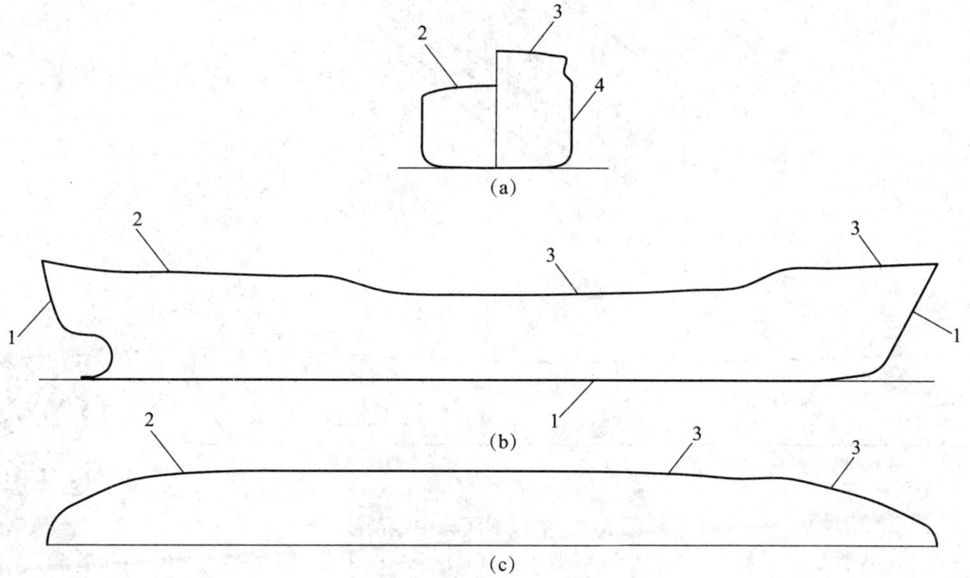

图 3-3　外板型表面的投影

1—外廓线；2—外板顶线；3—舷墙顶线；4—最大轮廓线

（a）*W* 面投影　（b）*V* 面投影　（c）*H* 面投影

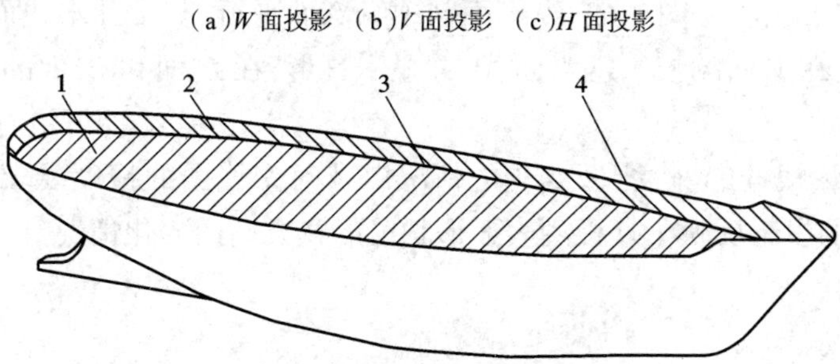

图 3-4　甲板边线和舷墙顶线

1—甲板；2—舷墙；3—甲板边线；4—舷墙顶线

2. 三组截交线的投影

外板型表面的表达除需画出船体外板型表面投影外，还需画出表示外板型表面形状沿船长、船宽和船深三个方向变化规律的三组截交线的投影。

1)纵剖面与纵剖线

中线面剖切船体后得到的剖面称为中纵剖面。中线面与船体型表面的交线称为中纵剖线，它由龙骨线及艏、艉轮廓线组成。中线面与外板型表面底部的交线称为龙骨线，与外板型表面艏部的交线称为艏轮廓线，与外板型表面艉部的交线称为艉轮廓线，见图 3-5。中纵剖线在 H 面和 W 面的投影称为船体中线。

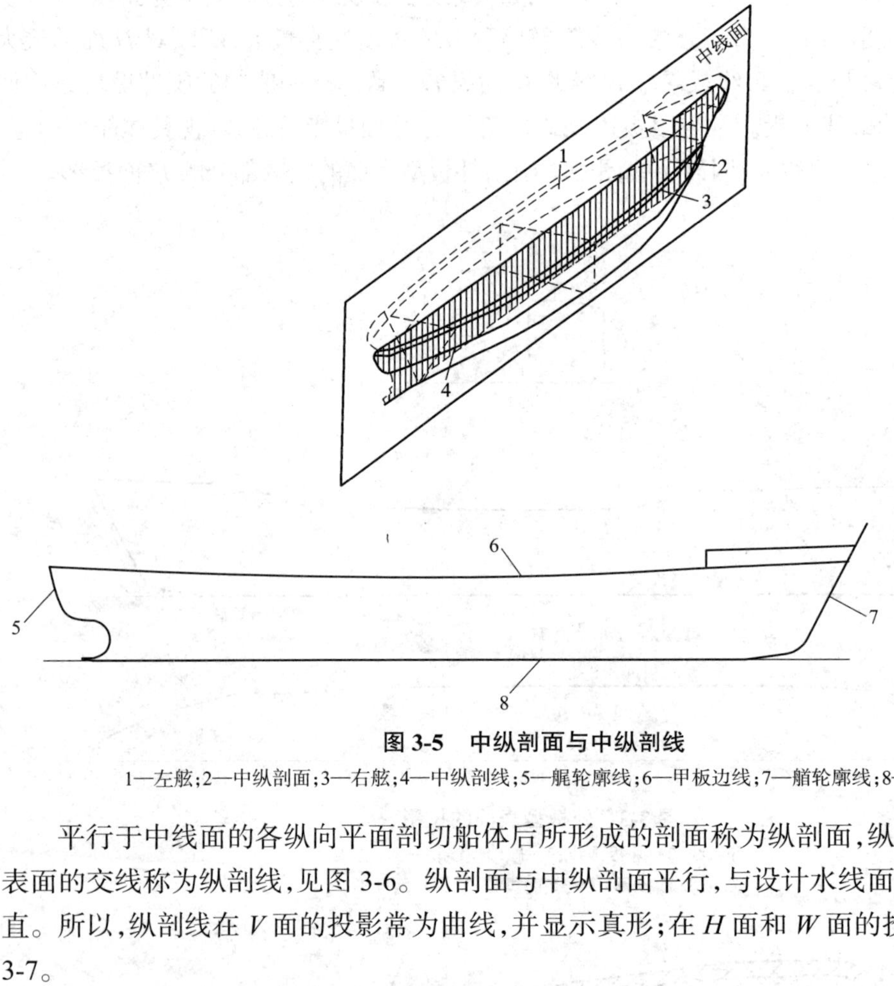

图 3-5　中纵剖面与中纵剖线

1—左舷；2—中纵剖面；3—右舷；4—中纵剖线；5—艉轮廓线；6—甲板边线；7—艏轮廓线；8—龙骨线

纵剖线

平行于中线面的各纵向平面剖切船体后所形成的剖面称为纵剖面，纵向平面与船体型表面的交线称为纵剖线，见图 3-6。纵剖面与中纵剖面平行，与设计水线面和中横剖面相垂直。所以，纵剖线在 V 面的投影常为曲线，并显示真形；在 H 面和 W 面的投影为直线，见图 3-7。

纵剖线的数量根据船宽、线型变化的情况以及对型线图的精度要求而定，通常为 2~4 条。一组纵剖线的投影反映了外板型表面形状沿船宽方向的变化情况。

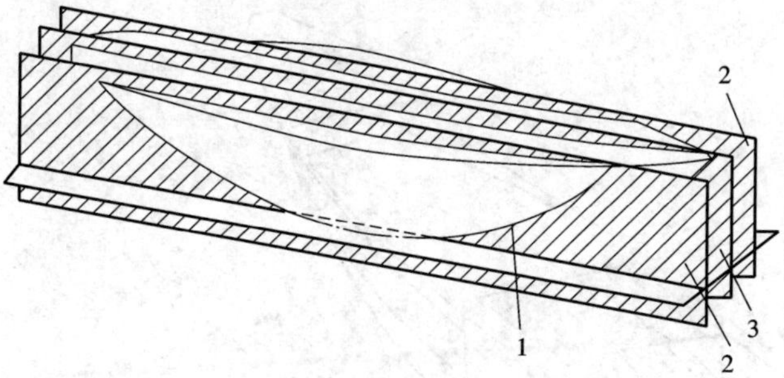

图 3-6　纵剖面与纵剖线

1—纵剖线；2—纵向平面；3—中线面

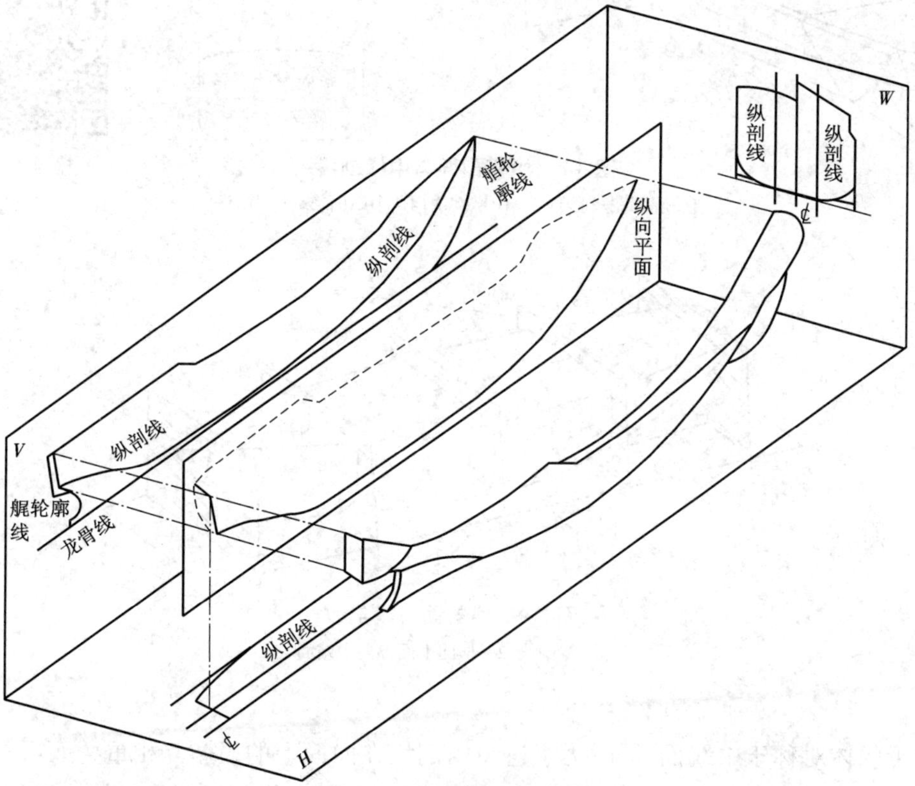

图 3-7　纵剖线的投影

2）横剖面与横剖线

中站面剖切船体后得到的剖面称为中横剖面。它与中纵剖面、设计水线面相垂直，并把船体分为艏、艉两部分。中站面与船体型表面的交线称为中横剖线，见图 3-8。

平行于中站面的各横向平面剖切船体后所形成的剖面称为横剖面，横向平面与船体型表面的交线称为横剖线，见图 3-9。横剖面与中横剖面平行，与中纵剖面、设计水线面相垂直。所以，横剖线在 W 面上的投影常为曲线，并显示真形；在 V 面和 H 面的投影为直线，见图 3-10。

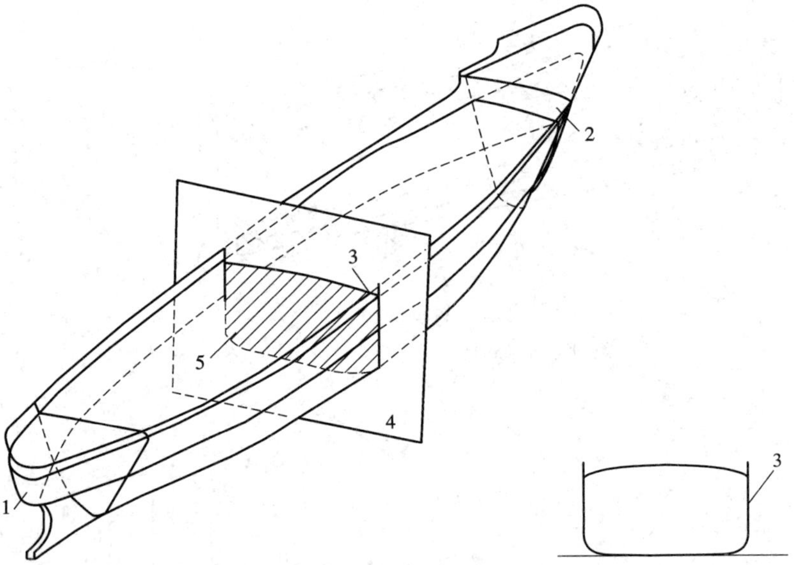

图 3-8 中横剖面与中横剖线

1—艉部;2—艏部;3—中横剖线;4—中站面;5—中横剖面

横剖线

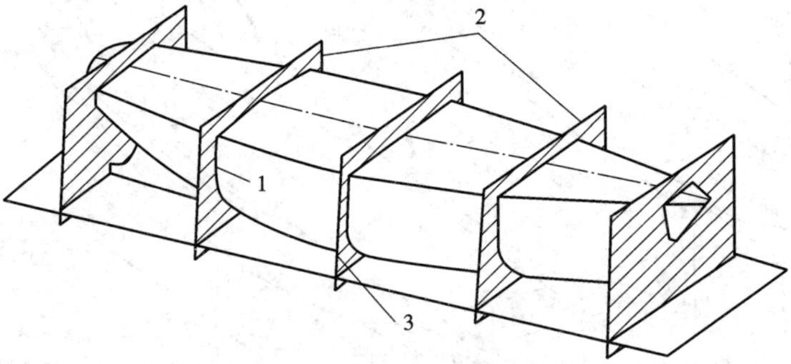

图 3-9 横剖面与横剖线

1—横剖线;2—横向平面;3—中站面

由于船体对称于中线面,同时为了避免横剖线在曲面上的投影互相重叠而影响视图的清晰,因此规定在 *W* 面的视图上,将最大轮廓线至船艏的各横剖线画在船体中线的右边;最大轮廓线至船艉的各横剖线画在船体中线的左边。

横剖线的数量通常根据对形状表达的要求而定。一般将船体的垂线间长 10 等分或 20 等分,各分点称为站,过各站作横向平面截切外板型表面得 11 根或 21 根横剖线。相邻两截面之间的距离称为站距。船体艏、艉部分线型变化较大,为了提高艏、艉部分形状的精确性,常在艏、艉部分再增添 1/2 站或 1/4 站的横剖线。一组横剖线的投影反映了外板型表面形状沿船长方向的变化情况。

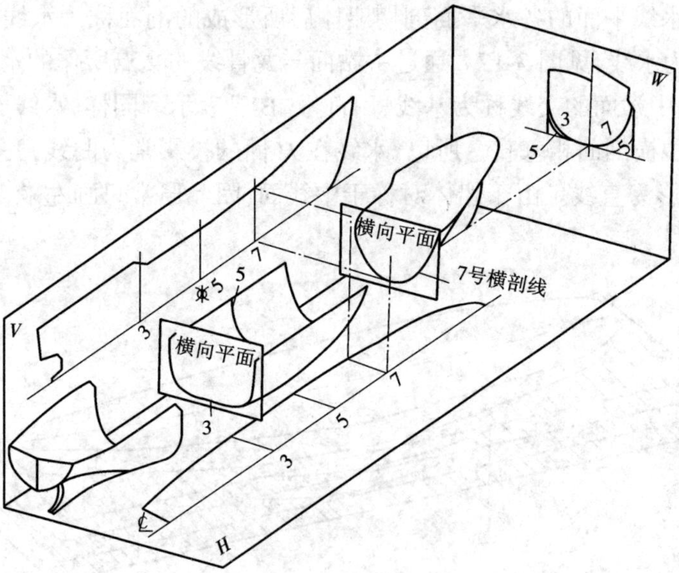

图 3-10 横剖线的投影

3)水线面与水线

设计水线平面剖切船体后得到的剖面称为设计水线面。它与中纵剖面相垂直,并把船体分为水上和水下两部分。设计水线平面与船体型表面的交线称为设计水线,见图 3-11。

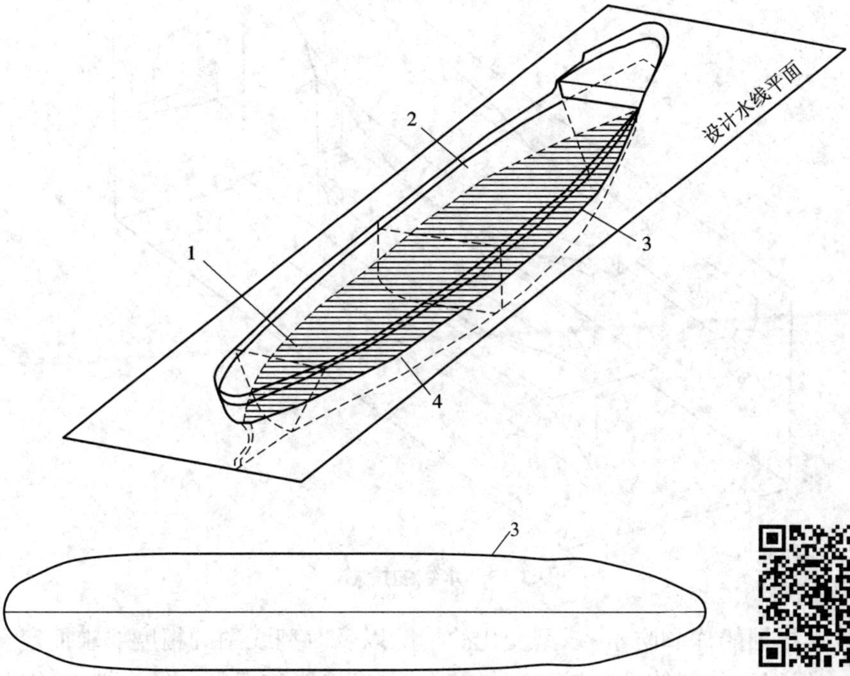

图 3-11 设计水线面与设计水线

1—设计水线面;2—水上部分;3—设计水线;4—水下部分

水线

平行于设计水线平面的各水平面剖切船体后所形成的剖面称为水线面，水线面与船体型表面的交线称为水线，见图 3-12。通过中站面与龙骨线的交点所作的水平面称为基平面。基平面与中线面、中站面的交线称为基线，用符号“BL”表示。同样，水线面与设计水线面平行，与中纵剖面、中横剖面相垂直。所以，水线在 *H* 面的投影常为曲线，并显示真形；水线在 *V* 面和 *W* 面的投影为直线。由于船体对称于中线面，因此通常只画左舷部分水线的水平投影，见图 3-13。

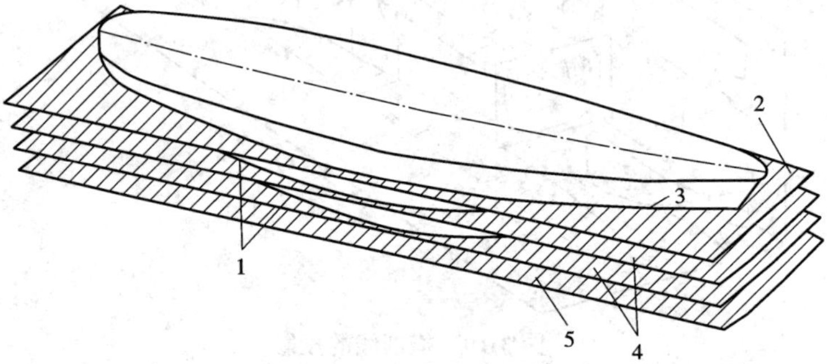

图 3-12　水线面与水线

1—水线；2—设计水线水平剖面；3—设计水线；4—水平面；5—基平面

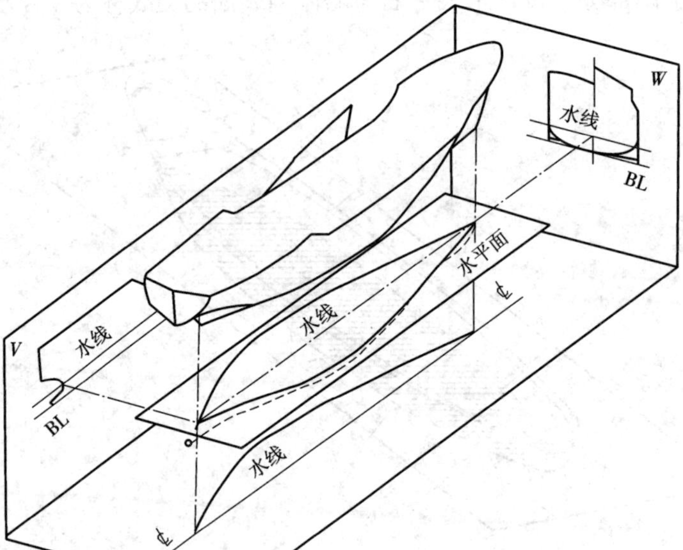

图 3-13　水线的投影

水线的数量根据船深和吃水、线型变化的情况以及对型线图的精度要求而定。对于水面船舶，设计水线以下的船体部分线型变化较大，并直接影响船舶的航海性能，因此对形状表达的要求较高，所取的水线数量较多，一般不少于 6 或 7 根；设计水线以上的船体部分线型变化趋于平缓，所取水线数量较少，一般为 1 或 2 根。水线间距一般取设计吃水的等分值，如果数字有小数则可取整，另外再加设计水线。一组水线的投影反映了外板型表面形状沿船深方向的变化情况。

3.3.2　船体甲板型表面形状的表达

甲板型表面为母线（梁拱线）沿导线（甲板中线）运动而形成的定母线曲面，如图 3-14 所示。

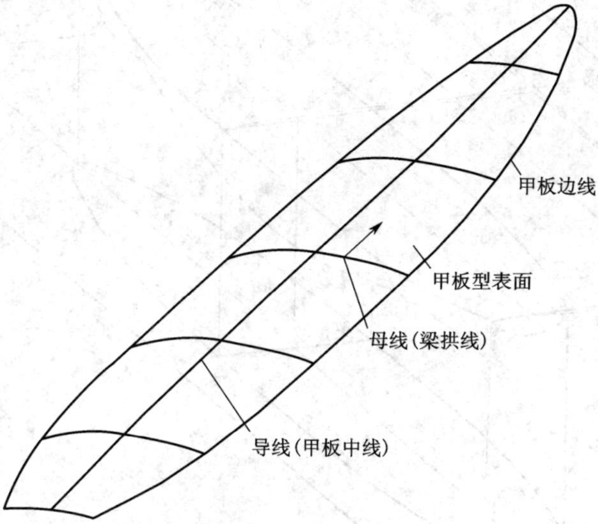

图 3-14　甲板型表面的形成

按定母线曲面的表达方法，甲板型表面的表达应画出甲板型表面的外形轮廓线（甲板边线）、导线（甲板中线）和母线（梁拱线）在三个投影面的投影。

1. 甲板边线

甲板型表面与船体外板型表面的交线称为甲板边线，它是甲板的边缘线，基本上表示出了甲板的形状，见图 3-14。甲板通常是纵向具有舷弧、横向具有梁拱的双重曲度的复杂曲面，而船体外板也是一个复杂曲面，它们的交线通常是一根空间曲线。因此甲板边线在三个投影面上的投影都是曲线，而且不是真实形状。

如图 3-15 所示，甲板边线在 *H* 面上只画出左舷部分的投影；在 *W* 面上，船体中线的右边画最大轮廓至船艏部分甲板边线的投影，船体中线的左边画最大轮廓至船艉部分甲板边线的投影。甲板边线在 *V* 面的投影常为艏、艉部分高，中间部分低的曲线称为甲板舷弧。

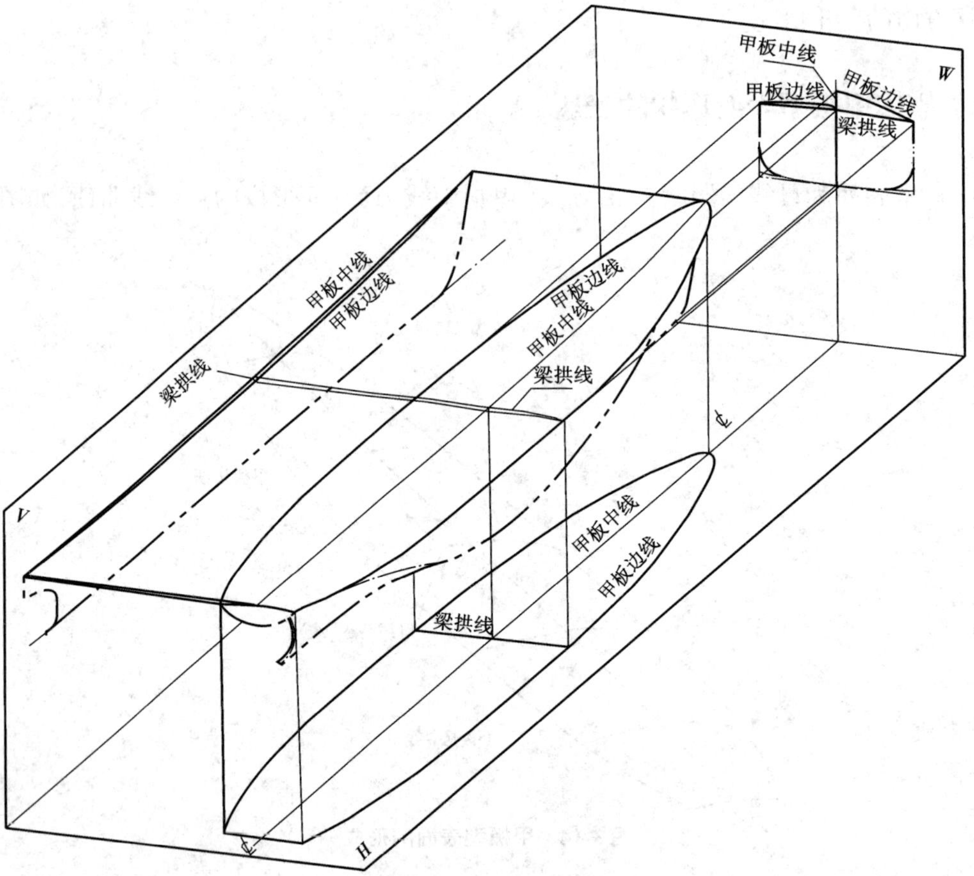

图 3-15　甲板型表面形状的表达

2. 梁拱线

梁拱线是横向平面与甲板型表面的交线，可以认为是形成甲板型表面的母线。梁拱线通常是平面曲线或折线，中间高、两舷低，如图 3-16 所示。在甲板最宽处，中间高于两舷的尺寸为梁拱高度值 c。梁拱线在 W 面的投影显示真形；在 V 面和 H 面上的投影为直线，见图 3-15。由于梁拱线的形状在全船是相同的，因此，只需在 W 面上画出船舶宽度最大处的梁拱线的投影。

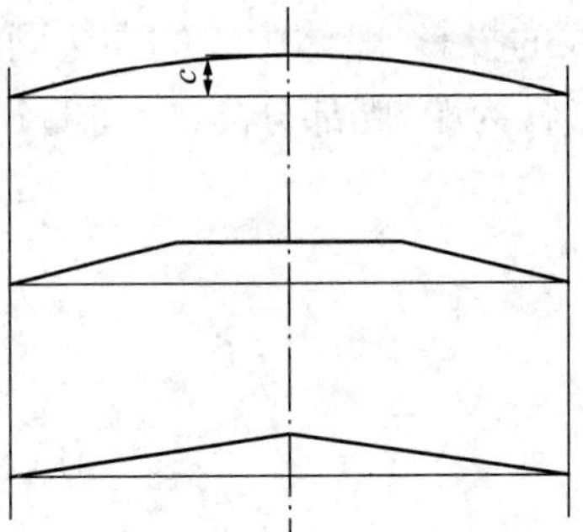

$c=(1/100\sim1/50)B$

图 3-16　梁拱线

3. 甲板中线

甲板中线是中线面与甲板型表面的交线,可以认为是形成甲板型表面的导线。甲板中线通常是平面曲线或直线,一般是艏、艉部分高,中部低。甲板中线在 V 面的投影常为曲线或直线,并显示真形;在 H 面和 W 面上的投影为直线,见图 3-15。

3.4　型线图的基本视图

3.4.1　型线图三视图的组成

将船体型线(艏艉轮廓线、甲板边线、舷墙顶线、外板顶线、水线、横剖线、纵剖线)分别向三个投影面上投影,得到的三个投影图即型线图的三视图。其中正投影图称为纵剖线图;侧投影图称为横剖线图;水平投影图称为半宽水线图。

1. 纵剖线图

纵剖线图由纵剖线、横剖线、水线、甲板边线、外板顶线、舷墙顶线等在 V 面上的投影组成。它相当于主视图。在纵剖线图中,纵剖线为曲线,并显示真形。横剖线为垂直的直线,水线为水平的直线,组成了纵剖线图的格子线。甲板边线、外板顶线、舷墙顶线在图中均为曲线,都不是真形。

2. 横剖线图

横剖线图由纵剖线、横剖线、水线、甲板边线、外板顶线、舷墙顶线等在 W 面上的投影组成。它相当于左视图。在横剖线图中,横剖线为曲线,并显示真形。纵剖线为垂直的直线,水线为水平的直线,组成了横剖线图的格子线。甲板边线、外板顶线、舷墙顶线在图中均为曲线,都不是真形。

3. 半宽水线图

半宽水线图由纵剖线、横剖线、水线、甲板边线、外板顶线、舷墙顶线等在 H 面上的投影组成。它相当于俯视图。在半宽水线图中,水线为曲线,并显示真形。纵剖线为水平的直线,横剖线为垂直的直线,它们组成了半宽水线图的格子线。甲板边线、外板顶线、舷墙顶线在图上均为曲线,都不是真形。

表 3-1 列出了型线图的基本型线在各视图中的投影特征。

表 3-1　型线图基本型线的投影特征

	纵剖线	水线	横剖线	甲板边线	舷墙顶线
纵剖线图	真形曲线	水平直线	垂直直线	空间曲线投影非真实	空间曲线投影非真实
半宽水线图	水平直线	真形曲线	垂直直线	空间曲线投影非真实	空间曲线投影非真实
横剖线图	垂直直线	水平直线	真形曲线	空间曲线投影非真实	空间曲线投影非真实

3.4.2 型线图三视图的布置形式

型线图三视图在图纸上的布置,通常有三种形式,如图 3-17 所示。

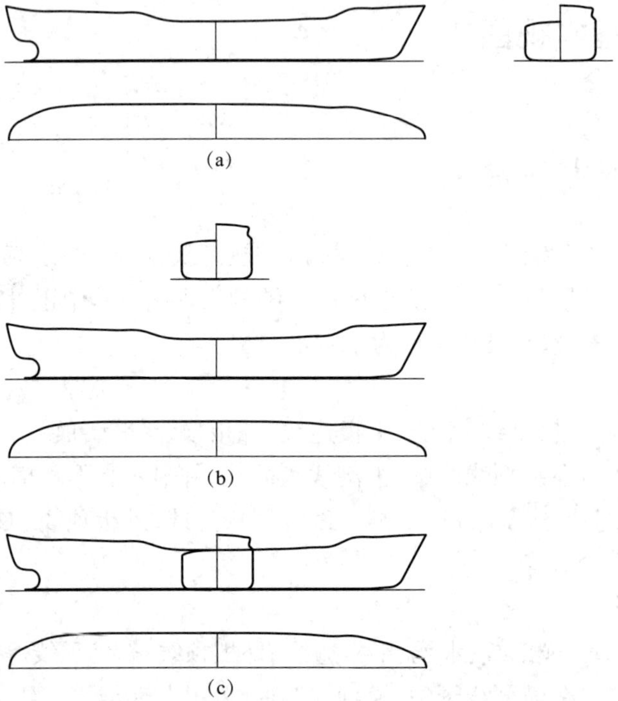

图 3-17 型线图三视图的布置形式

图 3-17(a)是按照第一视角投影画法的布图原则布置的,占用图纸较长,适用于小型船舶型线图。

图 3-17(b)为分离式,将横剖线图挪放到纵剖线图的上方,并要求横剖线图中的船体中线与纵剖线图和半宽水线图中的中站线处于同一根垂直线上。这种布置形式减少了图纸长度,增加了图纸宽度,用于一般船舶型线图。

图 3-17(c)为重叠式,将横剖线图重叠布置在纵剖线图中的正中位置,使横剖线图的基线与纵剖线图的基线以及横剖线图的船体中线与纵剖线图的中站线重合。这样布图可减少图纸长度,又不增加图纸宽度,通常用于有较长平行中体的船舶型线图。

3.5 型值与型值表

3.5.1 型值

船体型表面的形状是通过一系列型线进行描述的。这些共曲面的型线如果不平行则必然相交，交点就是型值点。决定船体型线空间位置的各点的坐标值称为型值。

只要在坐标系中确定了型值点，过这些点的型线就可以近似地被确定，整个型表面也就近似地在坐标系中确定了。

为了确定船体型线上点的型值，需要将船体置于一个直角坐标系内，该坐标系以中线面、中站面和基平面三个互垂平面的交线为 x、y、z 轴，以船艏、船舶右舷和上方分别为 x、y、z 三个轴的正方向。

如图 3-18 所示，型表面上的点可以由三个坐标 x_a、y_a、z_a（即三个型值）确定。三个型值中只要已知其中两个，第三个就可以根据投影关系求得。

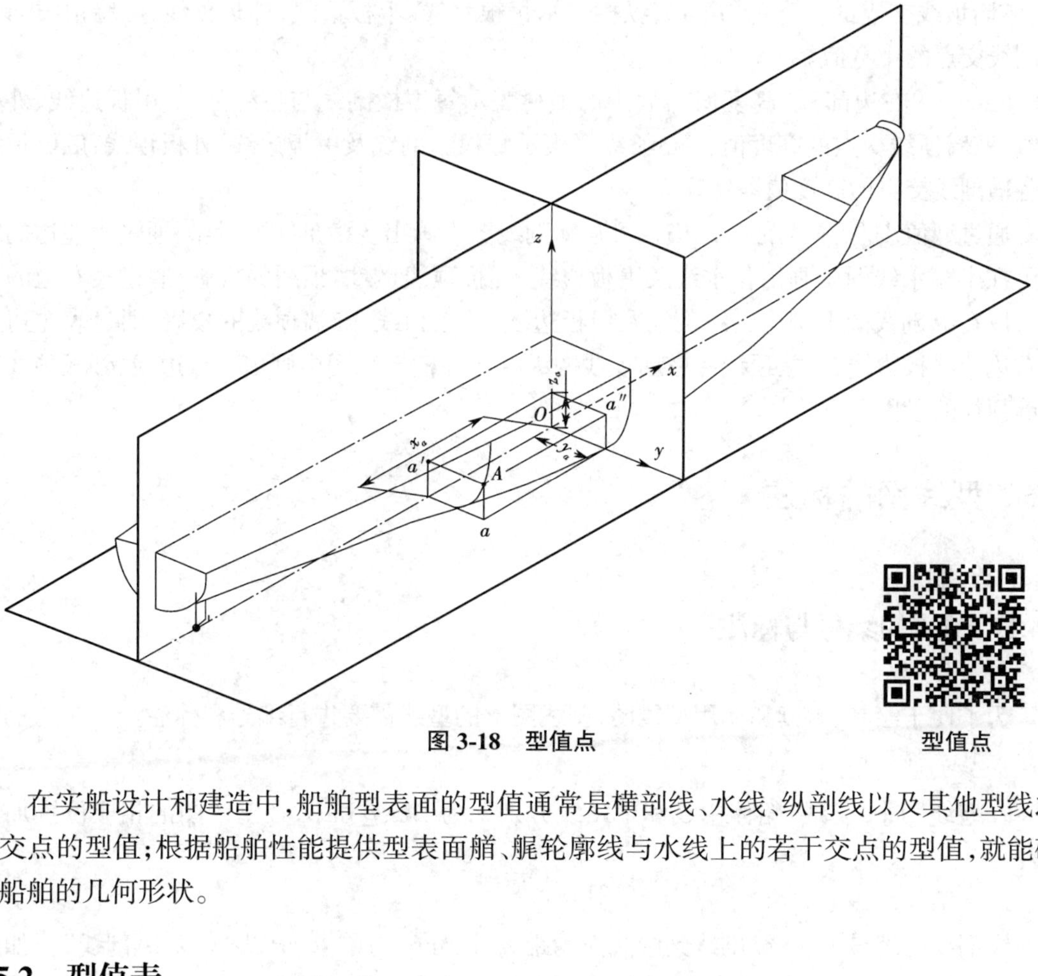

图 3-18　型值点

型值点

在实船设计和建造中，船舶型表面的型值通常是横剖线、水线、纵剖线以及其他型线之间交点的型值；根据船舶性能提供型表面艏、艉轮廓线与水线上的若干交点的型值，就能确定船舶的几何形状。

3.5.2　型值表

型值以表格形式按一定的规律排列，就形成了型值表，见图 3-19（大图见附图 1）。

站号	距0号站的距离mm	半宽值												
		船底	500WL	1000WL	2000WL	3000WL	4000WL	4500WL	5000WL	6000WL	上甲板边线	艏楼甲板边线	艉楼甲板边线	舷墙顶线
0	0	-	-	-	-	-	-	531	2654	4564	5466	6359	-	-
1	370	-	355	557	727	748	1440	2556	4044	5312	5950	6668	-	-
2	740	399	1443	1831	2228	2601	3400	4130	4962	5857	6289	6800	-	-
3	1110	845	2492	3040	3663	4139	4843	5260	5654	6229	6547	6800	-	-
4	1480	1433	3502	4137	4874	5366	5841	6053	6239	6532	6723	-	-	-
5	1850	2206	4451	5088	5778	6218	6479	6582	6656	6758	6798	-	-	-
6	2220	3174	5279	5870	6415	6683	6794	6800	6800	6800	6799	-	-	-
7	2590	4212	5896	6400	6754	6800	6800	6800	6800	6800	6800	-	-	-
8	2960	5008	6283	6629	6800	6800	6800	6800	6800	6800	6800	-	-	-
9	3330	5300	6418	6714	6800	6800	6800	6800	6800	6800	6800	-	-	-
10	3700	5300	6418	6714	6800	6800	6800	6800	6800	6800	6800	-	-	-
11	4070	5300	6418	6714	6800	6800	6800	6800	6800	6800	6800	-	-	-
12	4440	5300	6418	6714	6800	6800	6800	6800	6800	6800	6800	-	-	-
13	4750	5168	6339	6633	6800	6800	6800	6800	6800	6800	6800	-	-	-
14	5120	4492	5944	6344	6666	6777	6800	6800	6800	6800	6800	-	-	-
15	5490	3363	5122	5660	6181	6443	6598	6658	6713	6785	6800	-	-	-
16	5860	1939	4035	4605	5284	5662	5888	6002	6136	6440	6780	-	-	-
17	6230	769	2720	3255	3920	4397	4669	4838	5048	5546	6351	-	-	-
18	6600	171	1425	1988	2607	2950	3088	3183	3368	4074	5129	-	5971	6083
19	6970	-	831	1212	1650	1813	1747	1725	1777	2338	3491	-	4760	4995
20	7190	-	557	886	1205	1343	1126	988	935	1252	2170	-	3696	4041
21	7340	-	126	578	969	1089	839	363	0	298	1022	-	2817	3237
22	7470	-	-	-	716	832	548	-	-	-	-	-	1938	2462

站号	高度值											站号
	1000纵剖线	2000纵剖线	3000纵剖线	4000纵剖线	5000纵剖线	6000纵剖线	船底	上甲板边线	艏楼甲板边线	艉楼甲板边线	舷墙顶线	
0	4632	4854	5097	5580	6437	8236	4360	7037	9450	-	-	0
1	3554	4291	4640	4981	5675	7148	90	7024	9450	-	-	1
2	144	1358	3594	4425	5032	6248	0	7014	9450	-	-	2
3	4	222	951	2711	4189	5534	0	7007	9450	-	-	3
4	0	32	262	866	2233	4368	0	7002	-	-	-	4
5	0	0	46	287	912	2424	0	7000	-	-	-	5
6	0	0	0	65	358	1182	0	7000	-	-	-	6
7	0	0	0	0	100	577	0	7000	-	-	-	7
8	0	0	0	0	0	278	0	7000	-	-	-	8
9	0	0	0	0	0	180	0	7000	-	-	-	9
10	0	0	0	0	0	180	0	7000	-	-	-	10
11	0	0	0	0	0	180	0	7000	-	-	-	11
12	0	0	0	0	0	180	0	7000	-	-	-	12
13	0	0	0	0	0	227	0	7000	-	-	-	13
14	0	0	0	0	52	551	0	7000	-	-	-	14
15	0	0	0	57	422	1555	0	7000	-	-	-	15
16	0	2	106	478	1507	4493	0	7001	-	-	-	16
17	9	168	727	2145	4892	6631	0	7012	-	-	-	17
18	247	1014	3224	5911	6953	9219	0	7046	-	9072	10156	18
19	699	5605	6639	7839	-	-	27	7050	-	9099	10188	19
20	1282	6915	8155	10067	-	-	143	7050	-	9119	10203	20
21	2183/3646/7026	8181	9569	-	-	-	483/5000/5000	7050	-	9132	10213	21
22	8261	9216	-	-	-	-	1174/4231/7439	-	-	9141	10220	22

图 3-19　型值表

型值表分为两部分。

（1）表的左边部分（半宽值）：表中的横栏表示每根横剖线与各水线、甲板边线、外板顶线、舷墙顶线交点的半宽值（mm），纵栏表示每根水线、甲板边线、外板顶线、舷墙顶线与各横剖线交点的半宽值。

（2）表的右边部分（高度值）：表中的横栏表示每根横剖线与各纵剖线、甲板边线、外板顶线、舷墙顶线交点的高度值（mm），纵栏表示每根纵剖线及甲板边线、外板顶线、舷墙顶线与各横剖线交点的高度值。

通过型值表左、右两部分的横栏可在横剖线图中画出各横剖线的投影；通过表左边的纵栏可在半宽水线图中画出各水线及甲板边线、外板顶线、舷墙顶线的投影；通过表右边的纵栏可以在纵剖线图上画出各纵剖线及甲板边线、外板顶线、舷墙顶线的投影；通过表左边和表右边的甲板边线、外板顶线和舷墙顶线的纵栏可在横剖线图中画出甲板边线、外板顶线和舷墙顶线的投影。

3.6　型线图的标注

3.6.1　型线的编号与标注

为了便于绘制、识读和使用型线图，型线图上的型线需要进行编号和标注。

1. 基本符号标注

在型线图中，基线、船体中线和中站线分别记为 BL、℄和⌽，在型线图的相应位置加以标注。

2. 纵剖线的编号与标注

纵剖线的编号方法：纵剖线到中线面的距离，以 mm 为单位，记以“× × 纵剖线”。如纵剖线距中线面 1 000 mm，则该纵剖线编号为“1 000 纵剖线”，其余类推。

纵剖线编号的标注：在半宽水线图中，标注于格子线两端所对应的纵剖线之上；在横剖线图中，标注于基线下方对应该纵剖线的位置；而在纵剖线图中，船舶艏、艉区域沿着对应的纵剖线标注于曲线上方，字与型线尽可能垂直。

中纵剖线在视图中不加标注。中纵剖线在设计水线平面和中站面的投影用符号“℄”表示，称为船体中线。

3. 横剖线的编号与标注

横剖线的编号方法：横剖线自艉垂线至艏垂线的站号依次编号为 0，1，2，3，…，10（或 20），在艏、艉端增添 1/2 站或 1/4 站横剖线时，则用 $\frac{1}{4}$，$\frac{1}{2}$，$1\frac{1}{4}$，$1\frac{1}{2}$ 等表示。如果在艏、艉垂线以外再增添横剖线，则艉垂线以后用 $-\frac{1}{4}$、$-\frac{1}{2}$、-1 等表示。

横剖线编号的标注：在纵剖线图中，横剖线的编号标注在基线下方每站对应的位置；在半宽水线图中，横剖线的编号标注于中线下方各站对应位置；而在横剖线图中，横剖线的编号标注于对应的横剖线上方，字尽可能与型线垂直并排列在一条直线上。

中横剖线在中线面的投影用船中符号“⊕”表示。

4. 半宽水线的编号与标注

水线的编号方法：根据水线至基线的高度，以 mm 为单位，记以“× × 水线”。如水线距基平面 500 mm，则该水线编号为“500 WL”，其余类推。

水线编号的标注：在横剖线和纵剖线图中，水线的编号分别标注在各视图两端每条水线的上方；如果横剖线图重叠布置在纵剖线图中，则横剖线图中就不标注水线编号；在半宽水线图中，在艏艉两端沿水线分别标注于对应的水线上方。编号沿着型线写在型线上方，字尽可能与型线垂直。

基线用“BL”标注。

5. 其他型线的编号与标注

型线图中，甲板边线、舷墙顶线、外板顶线和折角线等，在三个视图艏艉部对应的位置用文字注出，字尽可能与曲线垂直。甲板中心线仅仅标注于纵剖线图中。如果在型线图中画出梁拱线，则梁拱线在横剖线图中以相应文字标注在该曲线上方，其他视图中省略不注。

在标注型线编号和甲板中线等文字时，要注意整齐、美观，不要写在型线与格子线相交处。如果型线稠密，型线间没有地方书写，可用引出线标注在视图的外面，编号写在引出线水平线的上方。

3.6.2　型线图的尺寸标注

型线图中的尺寸标注采用下列几种形式。

（1）列出船体主尺度，表示船体外形的大小，布置于型线图右上方。

（2）列出型值表，提供型线交点的坐标值，作为确定型线的定形尺寸。

（3）在视图中标注站号、水线号和纵剖线号，作为确定型线的定位尺寸。

（4）在视图中直接标注型值表中不易提供的有关尺寸，如船体艏艉形状、底升高高度、底部纵倾、舭部圆弧和型线突变部位的尺寸。

3.7 型线图的识读

3.7.1 识读标题栏和主尺度

根据标题栏和主尺度可以了解船舶类型和大小。该船的总长为 80 m,垂线间长为 74 m,型宽为 13.5 m,型深为 7 m,设计吃水 4.5 m,梁拱高 50 mm。

3.7.2 识读型值表

以附图 1 为例,型值表布置在三视图的下方,分为左、右两部分,分别记录了各型线交点的半宽值和高度值,根据型值表并对照三视图可以知道三组截交线的位置、数量、间距及各型线交点的型值。

(1)沿船长方向分成 22 个站,其中 0 号站到 19 号站为等分站,站距为 3 700 mm。19 号站到 20 号站的站距是 2 200 mm, 20 号站到 21 号站的站距是 1 500 mm, 21 号站到 22 号站的站距是 1 300 mm。

(2)沿船深方向有 8 条水线(不包括基线),除 500WL、4 500WL 外,其他水线间距为 1 000 mm。

(3)沿船宽方向每舷有 6 条纵剖线(除了船体中线),分别为 1 000 纵剖线、2 000 纵剖线、3 000 纵剖线、4 000 纵剖线、5 000 纵剖线和 6 000 纵剖线。

3.7.3 识读三视图

识读三视图时应对照型值表,同时各视图之间也应互相对照,识读时可以逐个视图识读。

首先,了解三视图的布置形式。由附图 1 可以看出,该型线图将横剖线图挪到了纵剖线图的上方,这样可以减少图纸长度。

1. 识读纵剖线图

纵剖线图中的中纵剖线(外廓线)、1 000 纵剖线、2 000 纵剖线、3 000 纵剖线、4 000 纵剖线、5 000 纵剖线、6 000 纵剖线,反映的是中线面及距其 1 000 mm、2 000 mm、3 000 mm、4 000 mm、5 000 mm、6 000 mm 且与之平行的纵向剖面和船体型表面截交所得截交线的实际形状。从纵剖线图的中纵剖线可以看出:该船底部为水平式龙骨线;艏部为球鼻艏;艉部为方形尾。艏艉轮廓的尺寸在图中直接给出。其他各纵剖线在艏艉处线型变化均较大,在船中处逐渐与龙骨线接近或重合。该船的上甲板为艏艉升高的舷弧式,舷墙顶线也向艏升高,其高低过渡处用圆弧过渡。

纵剖线图的格子线是水平的水线和垂直的站线，与横剖线图和半宽水线图中相应的水线和站线对应。

2. 识读半宽水线图

半宽水线图中的 500WL、1 000WL、2 000WL、3 000WL、4 000WL、4 500WL、5 000WL、6 000WL 水线，反映的是在距基平面 500 mm、1 000 mm 等高度处各水平面剖切船体型表面所得截交线左舷的实际形状。图中设计水线附近的几根水线间距较密，向上至上甲板及靠底部处间距较大，说明在设计水线上下一定高度内船体线型变化不大，而在靠近上甲板及底部附近则变化较大。水线在船中处逐渐与型宽线相重合。此外，该船艏艉均有艏艉圆弧，图中直接给出了各水线、各甲板边线以及舷墙顶线艏艉圆弧的半径值。靠艏端舷墙有宽窄过渡处，它与纵剖线图的舷墙高低过渡处相对应。

3. 识读横剖线图

横剖线图中线左面的各横剖线反映的是 0~10 号站各横向剖面剖切船体型表面所得截交线左舷的实际形状，以及船艉至 10 号站的艉楼甲板边线、主甲板边线的投影；中线右面的各横剖线反映的是 11~20 号站各横向剖面剖切船体型表面所得截交线右舷的实际形状，以及 11 号站至船艏之间舷墙顶线、艏楼甲板边线、主甲板边线的投影。从图中横剖线的形状变化可以看出，艏艉横剖面形状较瘦，向船中逐渐变宽，7~14 号站之间船体线型变化很小（参见型值表中的型值）。横剖线图上的舷墙高低过渡处与纵剖线图、半宽水线图相对应。

横剖线图中的格子线有水平的水线和垂直的纵剖线。水线和纵剖线与半宽水线图和纵剖线图对应。

3.8　型线图的绘制

3.8.1　选取比例和完成相关设置

利用计算机绘制型线图，可以按实船大小，采用 1 ∶ 1 的比例绘制图样。出图比例应根据船舶大小和不同设计阶段的要求确定。原则为表达清楚、使用方便。一般，精度要求高或船舶尺度较小，则比例应取大些；精度要求低或船舶尺度较大，则比例应取小些。常用的比例有 1 ∶ 100、1 ∶ 50、1 ∶ 25、1 ∶ 20 及 1 ∶ 10 等几种。打印出图时，只需按设定的比例出图即可。

定义图线属性与比例、文字属性、尺寸属性。

型线图的所有线条除了甲板中线采用细点画线外，其余均采用细实线。

3.8.2　绘制格子线

（1）利用“直线”命令，绘制纵剖线图和横剖线基线、半宽水线图和横剖线基线、船体中线以及纵剖线图和半宽水线图的中站线。

（2）利用“偏移”命令作横剖线图和半宽水线图中的半宽线；同理，作纵剖线图和半宽水线图中的艏、艉垂线。

（3）按设计的站距，利用“线性列阵”或“偏移”命令，在半宽水线和纵剖线图中绘出各站站线；根据设计的水线间距，利用“偏移”命令，在横剖线图和纵剖线图中绘出各条水线；根据设计的纵剖线间距，利用“偏移”命令，在横剖线图和半宽水线图中绘出纵剖线。

（4）对各图进行对应的编号与标注，如图 3-20 所示。

3.8.3 绘制肋位线

理论站是用于确定船体几何形状的分站线。而肋骨站则是在船体设计和建造过程中布置舱壁、骨架时用于定位、画线和装配的依据。肋骨站也是绘制其他船体图样的依据，型线图上的某些特殊点也需要根据肋骨位置确定，所以在绘制型线之前应先绘出肋骨站线。

一般情况下，肋骨 0 站（记为 #0）位于理论 0 站前或后半个肋位的位置，以避免在舵杆穿出船体时，截断 #0 横向船体骨架，影响船体强度和结构完整性。

（1）在基线下方绘出肋位线。用垂直短线绘出初始肋位站线，利用“线性列阵”或“偏移”命令，按需要的站数绘出各肋位站线。

（2）为了便于读数和绘图，每隔 5 站进行一次标注，#0 向艉为负、向艏为正，记为 -5，0，5，10，15，20，…在距艉垂线、中站线和艏垂线最近的肋位处标注相应的尺寸。

3.8.4 绘制轮廓线

1. 纵剖线图轮廓线及甲板边线，外板顶线及舷墙顶线

纵剖线图中，轮廓线是由艏艉轮廓线、龙骨线、外板顶线或舷墙顶线的投影组成的封闭图线框。如果龙骨水平，则龙骨线与 BL 重合，否则根据设计的尺寸确定。艏艉轮廓线的形式与船舶的性能关系密切，一般也是以图形尺寸的方式定形、定位。

船人舶事：心系祖国，发展造船，圆梦“中华”

杨俊生（1890—1982），造船专家和爱国实业家。他幼年时在家乡私塾读书，由于受到新思潮的影响，在 1906 年跟随回乡探亲的留日学生东渡日本求学。在日本，他接触到革命思想，参加了同盟会。他曾听孙中山先生说过，如果我们自己不建立造船工业，何以立国？杨俊生颇受感触，西方列强正是依仗着船坚炮利而轰开国门，使神州大地受尽践踏凌辱。羸弱的中国需要拥有强大的造船工业，作为振兴国力的支柱。于是他在 1916 年考入日本东京帝国大学船舶工学科，1920 年毕业后应聘到当时日本最大的造船厂长崎三菱造船厂担任工程师，兼任三菱造船所工业学校教师。在此期间，他积累了丰富的船舶设计和建造经验，同时也收集到大量图纸资料。但他时刻心系国家的前途和命运，1924 年他放弃了优厚的待遇，带着妻子、女儿回到了上海，先是到中日合资的东华造船厂工作，后于 1926 年创建大中

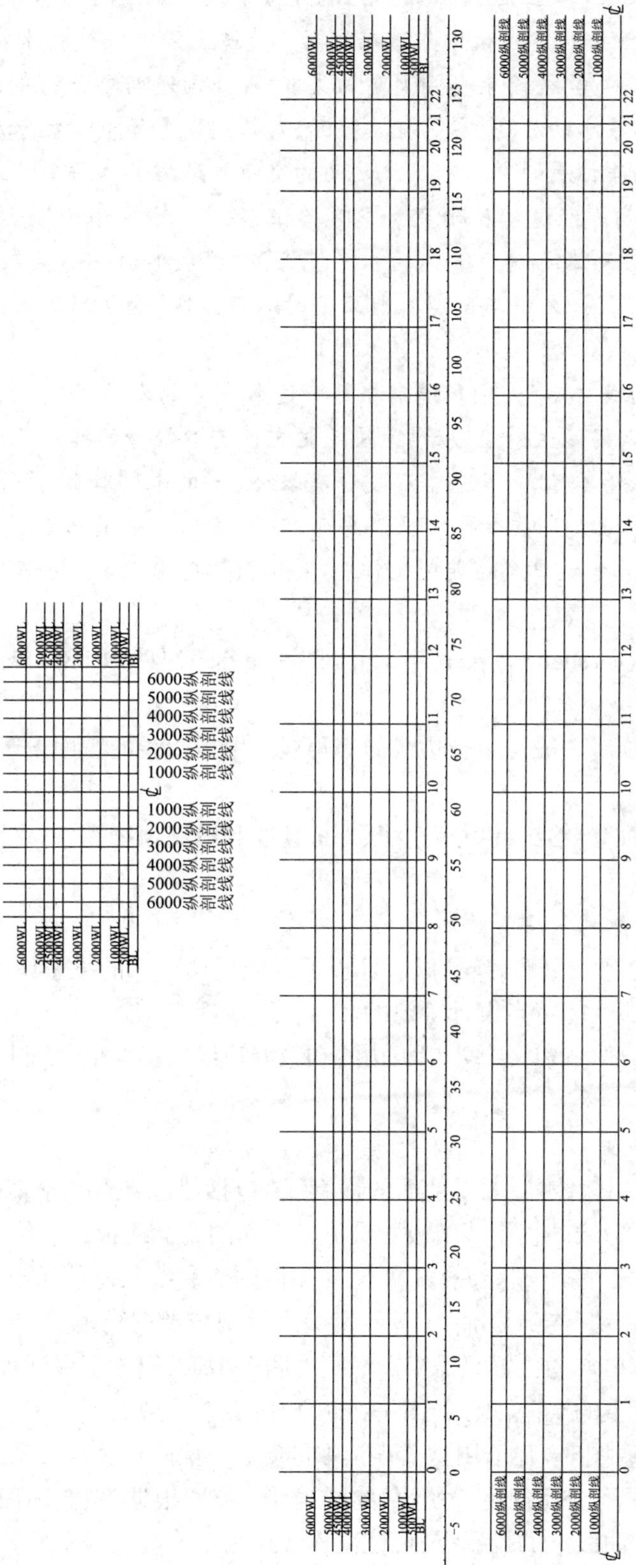
6000WL
5000WL
4500WL
4000WL
3000WL
2000WL
1000WL
500WL
BL
6000纵剖线
5000纵剖线
4000纵剖线
3000纵剖线
2000纵剖线
1000纵剖线
℄
0 1 2 3 4 5 6 7 8 9 10 11 12 13 14 15 16 17 18 19 20 21 22
-5 0 5 10 15 20 25 30 35 40 45 50 55 60 65 70 75 80 85 90 95 100 105 110 115 120 125 130

图 3-20　格子线与标注

华造船机器厂，从此走上“实业救国”的道路，满怀激情投入祖国的造船事业。

1934年，天津航业公司委托大中华造船机器厂建造国内第一艘破冰船“天行”号。中国当时尚无母型船可以参考，杨俊生查阅大量的文献，在德国造船学会的年鉴上读到了相关记载。他领悟到破冰船破冰的原理，不是把冰撞开，而是利用船的重量把冰压碎。其中最重要的设计是船底部向船艏伸展的部分和底线之间的交角要适当。这一角度过小则船艏开不到冰上，过大则功效不高。经过理论研究和充分验证，他成功设计出了合适的线型。1935年12月到1936年3月，天津港发生罕见的冰冻灾害，被困船舶达37艘，粮、煤、水断绝，幸得“天行”轮破冰，得以解困，大中华造船机器厂一时名声大噪，这也彰显出民族造船工业的实力与潜力。

中华人民共和国成立后，大中华造船机器厂进入全新的发展时期。看到新生的人民共和国各方面欣欣向荣，杨俊生感慨万千，他决定把自己苦心经营的船厂无偿交给国家。1953年元旦，一块写着“公私合营中华造船厂股份有限公司”的木牌挂到了厂门口，杨俊生终于如愿以偿。回想起为振兴民族造船工业而含辛茹苦、艰难创业的过程，杨俊生不禁心潮澎湃，因为他已把孙中山先生曾经的期望化作现实，不仅圆了自己的“中华”梦，更是圆了中国造船工业的强盛之梦。

（摘自 http: //www.csname.org.cn/zjys/zjjs/ef3e9cd98537415b9cb854f7a3c5cd25.htm，略有改动）

外板顶线、舷墙顶线一般是甲板边线的等距线。甲板边线的正面投影称为舷弧线，多设计为抛物线。

根据型值表右边部分给出的甲板边线、外板顶线和舷墙顶线在各站处的高度值，绘制纵剖线图上的相应曲线。

2. 半宽水线图轮廓线及甲板边线

半宽水线图的轮廓线由艏艉轮廓线、外板顶线或舷墙顶线的投影组成。而甲板边线是根据船舶的使用要求、性能特点设计确定的。

根据型值表左边部分设计水线、甲板边线和舷墙顶线的半宽值，绘制半宽水线图上的相应曲线。

3. 横剖线图轮廓线

横剖线图的轮廓由船体最大横剖面的横剖线（包括船底、舭部、舷侧三部分）以及外板顶线、舷墙顶线、甲板边线的投影线组成。最大横剖面的轮廓线根据型值表提供的型值进行绘制。然后根据船底升高值作船底线（如无升高值则船底线与基线重合）。当曲线连到底部时，必须与船底线相切；连到舷部时（舷侧直壁式），则与半宽线相切。

在横剖线图上定出点的位置只需半宽和高度两个型值，但为了保证投影关系的一致性，减少多次读取型值产生的误差，现在已不能再用型值表中的型值了。

因此，在绘制型线图时，凡已用型值表读取的数值，不能再读第二次。所以这里投影曲线（甲板边线、外板顶线、舷墙顶线）的绘制应按投影原理，根据主、俯两面视图的对应关系，求出横剖线图中投影曲线上的投影点，再依次连线绘出。

如图3-21所示，以舷墙顶线为例，作横剖线图中舷墙顶线的投影。

(1)将纵剖线图中舷墙顶线各站上的点及特殊点 a' 、c' 的高度记录下来。

(2)将半宽水线图中舷墙顶线各站上的点及特殊点 a、c 的宽度记录下来。

(3)在横剖线图中,将舷墙顶线对应点按投影关系投影到侧面图中。如 a' 、a—a'' , b' 、b—b'' , c' 、c—c'' , d' 、d—d'' ……然后依次光顺连接各点成舷墙顶线在横剖线图中的投影。

(4)从图 3-21 中可见,横剖线图中过渡段 $c''d''e''f''$ 不光顺。为此,调整曲线的侧面投影,以达到光顺。图中,保持各点高度不变,将 $d''\rightarrow d_1''$, $e''\rightarrow e_1''$,相应地调整水线图中 $d\rightarrow d_1$, $e\rightarrow e_1$,如果 cd_1e_1f 光顺,则 $c''d_1''e_1''f''$ 即为所求。

同理,绘制其他的轮廓线。

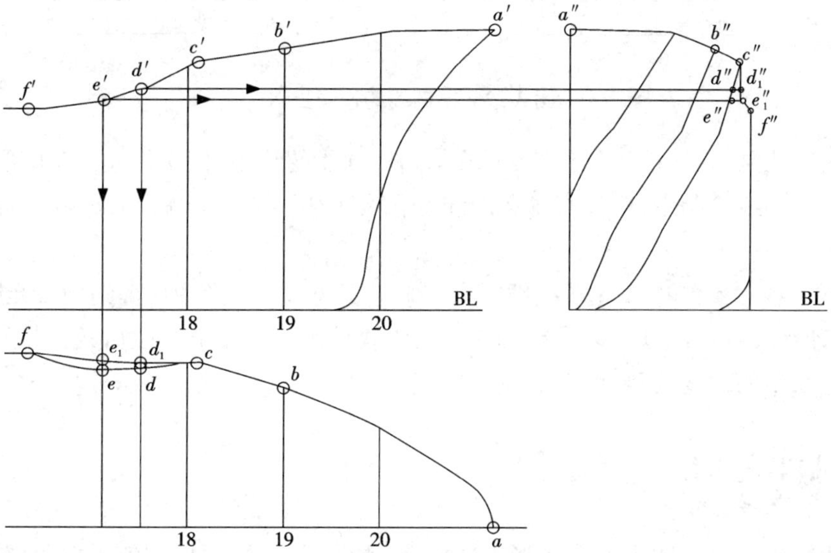

图 3-21 横剖线图中舷墙顶线投影的绘制

3.8.5 绘制横剖线

横剖线具有在横剖线图中反映实形的特征。各站起点即每条横剖线与中线的交点。横剖线上船底线的半宽值 y_{BL}、各水线处的半宽值 y_{iWL} 在型值表中读取。然后在横剖线图的格子线上标出相应的点,再过这些点利用样条曲线绘制曲线,并且最终与轮廓线上对应站的各点相连接,如图 3-22 所示。

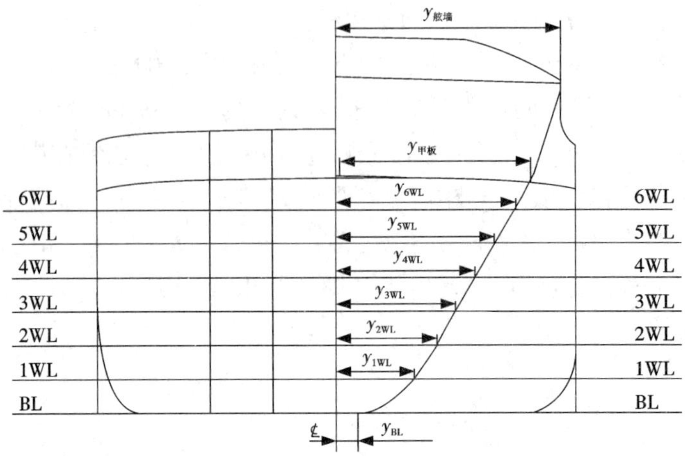

图 3-22 横剖线的作图步骤

完成图线绘制后，在适当的位置，顺着每站横剖线的趋势，依次标注出对应的站号，以便于读图。在横剖线绘制中，应注意各条曲线变化有规律、协调、光顺，以减少纵剖线调整的工作量。

当横剖线各点不能连成光顺曲线时必须修改某些交点的型值，直到型线光顺为止。在修改时，设计水线各点的型值不允许修改。因为设计水线的型值修改后，会引起水线面面积系数及艏进水角的改变，影响船舶的航海性能。

3.8.6 绘制半宽水线

各水线在半宽水线图中反映实形。同样，画水线时，不能再用型值表左边部分各水线纵栏中的型值，其作图方法是利用横剖线图与半宽水线图中各站水线的型值在两个视图中具有相等半宽的投影原理，将横剖线图中某一水线与各横剖线的交点（半宽值）投影至半宽水线图相应的站线上，利用样条曲线依次光顺地连接出各点，并与该水线对应的艏艉轮廓相连接，即为所求的水线。图线完成后，分别在艏艉部分标注出对应的水线名，如图 3-23 所示。

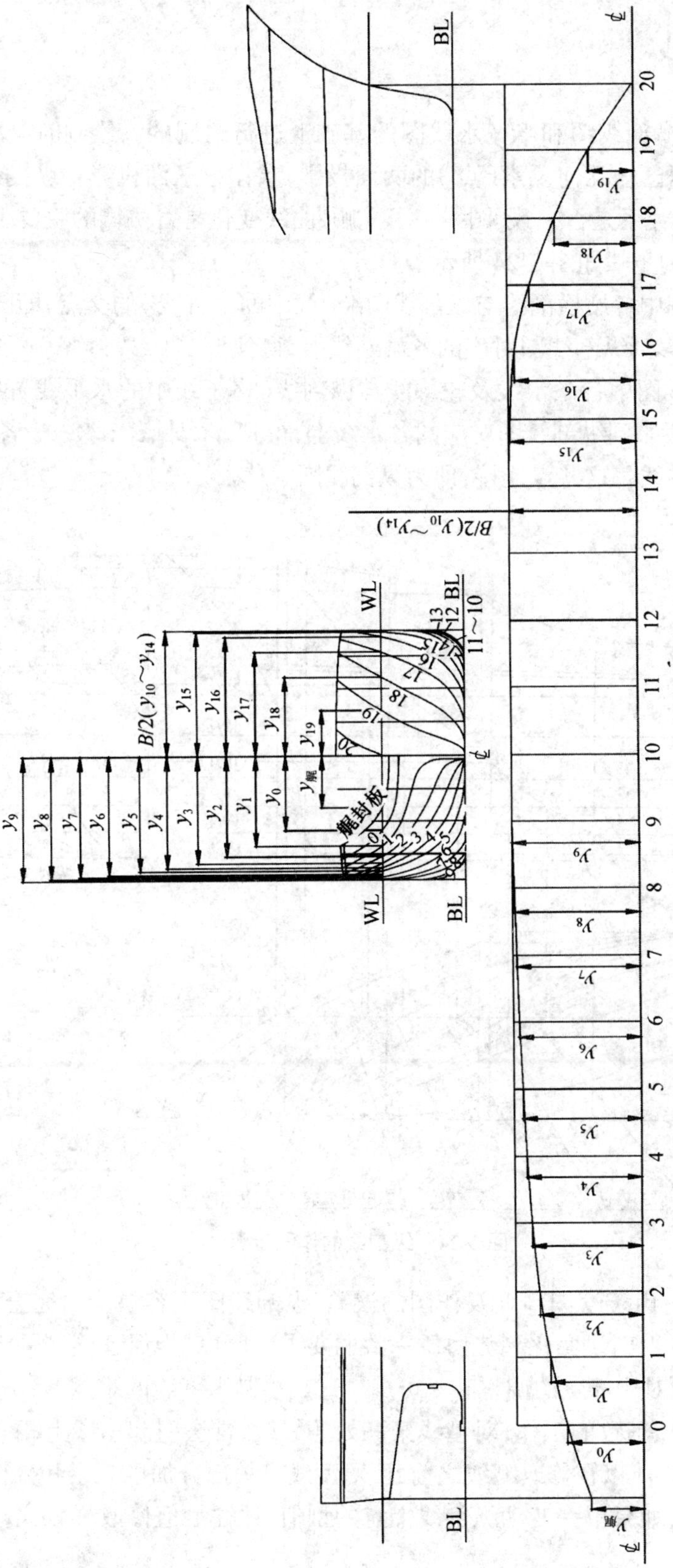

图 3-23　半宽水线的作图步骤

3.8.7 绘制纵剖线

纵剖线图是在横剖线图和半宽水线图的基础上进行绘制的。绘制时同样不能用型值表,基本原理是根据已知几何要素(点)的两面投影,求作第三面投影。纵剖线是检验横剖线、半宽水线的投影关系是否一致、图线是否光顺、曲线变化是否协调的主要手段。

绘制纵剖线图的步骤如图 3-24 所示。

(1)将横剖线图中各站横剖线与纵剖线(格子线中的垂直线)的交点,即图中的 1″,2″,3″,4″……各点,投影到纵剖线图对应的各站站线上,得到 1′,2′,3′,4′……各点。

(2)将半宽水线图中各条水线及轮廓线与纵剖线(格子线中的水平线)的交点,即图中 *a*,*b*,*c*,*d*……各点,投影到纵剖线图对应的各水线上,得到 *a*′,*b*′,*c*′,*d*′……各点。

(3)利用样条曲线将这些点连接,即为纵剖线图。

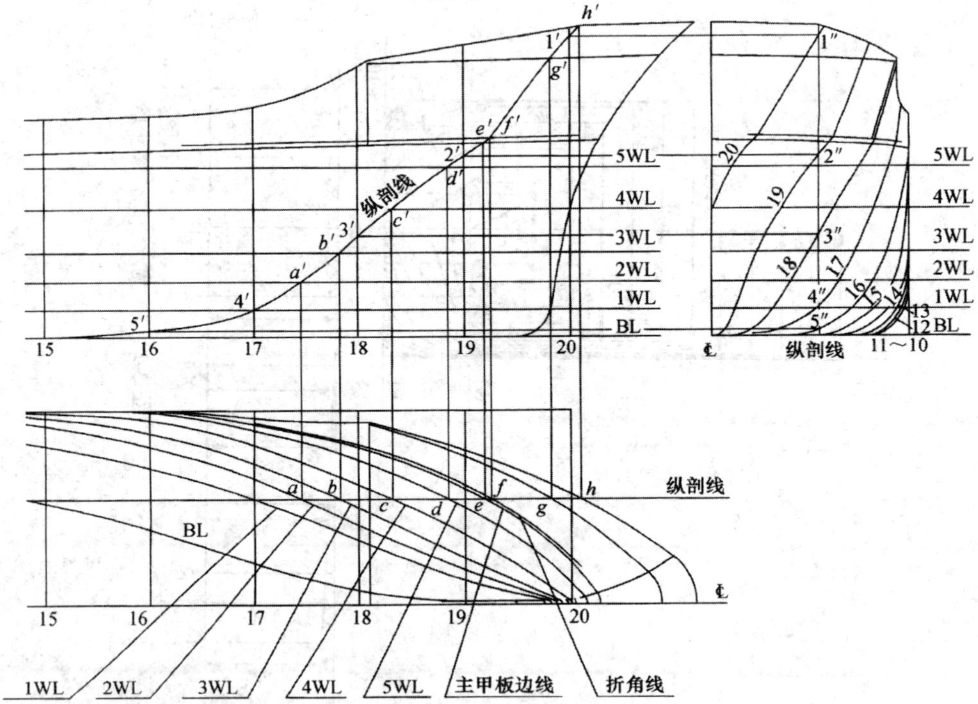

图 3-24 纵剖线的作图步骤

(4)调整型线。由于绘图精度及作图的误差,纵剖线图不容易同时完全满足投影关系正确、曲线光顺和各纵剖线变化趋势协调一致的要求。所以,为保证绘制的纵剖线光顺、协调和投影关系正确,对局部点的调整必不可少。这是绘制纵剖线的难点。

修改型线是一项细致的工作,对型线某一处的修改,常会引起型线上相邻部分的变化,并且涉及其他型线。所以在修改型线之前,要对型线有关部分加以观察和分析,然后进行修改。修改纵剖线时,如果单一变动纵剖线上点的型值,往往型值修改量较大,对其他型线的影响也较大。为此，可先适当变动半宽水线图中水线与纵剖线交点的型值，再变动纵剖线图中纵剖线与水线、横剖线交点的型值，这样可使型值修改量减少，型线也容易修改光顺。

3.8.8　绘制梁拱线

习惯上在型线图中不表示甲板梁拱的形状，但根据甲板边线绘制甲板中线时，需要利用梁拱线。梁拱线的形状在全船是相同的，所以通常只需作出甲板宽度最大处的梁拱线即可。梁拱线的作法如图 3-25 所示。

（1）作半宽线 OB。以点 O 为圆心，在中线上以梁拱 C 为半径作 1/4 圆弧。

（2）将圆弧和圆的半径以及半宽分为若干等份（图中为 4 等份）。

（3）将圆弧与半径上的各等分点对应相连，1—a、2—b、3—d；

（4）过 OB 等分点作垂线，并在上截取对应的长度 $1'a'=1a$、$2'b'=2b$、$3'd'=3d$。

（5）将点 B、a'、b'、d'、D 光顺地连接即为梁拱线。

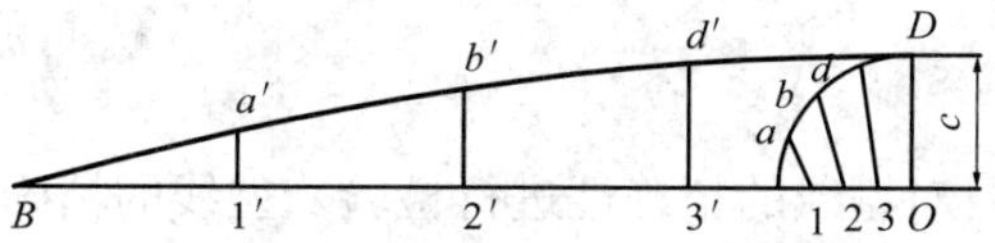

图 3-25　梁拱线的作图步骤

3.8.9　绘制甲板中线

甲板中线是中纵剖面与甲板型表面的交线。型线图中，甲板中线通常是根据甲板边线作出的。甲板中线的绘制是在梁拱线图的基础上完成的。这是由于甲板在横向具有梁拱，所以甲板边线与甲板中线在同一站线处就相差一个梁拱高，如图 3-26 所示。

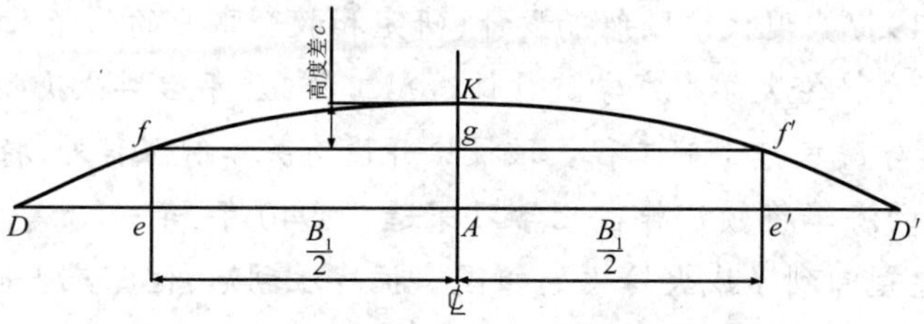

图 3-26　甲板中线与甲板边线的高度差（梁拱高）

一艘船上各层甲板梁拱的曲率一般是相同的，各处梁拱高度随着甲板宽度的变化而变化。梁拱线中点的连线即为甲板中心线。因此，绘制甲板中线的关键是求取各站线的梁拱值。甲板中心线的作图如图 3-27 所示。

例如，图 3-27 中 #2 站处甲板半宽为 B_2。在 OB 线上，截取第 2 站半宽 B_2，过端点作垂线交标准梁拱曲线于点 I，作水平线交于中线，C_2 即为第 2 站梁拱的高。在纵剖线图中，于第 2 站甲板边线向上截取 C_2，各站依此类推，分别作出 $C_{艉}$，C_1，C_2，C_{i-1}，C_i，C_{i+1}，…，C_{19}，C_{20}，

$C_{\text{艏}}$,连接各顶点和艏艉端点即为所求。

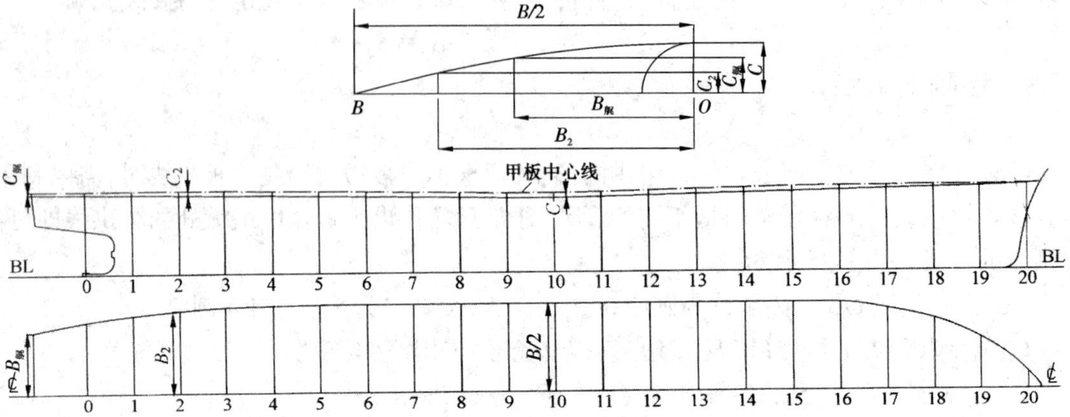

图 3-27 甲板中线的作图步骤

3.8.10 检验型线

型线绘制结束后,需要对型线的精确性进行检验。型线的精确性体现在型线的光顺、协调和投影一致三方面。产生型线不光顺、不协调和投影不一致的原因主要有:图中量取型值时可能有错误;连接曲线时没有通过规定的点;格子线作得不够准确;型值可能有错误等。当发现型线有不光顺、不协调及投影不一致时,必须找出原因进行修正。

1. 光顺性

型线的光顺性是指各型线的曲率应和缓地变化,不应有局部凹凸起伏和突变现象存在。

船人舶事:发展科研,开山奠基

辛一心(1912—1957),现代中国船舶设计、研究和教育事业的创始人之一。1936 年,他公费留学英国纽卡斯尔杜伦大学皇家学院攻读造船工程,2 年后毕业获硕士学位,后转入英国格林威治皇家海军学院攻读造舰工程。该校除开设有关军舰课程外,特别偏重数学、力学课程,许多中外著名的海军将领都曾在此学习深造。1940 年,辛一心满怀发展祖国造船科学研究事业的迫切愿望回到了战火纷飞的祖国。抗战胜利后,他深感当时国内造船科学技术水平落后,舰船设计主要依据经验,缺少试验研究手段。1947 年,他在上海与造船界前辈叶在馥、杨俊生、王公衡、王超等倡议,在向日本索取侵略战争赔款中,要求拆一套船模试验池设备来中国安装,以奠定我国船舶科学研究的基础。但南京国民政府对这一倡议置若罔闻,使他科学救国的梦想成为泡影。中华人民共和国成立初期,辛一心向船舶工业局倡议筹建船模试验池,这个水池的全部工程,包括一切电子控制、测量仪器等都是我国自行设计和试制成功的。1954 年,在上海建成一座 70 m×25 m×2.5 m 的单轨悬臂式小型船模试验池。同时正式成立船模试验所,开始接受船模试验任务,这是中国第一个船舶科学研究所,为开创当代中国的船舶设计、科学研究作出了卓越的贡献。至 1957 年,共改进了 7 种船型,仅因改进线型而节省下来的燃料费用已可抵该水池的建设费用。

当然,中国虽然有了第一个船舶科学研究所,但还远远不够,他又向船舶局领导建议再兴建更大型的船舶科研所,并与有关人员四处选点,最后选定在无锡建立大型船模试验基地。他的这些开创性的工作,为嗣后第七研究院和中国船舶科学研究中心的成立奠定了坚实的基础。

(摘自 http://www.csname.org.cn/zjys/zjjs/0868427f9a6d48ceaaa1e32b1e3839be.htm,略有改动)

中国第一座船模试验池

2. 协调性

型线的协调性是指同组型线的间距大小应有规律地变化,不应有时大时小的现象存在。型线的变化有这样的特点:沿船长方向,中部变化比较平缓,艏艉两端型线变化较大;沿船深方向,设计水线处变化较平缓,甲板、底部线型变化较大。反映在横剖线图中,站距相等的两相邻横剖线的间距,艏艉部分大而中部小。反映在半宽水线图中,等水线间距的相邻两水线的间距,通常自设计水线起,越向甲板船底越大。

3. 投影一致性

型线的投影一致性是指型线上任一点在三视图中的投影应符合投影规律:长对正、高平齐、宽相等,如图 3-28 所示。

4. 绘制斜剖线检验型线

对型线精度进行综合检验的方法通常是绘制斜剖线。斜剖线一般是斜剖面与外板型表面的交线。斜剖面是通过中线面与设计水线水平剖面交线所作的斜平面,它与这两个平面相倾斜而与中站面相垂直。

根据平面投影的特性,斜剖线在横剖线图上的投影积聚为直线,在纵剖线图和半宽水线图中的投影为曲线,不反映真形,如图 3-29 所示。

为了获得斜剖线的真形,可用旋转法将剖切平面绕中线面与设计水线面的交线旋转成与中线面平行,这样,在纵剖线图中就可得到斜剖线的真形。

如果得到的斜剖线是一条光顺的曲线,则表明该处的型线绘制正确,即型线的光顺性、协调性和投影一致性满足要求。如果得到的斜剖线不光顺,则需要修改斜剖线上某些点,使斜剖线光顺，并依次修改相应的型线。

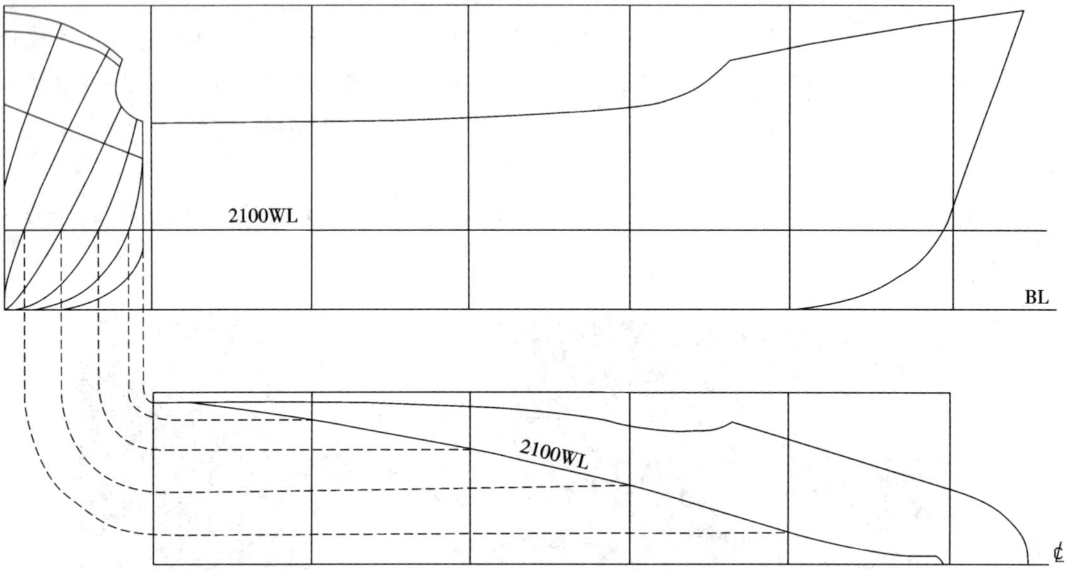

(a)

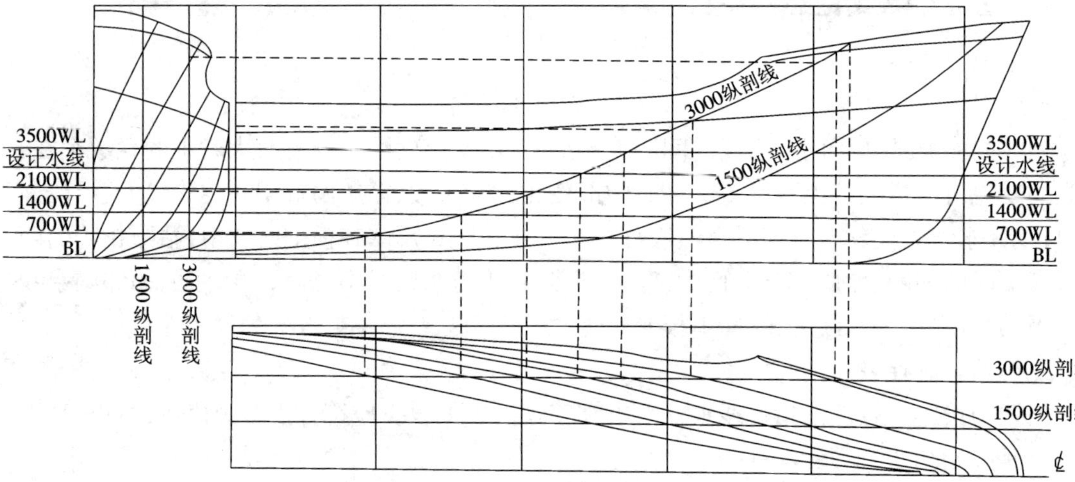

(b)

图 3-28　投影一致性

斜剖线的作图方法通常如图 3-30 所示。

（1）在横剖线图中连接 *MA*、*MB*，这是斜剖线在横剖线图上的投影，见图 3-29。

（2）量取并记录 *M* 点至斜剖线与各横剖线交点的距离，并注明横剖线编号。

（3）在纵剖线图中，在各站依次从基线开始，向上量出步骤（2）中记录的距离，并记下相应的交点，斜剖线与艏、艉轮廓线的交点可以从纵剖线图中设计水线与艏、艉轮廓线的交点投影得到。

（4）用样条曲线依次连接各点，得到在纵剖线图中的斜剖线的真实形状。

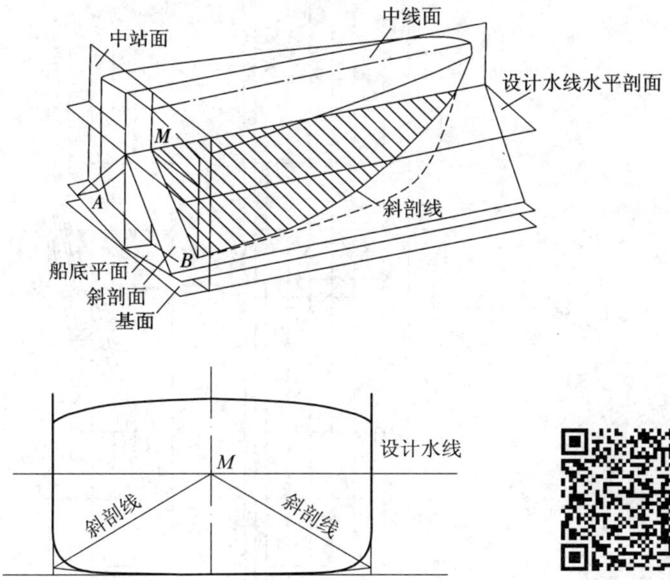

图 3-29　斜剖面与斜剖线

斜剖面与斜剖线

3.8.11　检查内容，标注相关要素，布置图纸幅面

型线图的内容绘制完成后，应逐图仔细检查。

型线图的图面布置通常是根据船舶尺度大小和线型变化情况确定。一般来说，尺度小或线型变化大的可采用分离布置，尺度大的可采用重叠布置。

布置好图面后，在图纸右上方空白处列出船体主尺度，在左上方列出型值表。

检查型线和格子线的名称和编号的标注；检查并标注艏、艉尺寸和其他有关尺寸。

最后填写标题栏和反向图号栏。

十大名船之“常规潜艇（039 型宋级）”

常规潜艇（039 型宋级）集中了当时中国舰艇武器装备的最新科研成果，标志着中国常规潜艇设计和建造水平有了新突破。039 型常规潜艇由武昌造船厂建造，1994 年下水，1996 年交付海军使用。艇长 74.9 m，艇宽 8.4 m，吃水 5.5 m；水上排水量 1 700 t，水下排水量 2 250 t；水面航速 15 kn，水下航速 22 kn。

20 世纪 80 年代初，中国海军装备有大量仿制的 033 型常规潜艇和少量自制的 035 型常规潜艇。但这两种潜艇技术落后，无法适应现代战争的需要。1982 年，海军司令员刘华清下令研制新一代常规潜艇，并将其列为海军二代舰艇建设的重点之一。039 型常规潜艇的设计目标瞄准了世界先进水平的常规潜艇，与 035 型潜艇相比，各种技术性能有了跨越式的进步，总体性能水平要求达到 80 年代后期至 90 年代初的世界先进水平。同时，为吸取核潜艇配套武器研制严重拖后的教训，特别强调海军武器装备研制必须做到“五个成套”，即

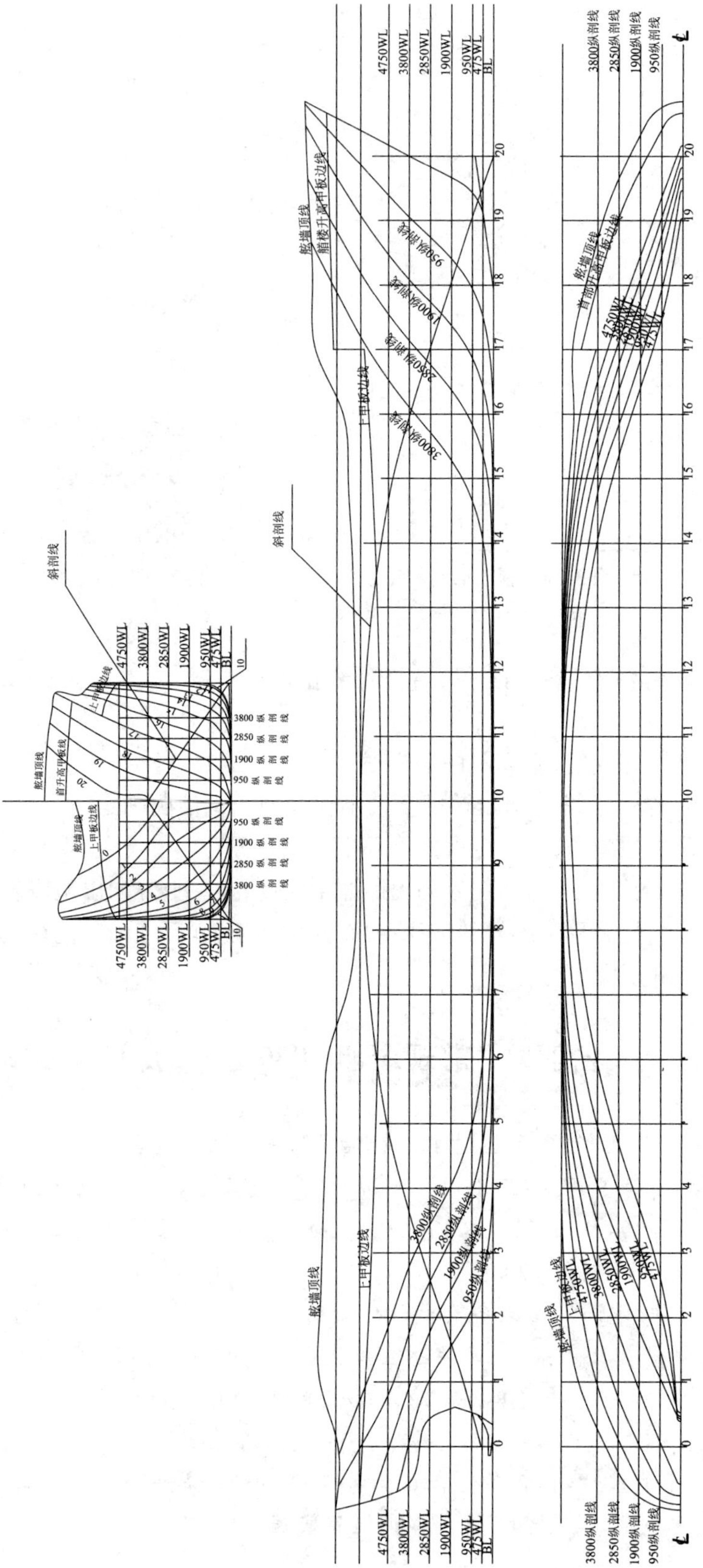

图 3-30　在纵剖线图中绘制斜剖线

成套论证、成套设计、成套定型、成套生产、成套交付使用。

039型宋级常规潜艇

039型常规潜艇首艇在1995年开始进行大量的海上测试，测试期间发现新潜艇存在着一些设计缺陷及没有达标的性能指标。因此，该艇只生产了一艘，随后对其进行重大改进。039G型常规潜艇于1999年交付使用，后续潜艇也进入较为稳定的生产阶段。039型常规潜艇从立项到批量生产共经历了十多年，是我国研制时间最长的一型常规潜艇。该级潜艇的研制成功使我国在常规潜艇领域缩短了与世界先进水平的差距，走出了一条具有中国特色的常规潜艇的发展之路。

（选自《甲板上的中国：揭秘当代中国十大名船》，大连海事大学出版社，2016）

练习题

一、选择题

1. 对于金属船舶而言，型线图表示的船体形状是(　　)。
   A. 外板内表面，甲板下表面
   B. 外板外表面，甲板下表面
   C. 外板内表面，甲板上表面
   D. 外板外表面，甲板上表面
2. 下列关于水线的叙述正确的是(　　)。
   A. 在水线面上的投影为曲线，不反映真实形状
   B. 在中横剖面上的投影为直线，反映真实形状
   C. 在中线面上的投影为直线，反映真实形状
   D. 水线图一般只需画出左舷部分水线的水平投影
3. 下列关于甲板中线的叙述不正确的是(　　)。

A. 甲板中线是中线面与甲板上表面的交线

B. 甲板中线通常是一条平面曲线

C. 甲板中线在中纵剖面上的投影通常为曲线,反映真实形状

D. 甲板中线在中横剖面、水平面上的投影是直线

4. 金属船体制图中,用一组横剖线表示船体型表面沿(　　)的变化情况。

A. 吃水方向　B. 船长方向　C. 船宽方向　D. 船深方向

5. 关于纵剖线的标注,叙述不正确的是(　　)。

A. 以纵剖线距中线面的距离(毫米数)作为编号

B. 在半宽水线图中标注在格子线的艏艉两端

C. 在横剖线图中标注在基线下方

D. 中纵剖线需要标注

6. 对型线精度进行综合检验的方法是(　　)。

A. 绘制格子线　B. 增设横剖线　C. 增设纵剖线　D. 绘制斜剖线

7. 型线图的作图原理是(　　)。

A. 纸条法　B. 标高投影法　C. 格子线法　D. 截面法

8. 下列关于梁拱线的叙述正确的有(　　)。

A. 梁拱线在水平面上的投影一般为曲线,反映真实形状

B. 梁拱线是横向平面与甲板型表面的交线,可以认为是形成甲板型表面的母线

C. 梁拱线一般是中间高、两舷低的空间曲线

D. 梁拱线的形状全船相同,一般只需在中横剖面图中加以表达

9. 下列关于型值表的叙述正确的有(　　)。

A. 型值表是提供各型线交点型值的表格

B. 型值表中不提供横剖线与纵剖线交点的半宽值

C. 型值表中不提供横剖线与水线交点的高度值

D. 型值表中仅给出半宽值和高度值,长度方向的坐标由站号确定

10. 下列关于坐标平面的叙述正确的有(　　)。

A. 取中站面、中线面和基平面为坐标平面

B. 船长方向的坐标轴为中线面和基平面的交线

C. 船宽方向的坐标轴为中站面和基平面的交线

D. 吃水方向的坐标轴为中线面和中站面的交线

二、识图题

1. 识读附图 2,回答以下问题。

(1)识读标题栏和主尺度。根据标题栏和主尺度可以了解船舶类型和大小。该船的垂线间长(　　)m、型宽(　　)m、型深(　　)m、设计吃水(　　)m、梁拱高(　　)m。

(2)识读型值表。沿船长方向将垂线间长分为(　　)等份,共有(　　)个站,站距为(　　)m,船中在(　　)号站。沿船深方向有(　　)条水线(不包括基线),设计水线高度为

(　　)mm。沿船宽方向每舷有(　　)条纵剖线(除船体中心线)。

(3)选取 3 号横剖线,填写该横剖线与水线、上甲板边线交点的型值(习题表 3-1)。

习题表 3-1

	475 水线	950 水线	1 900 水线	2 850 水线	3 800 水线	4 750 纵剖线	上甲板边线
宽度 /mm(距船体中心线)							
高度 /mm(距船体基线)							

三、绘图题

1. 如习题图 3-1 所示,求型表面上各点(A、B、C、D、E 五点)的另两个投影。

2. 习题表 3-2 和习题图 3-2 为某船的型值表及艏艉尺寸,按适当的比例绘出该船的型线图。

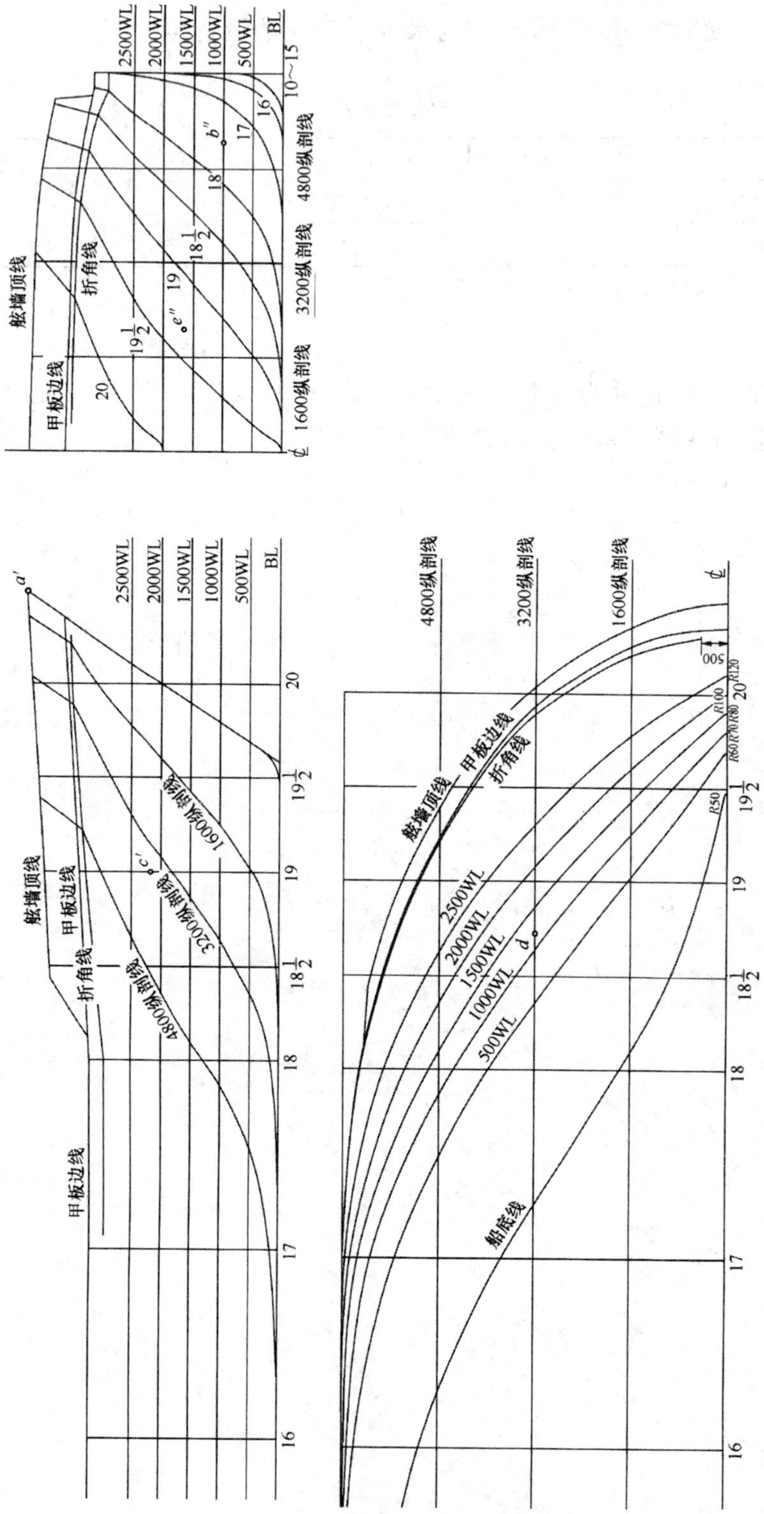
2500WL
2000WL
1500WL
1000WL
500WL
BL
舷墙顶线
甲板边线
折角线
4800纵剖线
3200纵剖线
1600纵剖线
船底线
10~15
16
17
18
$18\frac{1}{2}$
19
$19\frac{1}{2}$
20
a'
b''
c'
d
e''
500
R50
R60
R70
R80
R100
R120

习题图 3-1

习题表 3-2　1 000 t 沿海货船的型值表

		吃水	艉端点		站号																				艏端点	
			距中	半宽	0	1	2	3	4	5	6	7	8	9	10~11	12	13	14	15	16	17	18	19	20	距中	半宽
半宽值	基线	0	−29 700	150	—	150	150	150	307	1 101	2 187	3 132	3 835	4 284	4 441	4 324	3 976	3 479	2 887	2 112	1 139	389	—	—	27 981	0
	水线	400	−27 896	150	—	150	233	668	1 635	2 851	3 666	4 212	4 703	5 067	5 125	5 017	4 850	4 500	4 000	3 375	2 450	1 400	483	—	28 756	0
		800	−27 713	150	—	150	429	1 556	2 750	3 556	4 152	4 623	5 010	5 266	5 367	5 284	5 163	4 920	4 525	3 908	3 000	1 800	659	—	28 952	0
		16 000	−27 756	150	—	291	1 963	3 067	3 772	4 276	4 638	4 962	5 222	5 392	5 500	5 492	5 447	5 362	5 075	4 500	3 600	2 333	950	—	29 103	0
		2 400	−27 836	150	—	1 771	3 330	3 969	4 402	4 702	4 944	5 147	5 324	5 453	5 500	5 400	5 500	5 491	5 300	4 875	4 031	2 750	1 280	—	29 249	0
		3 200	−31 936	0	2 654	3 607	4 220	4 547	4 810	4 989	5 156	5 274	5 385	5 488	5 500	5 500	5 500	5 500	5 400	5 125	4 378	3 198	1 706	—	29 406	0
		3 600	−32 681	2 304	3 306	4 012	4 472	4 773	4 971	5 112	5 252	5 336	5 418	5 499	5 500	5 500	5 500	5 500	5 436	5 228	4 542	3 422	1 962	0	29 500	0
		4 000	-32722	2 950	3 743	4 286	4 661	4 954	5 103	5 225	5 326	5 388	5 444	5 500	5 500	5 500	5 500	5 500	5 463	5 308	4 683	3 655	2 201	197	29 624	0
		4 800	−32 804	3 641	4 288	4 706	5 035	5 257	5 358	5 421	5 457	5 476	5 494	5 500	5 500	5 500	5 500	5 500	5 500	5 456	4 946	4 132	2 750	570	29 938	0
	甲板边线		−32 854	3 929	4 533	4 912	5 168	5 380	5 455	5 500	5 500	5 500	5 500	5 500	5 500	5 500	5 500	5 500	5 500	5 500	5 110	4 482	3 299	1 149	30 305	0
	舷墙顶线		−32 869	4 000	4 600	4 981	5 243	5 422	5 500	5 500	5 500	5 500	5 500	5 500	5 500	5 500	5 500	5 500	5 500	5 500	5 292	5 169	4 400	3 150	33 010	0
	折角线		—	—	4 600	4 981	5 243	5 422	5 500	5 500	—	—	—	—	—	—	—	—	—	—	5 152	4 555	3 413	1 289	—	—
	艏楼甲板边线		—	—	—	—	—	—	—	—	—	—	—	—	—	—	—	—	—	—	—	—	4 233	2 627	32 032	0
高度值	纵剖线	CL	—	—	2 876	0	0	0	0	0	0	0	0	0	0	0	0	0	0	0	0	0	0	3 600	150	—
		1 500	—	—	2 944	2 317	1 386	777	357	55	0	0	0	0	0	0	0	0	0	0	11	486	2 844	6 065	150	—
		3 000	—	—	3 384	2 812	2 176	1 554	957	460	111	0	0	0	0	0	0	0	0	77	192	2 850	5 127	8 476	—	—
		4 500	—	—	5 181	4 402	3 633	3 120	2 566	1 990	1 317	645	235	24	6	24	141	400	776	1 600	3 492	5 474	—	—	—	
	甲板边线		—	—	5 249	5 216	5 187	5 150	5 128	5 113	5 017	4 989	4 941	4 880	4 900	4 943	5 016	5 091	5 160	5 297	5 371	5 439	5 505	5 577	—	—
	舷墙顶线		—	—	6 249	6 213	6 187	6 150	6 112	6 081	6 033	5 989	5 942	5 904	5 894	5 937	6 016	6 092	6 160	6 297	6 555	7 659	8 247	8 717	—	—
	折角线		—	—	5 393	5 360	5 329	5 288	5 264	5 263	—	—	—	—	—	—	—	—	—	—	5 514	5 582	5 648	5 725	—	—
	艏楼甲板边线		—	—	—	—	—	—	—	—	—	—	—	—	—	—	—	—	—	—	—	—	7 807	7 876	—	—

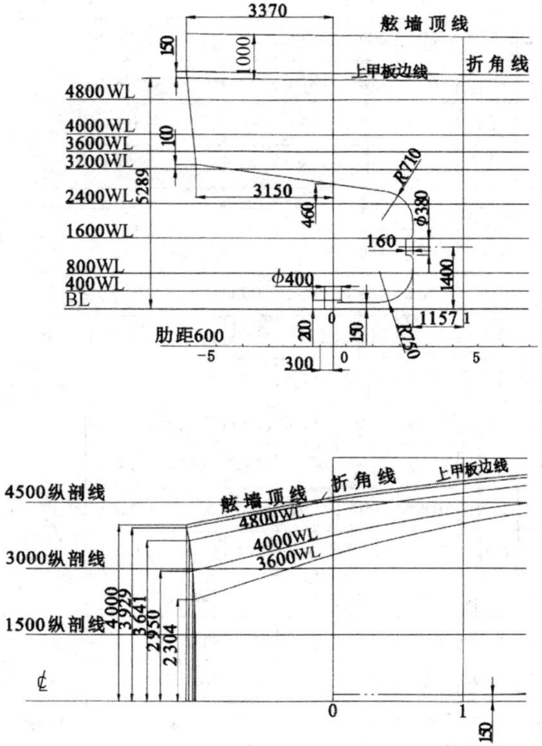

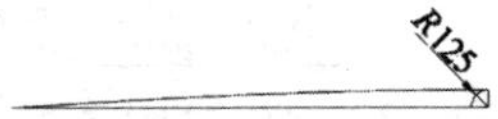

主要参数

总长	65.88m
两柱间长	59.00m
型深	4.90m
型宽	11.00m
吃水	3.60m
艏舷弧	600mm
艉舷弧	300mm
艏楼甲板高	2.35m
梁拱	125mm
排水体积	1658.5m³
浮心纵向位置	0.157m
方形系数	0.71

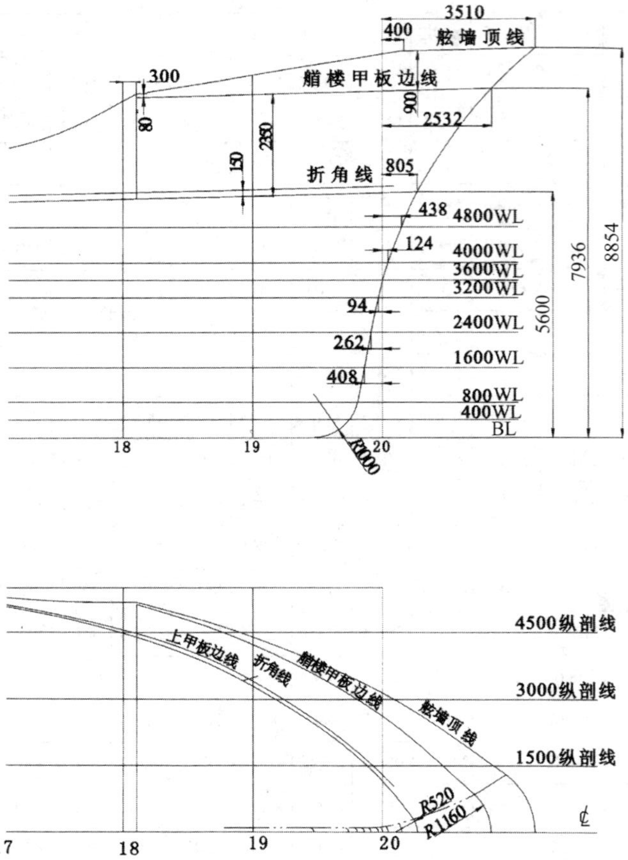

习题图 3-2　1000 t 沿海货船的主尺度及艏艉尺寸

第 4 章　总布置图

4.1　总布置图的地位与作用

总布置图是一张全船性图样，是表示全船总体布置的图样，由右舷侧视图、各层甲板与平台平面图、舱底平面图及船体主要尺度和技术数据等组成。它涉及船体舱室的划分、各层甲板的布置和利用以及航行和安全设备的布置等方面。它集中地反映了船舶种类、使用功能、技术性能和经济性能。船体总布置图是贯穿船舶设计各个阶段的主要图样。它的主要用途如下。

（1）表示船舶上层建筑的形式、舱室的划分以及主要机械、设备、武备、门窗、扶梯、通道等的布置情况。

（2）是进行其他设计和计算的依据，如进行全船质量和质心位置计算，船舶设备和结构设计等。

（3）作为绘制分布置图的依据，如绘制各类设备、系统布置图，门、窗、扶梯布置图，木作、绝缘布置图等。

（4）在施工时，可作为舾装工作的指导性图样，并能起到协调各机械、设备的相互关系的作用。当它们之间发生矛盾时，以总布置图中的布置为准。因此，总布置图对船舶建造时的舾装工作有着重要意义。

4.2　总布置图的特点

1. 总布置图采用小比例绘图

总布置图中表达的内容繁多且涉及面广，包括船型、船舶布置形式、船舶造型，各种设备设施，各种船舶舱室属具。如果这一切内容都按正投影方式表达，图纸必然过大，也不容易绘制。所以，为了便于使用，一般采用小比例绘图。

2. 总布置图在图中不直接标注定形尺寸和定位尺寸

船上的许多设备是标准件或是由专业厂家生产的系列产品，只要根据图形符号和全船说明书或设备明细表所提供的设备类型规格说明，就能够正确外购。即使有些设备需要自行制造，也会提供专用图样。因此，总布置图中有关图形的定形尺寸一般省略不注。

机械、设备、用具等在船体上的定位尺寸，船长方向由肋位号确定，船宽方向以中线面为基准，船深方向由其所在的甲板、平台确定。

如果施工需要，总布置图可以标注部分定位尺寸。图 4-1 表达的是某海船艏楼甲板的锚泊、系泊设备的定位情况。

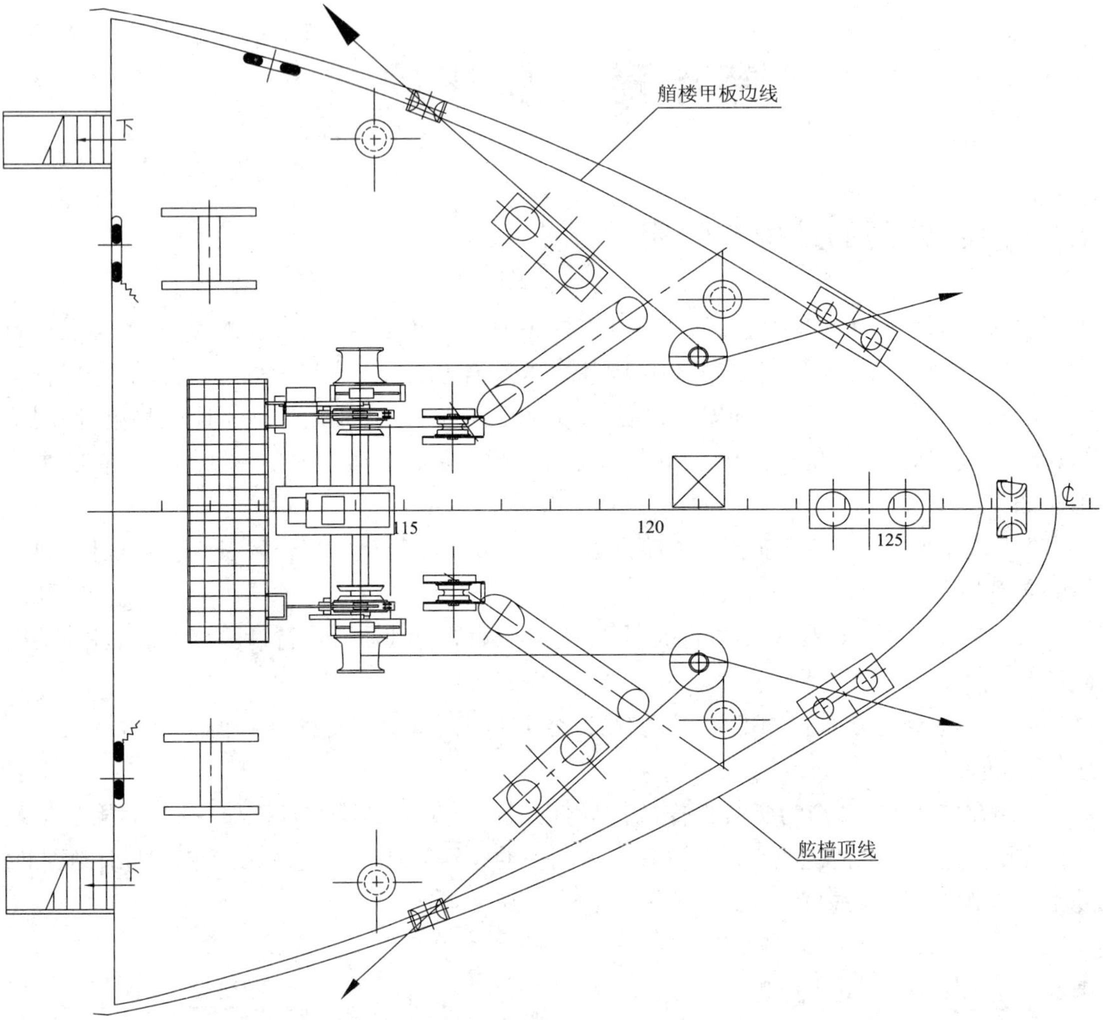

图 4-1　艏楼甲板锚泊、系泊布置和定位

3. 图形符号表示法

总布置图对船用的各种设备、家具、门、窗、舱口盖、栏杆、灯具及绝缘敷料等采用形象化的图形符号来表示，以保证图面的清晰。图形符号参考《造船　船舶布置图中元件表示法》(GB/T 3894—2008/ISO 1964：1987)的规定。该标准对图形符号的尺寸没有具体规定，绘图时需要根据表达的设备、家具等的外形比例绘制。附录 3 收录了该标准中常用的图形符号。

图形符号也可以组合使用，以满足多种式样的要求。图 4-2 为表示带有柜和双层抽屉的单人床的图形符号。它实际上是将单人床、拉门柜和双层抽屉的图形符号组合使用的。可拉出床与沙发的图形符号可以组成两用沙发的图形符号，如图 4-3 所示。

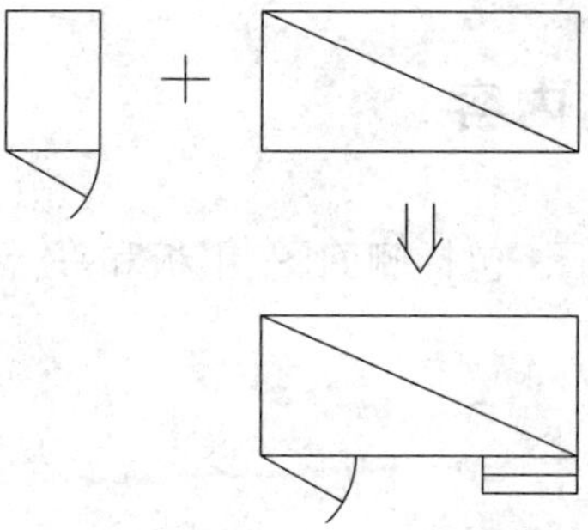

图 4-2　带柜和抽屉的单人床

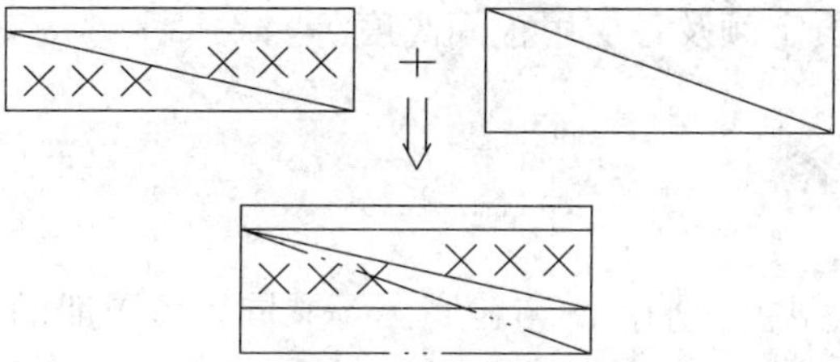

图 4-3　两用沙发

标准没有的设备或属具一般按投影方法表达，也可以采用与实际形状相似的图形符号表示，但应在图样上注明。

船人舶事：没有 CAD 的年代

20 世纪 80 年代的中国国力较为薄弱，052 型驱逐舰研制期间，图纸设计绘制完全靠手工。在那个年代，所有宏伟的规划都是从早上的削铅笔开始的。铅笔、圆规、丁字尺、曲线板、压条、计算器，就是这些在今天看起来很原始的工具，一点点勾勒着 052 型驱逐舰的身形。通常，人们认为宏伟的万吨巨轮是船舶设计的巅峰之作，但实际上军舰设计的难度远远高于万吨巨轮。052 型驱逐舰的舱容只有民用 7 万吨散货轮的 25%，但装舰的设备却相当于 7 万吨散货轮的 5 倍。在设计过程中，不仅要在图纸上画出各种机械设备、武器装备、雷达、管系，而且规定的误差不能超过毫米级，需精心设计，一次成功。根据初步估算，052 型驱逐舰的研制工作涉及 11 个相关部委以及分散在全国各地的几十家院所和几百个厂家。在整个工程的实施过程中，有大量技术、质量和进度的问题需要及时协调和解决。紧迫的时间，错综复杂的各个环节，在质量和进度的天平两端，所有人都如履薄冰。寒来暑往，图纸上的岁月不仅枯燥琐碎，而且战战兢兢，容不得半点差错。虽然极其忙碌，但由于图纸出炉的严格规定，设计人员再忙、船厂再催也不能乱。当时的条件，设计程序非常复杂。先要手工画，画好了校对，校对回来要修改，修改好后送审核，审核回来再修改，修改好了又送审定……一步一步，一点都不能少。在 1984 年至 1989 年的五年设计时间里，一千八百多个日日夜夜，全体设计人员手绘出的图纸，总质量超过了 1 吨。

（根据纪录片《军工记忆》第二集“052 型导弹驱逐舰研发纪实”整理）

4.3 总布置图的组成与表达内容

总布置图由主要量度栏和一组视图(包括侧面图、甲板和平台平面图、舱底图)组成。

4.3.1 主要量度栏表达内容

主要量度栏中列有说明船舶技术、经济性能的一组数据,通常布置在图纸的右上方。主要量度栏表征船舶大小以及主要技术性能要素,通常包括船体主尺度、载货量或载客人数、主机额定功率、航速、船员定额及各层甲板间高度等。

4.3.2 各视图表达内容

总布置图的侧面图、甲板和平台图与舱底图等共同表示了船的外形、舱室的划分及各种主要设备、装置等的布局。

1. 侧面图

侧面图是从船舶右舷向正投影面投影所得到的视图,通常绘制在图纸上方。侧面图是总布置图的主视图,不需要标注图名。它表达的基本内容如下。

(1)船舶侧面外貌:具体来说,表示了艏段与艉段轮廓、龙骨线和舷墙的形状、上层建筑的形式、船型、舵和推进器的类型以及舷窗、烟囱、桅的设置等。

(2)主要舱室划分概况:船体内部空间由内底板、甲板、平台分成若干层,每层空间又由舱壁或围壁划分成不同用途的舱室。根据内底板、甲板、平台、舱壁或围壁的数量及设置的位置就可确定舱室划分的情况以及这些舱室在船长和船深方向的具体位置。

(3)船舶设备布置的概况:通常在侧面图中可以看到锚、系泊、救生、起货、舵等设备布置的概况。

(4)门、窗、扶梯等的布置概况。

此外,对于布置空间较复杂或要求较高的船舶,可利用中纵剖视图代替侧面图,以此来表达清楚布置空间的相互关系。中纵剖视图是以中线面剖切船体后向正投影面投影所得的剖视图。中纵剖视图规定设备不论是否被中线面剖切,在图中一律画其轮廓投影。对于船体构件,也只画出被中线面剖切到的横向构件(如横梁、肋板、横舱壁等)的剖面形状和在中线面内的纵向构件(如中桁材、甲板纵、纵舱壁)等的投影,其余构件均省略不画。

2. 甲板和平台平面图

甲板和平台平面图是总布置图的俯视图。它们通常绘制在侧面图的下方,按甲板、平台位置自上而下排列。

它们是沿上一层甲板、平台的下表面剖切后,向该甲板、平台投影(俯视)而得到的视图,对于最上层甲板或平台则是从其上方向水平投影面俯视。它们表示的是该甲板、平台到上一层甲板、平台之间整个空间的布置情况。

甲板和平台平面图表达的基本内容如下。

(1)甲板或平台上的舱室划分,舱内设备、用具等布置的情况以及这些舱室、设备和用具等在船长和船宽方向的位置。

(2)甲板或平台上舱室外船舶设备、机械的布置情况以及这些设备、机械在船长和船宽方向的位置。

(3)甲板或平台上通道、门、窗、扶梯等的布置。

3. 舱底平面图

舱底平面图是沿最下层甲板或平台下表面剖切船体后而得到的俯视图,它绘制在图样的最下方。舱底平面图表达的基本内容如下。

(1)对双层底部分:表示了双层底上面的舱室、设备布置的情况以及双层底空间液舱布置的情况。

(2)对单底部分:表示了船底构件上方舱室、设备布置的情况。

对于舱室、设备繁多的船舶,为了把主要舱室中的设备等表达清楚,有时还绘制横剖面图。横剖面图是在主要舱室部位用横向平面剖切船体,然后把剖切平面附近的设备和船体构件向侧面投影而得到的视图。对于各种设备,不论其是否被剖切到,都只画外形轮廓投影。

总布置图的侧面图、甲板和平台平面图、舱底平面图从不同方向反映了船舶总体布置情况,它们之间保持着对应的投影关系。

4. 总布置图中常用的图线及其含义

总布置图中常用的图线见表4-1。

表4-1　总布置图常用的图线

图线名称	侧面图中图示构件	甲板图中图示构件	舱底图中图示构件
粗实线	栏杆的简化线	甲板以上钢质的舱壁、围壁截面轮廓;栏杆的简化线	船体外轮廓;船体内各舱壁的剖面轮廓;被截构件(如支柱等)的截面轮廓线
细实线	船体和各种设备、属具的可见轮廓线	甲板以上的非金属围壁截面轮廓;甲板的可见轮廓和各种设备、属具的可见轮廓线	船体和各种设备、属具的可见轮廓线
粗虚线	舱壁、甲板与外板和围壁的交线	舱壁、围壁与甲板的交线	肋板、底桁等和内底板的交线
细虚线	不可见轮廓线	不可见轮廓线	不可见轮廓线
细点画线	中心线;中纵舱壁上的可见扶强材	开口、开孔线,液舱范围线;对称中心线	开口、开孔线,液舱范围线;对称中心线
粗点画线	钢索、绳索、链等的简化线		
细双点画线	被剖去构件的假想轮廓线(如遮阳棚轮廓线等)	被剖去构件的假想轮廓线(如上层甲板轮廓线等)	甲板上的覆板、垫板的轮廓线
阴影线	—	甲板上的覆板、垫板的轮廓线	内底板上的覆板、垫板的轮廓线

船人舶事:带来灵感的玩具模型

我国自行研制核潜艇是在一穷二白的基础上进行的,当时我国凭借自己的科研力量几乎不可能建造出核潜艇。为了突破资本主义国家对我们的包围、封锁,为了早日掌握核潜艇的研制技术,我国曾寄希望于苏联老大哥的技术援助。但是与中国交好的几个国家均拒绝了中国发出的技术请求,中国就在这样孤立无援的情况下,开始了核潜艇研制之路。

我国首艘核潜艇最初选定水滴线型,两艘吨位和动力相同的潜艇,如果一艘采用水滴线型,另一艘采用常规线型,前者在水下的航速要比后者快16%。但国内并没有水滴线型核潜艇的相关资料,如何确定潜艇的总布置成为最大难题。设计师们在浩瀚无边的报刊中寻找世界保密控制很严的核潜艇资料,仿佛大海捞针一般。最终,把零零碎碎的资料经过分析、整理,拼凑成美国核潜艇的总体布局。但是对其可信度,大家心中无底。功夫不负有心人,我国某外交官赴美交流回国,偶然间在美国的一家模型玩具店里买回两个美国"华盛顿"号核潜艇的玩具模型,本是带给儿子的玩具,没想到却成了我国突破核潜艇技术的关键。据了解,该潜艇模型是美国一位叫雷瑞斯的商人生产制作的,为了追求逼真效果,他专门请了不少军工专家来设计,内部结构按照真实核潜艇的样子还原,该玩具内部所有的导弹、休息舱、指挥舱甚至核反应堆所在的位置都一目了然。设计师们见到这个核潜艇模型时兴奋不已,把这个模型多次肢解,拆了装,装了又拆,从中得到不少灵感,经过多次摸索研究后建造出了我国第一艘核动力潜艇。

(根据央视青年公开课《开讲啦》黄旭华讲述的"此生无悔"以及 https://baijiahao.baidu.com/s?id=1685293586984738459&wfr=spider&for=pc 整理)

4.4 总布置图的识读方法

识读总布置图,主要了解船舶的类型、大小、上层建筑形式、舱室的划分以及机械、设备、用具等的布置。

4.4.1 读图方法

详细了解全船布置情况,可以对逐层甲板、逐个舱室根据甲板图、平台图和舱底平面图对照侧面图进行详细阅读;也可以根据需要,对某一种设备或某一部分内容进行详细阅读。不论是全面了解,还是根据需要局部了解,在阅读时必须将平面图与侧面图、平面图与平面图配合起来,相互对照,这样才能全面了解布置情况。

本节以附图3(某干货船总布置图)为例,介绍总布置图的识读方法。

4.4.2 了解标题栏和主要量度栏

除对船舶类型及主要性能有概括的了解外,还应了解航速、主机型号及功率和主机转速、船员人数、甲板间高等参数。

通过阅读标题栏和主要量度栏，可以对该干货船的主要尺度和主要性能进行概括性的了解。该船为干货船，总长为 80.00 m，垂线间长为 74.00 m，型宽为 13.50 m，型深为 7.00 m，设计吃水为 4.50 m，续航力为 5 500 海里，货舱容积约 4 300 m^3。

4.4.3 侧面图

识读侧面图，了解船舶的船型、外观、上层建筑的形式、船体分舱和设备布置的概貌。

1. 船型及外观

本船为球鼻艏式船艏、方艉、水平龙骨、单机、单桨、单舵的艉机型船，设有单层连续甲板和艏艉楼，艏楼设安装天线和信号灯的箱形桅，艉部设有四层上层建筑，船中部货油区及机舱设双层底。

2. 主船体舱室划分

从侧面图结合舱底图可看到：在船长方向，船艉至 #3 肋位为艉尖舱（舵机舱和艉淡水舱）；本船为艉机型船，#3 至 #27 肋位为机舱；#27 至 #29 肋位设置有柴油舱；#29 至 #107 肋位为货舱；#107 至 #115 肋位为艏淡水舱；#115 号到船艏为艏尖舱。在船深方向由内底板、上甲板将船体分成双层底舱、船舱。双层底在 #7 至 #107 肋位设置，双层底舱由水密肋板划分成各种液舱，如燃油舱、压载水舱等。船艏和船艉为单底结构。

船艉设有艉楼甲板、船长甲板、驾驶甲板和罗经甲板。

4.4.4 甲板平台图

1. 主甲板图

在艉部 #4 至 #5 肋位左舷设上至艉楼甲板的楼梯一部，在艉楼甲板可以找到该梯的对应投影；#10 至 #13 肋位左舷设下至机舱的楼梯一部，与机舱平台图中相应的梯道对应。#13 至 #14 肋位船中设上至艉楼甲板的楼梯一部，与艉楼甲板图中相应的梯道对应。上甲板艉部设有船员间、储物间、厨房、餐厅和卫生间等。其中 #5 至 #13 肋位为机舱棚。

中部设有一个货舱，位于 #29 至 #96 肋位。结合侧面图可以看出，舱口采用滚翻式舱口盖，图中显示的是关闭状态，舱盖开启状态采用假想画法，用细双点画线绘制，表示分别堆放于艉部上层建筑前端壁和艏楼后壁。货舱的左右舷均设有系缆桩和进入舷边压载水舱的人孔盖。

主甲板至艏楼甲板设有左右舷各一架斜梯；主甲板艏部 #111 至 #115 肋位之间左舷为灯具间、液压泵间、应急消防泵室，右舷为油漆间和储藏室；#113 至 #115 肋位之间左右两舷对称设置锚链舱；#115 至船艏设置缆索舱。

2. 艉楼甲板图

艉楼甲板位于船艉至 #20 肋位，布置下达主甲板的室内楼梯和室外楼梯，同时布置上达船长甲板的室内楼梯和室外楼梯。艉楼甲板布置有充电间、蓄电池室、二氧化碳室、浴厕间和海关仓库等。左右两舷设有救生筏。

3. 船长甲板

船长甲板位于 #2 至 #20 肋位，布置上至驾驶甲板的室内楼梯和室外楼梯各一部，同时布置下达艉楼甲板的室内楼梯和室外楼梯。船长甲板布置有船长卧室、轮机长卧室、浴厕间等。

4. 驾驶甲板

驾驶甲板位于 #10 至 #20 肋位，布置下至船长甲板的室内梯梯和室外楼梯，驾驶甲板布置有驾驶室、报务区和海图区等。

5. 罗经甲板

罗经甲板位于 #12 至 #20 肋位，布置磁罗经、三脚桅、信号灯等设备。

6. 艏楼甲板

艏楼甲板位于 #109 肋位与船艏之间。艏部锚设备和系泊设备布置在艏楼甲板上。

锚设备：电动起锚机，锚机的链轮中心线位于 #114 向艏一点；螺旋止链器一对，位于 #116 肋位；锚链筒一对，锚链筒在艏楼甲板上的开口位于 #116 与 #118 肋位之间；锚两只，位于船舶两舷。

系泊设备：钢索卷车两部，其轴线位于 #111 肋位；带缆桩两对，分别位于 #117 到 #119 肋位和 #123 到 #125 肋位；导缆钳三个，一个设于 #127 到 #128 肋位船中位置，另外两个位于 #115 肋位左右两舷。

4.4.5 舱底图

从船艉到 #7 肋位，为单层底结构，设置有冷却水舱。

从 #7 到 #107 肋位，为双层底结构。其中，#7 到 #13 肋位左舷设置舱底水舱，右舷设置污油舱；#13 到 #17 肋位左舷设置燃 / 滑油泄放舱，#17 到 #27 肋位左舷设置柴油舱，#13 到 #27 肋位右舷设置柴油舱；#27 到 #29 肋位为空舱；#29 到 #47 肋位左右两舷对称设置第三压载舱，#47 到 #83 肋位左右对称舷设置第二压载舱，#29 到 #84 肋位船中设置燃油舱；#84 到 #105 肋位设置第一压载舱；#105 到 #107 肋位设置计程仪舱和测深仪舱。

从 #107 肋位到船艏为单层底结构：#107 到 #115 肋位左右两舷对称设置艏淡水舱，船中设置应急消防泵舱；#115 肋位到船艏为艏尖舱。

4.4.6 详细了解全船的布置

1. 了解船员房间的布置

图 4-4 所示为一船员房间。房间里布置有单人床 1，写字台 2，单门衣柜 3，座椅 4。此外，左侧围壁上有一扇上下移动的方窗 5，房间的门为木门 6，右上方是一个独立卫生间，里面有抽水马桶 7，淋浴喷头 8 和盥洗盆 9。

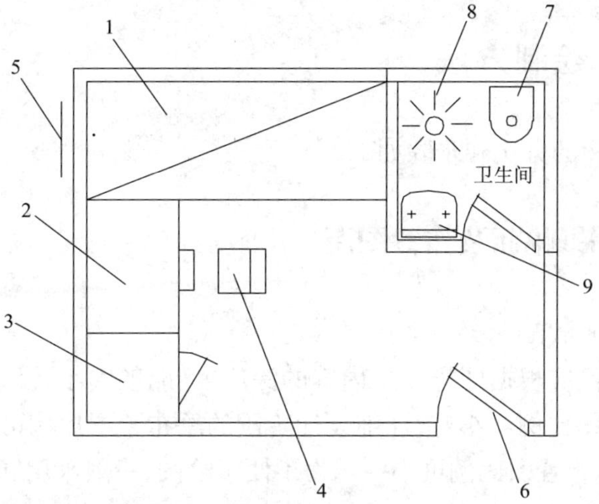

图 4-4　船员房间的布置

2. 了解楼梯的布置和画法

（1）梯长及梯宽。梯长等于斜梯的投影长度。其投影长度取决于该梯所通达的两层甲板间高和斜梯的斜倾角。该斜倾角由相关法规和不同船舶类型确定。梯宽为斜梯的实际宽度。

（2）斜梯与甲板的关联。斜梯图形符号的两端分别为封闭端和截切端。标准规定：斜梯与所在甲板相连接的一端封闭。如图 4-5 所示，斜梯在艏楼甲板图中，右端与该甲板相连，故右端封闭；而斜梯在主甲板图中，左端与该甲板相连，故左端封闭。梯道踏步不要求按实际踏步数绘出，协调、美观即可。

（3）箭头。在斜梯封闭端标示一个箭头。箭头所指方向为斜梯的高端（与上下无关）。同一具斜梯，在不同甲板上表达时，封闭位置不同，箭头位置不同，但箭头指向相同。

（4）上下符号。在斜梯封闭端外侧用“上”（或“+”）和“下”（或“−”）表达该斜梯相对于本层甲板的功能，即该甲板人员借助该斜梯上为“上”（或“+”），下为“下”（或“−”）。

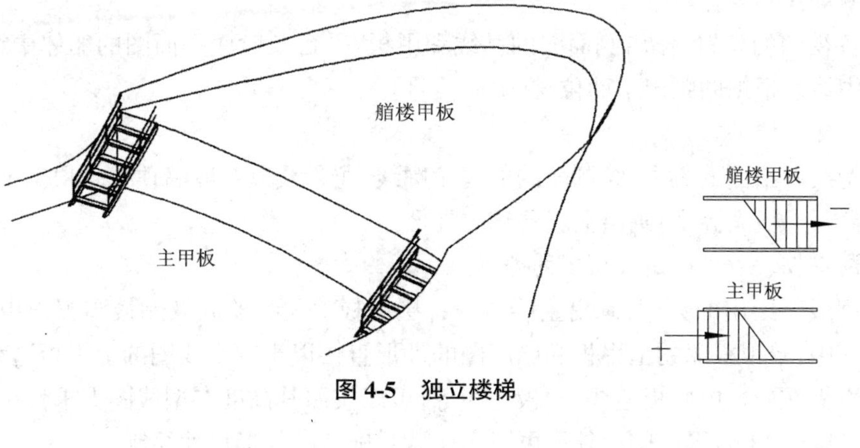

图 4-5　独立楼梯

4.5 总布置图的绘制方法

通常绘制总布置图的方法和步骤如下。

4.5.1 选取比例、图纸幅面及布置图面

1. 选取比例和图纸幅面

总布置图样的比例应根据图样表达内容的深广度、船舶大小、设备繁简而定。通常，初步设计阶段的总布置图比例可小些；详细设计阶段的总布置图比例可大些。尺度大而设备比较简单的船舶，其总布置图比例可小些。为了便于绘图，一般采用同一设计阶段中型线图的比例。常用的有 1∶100、1∶50、1∶25。打印出图时，只需按设定的比例出图即可。

图纸幅面主要根据所选用的比例、船体主尺度、甲板层数等因素选择。考虑到图样使用上的方便，图纸幅面不宜过大。当船舶甲板层数较多时，视图可布置在两张或两张以上的图纸上。

2. 布置图面

选好图纸幅面后，可画出边框线及标题栏，并合理布置图面。通常，侧面图布置在图纸上方，甲板、平台、舱底平面图按自上而下的次序逐层对应布置在侧面图下方。首先是上层建筑各层平台、甲板，其中包括艉楼甲板、救生艇甲板、驾驶甲板、罗经甲板、艏楼甲板等；其次是主船体内各层甲板、平台；最下方是舱底图。为了减小图纸幅面，当上层建筑各层甲板的长度较小时，它们的平面图可以不按照投影关系布置，而布置在侧面图下方的适当位置。为了便于绘图和读图，肋位上下应尽量对齐。主要量度栏一般布置在图纸右上方。

4.5.2 绘制各视图的外形轮廓

1. 绘制基线和船体中线

根据各视图的位置，作出侧面图的基线和甲板、平台及舱底平面图的船体中线，并在基线和船体中线上根据肋距定出肋位，标上肋位号。

2. 绘制侧面图外形

利用型线图给出的数据，绘制船的艏艉轮廓线、龙骨线以及舷墙顶线。根据上层建筑形式、甲板层数、甲板间高度，画出上层建筑的外形。

3. 绘制甲板、平台、舱底平面图的外形

根据型线图给出的数据，画出主船体内各层甲板、平台、舱底及艏楼与艉楼甲板的平面图外形。其中，单甲板船的上甲板和舱底图的外形直接以半宽水线图的上甲板边线量取，主体内其他甲板、平台、内底板边线、肋板边线等，可以按照其高度在型线图上求作。上层建筑中的其他各甲板、平台平面图的外形可以用设计时确定的外形尺寸绘制。

4.5.3　绘制与分舱有关的船体构件

为了表明舱室和通道等布置情况,总布置图中需要画出与分舱有关的船体构件,其基本内容如下。

(1)在甲板、平台平面图中,根据舱室划分情况画出甲板上的舱壁及舱室围壁(甲板下的舱壁及舱室围壁一般省略不画)。

(2)在舱底平面图中,根据舱室划分情况画出纵舱壁、横舱壁或舱室围壁、水密肋板、水密底纵桁。

(3)在侧面图中,画出内底板、甲板、平台,并根据甲板、平台、舱底平面图中横舱壁、舱室围壁、水密肋板的位置画出横舱壁、舱室围壁(被右舷舱室遮挡的舱室围壁省略不画)、水密肋板。

4.5.4　绘制舱室设备及其他各种装置

船舶的各种设备主要通过甲板平面图表达布置情况;有些对布置高度有要求的设备,则先在侧面图上绘制。不论先在哪个图上绘制,都要投影到相应的图上。如果不可见,一般不表达。

4.5.5　绘制门、窗、开口、扶梯及液舱

门、窗、开口、扶梯及液舱先在甲板、平台、舱底平面图中画出,然后投影到侧面图中相应的位置。在侧面图、舱底平面图中画出表示液舱的对角线。

4.5.6　检查内容,标注相关要素

各视图的内容绘制完成后,逐图逐项仔细检查是否有遗漏,设置位置是否有错误以及相关图的投影位置是否一致(所处的肋位号是否相同)等。

在总布置图上还要进行一些文字说明的标注:侧面图上不必标注图名,在甲板图、平台图、舱底图的上方标注图名;在各舱室内标注其名称,在基线下和船体中线上标注肋位号(每五挡肋位标注一个)。

十大名船之“092 夏级核潜艇”

092 夏级核潜艇(092 型核潜艇)是中国第一代弹道导弹核潜艇,它是中国海军装备建设的一次战略性突破。092 夏级核潜艇于 1978 年在葫芦岛船厂开工建造, 1981 年 4 月 30 日下水, 1983 年 8 月建成服役, 1988 年 9 月首次水下发射弹道导弹试验成功。该艇全长

120 m，最大宽度 10 m，水面状态吃水 8 m，水面排水量 6 500 t，水下排水量 8 000 t，最大下潜深度 300 m，水下最大航速 22 kn。该艇采用近似水滴形艇首、单轴推进、十字形艉舵，首平衡舵安装在指挥台围壳上。潜艇采用双壳体设计，因而艇体上从艇艏到艉部布置有排列整齐的排水孔。092 型核潜艇的龟背是其最明显的外观特征，龟背前缘从指挥台围壳处开始，至接近艇艉处开始逐渐降低，最终与艇体融合，导弹舱发射口高出圆柱形主艇体约 3 m。

中国研制核动力弹道导弹潜艇分为两步，先是研制编号为 091 的攻击型核潜艇（即反潜鱼雷核潜艇），再据此研制编号为 092 的弹道导弹核潜艇。与前者相比，后者的总体研究设计解决了核潜艇运载、储存导弹以及水下发射导弹等关键技术问题。092 型战略核潜艇比 091 型攻击核潜艇多了一个导弹舱，其对设计的影响主要有以下三个方面：第一，艇的尺寸和排水量相应增大不少，同时对螺旋桨和推进轴系进行相应的改进，以匹配较大排水量的艇身；第二，导弹舱的直径很大，舱段较长，同时由于发射导弹的需要，导弹舱还要开设双排大开孔，其结构和力学特性复杂、安装焊接工艺更难；第三，为了稳定潜艇导弹发射后的姿态，需要进行潜艇的补水舱调整，专门设计潜艇导弹发射舱口的水下打开和关闭方式。

（选自《甲板上的中国：揭秘当代中国十大名船》，大连海事大学出版社，2016）

（a） （b）

092 型核潜艇

（a）092 型核潜艇外形 （b）导弹舱双排大开孔

练习题

一、选择题

1. 总布置图一般由（ ）、甲板和平台平面图、舱底图组成。

A. 结构图 B. 侧面图 C. 剖视图 D. 详图

2. 总布置图的主要量度栏的内容一般有（ ）、排水量、载货量（载客量）、主机额定功率、主机转速、航速、船员定额、续航力以及甲板间高度等。

A. 船体主尺度 B. 设计要求 C. 船型系数 D. 甲板层数

3. 总布置图中，粗虚线表示的是不可见的内底板、甲板、平台、横舱壁、围壁以及（ ）等的简化线。

A. 纵舱壁　　B. 外板　　C. 肋板　　D. 肋骨

4. 总布置图中的(　　)图反映了驾驶室的布置情况。

A. 甲板平面　　B. 平台平面　　C. 侧面　　D. 舱底

5. 总布置图中,各种设备一律用(　　)表示。

A. 轮廓投影线　　B. 剖面线　　C. 符号　　D. 以上几种都可

二、思考题

1. 总布置图的表达有什么特点?

2. 总布置图的作用是什么?

3. 船舶舱室的门是向内开还是向外开? 为什么?

4. 同一楼梯在上下两层甲板上的图形符号有什么相同和不同处? 箭头方向表示什么含义? “+”“-”号表示什么?

5. 总布置图中,主船体内各层甲板图、舱底图的剖切平面如何选择? 如何求作投影轮廓线?

6. 哪个视图能够表达船型、龙骨形式和推进器的形式? 哪些视图能反映压载情况? 哪些视图表达船舶的锚泊和系泊设备?

三、识图题

识读附图 3,回答以下问题。

1. 由艉楼甲板通往主甲板的通道有几条? 应该怎么行走?

2. 全船设置几个压载舱? 压载舱沿船长方向的位置如何?

3. 了解该船的外貌特征,指出艉楼和艏艉沿船长方向的设置位置。

4. 请指出哪些设备属于系泊设备,举两个例子来说明它们的功能与定位。

5. 请说明本船上层建筑沿船长方向的设置情况。

第 5 章　船体结构节点图

5.1　节点图的地位与作用

节点图(或称节点视图)是表示节点处结构详情的视图,是描述船体结构节点处的板材、型材的形状、大小及其连接方式的图纸,是其他全船性结构图样的基础。船体由壳板和纵横相交的骨架组成。其中,壳板由钢板焊接而成,而骨架则是由具有一定剖面形状的型材构成的。

船体纵横构件相互交叉连接的地方称为船体结构节点。在船体结构中,节点处的结构是比较复杂的。要正确认识船体结构,必须首先认识节点处的结构,而节点是由板材、型材和肘板相互交叉连接而成的。因此要想绘制和识读船体结构图样,就必须能够正确绘制和识读节点处的视图,要掌握节点视图的绘制和识读,就应该先掌握板材、型材和肘板的表达方法。掌握节点视图的画法和尺寸注法,将为绘制和识读船体结构图样打下良好的基础。

在节点视图中,板材与常用型材的画法遵循正投影的基本原理,但是由于船体结构复杂,构件的尺寸通常比较大,绘制图样时要采用比较小的比例,因此船体结构图样的画法和尺寸注法又有它的特殊之处。

5.2　船体板材与型材的表达方法与尺寸标注

5.2.1　板材的表达方法与尺寸标注

金属船体主要由板材和各种型材构成。其中板材是用量最大的金属材料。

因为工况的特殊性,国家和船舶行业规定船用钢材必须使用专用材料。国内船用钢板的规格和质量如表 5-1 所列。

在节点视图中,板材画法遵循正投影的基本原理,在船体结构图样中,板材根据船体结构的轮廓形状和特点,有不同的表达方法。

1. 板材的表达方法

(1)在小比例图样中,板材的轮廓线、板材与板材的焊接线采用细实线表示。板材厚度方向的投影,制图标准规定:如果板材厚度投影尺寸小于或等于 2 mm,其板厚轮廓的两条细实线间的距离等于同一图形中粗实线的宽度。板材的剖面用一条粗实线表示。

(2)在大比例图样中,板材的剖面轮廓用细实线表示,并在剖面内填充剖面符号,如图 5-1 所示。

(3)板材在图样中采用折断画法时,折断处用波浪线或折断线表示,如图 5-2 所示。

表 5-1　船用钢板的规格和质量

厚度 /mm	理论质量 /(kg/m^2)	厚度 /mm	理论质量 /(kg/m^2)	厚度 /mm	理论质量 /(kg/m^2)
0.50	3.925	6.0	47.10	27.0	212.00
1.00	7.850	7.0	54.95	28.0	219.80
1.10	8.635	8.0	62.80	29.0	227.70
1.20	9.420	9.0	70.65	30.0	235.50
1.25	9.413	10.0	78.50	32.0	251.20
1.40	10.990	11.0	86.35	34.0	266.90
1.50	11.78	12.0	94.20	36.0	282.60
1.60	12.56	13.0	102.10	38.0	298.30
1.80	14.13	14.0	109.90	40.0	314.00
2.00	15.70	15.0	117.80	42.0	329.70
2.25	17.27	16.0	125.60	44.0	325.40
2.50	19.63	17.0	133.50	46.0	361.10
2.8	21.98	18.0	141.30	48.0	376.80
3.0	23.55	19.0	157.00	50.0	392.50
3.2	25.12	20.0	172.70	52.0	408.20
3.5	27.48	21.0	196.30	54.0	423.90
3.8	29.83	22.0	172.70	56.0	439.60
4.0	31.40	23.0	180.60	58.0	455.30
4.5	35.33	24.0	188.40	60.0	471.00
5.0	39.25	25.0	196.30		
5.5	43.18	26.0	204.10		

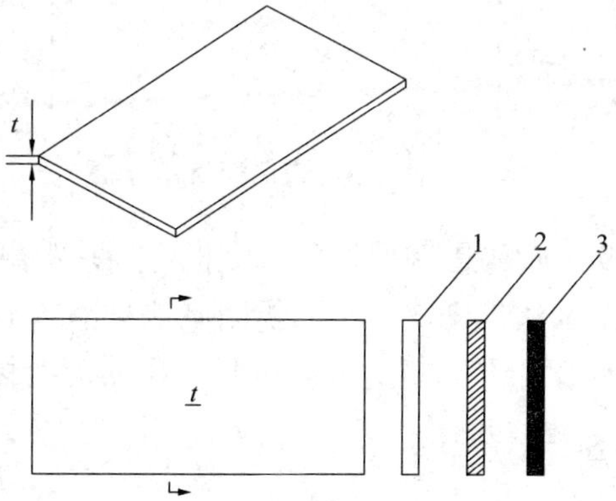

图 5-1　平板的表达

1—视图;2—大比例剖面图;3—小比例剖面图

2. 板材的尺寸标注

板材的尺寸注法有三种:整块板材尺寸按“厚度 × 宽度 × 长度”集中标注;断裂板材不标注折断方向尺寸;仅需知道厚度而没必要知道宽度和长度的图样中,仅注出板材的厚度。尺寸可注在图形中,也可引出标注在图形外。

3. 板材的形式

(1)平直板材。平直板材主要用于舱壁板、内底板和平台等部位,其画法及尺寸注法如图 5-2 所示。

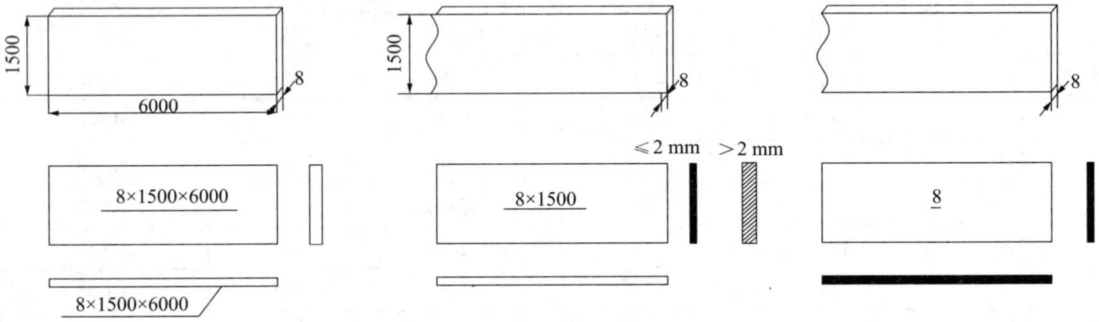

图 5-2 平直板材

(2)弯曲板材。弯曲板材主要用于船体外板,其画法及尺寸注法见图 5-3。

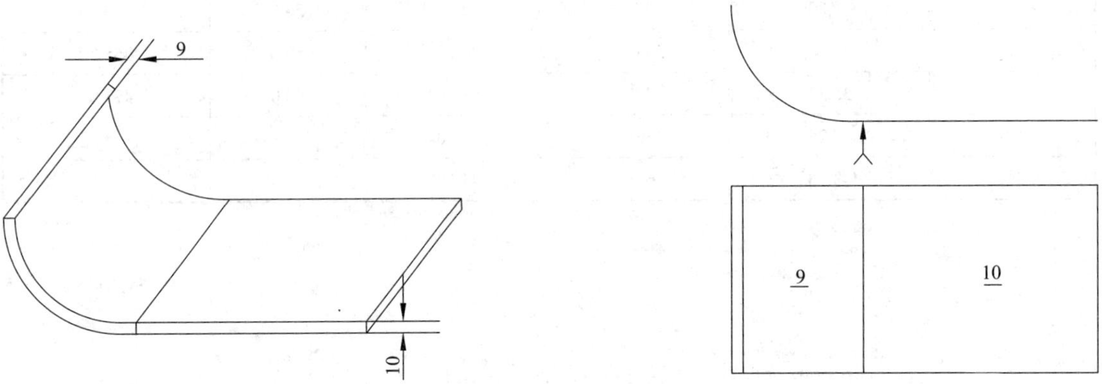

图 5-3 弯曲板材

(3)折边板材。折边板材通常是将平直板材沿板边某一距离的直线折角(常为 90°)而成的,见图 5-4(a)。其视图画法见图 5-4(b),折断画法见图 5-4(c)。采用小比例时,板材厚度及剖面的画法与平直板材相同。折边板材的尺寸数字前要标注折边符号“ ∟”,尺寸按“∟ $\frac{\text{厚度}\times\text{高度}}{\text{宽度}}$”的形式标注。

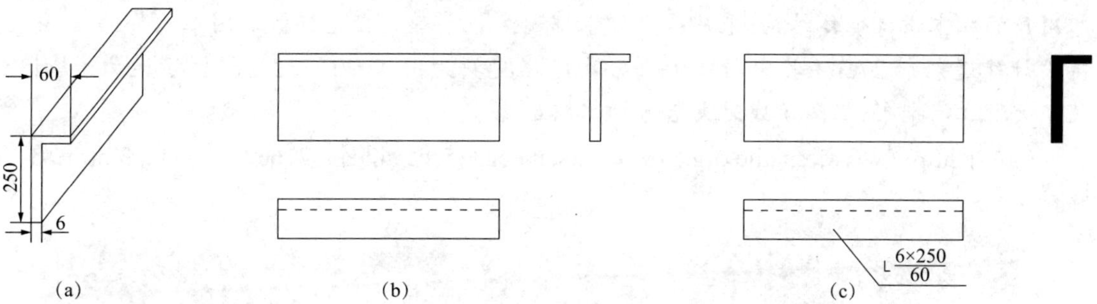

图 5-4　折边钢板

船人舶事:爱国务实,战时水运的强盾

叶在馥(1888—1957),造船专家,中国造船工程学会创始人之一。他少时求读私塾,15岁考入广东黄埔水师学堂驾驶班,1912 年考入格拉斯哥大学造船系,专攻造船工程,3 年后考入美国麻省理工学院军舰设计与制造专业,1917 年毕业,获海军工程科学硕士学位,是年学成回国,由海军部以差遣员名义派至海军江南造船所工作。

1918 年,江南造船所接到美国订造 4 艘 14 650 t 运输舰的合同,为此要扩大船台,增添设备,拓长船坞,新设厂房。进厂不久的叶在馥参与了这项工程。他目睹江南造船所的生产技术大权均由英国人摩根控制,感到愤懑。出于民族自尊心,他认为唯有自强不息,埋头实干,作出成绩,才能改变官僚买办的偏见,使洋人相信中国人完全有能力担负起船舶设计的任务。自此,他立志献身造船事业,全力关注造船技术的进步。

他是川江轮设计的奠基人,尤以致力于设计改进川江客货轮的船型结构著称。当时,长江入川行舟难,冬春枯水季节长,轮船数月不通航,这一自然环境和特点,引起叶在馥的思考和探索,他决心要改进船型,自行设计出适应我国黄金水道——长江上游的船舶。年轻时他曾在记事簿上这样写道:"昔日行驶川江的枯水船,上水需时约 3 个月,下水仅需 6~7 天,因而颇多船户自川省运载货物抵达宜昌后,就连船带货一起出售,由此足见川江航运之艰难。"1919 年,叶在馥精心设计了川江浅水客货船"隆茂"号,这是在无内河船舶建造规范的情况下合理选择构件、由江南造船所为隆茂洋行建造的船舶。该船是洪水期间能通航川江,直达重庆的第一艘国产轮船。该船长 202 ft(1 ft=30.48 cm),宽 31 ft,深 10 ft,排水量 840 t,航速 13.8 kn。"隆茂"号功率较大(2 775 马力),设计优良,船型优秀,性能颇佳,载货量超过原定合同范围,能自行冲上急流险湾,逆水而上,不用绞滩,打破了历来川江行船的惯例,在川江所有船只中,其航行性能最佳。

抗日战争时期,我国沿海和长江中下游均被封锁,造船厂生产资金十分短缺,尤其物资器材供应非常艰难,船用钢板来源断绝。全厂职工竭诚团结合作,千方百计拆修旧船。叶在馥先是利用库存钢材设计建造"民文""民武"等 1 000 马力蒸汽机新型船舶;钢板用完后则采取木壳及钢骨木壳结构,设计建造了"彭水""营山""屏山"等客货船。当角钢和进口的洋松都用尽时,经叶在馥等工程技术人员多方论证、试验,决定在小型拖船"生财"号上试用四川产的柏木设计船体结构,采用国产硬木建造主机基座。在这样极端困难的条件下,他主持设计建造船舶27艘(其中新建19艘,改建8艘),为川江、内河运输提供了运力,设计改装了大批江河船舶,保障了战时大后方的水路运输。

(摘自 http://www.csname.org.cn/zjys/zjjs/a0ee2375cec542ea98716c9596003283.htm,略有改动)

川江轮

5.2.2 肘板的表达方法与尺寸标注

肘板是由板材加工而成的板件,通常用作连接构件以减少端点连接处的应力集中。肘板一般有无折边肘板、折边肘板、T形肘板三种形式。在用小比例绘图时,视图可以简化绘制,见图5-5至图5-7。

必须注意:不等边肘板在采用集中标注形式时,还应在视图中标注其中一边的边长,以免读图时误解。

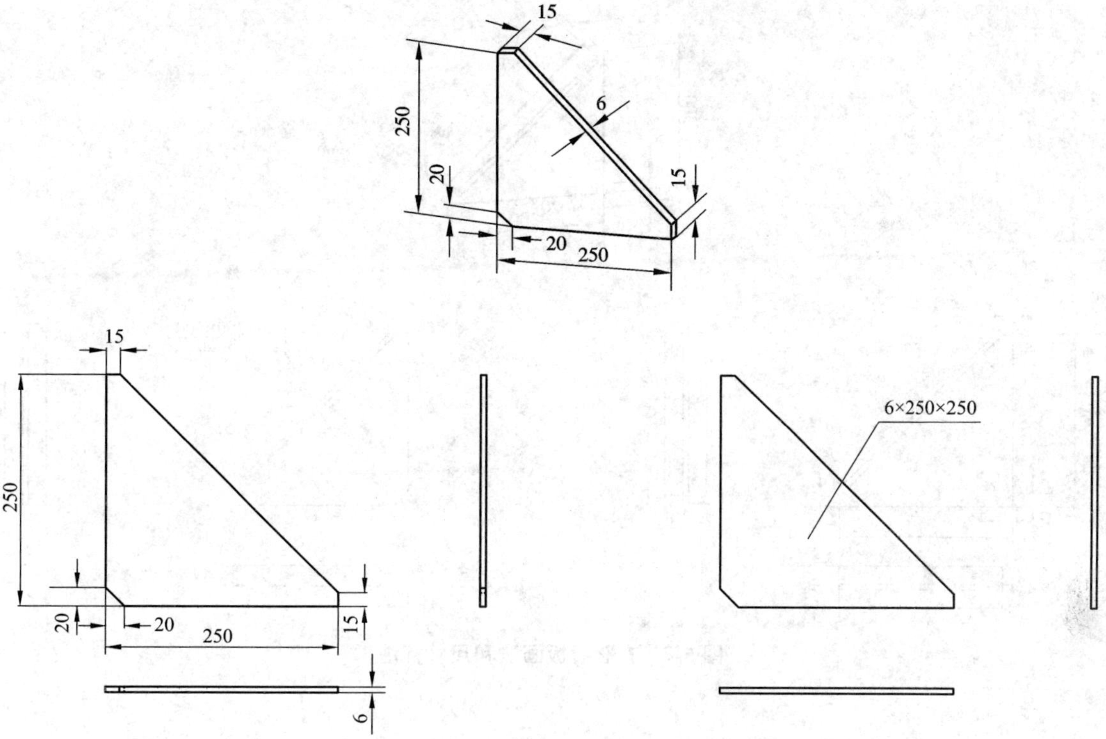

图 5-5　无折边肘板画法和尺寸标注

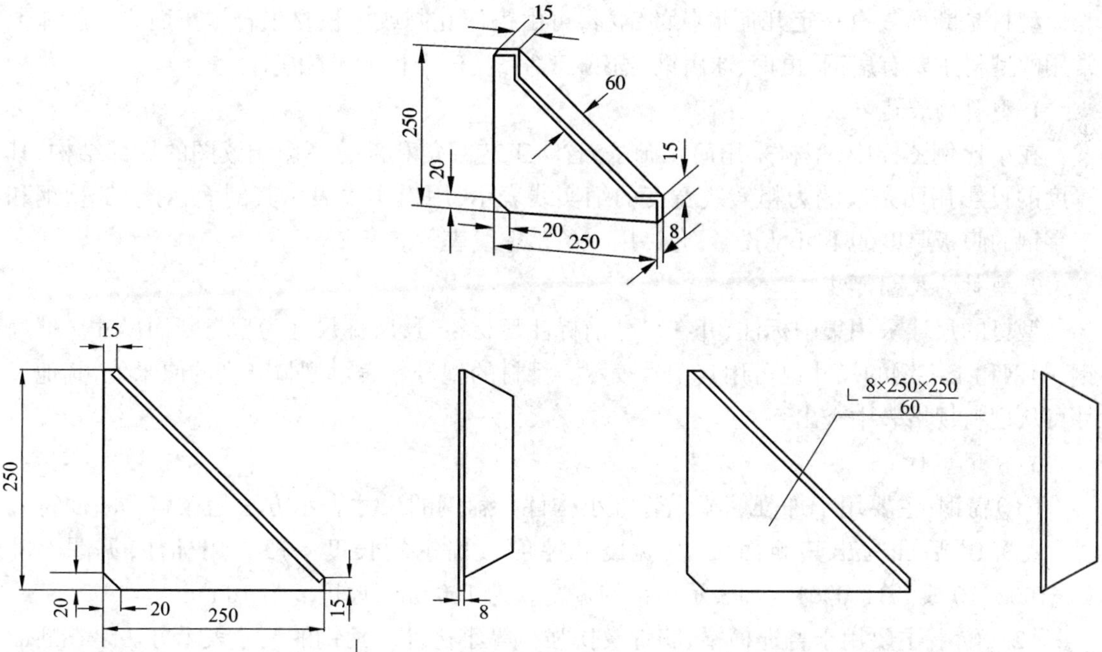

图 5-6　折边肘板画法和尺寸标注

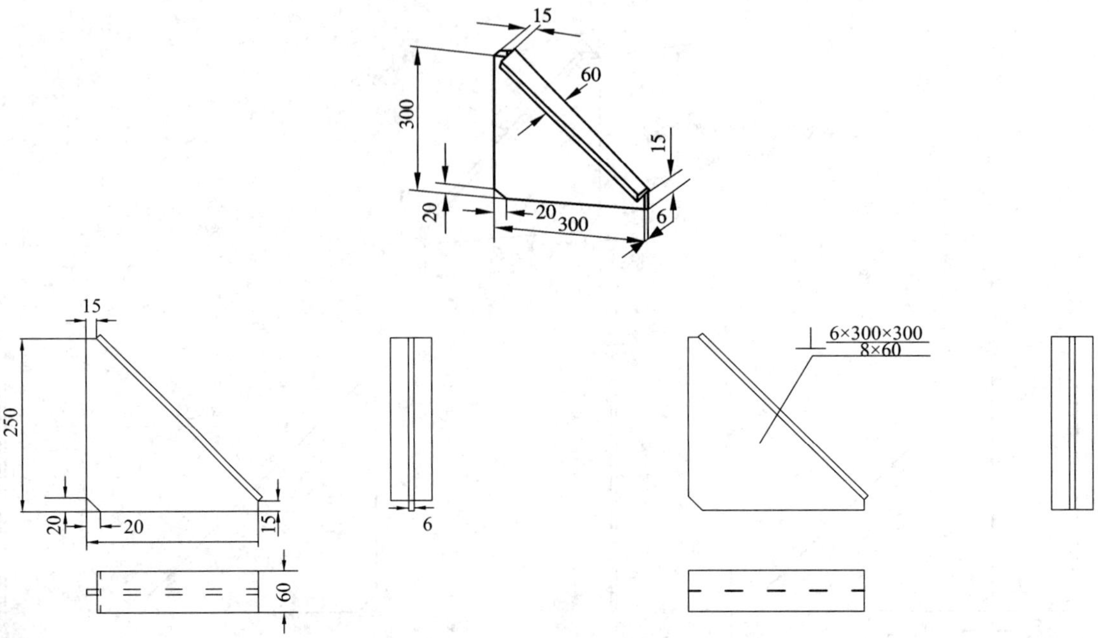

图 5-7　T 形肘板画法和尺寸标注

5.2.3　型材的表达方法与尺寸标注

型材是断面具有一定几何形状的钢材,可由钢厂轧制或由板材组合焊接而成。船体上常用的型材主要有扁钢、角钢、球扁钢、槽钢、工字钢、T 型钢、圆钢和钢管等。

1. 型材的表达方法

在小比例图样中,型材采用简化画法,省略工艺圆角和部分不影响读图的局部结构,其厚度的投影用两条间隔为粗实线宽度的细实线表示,用粗实线表示其剖面,对于 T 型钢和工字钢的腹板厚度的不可见投影,允许用一条粗虚线表示。

2. 型材的尺寸标注

型材的尺寸采用集中标注,并在尺寸前标注型材符号,所标尺寸为型材断面尺寸。球扁钢、槽钢和工字钢的尺寸也可用其型号表示。型材的型号数表示型材高度的厘米值,其他尺寸可从型材规格表中查出。

3. 常用型材

(1)扁钢:主要用于加强筋或纵骨等小构件。扁钢的尺寸表示方法是在扁钢断面符号“-”或“FB”后面写出其断面尺寸(宽度和厚度),扁钢的长度一般不用标注,见图 5-8。如 -100×10 或 FB100×10,即表示扁钢的宽度 b 为 100 mm,厚度 δ 为 10 mm。

(2)角钢:主要用于普通横梁、肋骨及扶强材等小构件。角钢的尺寸表示方法是在断面符号“ ∟”后,写出角钢两边的宽度和厚度,见图 5-9。如 ∟$100\times63\times8$,即表示不等边角钢的宽度 h 为 100 mm,短边宽 b 为 63 mm,厚度 δ 为 8 mm。如 ∟$100\times100\times10$,即表示等边角钢两边的宽度 $h=b=$100 mm,厚度 δ 为 10 mm。

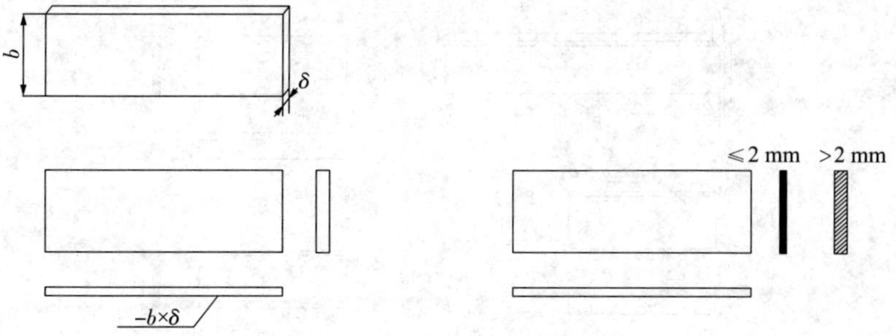

图 5-8　扁钢画法和尺寸标注

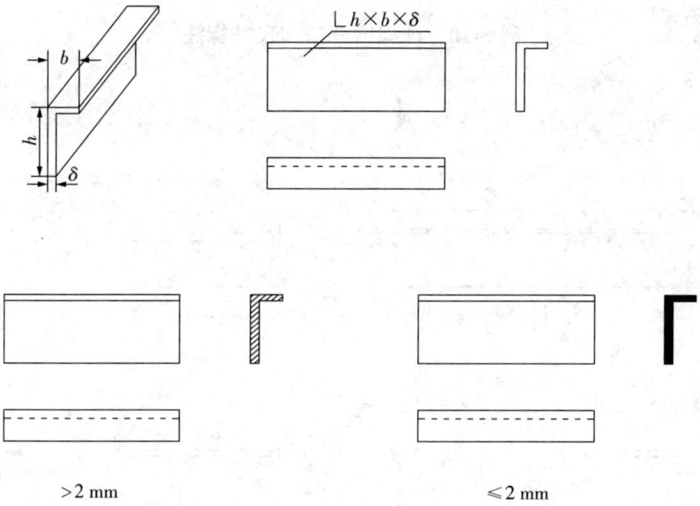

图 5-9　角钢画法和尺寸标注

(3)球扁钢:主要用于各种纵骨等小构件。球扁钢的尺寸表示方式有两种:一种是在其断面形状符号"r"或"HP"后写出其断面尺寸,见图 5-10,如 HP200 × 38 × 10,即表示球扁钢的高 h 为 200 mm,球缘宽度 b 为 38 mm,厚度 δ 为 10 mm;另一种方法是标注球扁钢的型号,即在球扁钢断面符号之后写上其型号,如 HP20b,这里 20 为球扁钢的型号,也表示其高度为 200 mm。

(4)组合 T 型钢:主要用于各种强构件。它由水平的面板和垂直的腹板组合焊接而成。其尺寸表示法是在 T 型钢断面符号后写出其断面尺寸,如 $\perp\frac{8\times300}{12\times150}$表示 T 型材腹板的厚度 δ_1 为 8 mm,高度 h 为 300 mm,面板的厚度 δ_2 为 12 mm,宽度 b 为 150 mm,见图 5-11。

(5)钢管:主要用于支柱。钢管的尺寸标注法是在其断面符号后面写出其断面尺寸(即外径与壁厚),见图 5-12。如 ϕ 102 × 8 表示钢管的外径 d=102 mm,管壁的厚度 δ 为 8 mm。

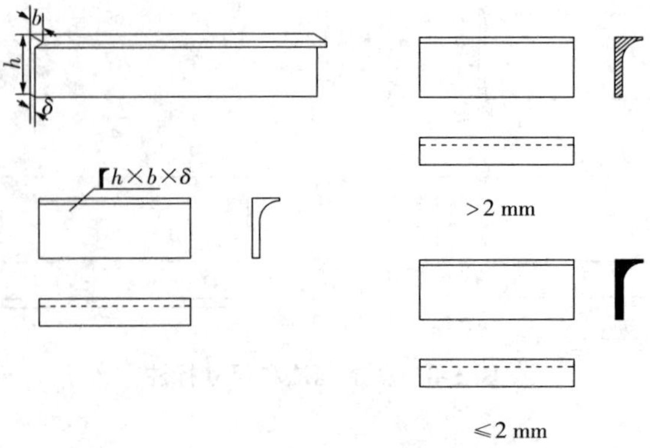

图 5-10 球扁钢画法和尺寸标注

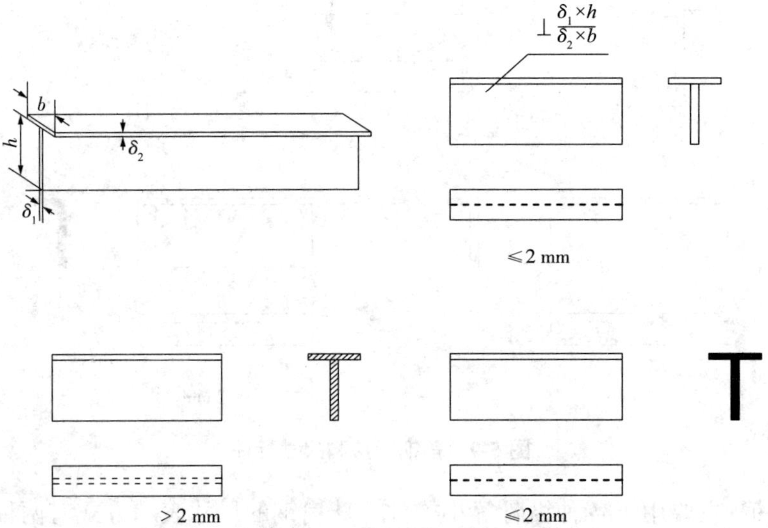

图 5-11 组合 T 型材的画法和尺寸标注

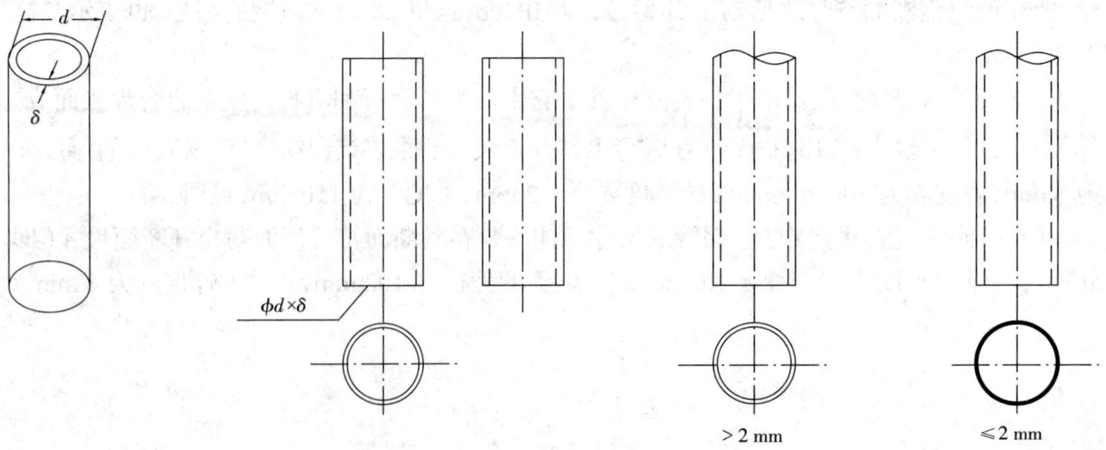

图 5-12 钢管的画法和尺寸标注

造船常用型材的画法及尺寸标注见表 5-2。造船常用钢板、型钢的规格及质量可参考附录 4。

表 5-2　型材的画法和尺寸标注

序号	型材名称		符号	尺寸注法
1	扁钢	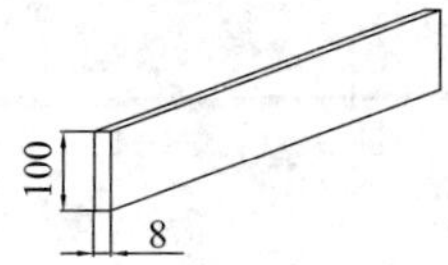	- 或 FB	宽度×厚度 -100×8或FB100×8
2	钢管	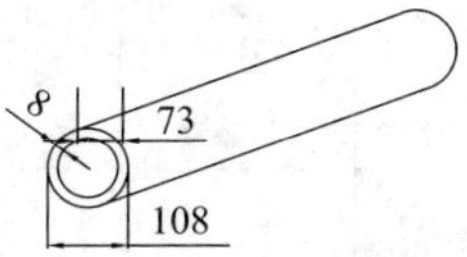	ϕ	外径×厚度 ϕ108×8
3	圆钢	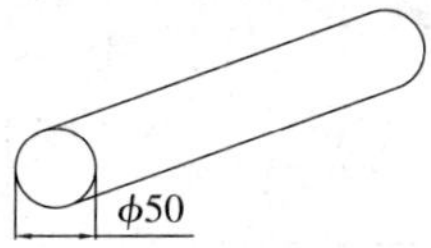	ϕ	直径 ϕ50
4	半圆钢	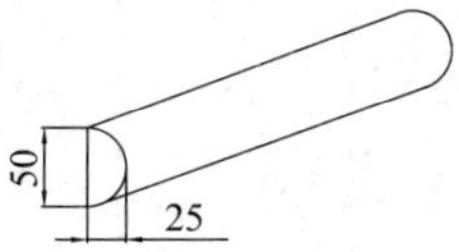	⌓	直径×厚度 ⌓ 50×25
5	角钢	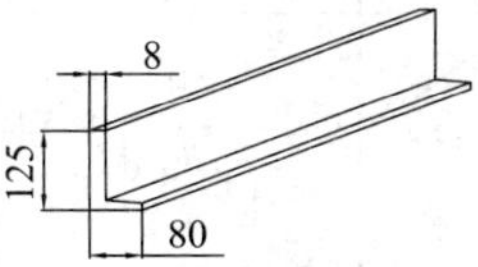	∟	长边宽×短边宽×厚度 ∟125×80×8
6	球扁钢	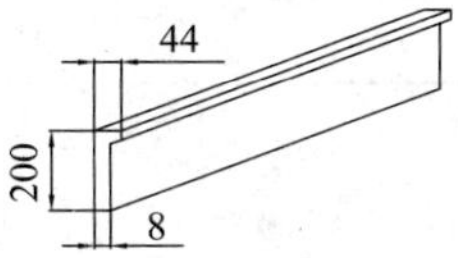	Γ	高度×球宽度×厚度 Γ 200×44×8或HP200×44×8
7	T 型钢	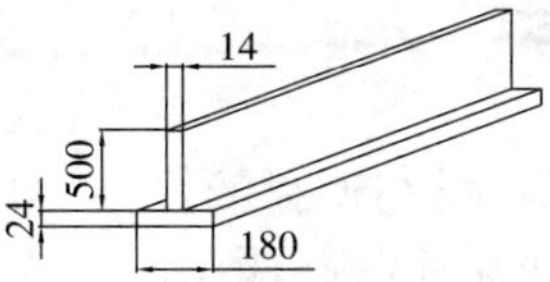	⊤	厚度×宽度（面板） 厚度×总高度（腹板） ⊤ 24×180 / 14×500
8	槽钢	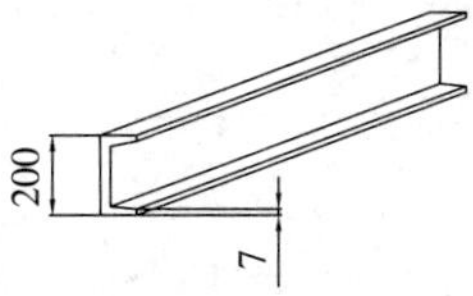	[	高度×宽度×壁厚 [20a　[200×73×7

续表

序号	型材名称		符号	尺寸注法
9	工字钢	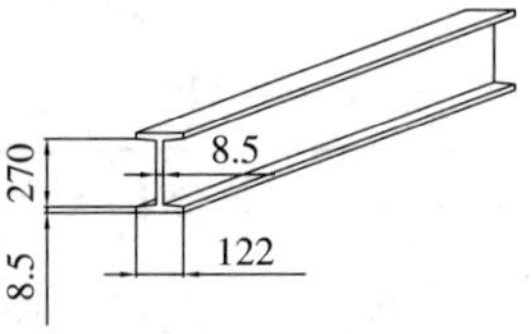	I	高度×宽度×壁厚 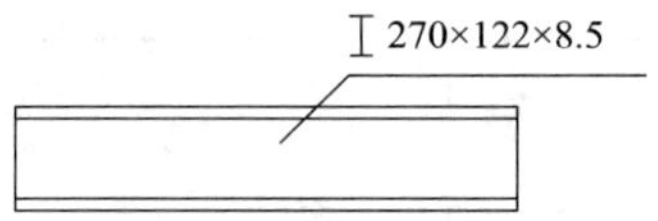
10	组合球扁钢	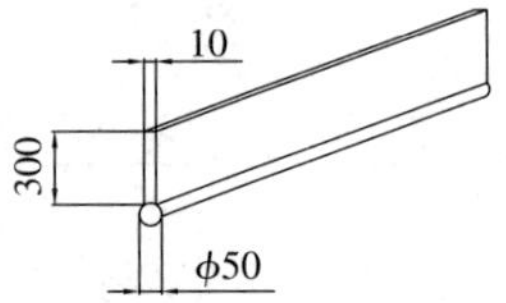		厚度×高度(腹板) 圆钢直径 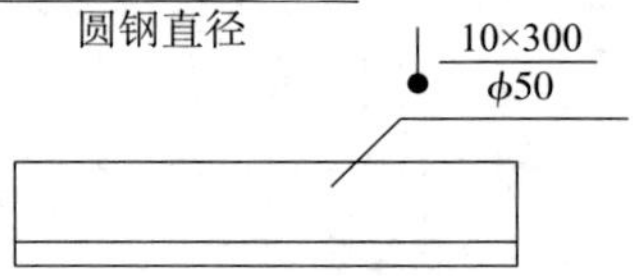
11	组合工字钢	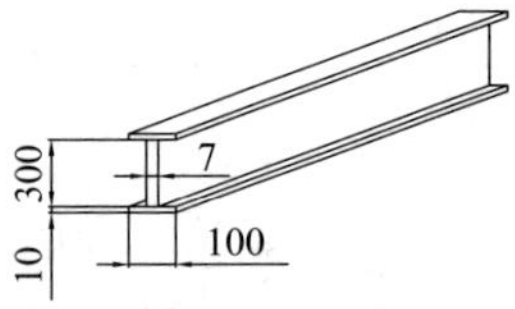	I	厚度×高度(腹板) 2(厚度×宽度)(面板) 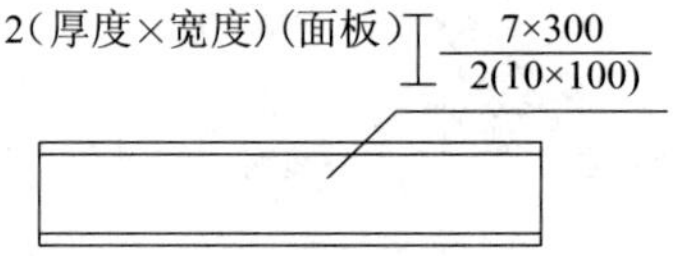
12	组合T型钢	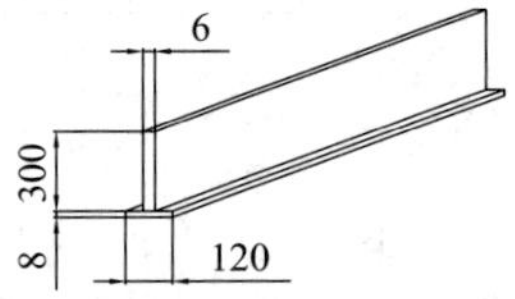	⊥	厚度×高度(腹板) 厚度×宽度(面板) 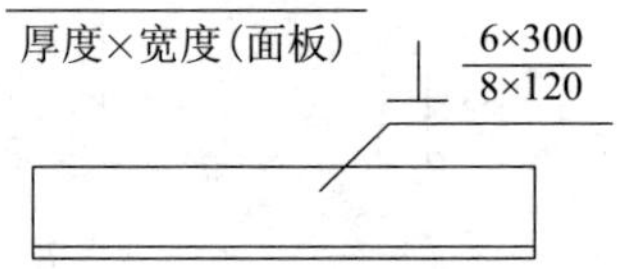
13	组合角钢	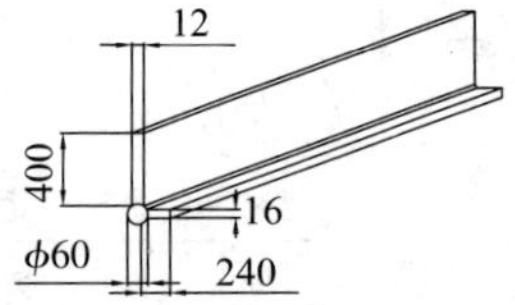	L	长边厚×长边宽 短边厚×短边宽 圆钢直径 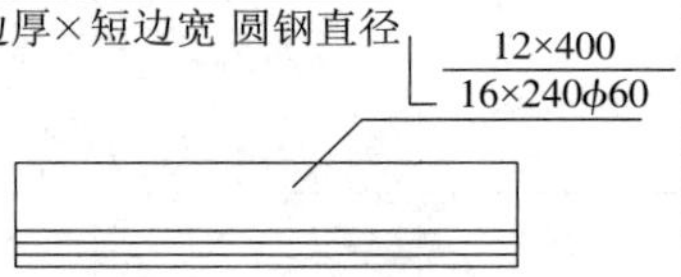

5.3 船体板材与型材的连接画法

构件之间的连接有板材与板材的连接、板材与型材的连接、型材与型材的连接和型材贯穿等四种形式。构件通过各种连接方式构成船舶的整体结构。

5.3.1 板材与板材的连接

船体中常见的板材与板材的连接形式有对接、搭接、角接和加覆板等几种形式，见表5-3。

表 5-3　板材与板材连接画法

连接形式		表达方法	说明
对接	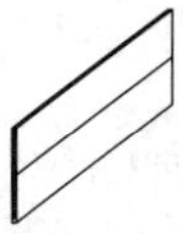	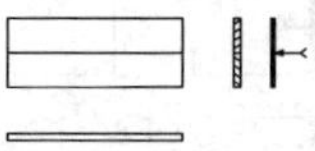	(1)对接焊缝用细实线表示。 (2)剖面图中简化表示,对接焊缝的位置用符号“⊥”表示
搭接		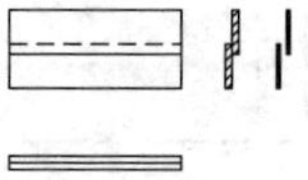	剖面图中简化表示,板材的重叠处留有宽度等于粗实线宽度的间隙
角接	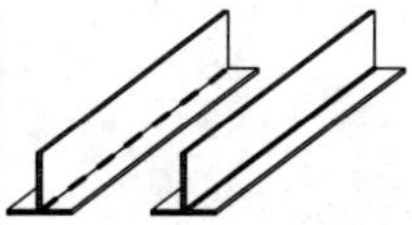	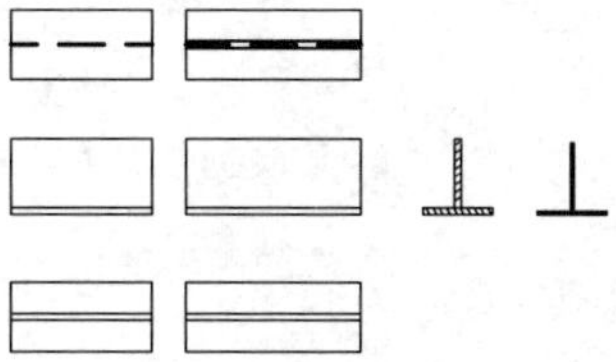	粗虚线表示板与板之间非水密焊接时不可见交线(焊缝)投影;轨道线表示不可见水密板、外板的交线投影
	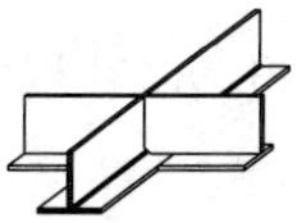	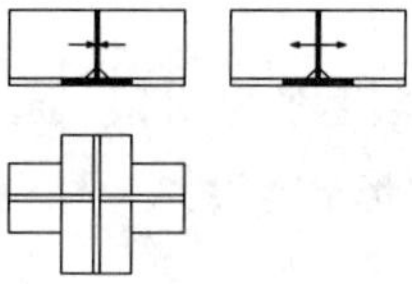	间断构件的工艺切角在显著的视图中表示(见主视图),其他视图可省略
覆板	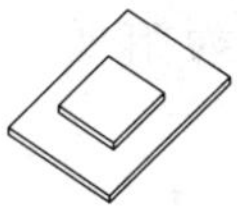	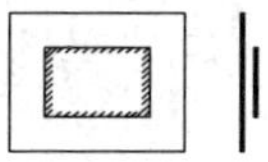	(1)平面图中沿覆板轮廓线内缘画阴影线。 (2)简化表达的剖面图画法与板材搭接相似

5.3.2　型材与型材的连接

型材与型材连接有对接、搭接和角接等几种,见表 5-4。

型材与型材连接

表 5-4　型材与型材连接画法

连接形式		表达方法	说明
对接	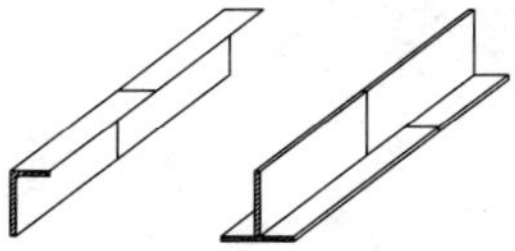	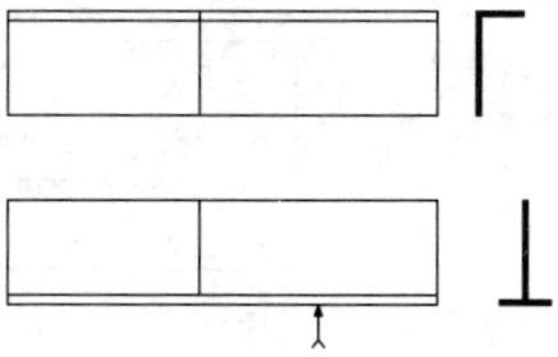	T 型材面板的焊接接缝用符号“⊥”表示
搭接	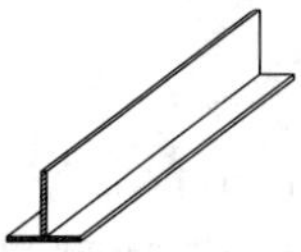	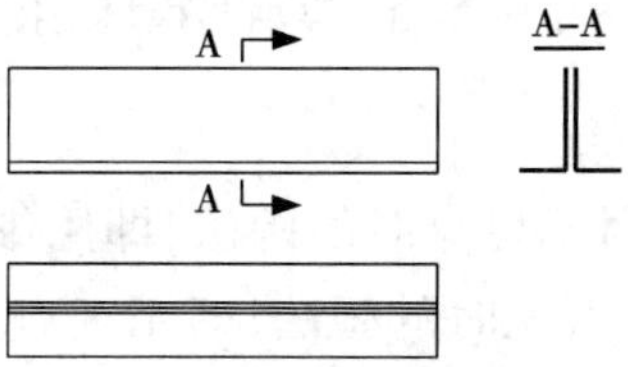	简化表达的剖面图中,两型材之间留有宽度等于粗实线宽度的间隙

续表

连接形式		表达方法	说明
相交	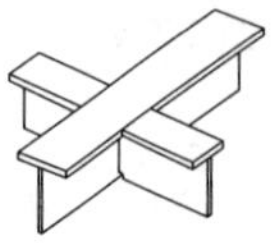	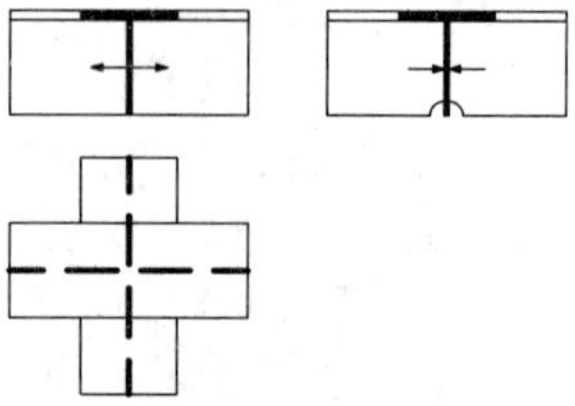	间断构件的工艺切角在显著的视图中表示(见左视图),其他视图可省略

5.3.3 板材与型材的连接

板材与型材的连接形式如下。

1. 角接

型材的一边与板材成一定角度的连接称为角接(通常多为90°)。在现代钢质船舶上,型材与板材的连接绝大多数采用角接的形式。

1)视图画法

图5-13(a)为俯视图,角钢采用不可见画法;图5-13(b)也为俯视图,角钢采用可见画法。

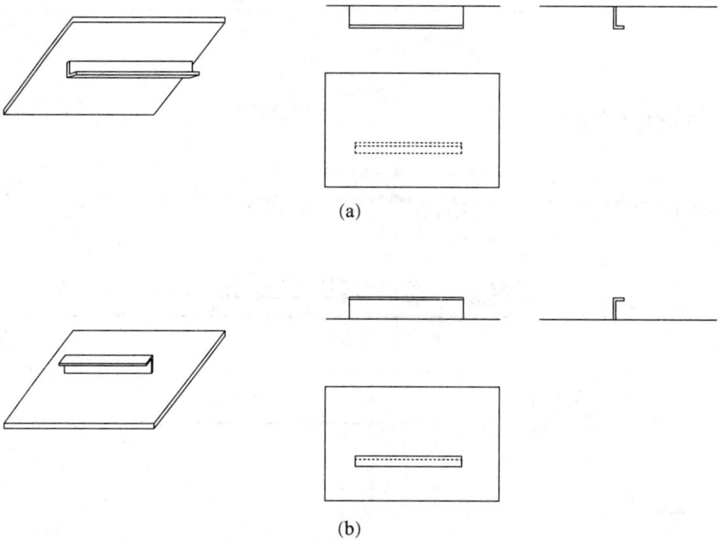

图5-13 型材与板材角接

2)简化画法

如图5-14所示,(a)为型材不可见时的画法,即用细虚线来表示普通型材(角钢、球扁钢)的不可见投影;(b)为型材可见时的画法,即用细点画线来表示普通型材的可见投影;(c)为型材不可见时的画法,除了用细虚线来表示普通型材的不可见投影外,用粗双点画线来表示强构件的不可见投影;(d)中,强构件的可见投影用粗点画线来表示。

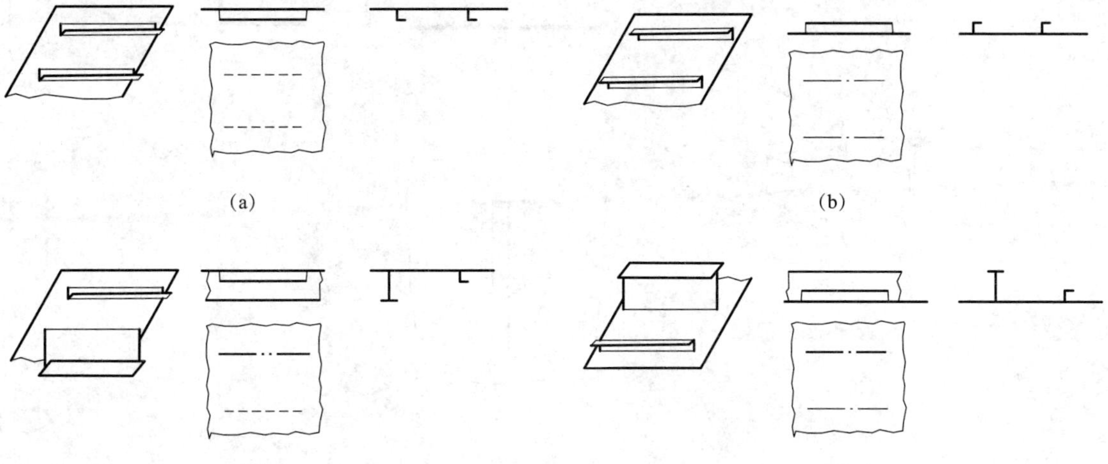

(a)　(b)　(c)　(d)

图 5-14　型材与板材角接的简化画法

2. 搭接

型材的一边与板材叠合的连接称为搭接,这种连接方式只有在船体的局部地方使用(大中型船舶采用的舷边角钢连接),见图 5-15。

在小比例的剖面图中,型材剖面与板材剖面之间应留间隙,间隙不大于粗实线宽度。

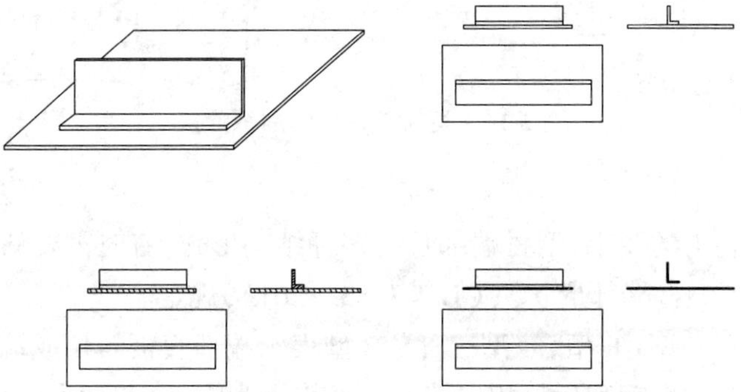

>2 mm　≤2 mm

图 5-15　型材与板材的搭接

3. 肘板连接

为了使型材与板材、型材与型材之间形成有效连接并起到传递力的作用,常在型材与板材、型材与型材之间用肘板连接,见图 5-16。

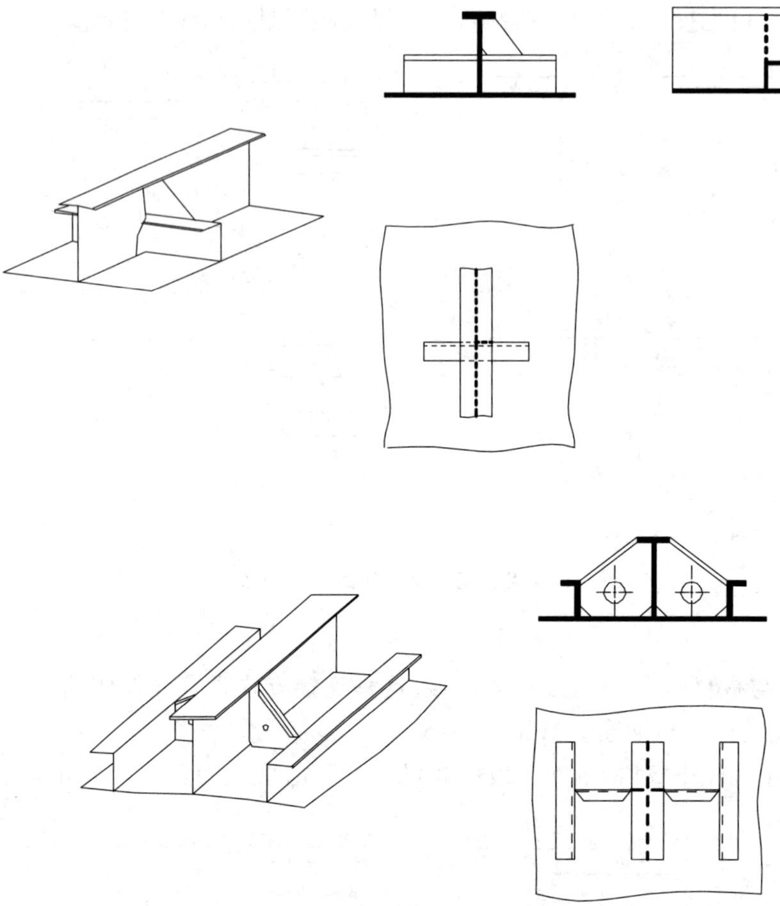

图 5-16 型材与板材的肘板连接

4. 型材的端部形式

因为连接及工艺上的要求，型材端部具有多种结构形式，有时需要斜切。标准形式的斜切尺寸由《船体结构 型材端部形状》(CB/T 3183—2013)规定。

型材端部通常有 S 型、F 型、L 型三种。S 型表示端部腹板斜切或端部腹板及面板均斜切，其中，扁钢、角钢、球扁钢和板材相焊接的一面均视为腹板；F 型表示型材端部面板斜切；L 型表示端部腹板及面板均不斜切。当型材端部采用肘板连接时，标注符号“B”。

型材端部采用标准斜切形式时，视图中仅标注斜切代号，在《船体结构 型材端部形状》中查取详细尺寸，斜切的尺寸及标注要求见附录 6，在节点图中标注。如果采用非标准斜切形式，则需详细标注端部尺寸。表 5-5 给出了角钢端部的斜切形式。

表 5-5　角钢端部的斜切形式

端部形状		画法和标注	简化画法中的标注
腹板斜切	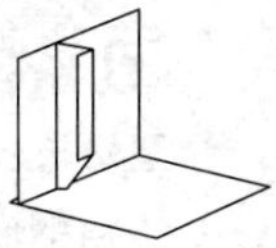	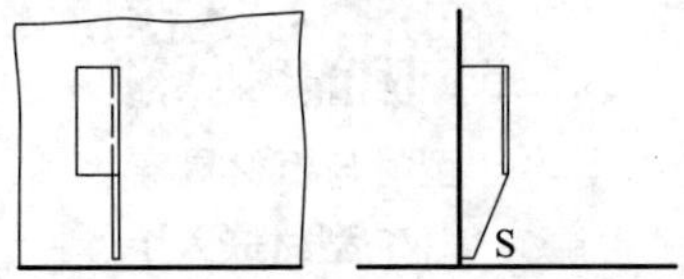	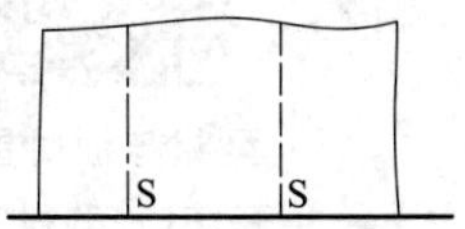
腹板和面板都斜切	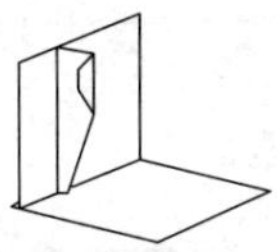	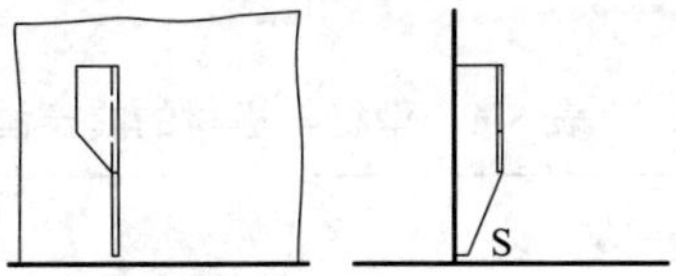	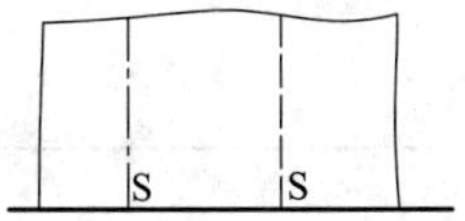
面板斜切	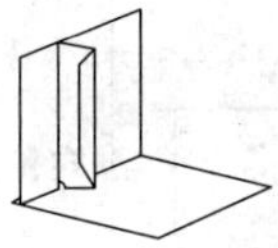	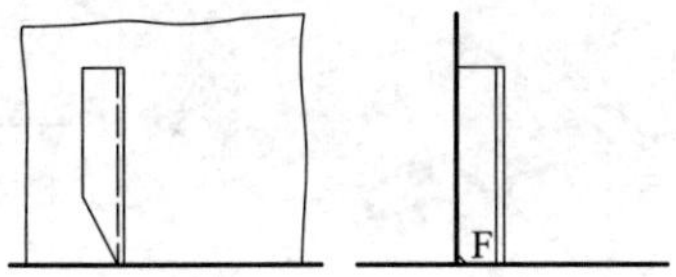	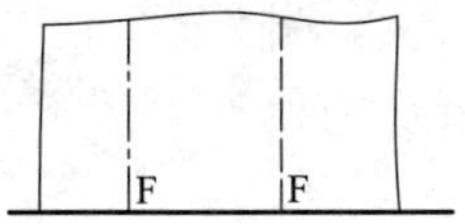
腹板、面板都不斜切	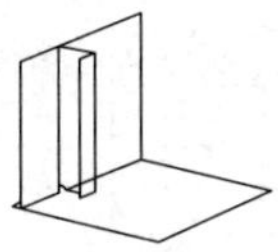	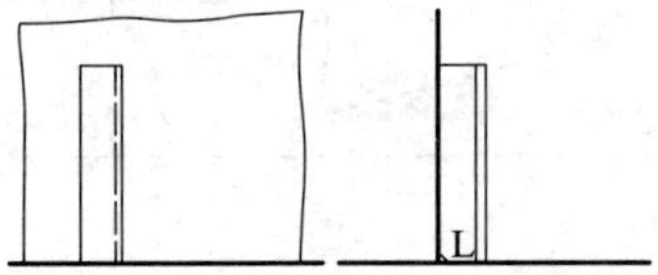	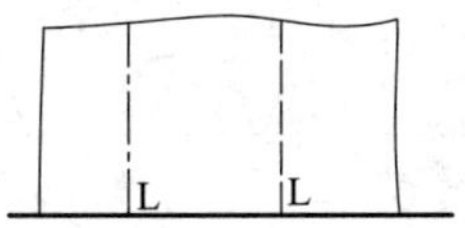
肘板连接	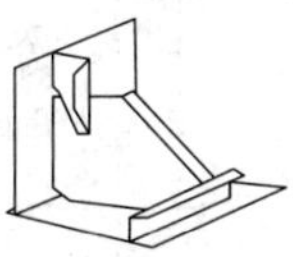	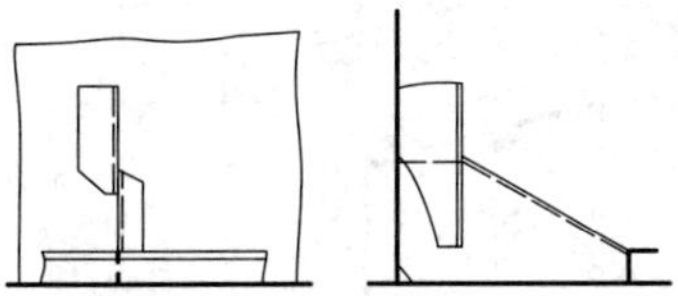	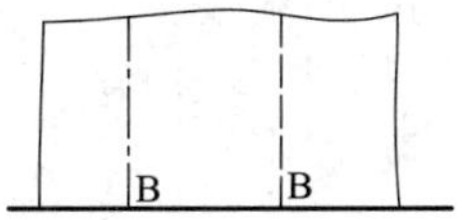

5.3.4　型材的贯穿

型材与板材或大尺寸型材相交时，要在板材或大型材的腹板上开出切口，让小尺寸型材穿过，这种连接形式称为贯穿。因为强度和水密性的原因，贯穿又分为加补板贯穿和不加补板贯穿两种，见表 5-6 和表 5-7。另外，根据型材的不同，贯穿切口的形状、大小和补板的尺寸也不尽相同。详细结构根据《船体结构 相贯切口与补板》（CB* 3182—83）的规定确定。

采用标准形式的切口和补板，视图中只需注明切口、补板代号及补板厚度，其切口与补板的标准形式和尺寸由全国船舶标准化技术委员会专业标准规定，见附录 5。采用非标准形式的切口和补板，则需在放大图上注明切口和补板的全部尺寸。

型材与板材贯穿
（开切口，型材穿过）

型材与板材贯穿
（T 型材嵌入）

型材与板材贯穿
（角钢嵌入）

表 5-6 型材与板材的贯穿画法

贯穿形式		表达方法	说明
板材开切口，T 型材穿过	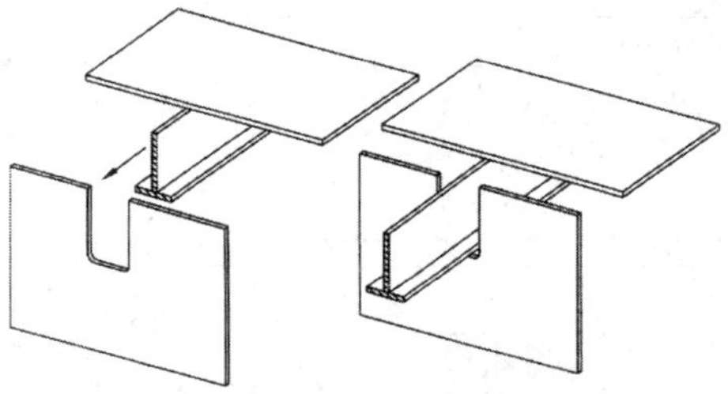	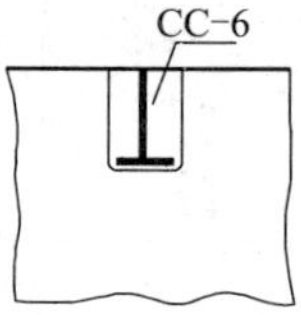	（1）《船体结构 相贯切口与补板》介绍了切口标准形式和尺寸 （2）采用标准形式的切口时，视图中仅注明切口类型；否则，需注明全部尺寸
板材与 T 型材相互嵌入	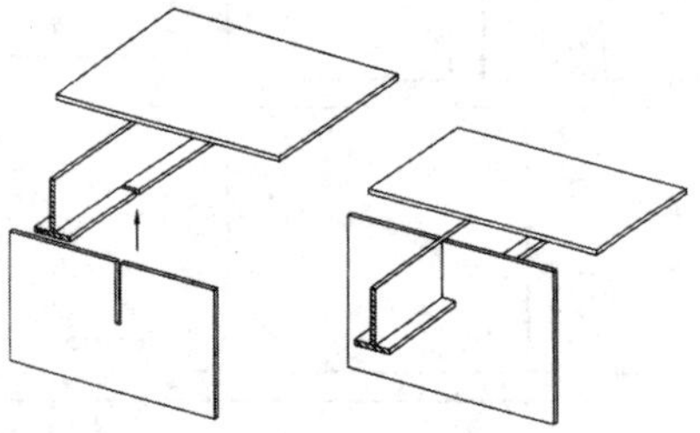	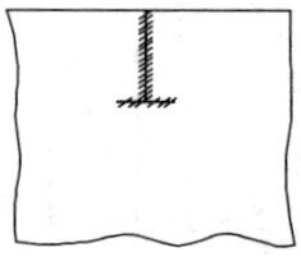	为表示型材穿过板材，在型材剖面周围加画短斜线
板材开切口，角钢穿过	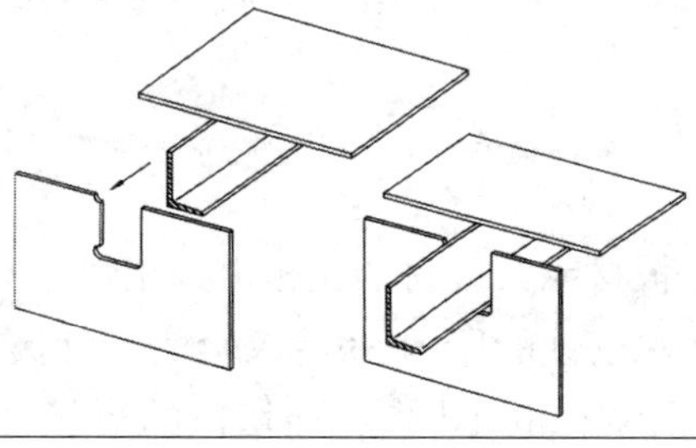	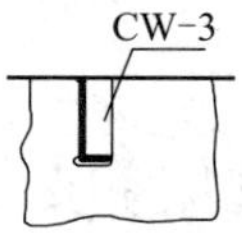	（1）《船体结构 相贯切口与补板》介绍了切口标准形式和尺寸 （2）采用标准形式的切口时，视图中仅注明切口类型；否则，需注明全部尺寸
板材与角钢相互嵌入	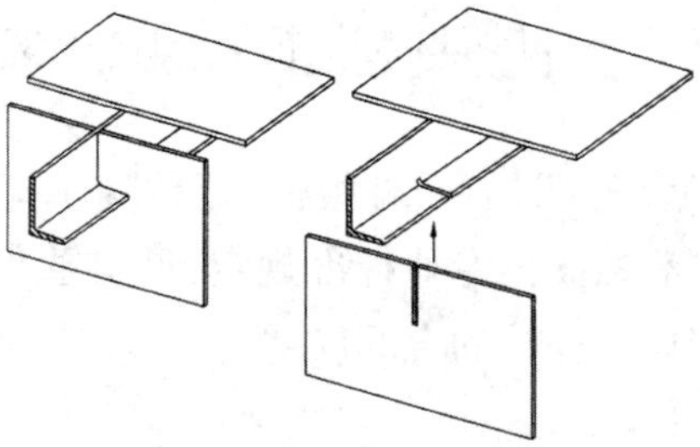	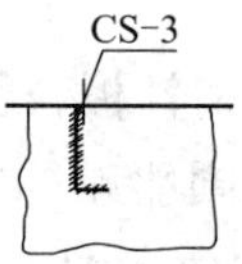	为表示型材穿过板材，在型材剖面周围加画短斜线

表 5-7　型材与板材的贯穿画法(有补板)

<table>
<tr><th colspan="2">贯穿形式</th><th>表达方法</th><th>说明</th></tr>
<tr><td>板材开切口，T 型材穿过并采用水密补板</td><td>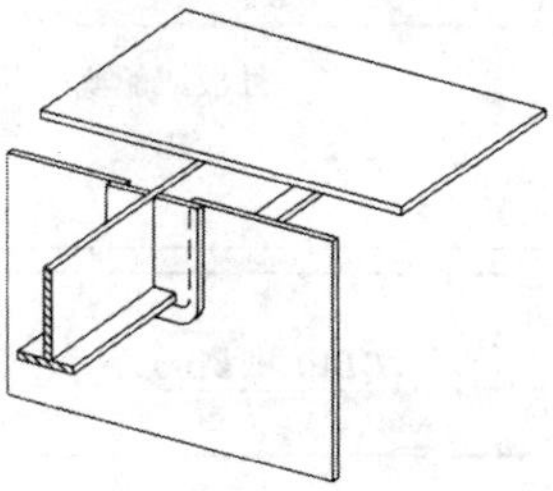</td><td>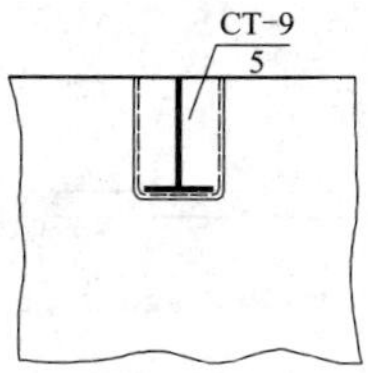
</td><td rowspan="4">(1)补板的标准形式和尺寸由《船体结构　相贯切口与补板》规定
(2)采用标准形式的补板时，视图中仅注明补板类型和厚度：
补板类型
补板厚度
否则，需注明补板的全部尺寸</td></tr>
<tr><td>板材开切口，T 型材穿过并采用非水密补板</td><td>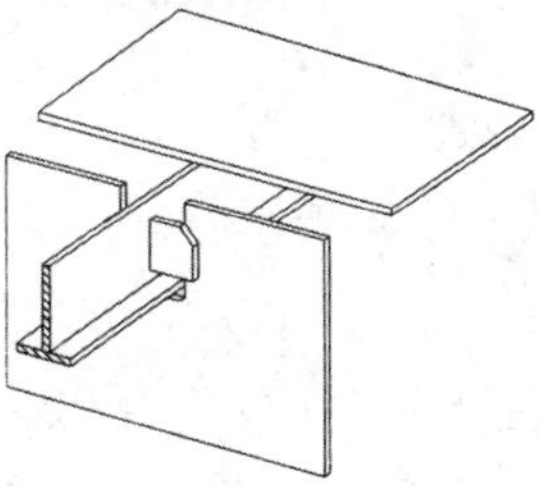</td><td>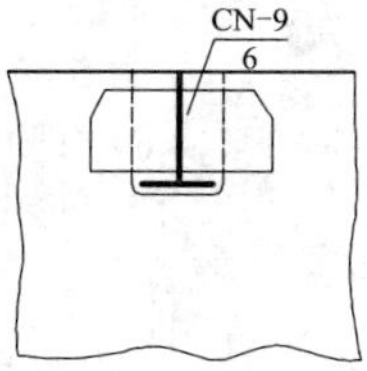
</td></tr>
<tr><td>板材开切口，角钢穿过并采用水密补板</td><td>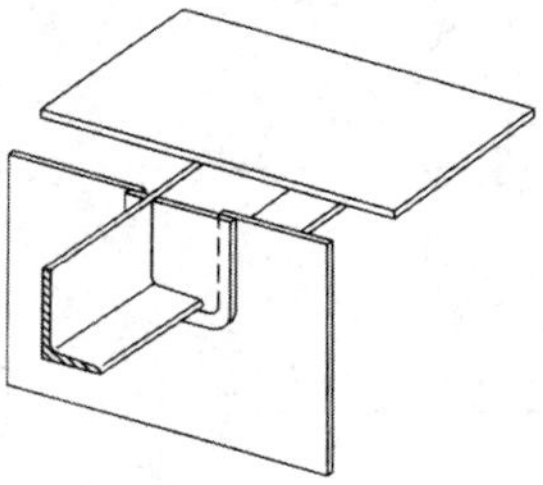</td><td>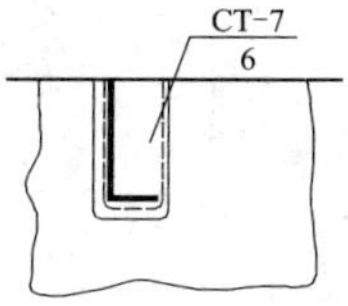
</td></tr>
<tr><td>板材开切口，角钢穿过并采用非水密补板</td><td>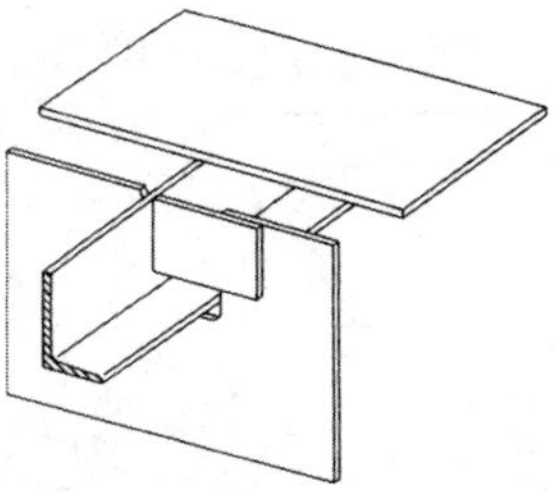</td><td>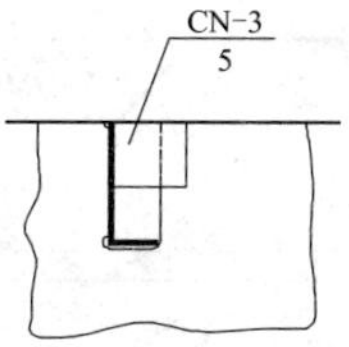
</td></tr>
</table>

5.3.5　结构上的流水孔、透气孔和通焊孔

1. 流水孔

在建造和营运过程中，船舱底部总会产生积水，如不及时排除，对船体结构会造成一定的损害。因此，船体结构上要开许多流水孔。

流水孔有圆形、半圆形、长扁圆形和半长扁圆形等多种形式。船体结构的流水孔形式和尺寸参见附录 7。图 5-17 表达了几种典型的流水孔。

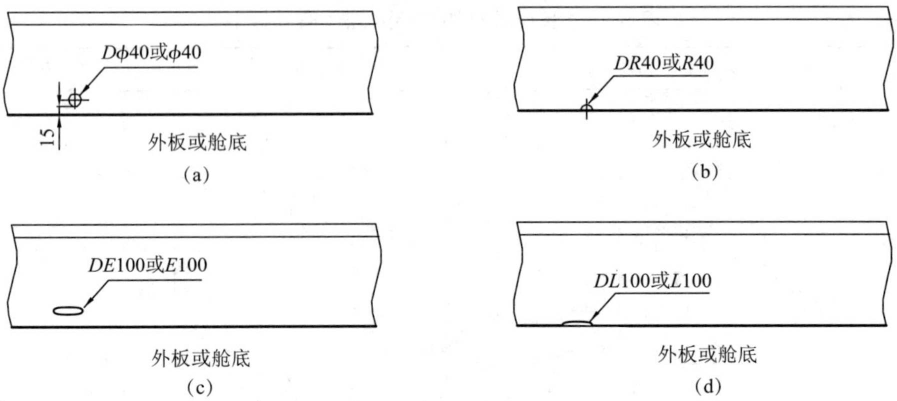

图 5-17 流水孔的形式

(a)圆形 (b)半圆形 (c)长扁圆 (d)半长扁圆形

2. 透气孔

为了排出施工和封闭环境中产生的各种废气，在船体结构的平台和甲板下缘，会开有一定数量的透气孔。透气孔有圆形和半圆形两种，如图 5-18 所示。

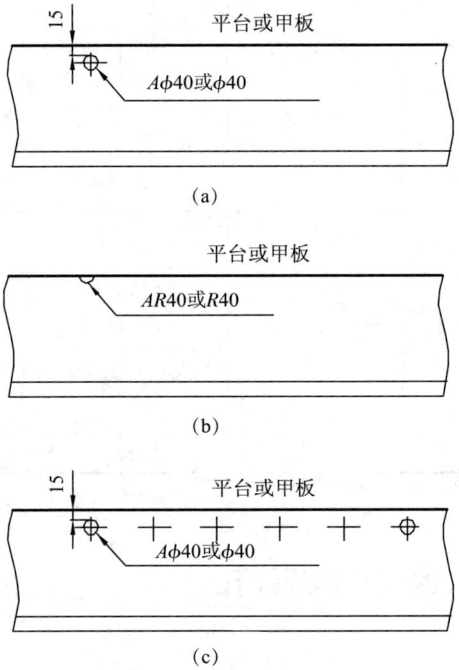

图 5-18 透气孔的形式

(a)圆形 (b)半圆形 (c)简化画法

3. 通焊孔

当两个构件的焊缝与焊缝相交时，为了保证焊接质量、减少变形，应开设通焊孔。

通焊孔有油密、水密和非密性的区别。密性对接通焊孔的形式有半圆形、半长扁圆形，密性角接通焊孔为三角形，如图 5-19(a)、(b)、(c)所示。密性通焊孔在对接焊缝加工完成后,用焊剂将通孔封闭,以保证密性。非密性对接通焊孔的形式有半圆形、半长扁圆形,非密性角接通焊孔为圆弧形,如图 5-19(d)、(e)、(f)所示。

标准通焊孔仅在图形中标注代号,非标准通焊孔则应详细标注尺寸。

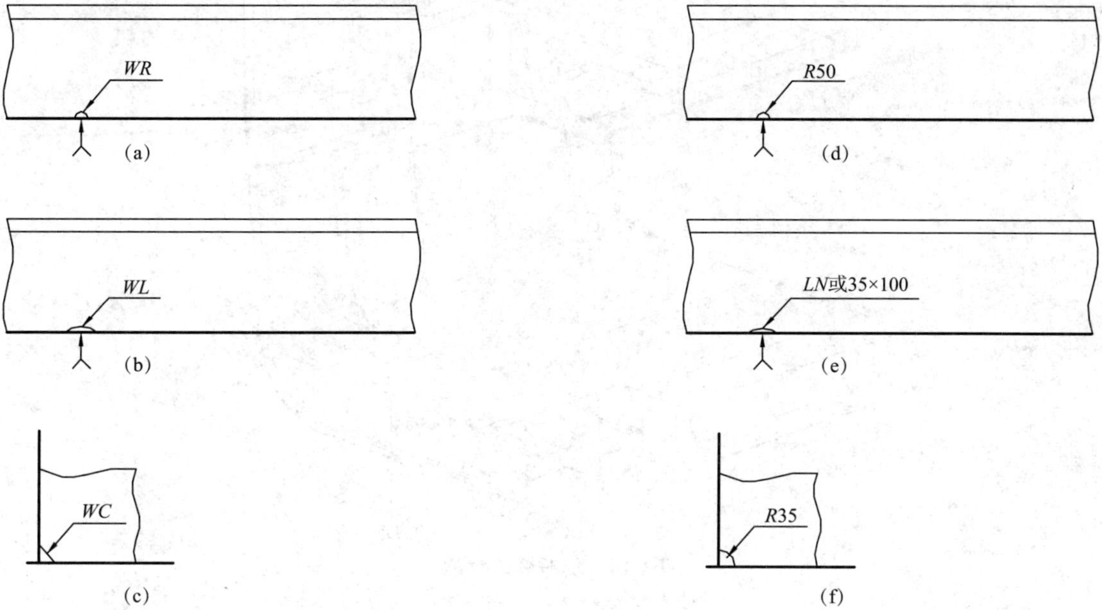

图 5-19　通焊孔的形式

(a)密性半圆对接通焊孔　(b)密性半长扁圆对接通焊孔　(c)密性三角形角接通焊孔　(d)非密性半圆对接通焊孔
(e)非密性半长扁圆对接通焊孔　(f)非密性半圆角接通焊孔

5.4　船体结构节点图的识读

5.4.1　典型船体结构节点

图 5-20 和图 5-21 是某沿海货船的货舱分段的立体图和相关节点的立体图与节点图,综合表达了船舶各部位节点的连接关系及图示方法。

(1)梁端节点:如图 5-21(a)和图 5-21(b)所示节点。根据受力情况和各船厂的工艺习惯,有不同形式的各种梁端节点。其中,图 5-21(a)所示节点为普通梁端节点,图 5-21(b)所示节点为强梁端节点。

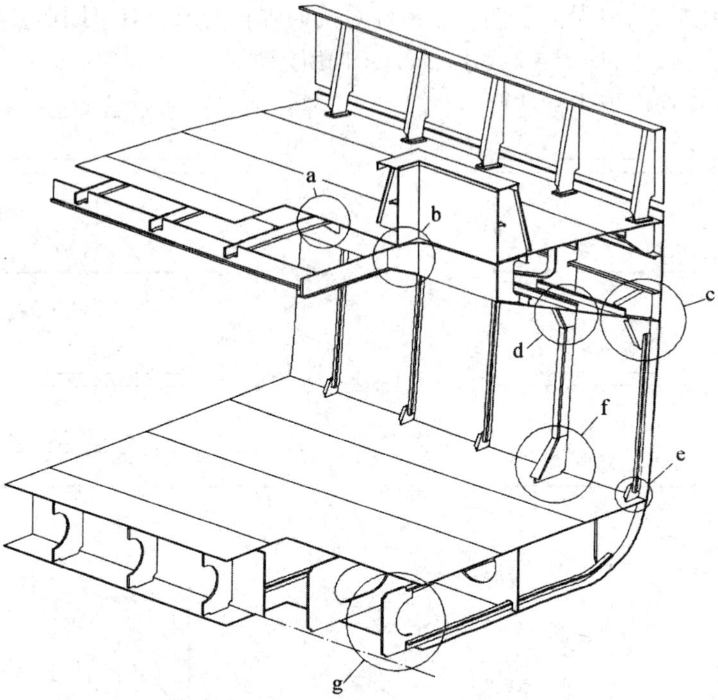

图 5-20 货舱分段立体图

（2）各种骨架的端部节点：图 5-21（c）所示节点表示了肋骨上端与边舱底板连接的节点；图 5-21（d）所示节点表示了强肋骨上端与边舱底板连接的节点；图 5-21（g）所示节点表示内底和船底横骨端部与月牙肘板的连接。

（3）舭部节点：舭部节点主要表达舭肘板将舷侧构件（肋骨、强肋骨）与船底构件（肋板、内底板）连接的关系。图 5-21（e）所示节点表示了普通肋骨与舭肘板的连接；图 5-21（f）所示节点表示了强肋骨与舭肘板的连接。

通过以上示例，说明板材与型材、型材与型材之间的多种连接形式和各种相对位置关系。了解这些关系，建立正确的空间概念，是绘制节点图和结构图的关键。

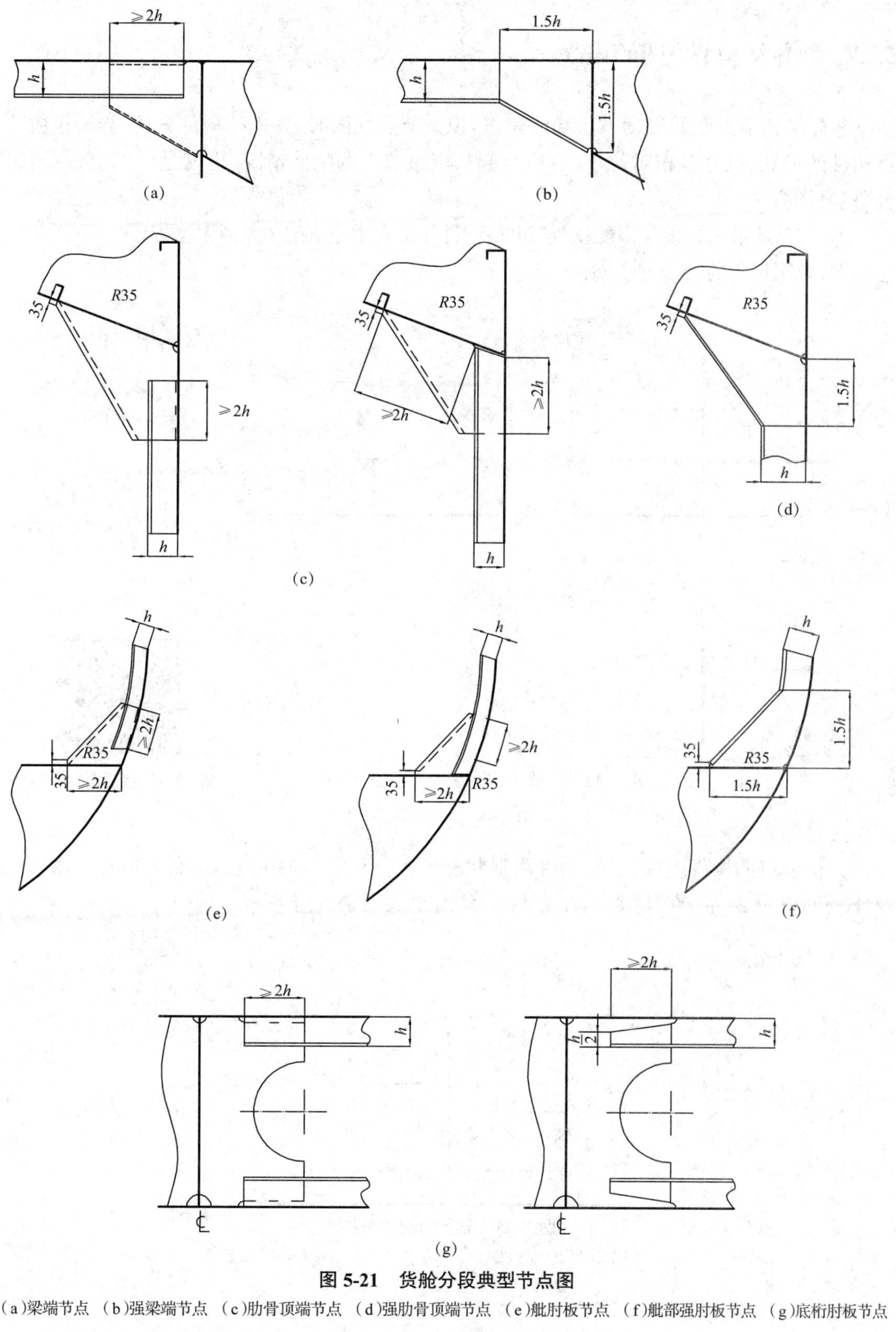

图 5-21　货舱分段典型节点图

(a)梁端节点　(b)强梁端节点　(c)肋骨顶端节点　(d)强肋骨顶端节点　(e)舭肘板节点　(f)舭部强肘板节点　(g)底桁肘板节点

5.4.2 船体结构节点图的识读

船体结构节点图的识读方法和注意点：识读节点视图时，先进行构件分析，弄清组成节点构件的形状、尺寸及相对位置，然后合起来想象节点的整体情况，也就是用“先分割再组合”的看图方法。

图 5-22 是船底纵骨与横舱壁连接的节点视图，它由主、俯、左三个视图组成。下面就以它为例，说明识图的方法和步骤。

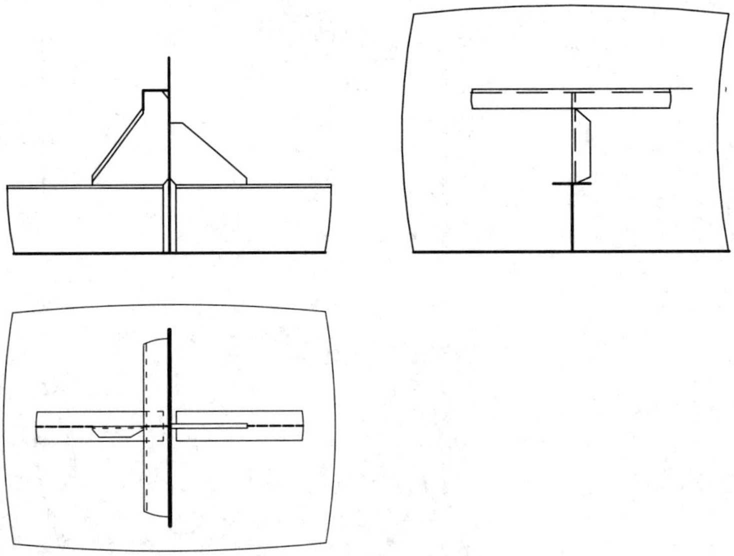

图 5-22 纵骨节点视图

船体结构典型节点 1

1. 构件分析

分析节点的构件组成，了解构件的形状和尺寸。从图 5-23 可以看出，该节点由水平钢材 1、垂直钢材 2、左 T 型材 3、右 T 型材 4、角钢 5、大肘板 6、小肘板 7 组成。

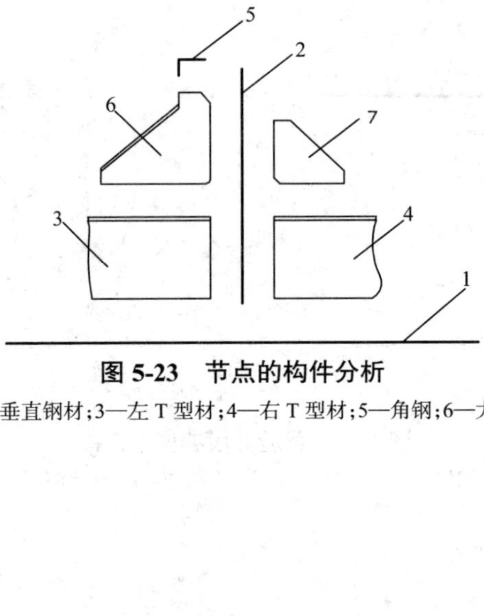

图 5-23 节点的构件分析

1—水平钢材；2—垂直钢材；3—左 T 型材；4—右 T 型材；5—角钢；6—大肘板；7—小肘板

2. 了解构件之间的相对位置和连接方式

根据各构件在视图上、下、左、右、前、后的相对位置以及连接情况，想象出整个节点的结构。

从图 5-22 和图 5-23 可以看出：位于节点最下方水平放置的钢材 1，其中间与钢材 2 角接；T 型材 3、4 位于钢材 2 的左、右两面，放在钢材 1 的中间；肘板 6、7 同样位于钢材 2 的左、右两面而放在 T 型材面板的中央，肘板一边与 T 型材面板连接，另一边与钢材 2 连接；角钢 5 与钢材 2 角接，且位于肘板 6 的上部并与它连接。

3. 整合节点整体概念

通过上面的分析和综合，即可看懂节点视图，得到节点结构的完整概念，见图 5-24。

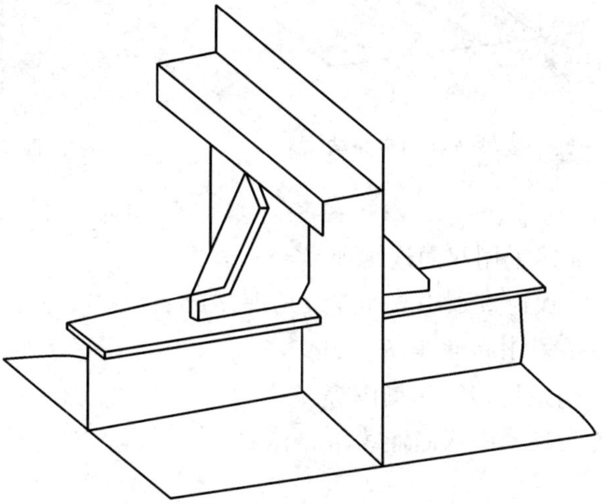

图 5-24　纵骨节点的空间结构

5.5　船体结构节点图的绘制

图 5-25 所示是支柱节点处的空间结构。绘制支柱节点三视图，通过节点视图的绘制，进一步熟悉和掌握板材、型材、肘板及其相互间连接的画法和尺寸注法，同时能够根据焊接要求进行焊接符号的标注。

绘制节点视图时先将节点按板材、型材和肘板等分解成单个构件，然后根据“长对正、高平齐、宽相等”的投影关系，弄清每个构件的形状、尺寸以及各构件的相对位置和连接方式，最后运用正投影的基本方法绘制节点视图，并进行相关尺寸和焊缝符号的标注。

在图 5-25 的支柱节点结构中，各构件尺寸为：支柱 200 mm × 12 mm，T 型材$\perp\frac{8\times350}{10\times150}$，肘板的尺寸是 12 mm × 150 mm × 300 mm，垫板厚 8 mm，底板厚 12 mm。

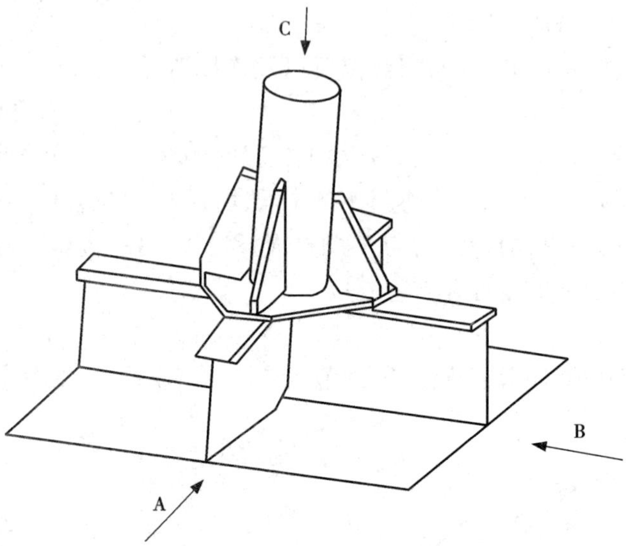

图 5-25　支柱节点的空间结构

船体结构典型节点 2

焊接要求：

（1）T 型材与底板连接采用双面连续焊，K=5；

（2）T 型材面板与腹板连接采用双面连续角焊，K=5；

（3）支柱与垫板连接采用周围焊，K=5；

（4）垫板与 T 型材面板连接采用周围焊，K=5；

（5）肘板与支柱的连接采用双面连续角焊，K=5。

5.5.1　构件分析

由图 5-25 可知，这是船底外板上的支柱，共有 10 个构件，其构件分解见图 5-26。

5.5.2　选择视向、确定视图

船体的结构节点可以采用三视图来表达。当用两个视图就能够完整而清晰地表达节点结构时，则可只画主、俯或主、左两个视图。根据图 5-25 节点的特点，可确定用两个视图表达：

A 向——主视图投影方向；

C 向——俯视图投影方向。

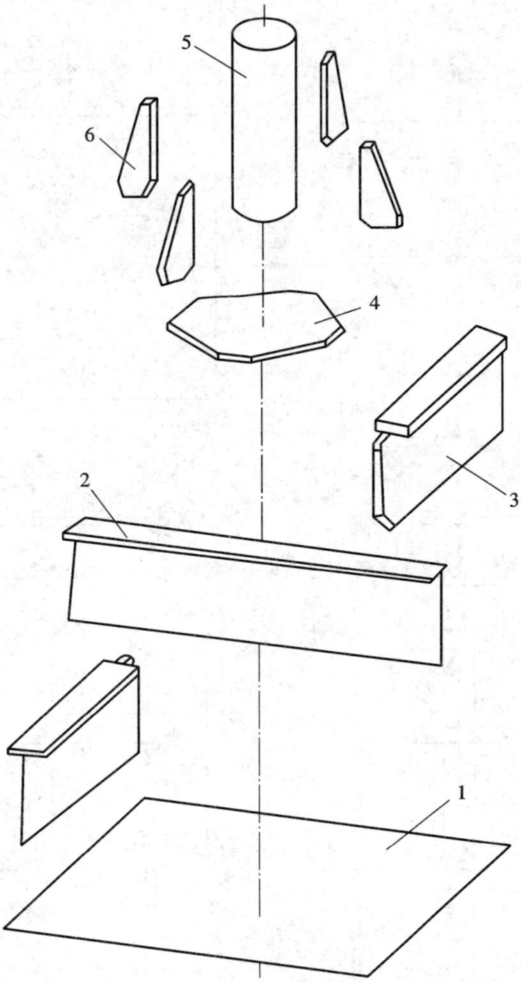

图 5-26　构件分析

1—水平底板；2—左右设置的 T 型材（连续）；3—前后设置的 T 型材（间断）；4—八边形垫板；5—支柱；6—肘板，共 4 块

5.5.3　绘制节点视图

（1）合理布置视图，画出主、俯视图的基准线，见图 5-27（a）。

（2）画出水平底板 1 的投影，见图 5-27（b）。

（3）画出 T 型材 2 和 3 的投影，见图 5-27（c）。

（4）画出垫板 4 的投影，见图 5-27（d）。

（5）画出支柱 5 的投影，见图 5-27（e）。

（6）画出肘板 6 的投影，见图 5-27（f）。

（7）检验底稿并清理图面，按规定加深线条，见图 5-27（g）。

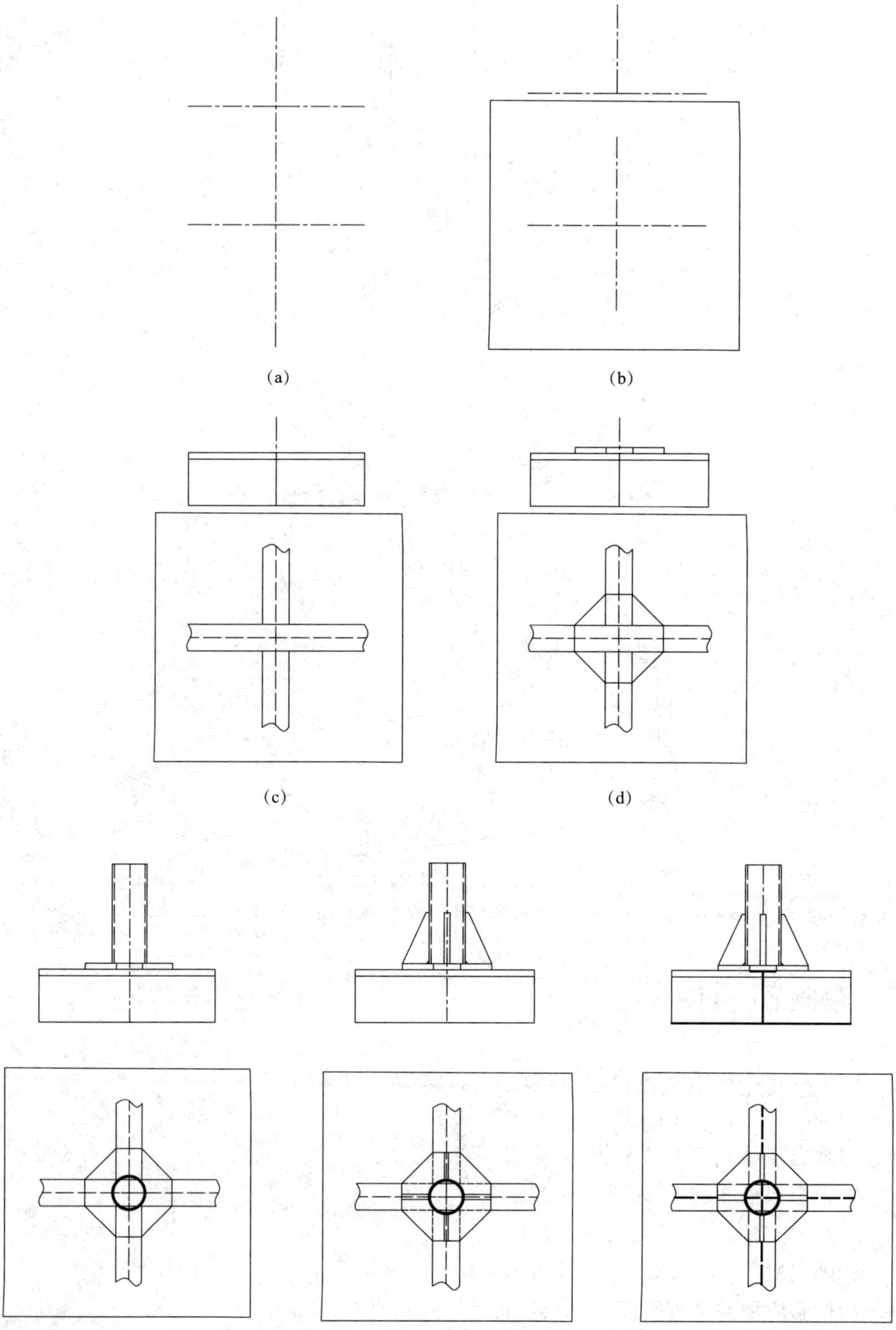

图 5-27　支柱节点视图绘图步骤

5.5.4　进行尺寸标注

尺寸应尽量标注在构件外形特征明显的视图中，并要求相对集中，便于阅读。

在本例中，支柱、肘板和 T 型钢的尺寸标注在外形特征明显的主视图中，底板和垫板的尺寸标注在外形特征明显的俯视图中，见图 5-28。

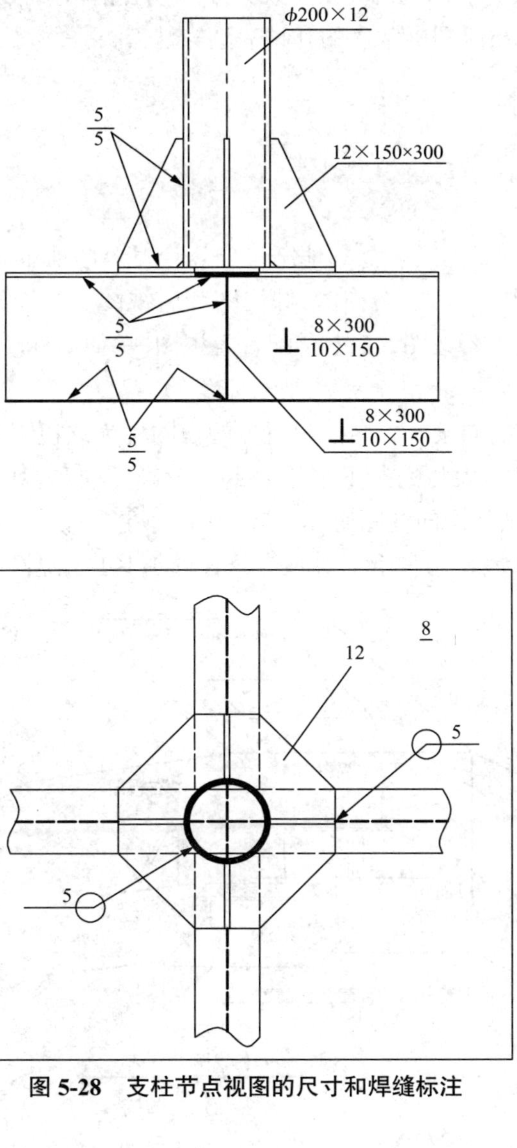

图 5-28　支柱节点视图的尺寸和焊缝标注

5.5.5　进行焊缝符号标注

焊缝符号标注在接缝特征明显的视图中，并要求相对集中标注，见图 5-28。

总之，绘制节点视图时，可根据节点结构复杂程度的不同，相互对照几个视图同时画出底稿；也可以先画出主视图，再按投影关系画出其他视图。

5.6 船体结构图样的表达方法

船体结构图样是船体图样的重要组成部分，它需要完整、清晰地表达船体结构形式和构件连接方式。为便于识读，易于绘制，在国家标准《金属船体制图》（GB/T 4476—2008）中规定了图样画法。下面介绍船图中常用的几种表达方法。

5.6.1 视图

1. 基本视图

在正投影体系中，将船体或船上其他结构向六个基本投影面投影所得的视图称为基本视图，即主视图、俯视图、左视图、右视图、仰视图和后视图。各投影面及视图配置方式如图 5-29 所示。在一张图纸中若按图 5-29（b）配置各视图，一律不标注视图的名称。

2. 向视图

船体或船上其他结构向某一方向投影所得的视图称为向视图。

向视图用视向符号与大写的拉丁字母表示其投影方向和视图名称，如图 5-30 中的“A 向”。在同一张图纸上画几个向视图时，应按字母顺序注写，如 A，B，C……视向符号一般为长 15~25 mm 的粗实线箭头，习惯上箭头长为总长的 1/3~1/2，见图 5-30（b）。

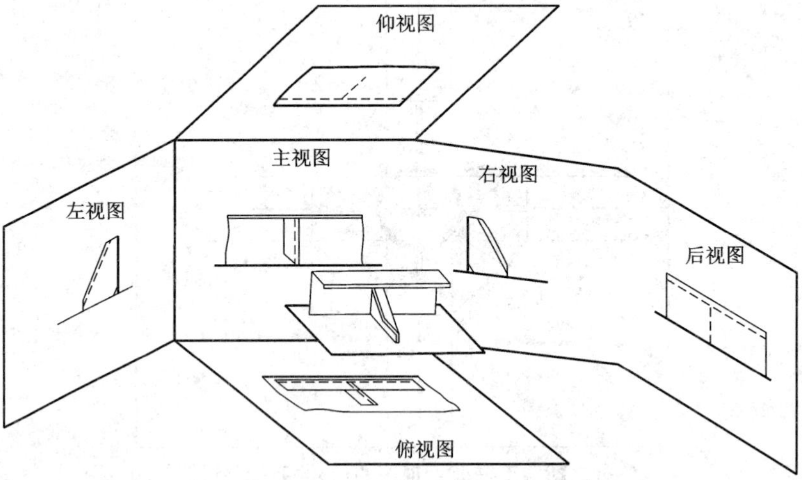

（a）

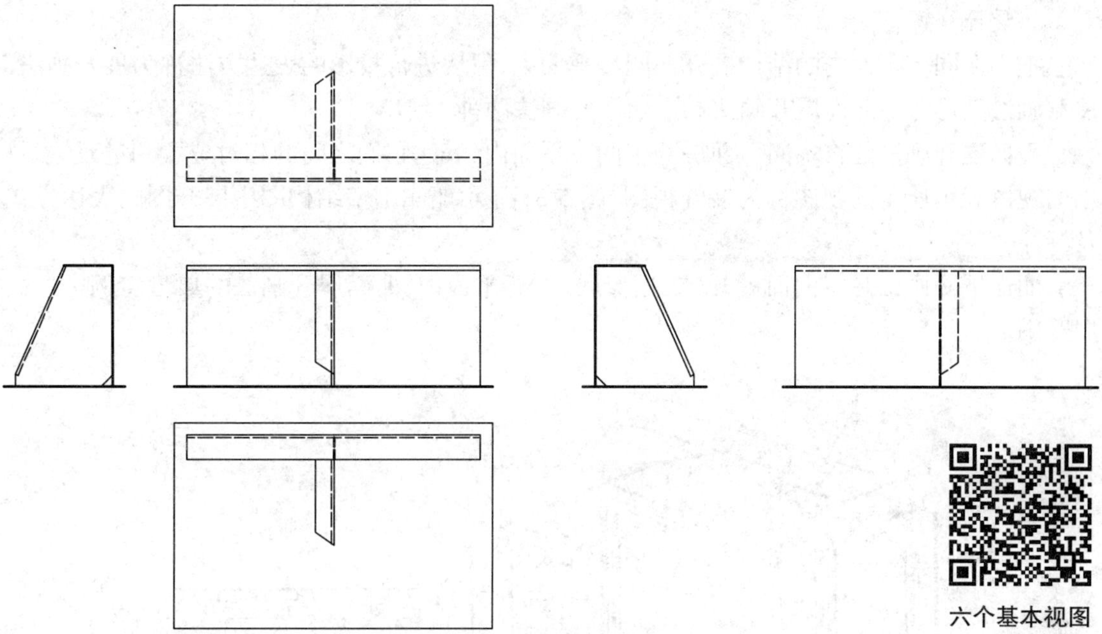

（b）

图 5-29　六个基本视图

六个基本视图

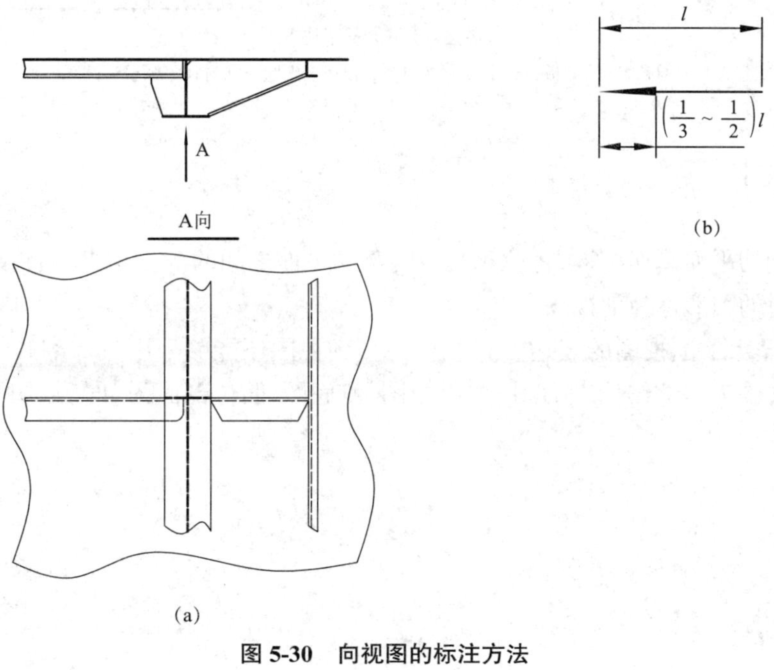

(a)　(b)

图 5-30　向视图的标注方法

3. 展开视图

把不在同一平面内的结构展开在同一平面上,然后进行投影的表达方法称为展开画法,展开画法又可分为曲面展开画法和平面展开画法两种。

平面展开画法是将不同平面展开于同一平面内,表达它们之间的相对位置和过渡关系。用向视图表示所得的视图称为展开视图,图 5-31 显示船舶围壁结构图中展开图的表达方式及标注。

曲面展开画法是将曲面展开(或近似展开)于平面内,曲面展开画法的典型实例是外板展开图。

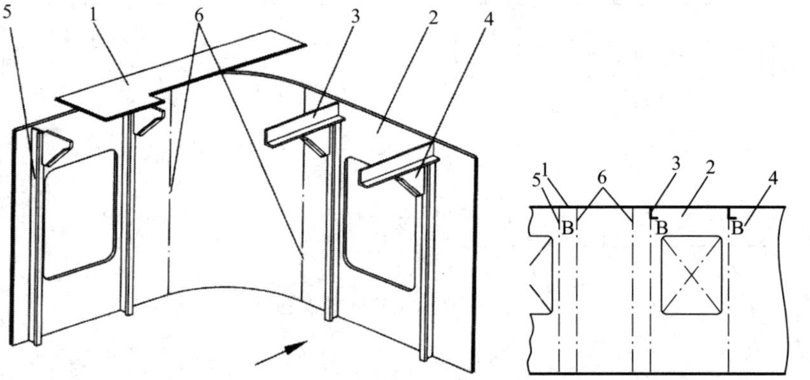

图 5-31　展开视图

1—甲板;2—围壁板;3—甲板横梁;4—肘板;5—围壁扶强材;6—围壁转圆线

5.6.2　剖视图

假想用剖切平面剖切结构,将位于视者与剖切平面之间的部分移去,而将剩余部分向投影面投影所得的图形称为剖视图。

图 5-32 显示了剖视图的表达方式和标注。剖视图还能够采用阶梯剖和剖中剖的表达方式。当剖视图为船体结构平面图(如甲板图、舱底图、肋位剖面图)时,剖切平面符号可以省略。

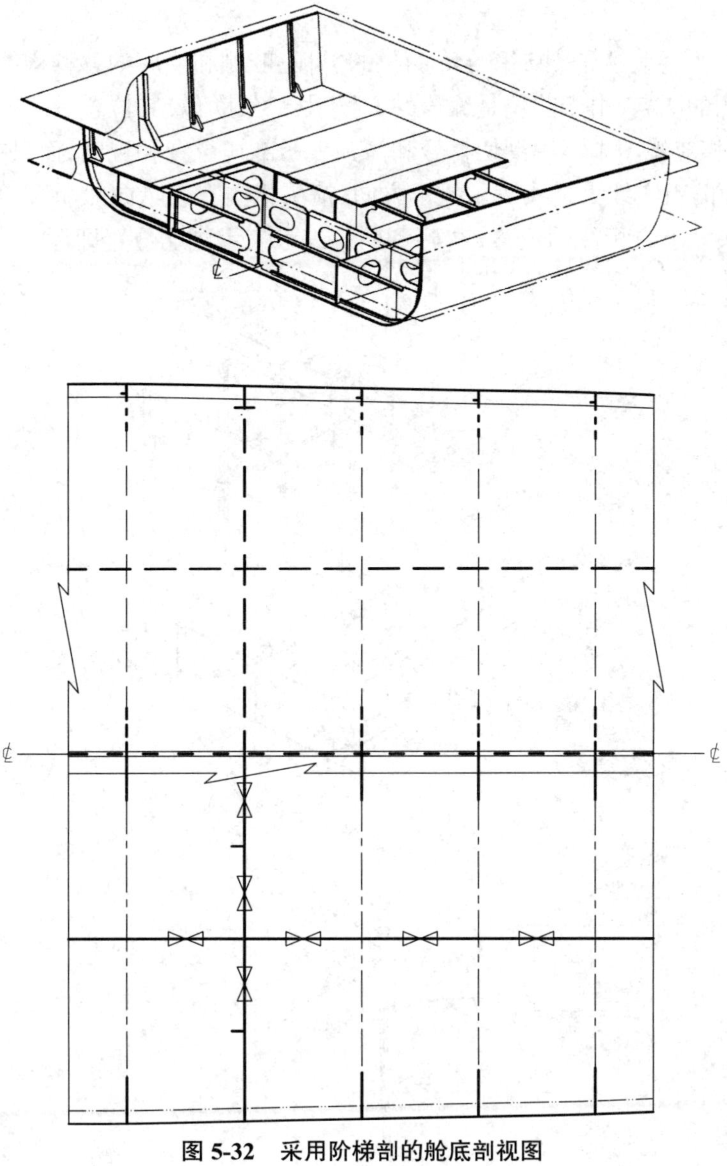

图 5-32　采用阶梯剖的舱底剖视图

5.6.3　剖面图

假想在要表达的船体或构件附近作一剖切平面，将位于视者与剖切平面之间的部分移去，仅给出剖切到的船体或构件剖面，要表达的构件及与其直接相连的其他构件，这样得到的图形为剖面图。

船体剖面图有肋位剖面图、一般剖面图、分剖面图等多种形式。

1. 肋位剖面图

剖面图中，以肋骨平面作为剖切平面得到的剖面图称为肋位剖面图，其目的是表达某一肋位的各个构件及其连接形式。肋位剖面图是船体结构图样中表达船体横向结构的最主要方式之一。

图 5-33（b）、（c）表达了 #45 和 #46 肋位的甲板、舷侧和船底的各种构件及其连接形式。对于肋位剖面图的图名，由于肋位是编号的，对于某一号肋位，其位置是确定的，所以表示肋位剖面图时，在相应视图中不用剖切符号和箭头表示剖切位置和视向，而只在剖面图上方画长为 15~25 mm 的粗实线大箭头表示投影方向，箭头指向右表示向船艏看，箭头指向左表示向船艉看。箭头线上方标注肋位符号“#”和肋位编号表示剖切位置即可。

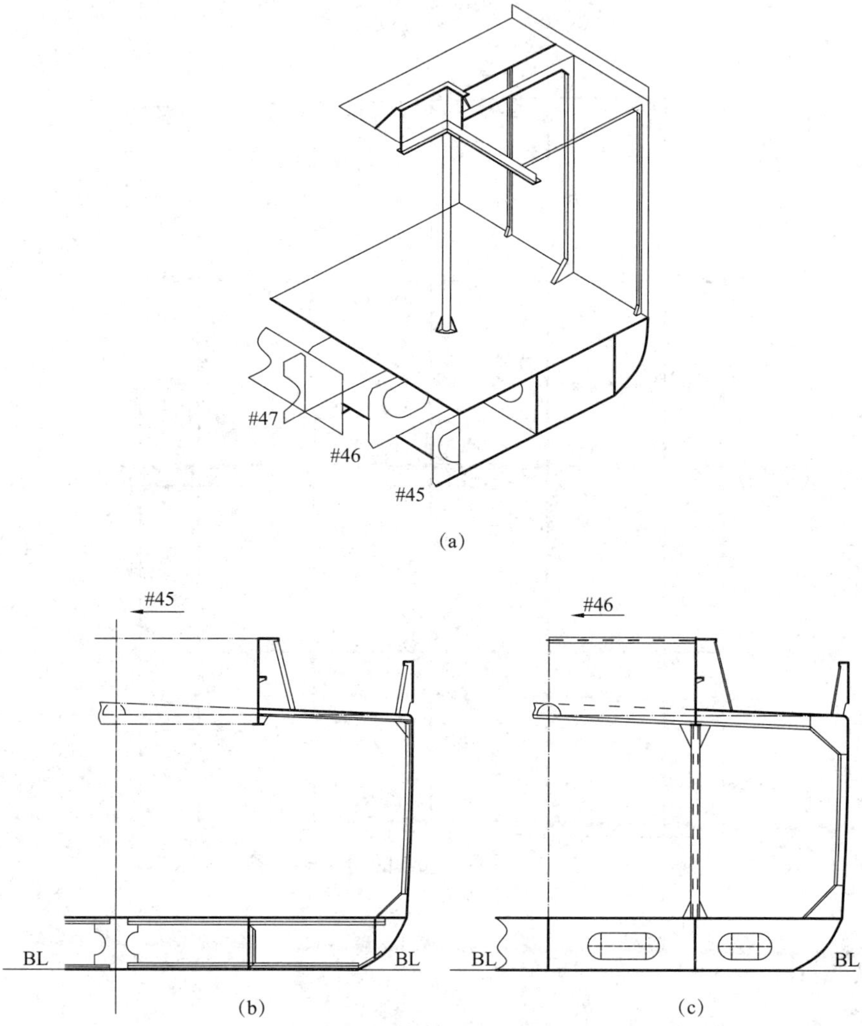

图 5-33 货舱立体分段

（a）货舱立体分段 （b）#45 肋位剖面图 （c）#46 肋位剖面图

2. 一般剖面图

除肋位外所有其他位置的剖面图称为一般剖面图。一般剖面图用来表达船体结构中各种局部结构和特殊结构，使用灵活、方便。

一般剖面图在相应的视图中，用剖切符号与大写拉丁字母（A⌐ ¬A）表示剖切位置、投影方向和剖面图名称，在剖面图上方标注相应的视图名称 A-A。剖切符号为断开的粗实线，箭头为长 15 mm 的粗实线大箭头，视图名称下的横线也为粗实线，见图 5-34（b）。

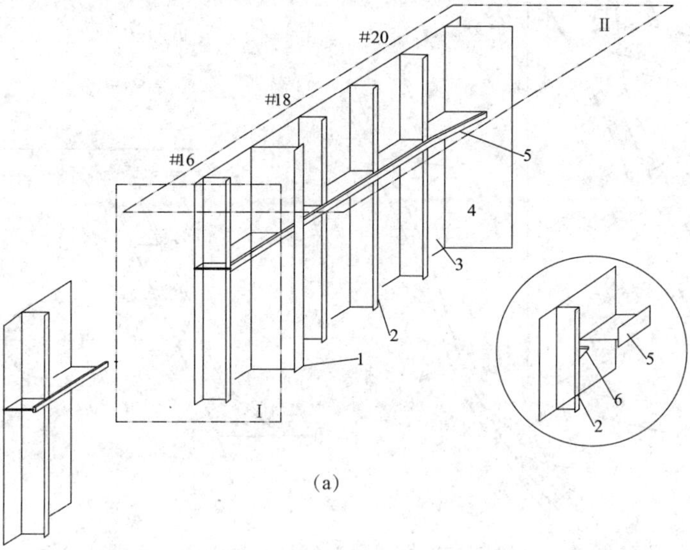

（a）

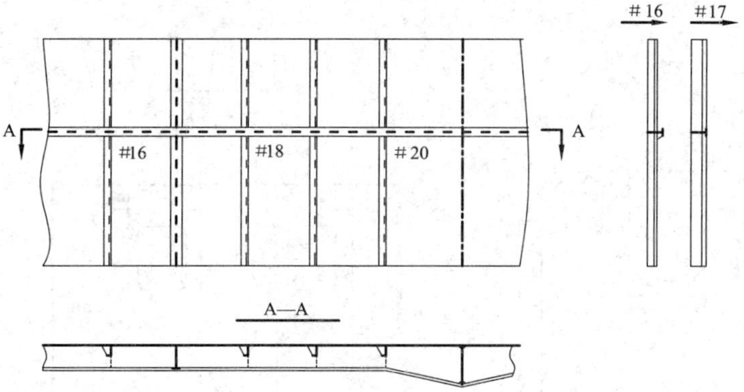

（b）

图 5-34　剖面的表示法

1—强肋骨；2—普通肋骨；3—外板；4—横舱壁；5—舷侧纵桁；6—肘板

剖面图也可以直接绘制在剖切平面迹线的延长线（细点画线）上，不另加标注，见图 5-35。

3. 分剖面图

分剖面图指在肋位剖面图的基础上，对肋位的构件作进一步详细表达所采用的剖中再剖的剖面图，是船体图样中常用到的表达方式。其标注形式见图 5-36，其中 1、2 是分剖面图的序号。

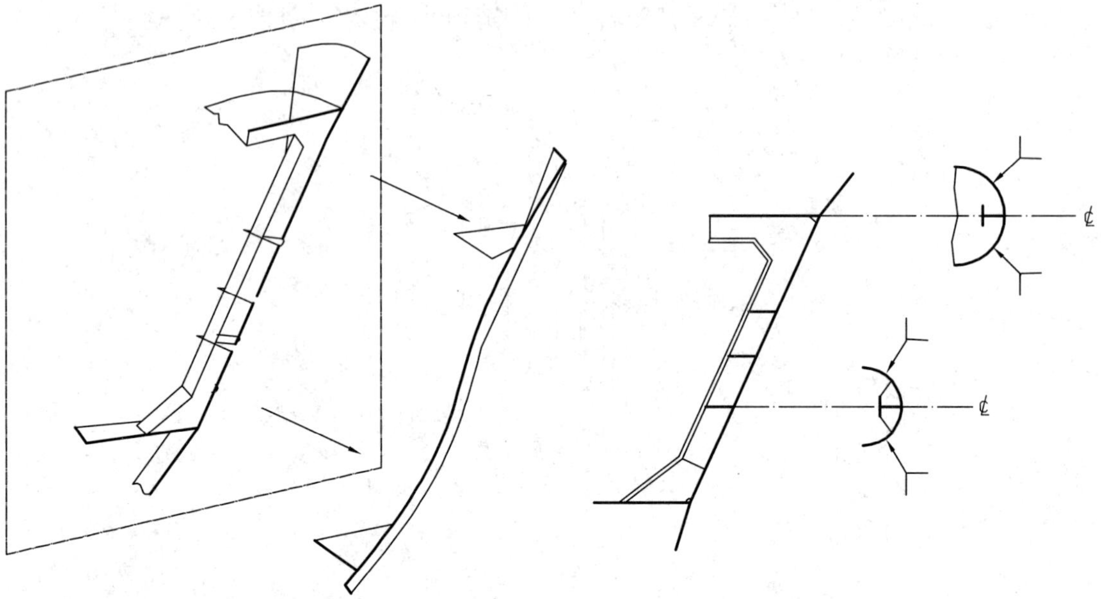

图 5-35 绘制在剖切平面迹线延长线上的剖面图

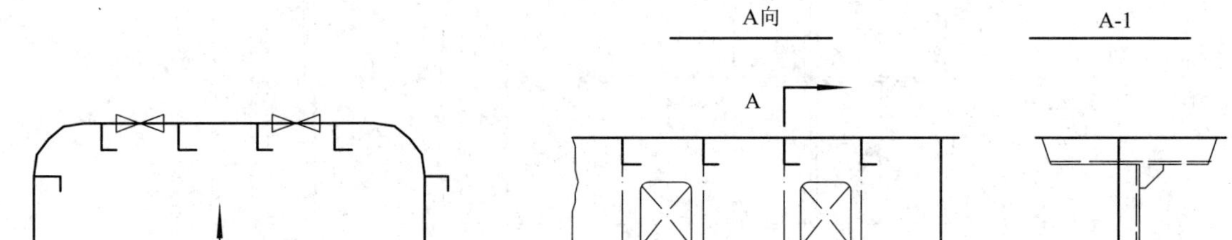

图 5-36 分剖面图的标注方法

5.6.4　重叠画法

船体制图标准规定：可以将不同剖面内的构件表示于同一剖面图中，即将两个或多个剖面内的构件重叠表达于一个剖面上的表达方式称为重叠画法。标准规定不在表达剖面内的构件的可见轮廓线用细双点画线表示，不可见轮廓线用细虚线表示，如图 5-37 所示，#36 肋位上的强横梁、强肋骨和支柱等构件画在表示普通横梁和普通肋骨结构的 #35 肋位剖面图中。

重叠画法通常运用在中横剖面图和基本结构图中，目的是在基本的剖面图中把船体某些局部变化的结构表达清楚，以减少识图和绘图工作量。

重叠画法

采用重叠画法时，要注意保证基本剖面图的图形清晰，否则应另外选择视图来表示。

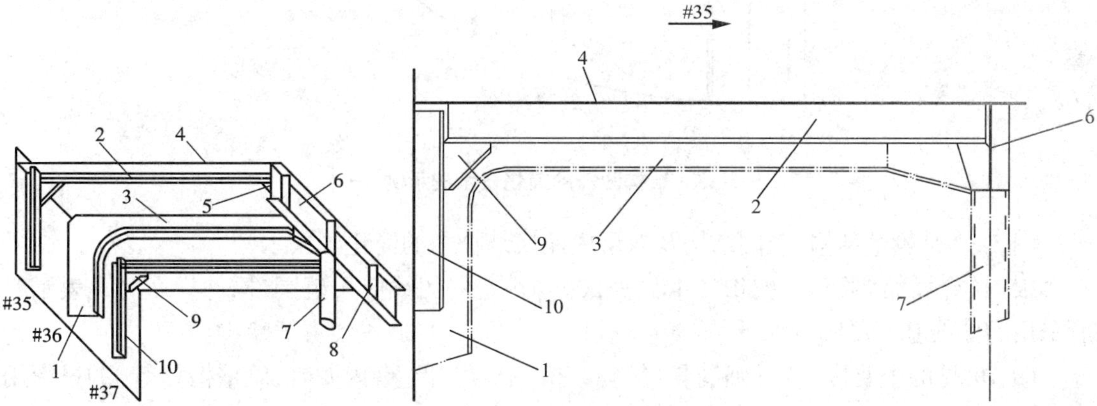

图 5-37　重叠画法示例

1—强肋骨；2—普通横梁；3—强横梁；4—甲板；5—肘板；6—甲板纵桁；7—支柱；8—加强筋；9—梁肘板；10—普通肋骨

5.6.5　简化画法

为了绘图方便，船图中经常采用一些简化画法。常用的简化画法有以下几种。

1. 构件的简化表示法

组成船体的构件众多，如按钢板、型材的正投影画法表示船体结构，则图面往往线条繁多，给绘图、识图带来不便。因此，《金属船体制图》（GB/T 4476—2008）规定，船体结构图中可采用不同的图线表示构件的投影。这样，既可简化图面，又能清晰表示结构，既便于识图，又便于绘制。图 5-38（b）是图 5-38（a）的简化表示图形。

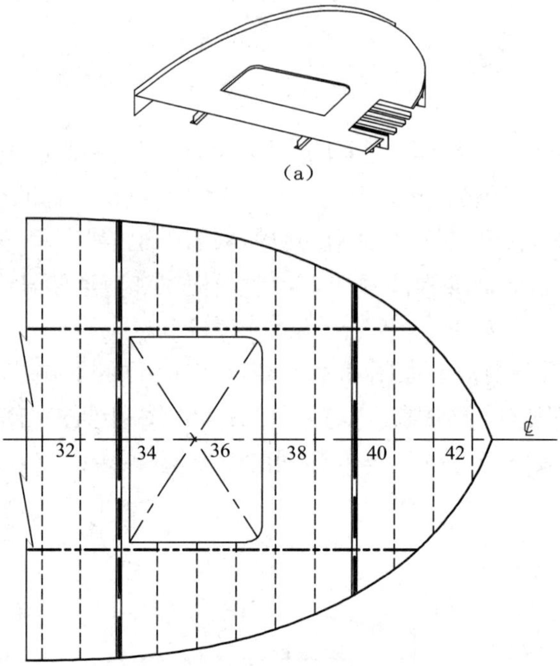

图 5-38 结构图样的简化表示法示例(一)

图 5-39 是舱壁结构、舷侧结构及双层底舱底结构图的简化画法示例。

根据《金属船体制图》(GB/T 4476—2008)规定的图线应用范围,构件投影简化表示时所采用的图线基本可归纳如下。

(1)可见的主要构件(如强肋骨、舷侧纵桁、中内龙骨、旁内龙骨、舱壁桁材等)的投影用粗点画线表示。

(2)可见的普通构件(如普通肋骨、纵骨、舱壁扶强材等)的投影用细点画线表示。

(3)不可见的主要构件(如甲板纵桁、强横梁等)的投影用粗双点画线表示。

(4)不可见的普通构件(如普通横梁、纵骨、舱壁扶强材等)的投影用细虚线表示。

(5)不可见的水密板材的投影用轨道线表示。

(6)不可见的非水密板材的投影用粗虚线表示。

(7)可见的板材的投影用粗实线表示。

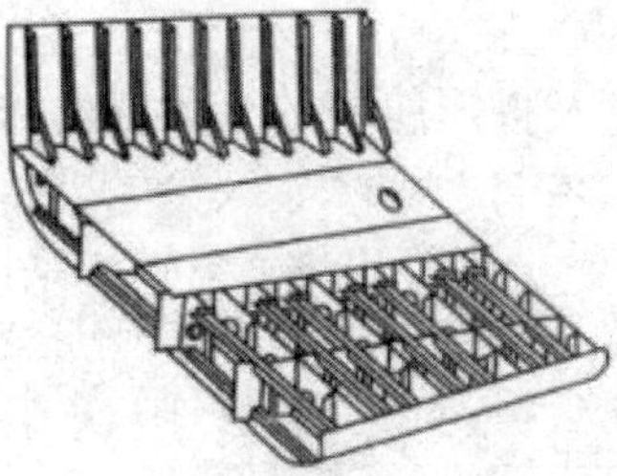

舷侧结构图

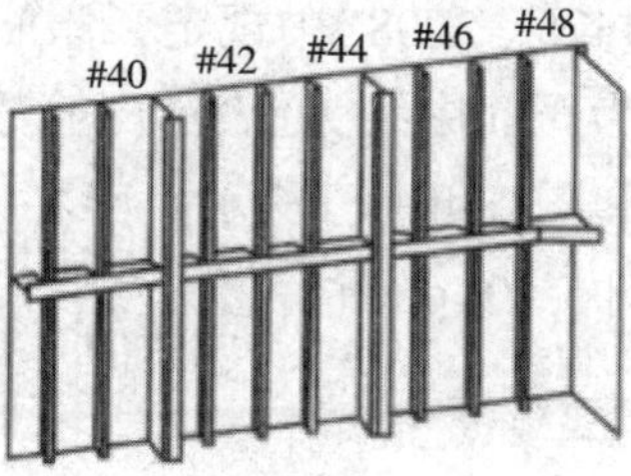

舱壁结构图

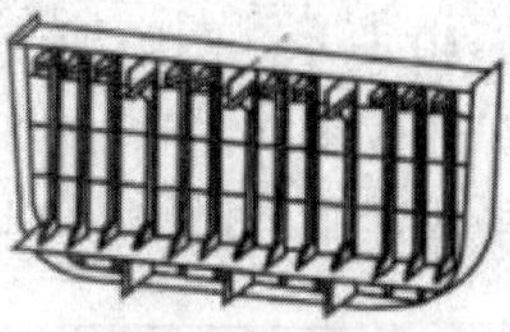

双层底舱底图

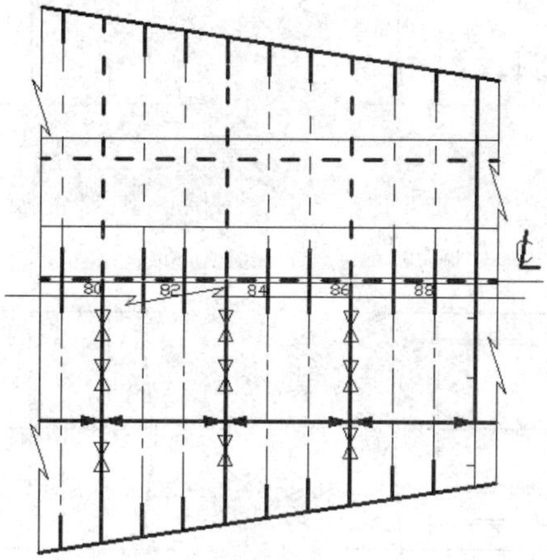

双层底舱底图

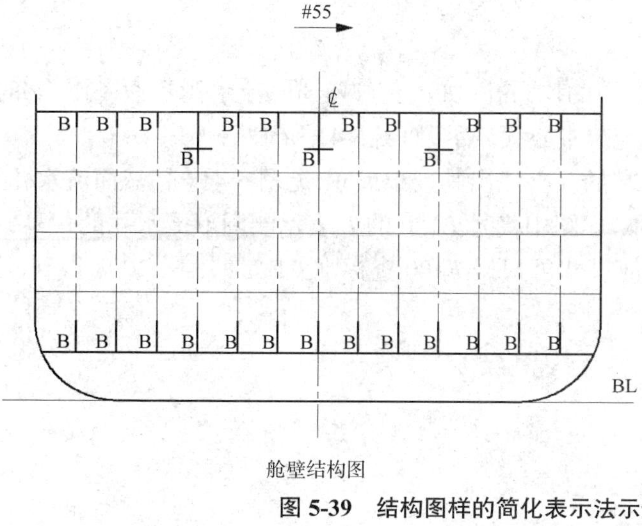

舱壁结构图

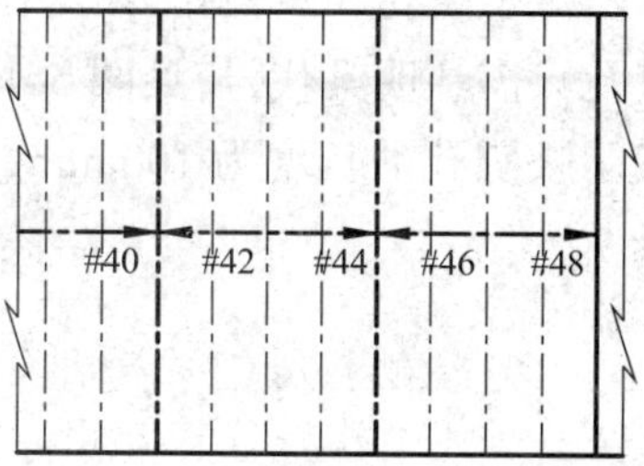

舷侧结构图

图 5-39　结构图样的简化表示法示例(二)

2. 压筋围壁及槽形舱壁的简化表示法

《金属船体制图》(GB/T 4476—2008)中规定了压筋围壁及槽形舱壁的简化表示法，如图 5-40 所示。图中细点画线为压筋中线，且表示压筋数量。符号“‾_/‾”“\/”等表示压筋在平板正面，如图 5-40(a)和图 5-40(c)所示。反之，符号“_/‾_”“⌒”等则表示压筋在平板背面，如图 5-40(b)和图 5-40(d)所示。

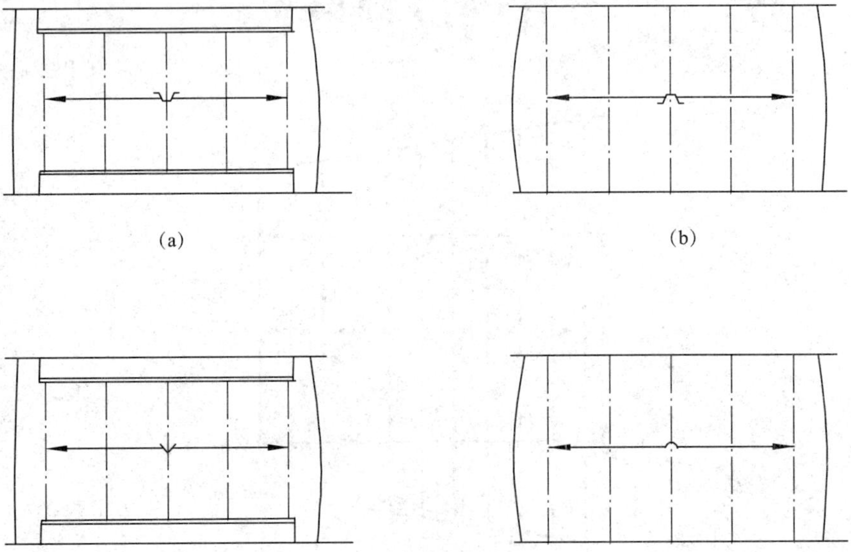

(a) (b) (c) (d)

图 5-40 压筋围壁及槽形舱壁的简化表示法

3. 构件上开孔的简化表示法

构件上开有若干形状和大小相同的均布孔(如人孔、减轻孔、流水孔及透气孔等)时，可仅在两端各画一孔，中间孔只需用定位中心线表示，如图 5-41 所示。

对于人孔和减轻孔，只需在两端的孔上注出其大小尺寸，见图 5-41(a)。而流水孔及透气孔只需注明其代号，见图 5-41(b)。图中代号 *E*100 的 *E* 表示腰圆形流水孔的代号，100 表示腰圆孔的长度为 100 mm，其他尺寸可根据 *E*100 查标准 CB/T 3184—2008 得到，见附录 7。

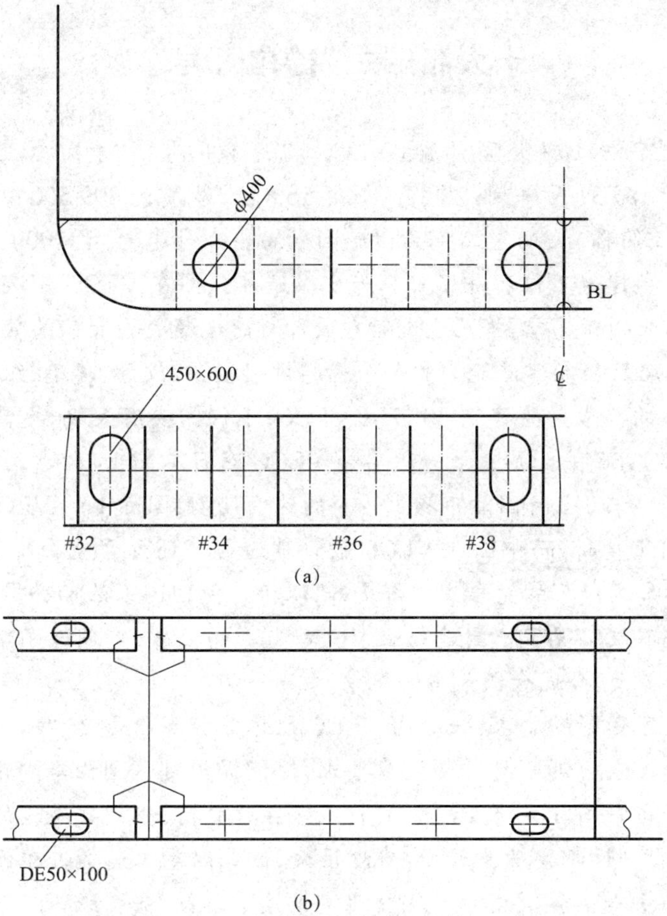

图 5-41　形状和大小相同的均布孔的简化表示法

5.6.6　覆板画法

覆板在平面图上用覆板轮廓线加细斜线表示，如图 5-42 所示。

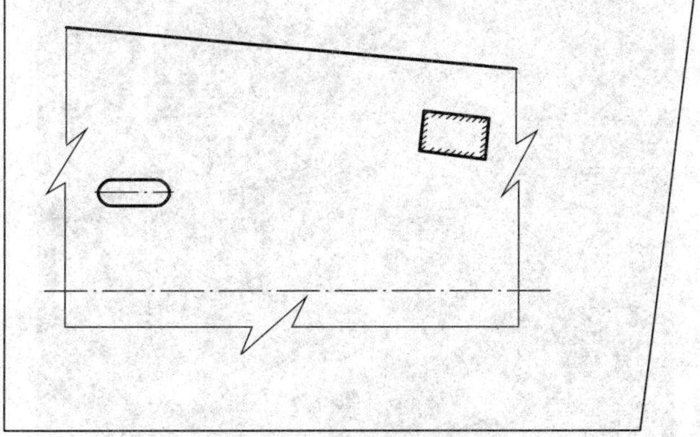

图 5-42　覆板表示法

十大名船之“德尔瓦号”

中国首艘30万吨级超大型油船(VLCC)“德尔瓦号”,总长约333.5 m,垂线间长320 m,型宽58 m,型深31 m,吃水22.2 m,航速15.8 kn,载质量299 500 t。该船由大连新船重工有限责任公司(简称“大船重工”)为伊朗国家油船公司建造,于2000年8月开工,2002年8月交付。其成功建造不仅打破了日韩等少数造船强国在VLCC领域的垄断地位,同时也翻开了中国造船业的新篇章,将几代造船人设计与建造超大型油船的梦想变为现实。

VLCC是体现船厂船舶建造能力的一个标志性船型,从设计、建造、组织、管理等各方面都对船厂提出更高的要求。要建造30万吨VLCC,不仅需要有大坞,更需要有造大船的技术能力和水平。自1966年世界上第一艘单壳VLCC在日本问世以来,到90年代已发展到第三代双壳VLCC。作为当时国际市场上争夺的热门船型,国际上的VLCC几乎被日本、韩国等少数造船强国所垄断,而中国在VLCC设计建造领域还处于空白阶段。1999年,大船重工在与几大国际知名船厂的竞争中拔得头筹,取得为伊朗国家油船公司建造5艘30万吨VLCC的合同。这不仅实现了中国造船业VLCC“零”的突破,更创造了中国造船公司有史以来一次承接吨位最大、合同金额最多的纪录。

然而船东提出了苛刻的要求:一般的VLCC船体疲劳寿命是25年,他们提出的疲劳寿命要40年;一般的VLCC对舒适等级没有要求,他们提出要达到豪华邮轮的舒适度……这些要求远远超出了当时国际主流VLCC的标准。在此之前,中国建造过的最大吨位的船舶仅为15万吨。尽管一切都要从头开始,难度巨大,但大船重工选择迎难而上。要成功建造VLCC,突破设计难关是关键。由于日韩企业实施技术封锁,买图纸根本不可能。大船重工选择了一条与国外公司联合设计研发的道路,并充分利用中国船舶重工集团公司的整体科研优势,通过对引进国外先进技术的消化吸收,掌握了超大型油船的关键设计技术。

以大船重工成功建造VLCC为起点,中国船舶工业的整体技术能力和船舶建造水平进入了一个新的历史发展阶段。

(选自《甲板上的中国:揭秘当代中国十大名船》,大连海事大学出版社,2016)

德尔瓦号

练习题

一、选择题

1. 在船体结构图中，板材的可见轮廓线用(　　)表示。

A. 粗实线　B. 细实线　C. 虚线　D. 点画线

2. 型材与板材或与另一尺寸较大的型材相交时，在板材或尺寸较大的型材上开切口让小型材穿过，以保持构件的连续，称为(　　)。

A. 对接　B. 搭接　C. 角接　D. 贯穿

3. 把不在同一平面的结构展开在同一平面上，且用向视图表示的方法所得的视图称为(　　)。

A. 主视图　B. 俯视图　C. 展开视图　D. 侧视图

4. 简化画法中，不可见的主要构件的投影用(　　)表示。

A. 细点画线　B. 粗双点画线　C. 虚线　D. 轨道线

5. 型钢中，∟ 125 × 80×4 代表角钢断面的(　　)为 125 mm。

A. 长边　B. 宽度　C. 厚度　D. 外径

6. 在节点图重叠画法中，把不在该剖面的构件、不可见的轮廓线用(　　)表示。

A. 细双点画线　B. 粗点画线　C. 细虚线　D. 轨道线

7. 在小比例图样中，型材的可见剖面用(　　)表示。

A. 细双点画线　B. 粗点画线　C. 粗实线　D. 轨道线

8. 在肋位剖面图中，箭头指向右，表示向(　　)看。

A. 船艉　B. 船艏　C. 左舷　D. 右舷

9.(　　)通常用于构件连接。

A. 角钢　B. 型材　C. 肘板　D 球扁钢

10. 在肋位剖面图中，肋位的编号一般用肋位符号(　　)和肋位编号组成。

A.*　B.^　C.&　D.#

11. 在型材贯穿中，CN-6 表示(　　)。

A. 型材穿过板，需要焊接

B. 板材上开切口，让型材通过

C. 加补板的贯穿

D. 加水密补板的贯穿

12. 当板材构件相交时，间断构件的工艺性切角在外形显著的视图中表示，其他视图(　　)。

A. 一定画出　B. 省略不画　C. 全部画出　D. 部分表示

13. 当型材端部切斜时，采用非标准切斜形式，切斜的尺寸(　　)。

A. 可标可不标　B. 不需标注　C. 部分标出　D. 全部标出

14. 船体中常见的板与板的连接形式有(　　)等几种。

A. 对接　　B. 搭接　　C. 角接　　D. 贯穿

15. 船体结构中,肘板的形式有(　　)肘板。

A.T 形　　B. 折边　　C. 无折边　　D. 贯穿

二、绘图及标注题

1. 根据习题图 5-1,画出主视图和右视图,并标注尺寸和焊缝代号。

焊接要求:

(1)实肋板、内底纵骨与内底板的连接均采用交错断续焊,K=7,l=75,e=225;

(2)实肋板、外底纵骨与外底板的连接均采用交错断续焊,K=8,l=75,e=225;

(3)加强筋与实肋板的连接采用交错断续焊,K=7,l=75,e=225。

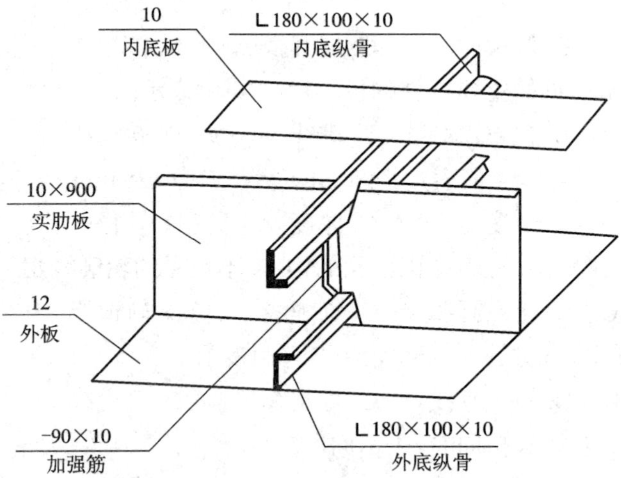

习题图 5-1

2. 根据习题图 5-2,画出 J-J 和 K-K 剖面图,并标注尺寸和焊缝代号。

焊接要求:

(1)中内龙骨腹板与面板、外板的连接采用双面连续角焊,K=5;

(2)肋板的腹板与面板的连接采用交错断续角焊,K=5,l=75,e=75;

(3)肋板与外板的连接采用双面连续角焊,K=4;

(4)纵骨与外板的连接采用半自动单面连续角焊,K=5;

(5)加强筋与中内龙骨腹板的连接采用单面连续角焊,K=4;

(6)加强筋与肋板的连接采用双面连续角焊,K=4。

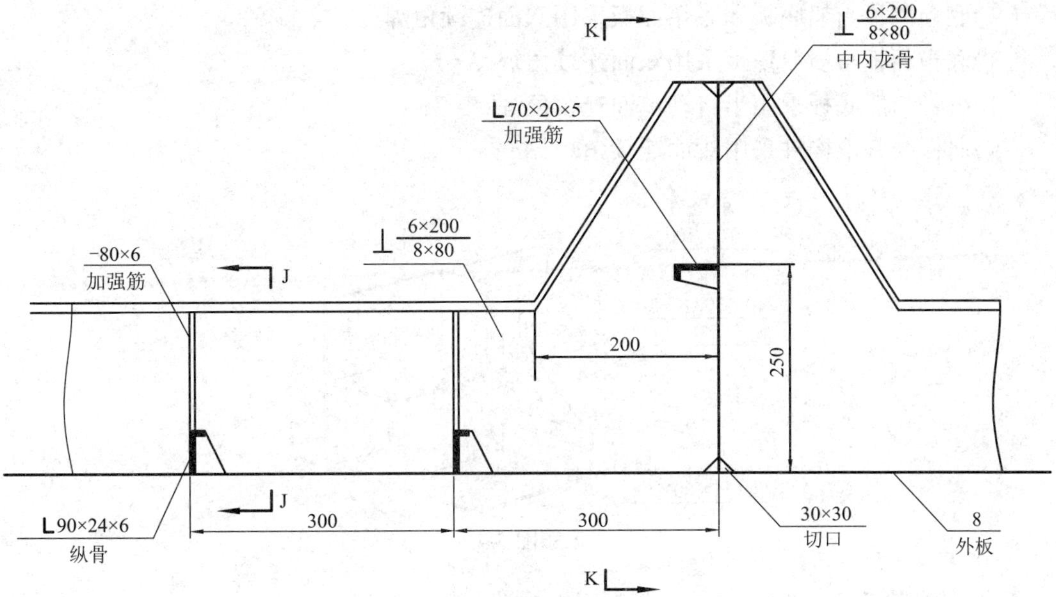

习题图 5-2

3. 根据习题图 5-3，画出 L-L、M-M 和 N-N 剖面图，并标注尺寸和焊缝代号。

焊接要求：

（1）强横梁、甲板纵桁与甲板板连接及强横梁、甲板纵桁腹板与面板连接采用交错断续角焊，*K*=5，*l*=75，*e*=75；

（2）甲板纵骨、普通横梁与甲板连接采用单面连续角焊，*K*=4；

（3）梁肘板连接采用双面连续角焊，*K*=5；

（4）小肘板连接采用双面连接角焊，*K*=4。

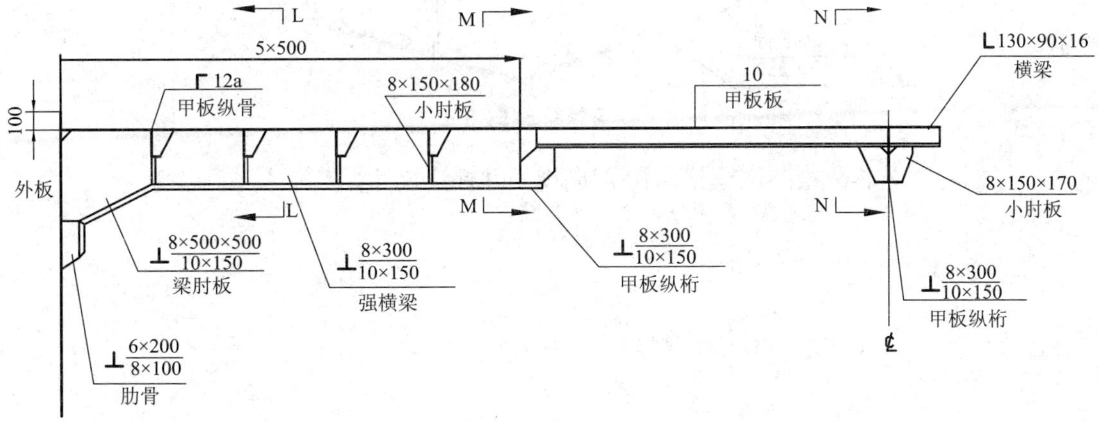

习题图 5-3

4. 根据习题图 5-4，绘制节点主视图和右视图并注明焊接符号。

焊接要求：

（1）横舱壁板与垂直桁腹板采用交错焊，*K*=8，*l*=100，*e*=150；

（2）底箱侧板与船底板和底箱面板采用双面连续角焊，K=7；
（3）底箱面板与横舱壁板采用双面连续角焊，K=7；
（4）纵骨与船底板采用半自动单面连续角焊，K=7；
（5）肘板与其他构件采用双面连续角焊，K=8。

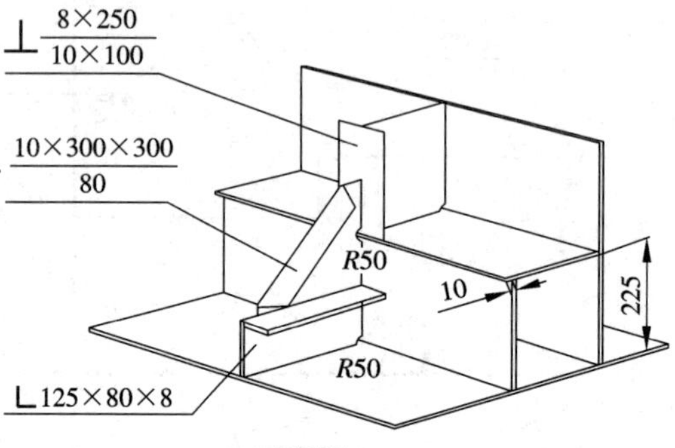

习题图 5-4

5. 根据习题图 5-5，绘制舵承座节点三面视图并注明焊接符号。
（1）船壳板与龙骨采用双面连续角焊，K=8。
（2）龙骨与水平加强筋采用单面交错焊，K=8，l=150，e=150。
（3）肋板与船壳板采用双面连续角焊，K=7。
（4）肘板与其他构件采用双面连续角焊，K=8。

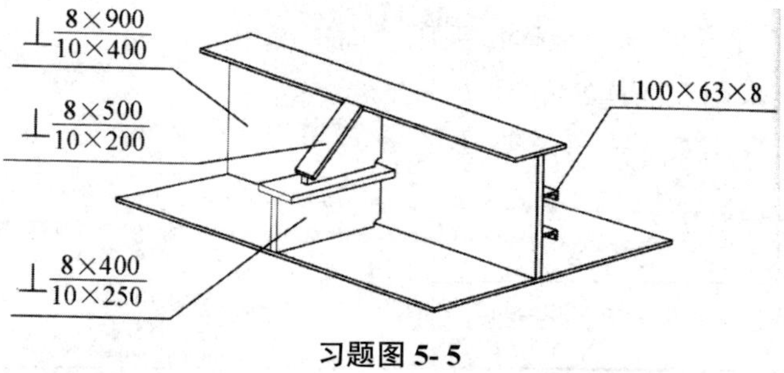

习题图 5-5

6. 根据习题图 5-6，绘制强框架结构 A 向视图并标注尺寸。

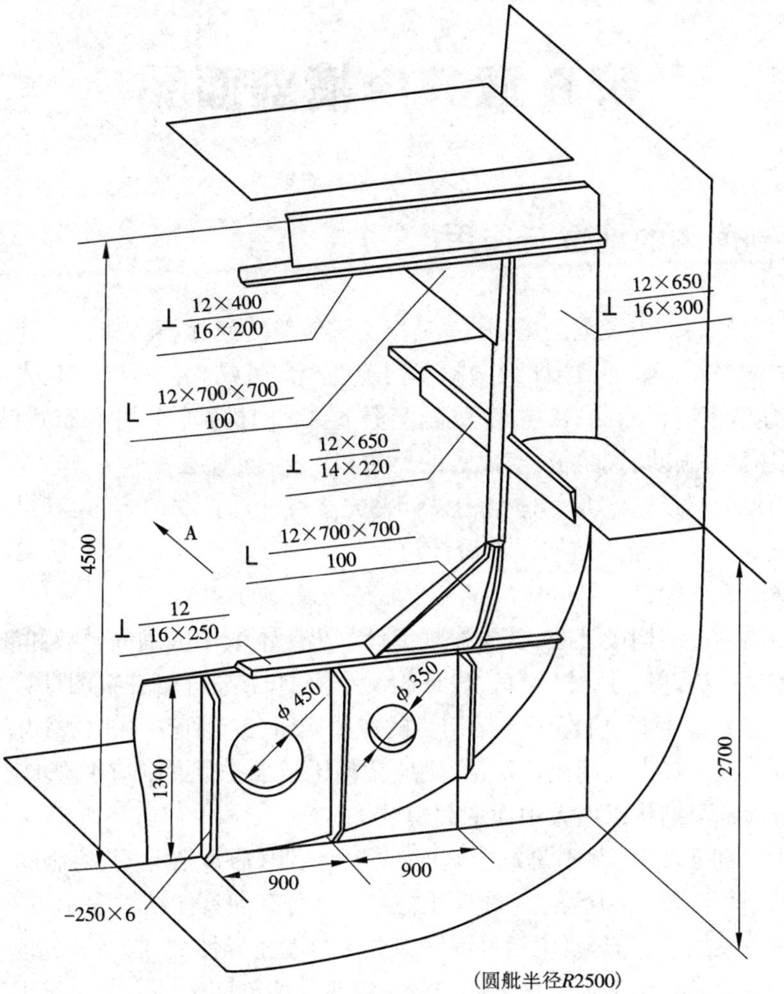

(圆舭半径R2500)

习题图 5-6

第6章　中横剖面图

6.1　中横剖面图的地位与作用

中横剖面图是船体中段范围内(通常是指艏尖舱舱壁向艉、艉尖舱舱壁向艏的船体)数个典型的横向剖面图,是表示船体结构基本情况的全船性结构图样。它是主船体结构的集中表现,不但显示了甲板舷侧、双层底、纵舱壁等主要纵向构件的尺寸和布置,还显示了主要横向构件如强横梁、强肋骨、肋板、支撑等的尺寸和形状;同时还表示了各种结构之间连接的细节和各种构件的材质。它是船体结构设计首先要设计计算的内容,是满足总纵强度的关键。绘制中横剖面图是船体结构详细设计过程中的一项工作,与船体分段结构图的绘制密切相关。中横剖面结构设计的好坏决定了全船结构设计的成败。

在进行中横剖面结构设计时,首先按规范计算出基本的中横剖面模数和波浪载荷,然后根据构件布置设计构件尺寸,边计算边设计绘制中横剖面结构图,并按图计算实际的中横剖面模数。校核总纵强度时,应保证根据初步的空船质量分布和各种装载情况算出的最大静水弯矩小于许用值。如发现超出许用值,则应调整压载水舱布置以减小静水弯矩;若不能解决则需修改中横剖面结构以增大中横剖面模数。

在绘制中横剖面图时,并不是每个剖面都需要绘制,通常情况下,绘制的横剖面图是某几号肋位处的横剖面图。中横剖面图不可能将全船所有的具体结构表示得非常详细,因而不能直接按照它来施工。但是,中横剖面图是施工时的指导性文件,因为其他结构图样中的构件尺寸都是以中横剖面图为依据来确定的。熟悉中横剖面图的内容对于识读其他结构图是有帮助的。

中横剖面图的主要用途:

(1)配合基本结构图表达全船结构;

(2)校核船体强度(总纵强度计算);

(3)绘制其他图样的依据(如肋骨型线、外板展开图等)。

船人舶事:软件只是计算工具

根据船舶入级与建造规范进行船舶结构设计时,规范要求条目烦琐,计算量庞大,结构计算说明书也需要进行整理,利用各类船舶结构设计软件计算实用性强、操作简单,可以显著提高结构设计的效率。但是,不可过于相信软件的计算结果,盲目依赖软件,软件不过是设计的工具,最终需要结构设计人员判断分析计算结果的正确性及其是否能用于设计。

船舶设计大师赵耕贤曾于1994年设计15万吨级苏伊士型原油船,其当时的主要工作是确定新船的主要尺度、船舱划分及典型结构。在设计船中横剖面时,挪威船级社(DNV)

高级验船师用 PILOT 计算软件,根据 DNV 规范建议的公式来设定该船的静水中垂弯矩。赵耕贤觉得这个值太小,立即提出了不同的数值,得到了验船师的采纳。事后,经过一年多的设计与 DNV 正式审查,结果证明用赵耕贤提出的值控制船体强度是恰当的。

诚然,计算软件能够简化船体结构模型,应用计算软件考虑横向强度可以提高工作效率,但不可盲目相信软件计算结果。设计师必须对设计的细节(即原理、方法、标准等)有全面了解,这比懂得怎样应用好计算软件更重要。好的计算机软件造就不出称职的结构工程师,只有称职的工程师才能用好计算机软件。

(摘自 http://www.maric.com.cn/component_production_capacity/news_detail.php?id=24,略有改动)

6.2　中横剖面图的组成

中横剖面图由若干肋位剖面图和主尺度栏组成。

6.2.1　肋位剖面图

肋位剖面图是在船体中段的主要舱室(机舱、货舱或客舱)选取的典型结构的横剖面图。它是中横剖面图的主要组成部分,用于表达船体横向构件的结构形式、尺寸,船体纵向构件的布置情况及其剖面形状,各构件之间的相互连接形式。小型船通常选 2~3 个结构典型的肋位,大型船舶则可根据具体情况多选几个肋位剖面,如图 6-1 所示。

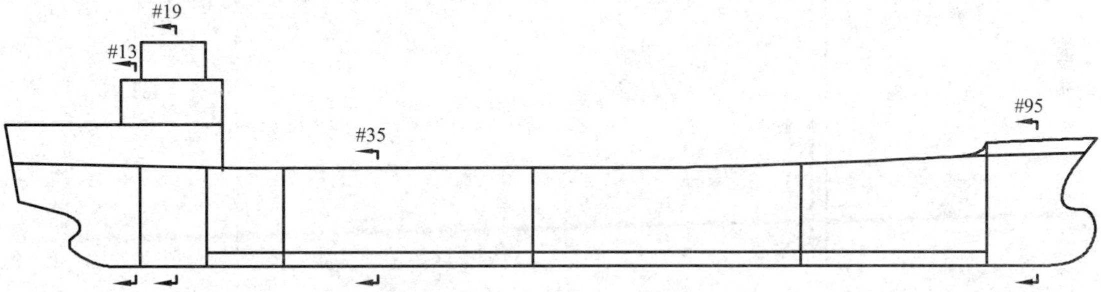

图 6-1　某船剖切位置示意图

对于肋位剖面图视向的选择,首先为保证构件的完整性,剖切平面一般选择在肋位稍前即靠近观察者一方。另外,投影的方向应尽可能使视图中少出现虚线。

一般的肋位剖面图视图选择习惯是中站面至船艉的剖面由艏向艉投影;中站面至船艏的剖面由艉向艏投影。

在绘制时,一般情况下,船体相对于中线面具有对称性,故肋位剖面图往往只绘出略超过一半的图形。肋位剖面图的布图,一般按照从艉至艏的剖面由左至右排列。

根据剖面图视向选择和肋位号,在每一肋位剖面图的上方标注肋位号“#*n*”,并在肋位号下方以“→”表示第 *n* 号肋位由艉向艏(或以“←”表示由艏向艉)方向投影所得的剖面图。

肋位剖面图可根据不同的表达内容和船体结构的特征,采用完整的肋位剖面图或局部剖面图。

某一舱室范围中大部分结构都相同或相似,只有局部结构不同,可采用局部结构图表示。中横剖面图中局部结构表示形式有两种。

(1)重叠画法:将不在同一肋位上的局部构件绘制在同一肋位剖面图中的相应位置。其中,为了区分本肋位构件与非本肋位构件,非本肋位构件的可见轮廓用细双点画线表示;非本肋位构件的不可见轮廓用细虚线表示。一般在不影响读图的前提下,重叠画法主要应用于舷侧结构和甲板结构。

(2)局部结构图:单独绘制的局部结构图,表示局部变化的结构,布置在肋位剖面图相应结构的附近。这种形式主要用于底部不同结构的表达。

如图 6-2 所示,该肋位剖面图在绘制甲板和舷侧部位时采用了重叠画法,将另一肋位的甲板和舷侧的强构件绘制在本肋位的肋位剖面图中,而在绘制船底构件时,则在肋位剖面图的下方采用局部画法绘制了强肋位的船底结构。

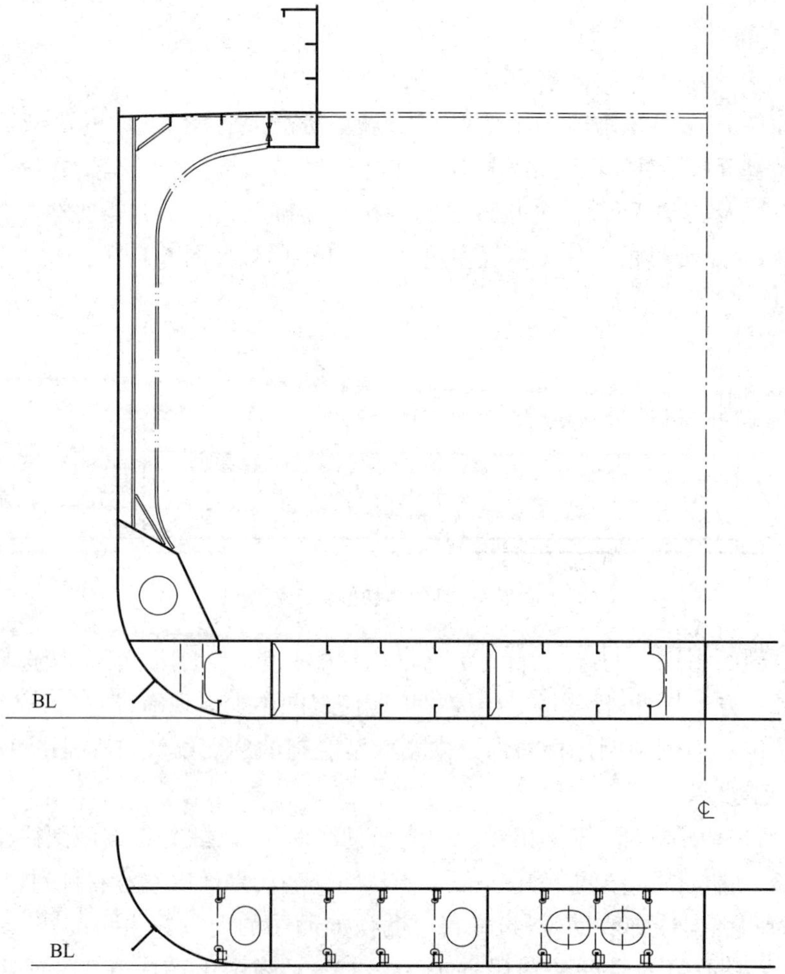

图 6-2 重叠画法与局部画法

6.2.2　主尺度栏

主尺度栏是全船性图样的一项内容,用于标注船体主尺度和有关数据,如总长、设计水线长、垂线间长、型宽、型深、设计吃水、最大吃水、梁拱高以及船体不同部位的肋骨间距等数值。

6.3　中横剖面图的表达内容与图线的使用

6.3.1　中横剖面图的表达内容

中横剖面图主要表达船体中部主要舱室的甲板、舷侧、船底等主要结构的布置及连接方式。

(1)该船整体属于什么骨架形式。

(2)各横向构件以及支柱的大小、结构形式和相互连接的方式。

(3)各纵向构件的剖面尺寸、结构形式及其沿横向的布置情况。

(4)外板、内底板和甲板板的横向排列布置情况及其板厚。

(5)主机基座的结构形式、大小、数量以及艉轴中心线距基线的高度。

(6)上层建筑纵围壁的位置、板厚及扶强材的大小和结构形式。

(7)舱口的宽度以及舱口围板的大小和结构形式。

(8)双层底、船舱和各甲板间舱的高度以及甲板的梁拱值。

(9)舷墙、护舷材和舭龙骨的结构形式和尺寸。

船人舶事:油船结构的变化

不同类型的船舶有着其独特的结构。19 世纪 80 年代,大多数油船采用单壳结构,因为这种船形式简单、质量轻、建造方便、经济利益大。而现在的油船均采用双壳结构,这种变化的由来你知道吗?

随着人们海洋环境保护意识的提高,对船舶安全尤其是对油船安全性不断提出更高的要求,这是导致油船结构变化的主要原因。由于油船数量增多和尺度增大,以及石油海运量不断增加,大型油船因触礁、碰撞等导致原油大量流出的事故越发严重。这不仅造成财产损失、人员伤亡,而且使海洋污染越来越严重,从而引起社会各界的广泛关注。船舶污染海洋的危险性正日益严重,油船泄漏或海损引起的海洋污染比其他运输船舶更严重,对海洋环境的破坏是巨大而深远的。1967 年,"托矛坎荣"号的搁浅在当时是有史以来最大的海洋污染灾难,有 120 000 t 石油泄漏。该事件在国际上产生了巨大影响,国际海事组织为采取一定的措施以防范此类事件再发生,1973 年通过了《国际防止船舶造成污染海洋公约》,1978 年以议定书的形式进行了修正,即为 MARPOL 73/78。1992 年 3 月,国际海事组织的海上环境保护委员会批准通过该议定书的修正案,要求 1993 年 7 月 6 日后订购的载质量 600~5 000 t 的油船必须设置双层底结构,载质量 5 000 t 以上的油船采用双壳结构。因此目前新建的油船都采用双壳结构。

(来自文献:王运龙,金朝光,纪卓尚,等. 油船结构形式的变化及发展 [J]. 中国舰船研究,2011,06(1):1-6,11)

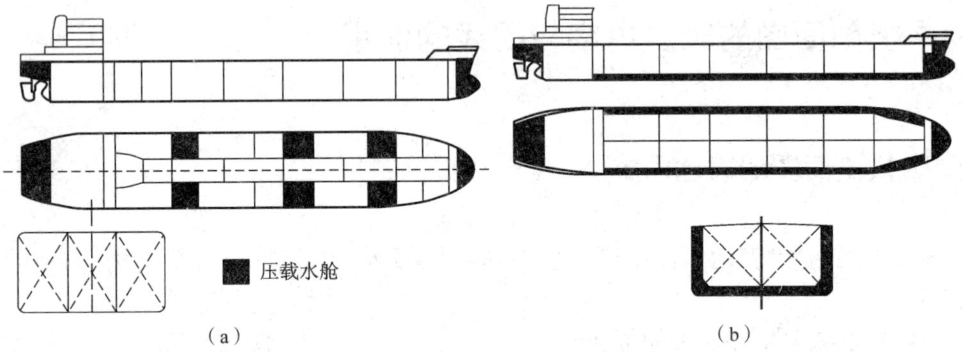

油船结构

(a)单壳船型 (b)双壳船型

6.3.2 中横剖面图的图线及其含义

绘制中横剖面图时采用小比例。图线所表达的含义见表 6-1。

表 6-1 图线的应用

名称	表达内容	举例
粗实线	被假想平面剖切的板材、型材的剖面形状	甲板、外板、内底板、纵向舱壁、围壁板及这些部位的纵向骨架
细实线	肋位上的横向、垂向构件的可见轮廓	肋骨、横梁、肋板、竖向扶强材
细虚线	不可见的轮廓线、不可见普通构件	骨材折边轮廓、支柱的内壁
细点画线	可见的普通构件	肋板加强筋、横向围壁上的扶强材
粗点画线	可见的强构件	舱壁、围壁上的水平桁、垂直桁
粗双点画线	不可见的强构件	舱壁、围壁背面的水平桁、垂直桁
细双点画线	重叠画法中的横向构件的可见轮廓线	相邻肋位的肋骨、横梁、强肋骨的可见轮廓

6.4 中横剖面图的识读

本节以附图 4(某散货船中横剖面图)为例,介绍中横剖面图的识读方法。

6.4.1　识读标题栏和主尺度栏

根据标题栏和主尺度栏可以了解船舶类型和大小。例如:该船是散货船,总长为 108.00 m、垂线间长 100.00 m、型宽 18.50 m、型深 9.00 m、设计吃水 6.5 m、方形系数 0.75。

6.4.2　识读肋位剖面图

1. 概括了解全船的结构

主要包括了解船体的结构特点,了解各部分结构的相对位置等内容。

该散货船甲板和双层底为纵骨架式结构,舷侧为横骨架式结构,因此可知该船为混合骨架式船体结构。

识读时可从左至右逐个剖面图进行,在每一个具体肋位剖面图可按一定的顺序(如底部、舷侧、甲板至上层建筑)进行识读。

高度方向主要以基线为基准了解双层底、船舱和甲板间的高度值;宽度方向主要以船体中线为基准了解舱口、纵向围壁等结构的横向相对位置。

从图中可知,该船双层底的高度为 1 200 mm,艉楼甲板距主甲板的高度为 2 400 mm,主轴距基线的距离为 2 200 mm;货舱口纵向围板距船体中线的距离为 6 500 mm,艉部上层建筑共有五层甲板,其中艉楼甲板与主甲板的间距、救生甲板与艉楼甲板的间距、船长甲板与救生甲板的间距、驾驶甲板与船长甲板的间距均为 2 400 mm,罗经甲板与驾驶甲板在高度上的间距是 2 350 mm,其他尺寸参见附图 4。

2. 具体了解各部分的结构情况

识读时可从左至右逐个剖面图进行,在每一个具体肋位剖面图中可按底部、舷侧、甲板至上层建筑的顺序进行识读。下面以货舱区域的 #69 肋位剖面图及 #81 肋位剖面图为例说明识图的具体方法。

1)底部结构

货舱底部是双层底结构,构件有外底板、内底板及纵向、横向构件等。

(1)内底板及外底板:图中以粗实线表示其剖面,均由多列钢板组成,列与列的分界用板缝符号表示。该结构的内底板平直,由五列板组成,板厚均为 14 mm;外底板有一定曲度,由七列板组成,其中平板龙骨和舭部外板的厚度较相邻的各列板要大,为 13 mm,其余各列板的板厚均为 11 mm。

(2)纵向构件:有中桁材、旁桁材和舭龙骨,图中均以粗实线表示其剖面。其中,中桁材位于中线面处,厚度为 12 mm;旁桁材共 4 道,其中左、右舷各设置一道旁桁材,其距中线面 2 480 mm,厚度为 10 mm;另外左、右舷各设置另一道旁桁材,其距中线面 4 940 mm,厚度为 11 mm;舭部外侧装有舭龙骨,采用组合球扁钢,它是用 12 mm × 160 mm 的钢板条和 200 mm × 44 mm × 10 mm 的球扁钢组合焊接而成的,焊接在 −75 mm × 12 mm 的加强覆板上。

（3）横向构件：主要指实肋板，图中实肋板上的开口、加强筋均用细实线表示。实肋板上开有椭圆形人孔、圆形减轻孔，在各种孔之间装有 -150 mm × 10 mm 垂向加强筋，肋板的上边缘开有通气孔，下边缘开有流水孔，各种开孔的尺寸可以从图中明显看出。实肋板通常隔 3 挡肋距设置，在不设置实肋板的肋位上，在靠近舭部的位置设置了一块 10 mm 厚的板，上面有 -120 mm × 10 mm 的加强筋；在靠近中底桁的位置设置了一块 12 mm 厚的板，上面有 -120 mm × 10 mm 的加强筋。在旁底桁的一侧装有 -150 mm × 10 mm 的扶强材。具体结构可参见附图 4。

2）舷侧结构

舷侧结构的表示方法与识读方法和底部结构相似。该船为双壳结构，外板的剖面用粗实线表示，由三列板组成，厚度从下到上依次为 13 mm、11 mm 和 15 mm，纵舱壁板的剖面用粗实线表示，由四列板构成，厚度从下到上依次为 14 mm、12 mm、11 mm 和 10 mm。

在普通肋位上，主肋骨和纵舱壁板的垂直扶墙材均为 180 mm × 40 mm × 9 mm 的球扁钢，在扶墙材与甲板和底部连接的部位分别设置了一块 9 mm 厚的板，上面有 -100 mm × 10 mm 的加强筋。

在强肋位上，设置横隔板，其厚度为 9 mm，横隔板上分别开有 400 mm × 1 300 mm、400 mm × 1 400 mm 和直径为 400 mm 的减轻孔，在孔两侧设置 -150 mm × 10 mm 的垂直加强筋。其他尺寸参见附图 4。

在舷侧外板和纵舱壁上分别设置两道舷侧纵桁和水平纵桁，其中，距基线 3 550 mm 的舷侧纵桁和水平纵桁，由腹板尺寸 10 mm × 400 mm，面板尺寸 12 mm × 100 mm 的工字钢构成，而距基线 5 900 mm 的舷侧纵桁和水平纵桁，由腹板尺寸 9 mm × 300 mm，面板尺寸 10 mm × 100 mm 的工字钢构成。

3）甲板结构

甲板结构的表示方法与识读方法与底部结构、舷侧结构相似，本船甲板为纵骨架式。

甲板板剖面用粗实线表示并带有梁拱，梁拱高为 300 mm。

在货舱开口区域，甲板厚度为 15 mm，采用 AH32 高强钢；甲板纵骨尺寸为 -200 mm × 20 mm。

舱口端横梁腹板尺寸 22 mm × 800 mm（DH36 高强钢），面板尺寸 30 mm × 500 mm（AH32 高强钢）。

舱口端纵桁腹板的板厚为 15 mm（AH32 高强钢），下面连接 60 mm × 30 mm 的半圆钢。

水平舱口围板的板厚为 18 mm（AH32 高强钢），围板上设置了两道水平扶强材，为 220 mm × 48 mm × 11 mm 的球扁钢，舱口上缘设置一块宽 300 mm、厚 30 mm、材质为 AH32 高强钢的板，这块板与舱口围板的连接由 60 mm × 30 mm 的半圆钢来实现。

纵向舱口围板的板厚为 11 mm，围板上设置了两道水平扶强材，其尺寸为 160 mm × 38 mm × 10 mm 的球扁钢，舱口上缘设置一块宽 400 mm、厚 20 mm、材质为 AH32 高强钢的板，这块板与舱口围板的连接由 60 mm × 30 mm 的半圆钢来实现。

另外两张肋位剖面图还表示了舷墙结构。舷墙板的厚度为 6 mm，整个舷墙高 990 mm，而舷墙板高为 722 mm，舷墙板的下端有宽 50 mm、厚 6 mm 的平板，舷墙顶部装有球扁钢，其尺寸为 180 mm × 40 mm × 9 mm，舷墙与甲板的连接肘板为折边肘板，肘板厚度为 7 mm，折边宽度为 70 mm。

了解了各部分结构之后，进行综合归纳就可掌握货舱结构的概貌。其他剖面图可用相似的方法阅读。

通过识读中横剖面图，可以对全船主要结构有个概括的了解，但是中横剖面图只是典型部位的横向剖面图，所以对有些结构，例如纵向构件的连接情况、横向构件在船长方向的布置以及外板、内底板和甲板板在船长方向的排列和尺寸的大小都未表示。因此，要全面了解船体结构，还需识读其他船体结构图样，如基本结构图、外板展开图等。

6.5　中横剖面图的绘制

（1）利用计算机绘制中横剖面图，可以按实船大小，采用 1∶1 的比例绘制图样。出图比例的大小根据船体主尺度和剖面图的数量来决定。常用的比例有 1∶10、1∶20、1∶25、1∶50 等几种。打印出图时，只需按设定的比例出图即可。

定义图线属性与比例，定义文字属性，定义尺寸属性。

（2）确定要绘制哪些肋位剖面图及其投影方向，然后进行逐一绘制。

①确定基准线位置。绘制肋位剖面图的基线、中线（每个剖面图都应单独绘制船体中线，而不允许两个剖面合用一根中线）、半宽线及梁拱线，并标注有关符号，见图 6-3（a）。

②绘肋位剖面图的轮廓线。在型线图中取得肋位剖面的外轮廓线即肋位横剖线，再由梁拱高度绘制甲板线，见图 6-3（b）。

③确定各板架结构的位置，绘制外板、内底板、甲板板、边舱壁板；绘制纵向构件，见图 6-3（c）。

④绘制横向构件，处理各构件之间的连接关系。绘制的顺序通常是先画底部结构，再画舷侧结构，然后画甲板和上层建筑结构。每个肋位剖面图通常只画略多于一半的图形。对于局部不同的结构可采用重叠画法或绘制局部剖面图，见图 6-3（d）。

⑤标注尺寸及相关名称，见图 6-3（e）。

（3）检查内容，标注相关要素，布置图纸幅面。

各肋位剖面图的内容绘制完成后，应逐图逐项仔细检查。然后将若干肋位剖面图按肋位编号从左（艉）至右（艏）依次布置。局部剖面图应安排在该舱室肋位剖面图相应结构附近。主尺度栏安排在图纸的右上方。

合理布置图面后，填写标题栏和反向标题栏的内容。

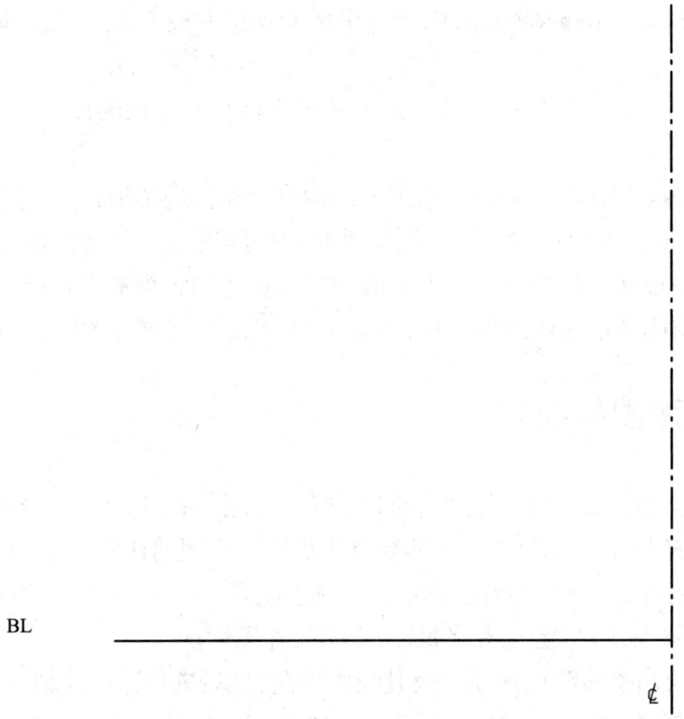

(a)

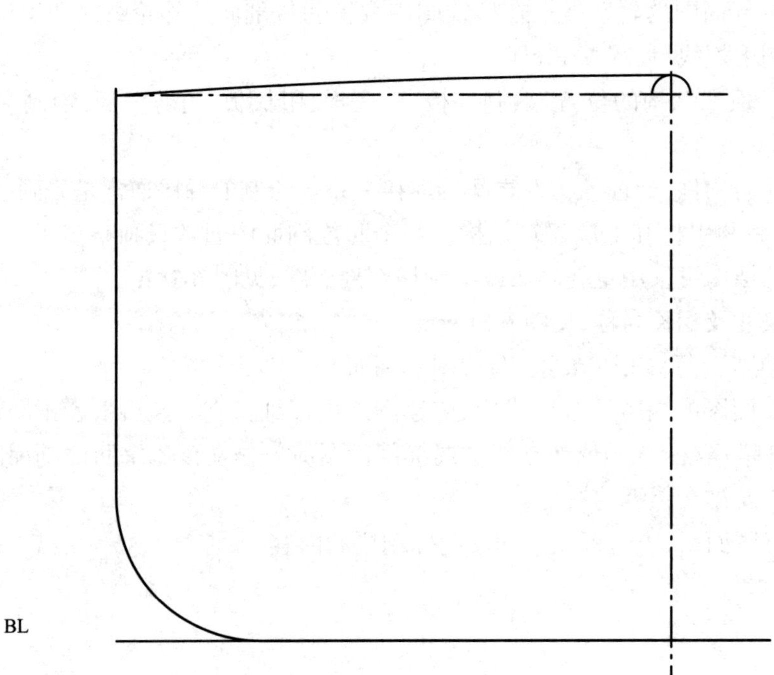

(b)

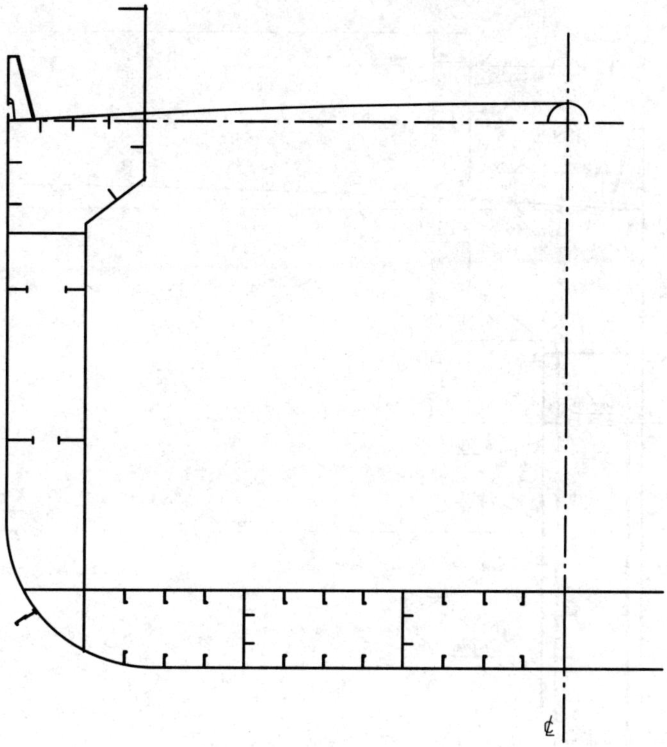

(c)

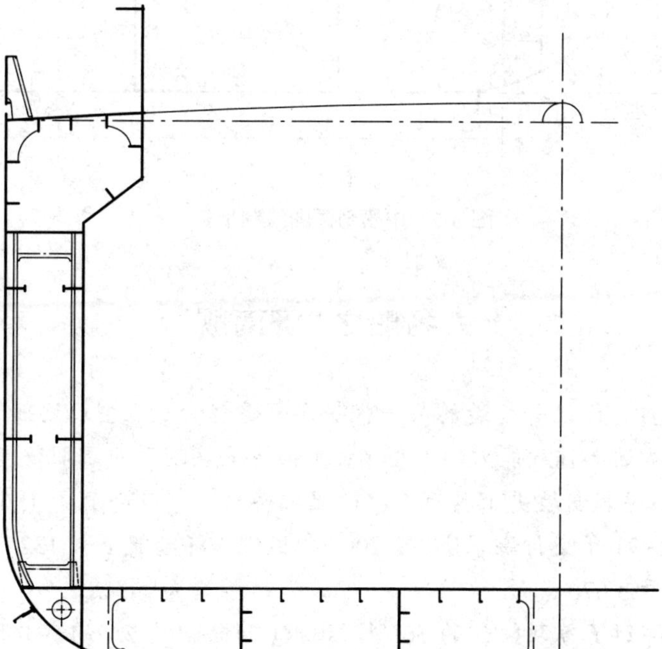

(d)

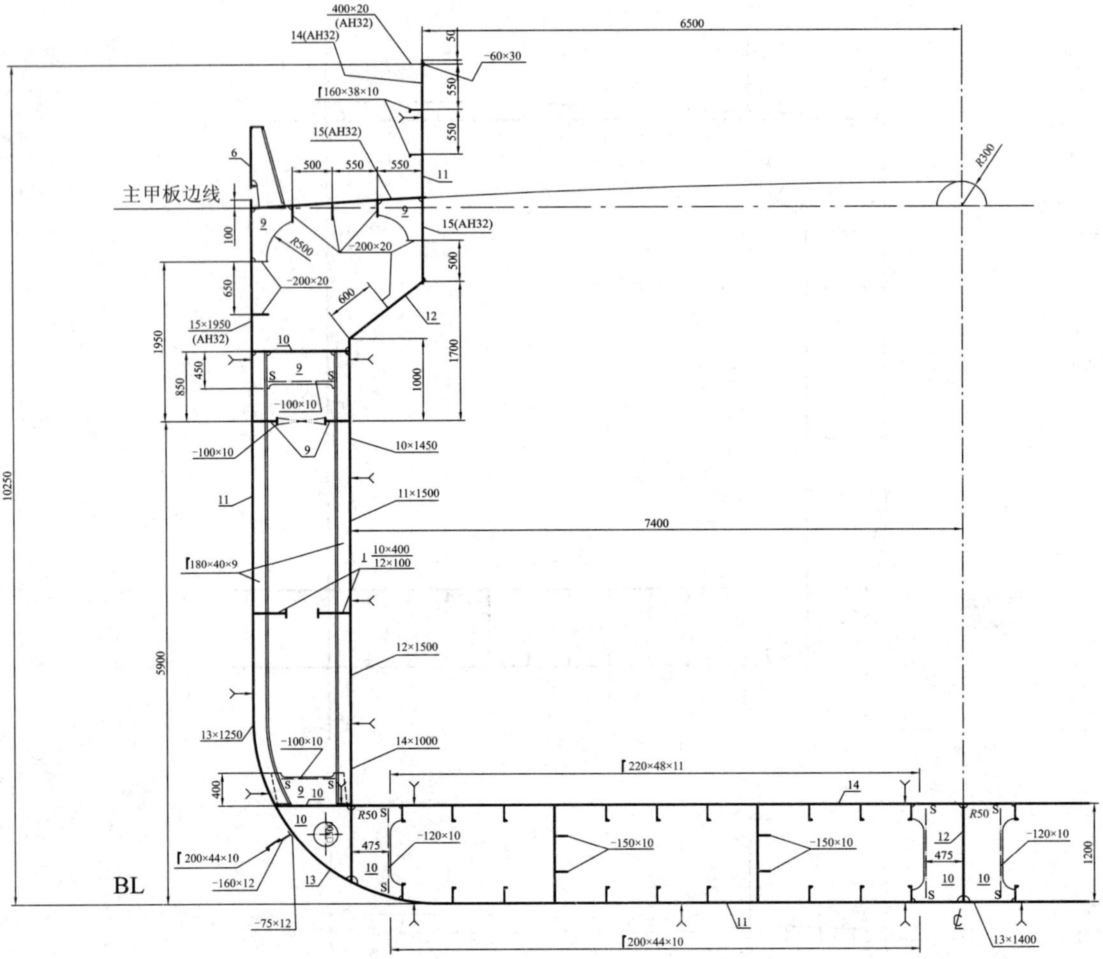

(e)

图 6-3　中横剖面图绘制步骤

十大名船之“济南舰”

济南舰是我国自行设计并建造的第一代导弹驱逐舰的051型驱逐舰首舰，也是人民海军拥有的第一种具备远洋作战能力的大型水面舰艇。它实现了中国驱逐舰从仿制到自行研制的跨越，在中国驱逐舰发展史上具有重要的里程碑意义。济南舰于1968年12月由大连造船厂开工建造，1971年交付海军使用，2007年退役。济南舰全长132 m，型宽12.8 m，吃水4.6 m，满载排水量3 670 t。

1957年，中国得到了苏联转让的56型驱逐舰（“科特林”级）的部分图纸、技术资料以及相关设备，如TB-8蒸汽轮机的资料和实物样品，我国新型驱逐舰的研制工作遂在此基础上展开。后来由于中苏关系破裂以及自然灾害、经济困难，新型驱逐舰的研制被迫中断，设计与建造多次延误，直到1965年051型驱逐舰才最终设计定型。

051 型驱逐舰的所有材料、装备都立足于国内，共需要原材料 700 多种，相关配套设备 1 000 余项，其中新研制的设备 100 多种，需要国内十多个部、委，20 多个省、市、自治区所属的几百家工厂和研究所联合进行研制。以主锅炉所需的一种锰钢板为例，该钢板的冶炼技术要求极高，原本从苏联进口，但后来断了原材料供应，海军只能找到鞍钢，请求它们炼出这口“争气钢”。历时 6 个月，经过数十次试验，鞍钢终于炼出了合格的钢板。据统计，仅仅主机锅炉和舰体钢材准备，就克服了 200 多个技术难题。

该舰与同时期国际主流的导弹驱逐舰（如美国“佩里”级护卫舰、“斯普鲁恩斯”级驱逐舰，法国“乔治·莱格”级驱逐舰，意大利“大胆”级驱逐舰、“西北风”级护卫舰，日本“初雪”级驱逐舰等）的性能指标相比，差距较大，特别是在防空、反潜、电子战及自动化水平等方面难以满足现代海上作战的需求。它是中国 20 世纪 60 年代的设计思想和七八十年代工业水平的一个缩影，其存在的问题和不足也是当时特定时期国内整个工业设计、研制、生产水平薄弱的体现。然而，它却是一座丰碑，其研制过程锻炼了一大批国内大、中型舰艇的设计人员，通过国内多家船厂批量建造 051 型驱逐舰，带动了国内现代军用作战舰艇技术的升级与革新，并初步使中国海军建立起了相对完善的大、中型水面作战舰艇的设计、建造基础。

服役 36 年间，该舰先后完成了舰艇适应性试验、火炮危险射界试验等试验任务 1 400 多项。以抗风浪试验为例，全舰官兵冒着生命危险在风速 18 m/s、最大浪高 6 m 多的海况下不间断航行，1 t 多重的铁锚甚至被大浪抛上甲板，整个舰体“砰砰”作响……5 个小时的航程，记录了 10 万余个数据和大量实况资料，证实了国产舰体结构的可靠性。济南舰被誉为“海军装备试验的开路先锋”，为后续舰艇装备的改进和定型生产提供了可靠的理论依据和宝贵的实践经验。

（选自《甲板上的中国：揭秘当代中国十大名船》，大连海事大学出版社，2016）

济南舰

练习题

一、选择题

1. 剖面位置通常选在(　　)部位。

A. 船体中段范围结构相似　　B. 船体中段范围结构典型

C. 船体后段范围结构相似　　D. 船体后段范围结构典型

2. 中横剖面图中,重叠画法中的横向构件的可见轮廓用(　　)表示,不可见轮廓用(　　)表示。

A. 细双点画线,细虚线　　B. 粗双点画线,细虚线

C. 细双点画线,粗虚线　　D. 粗双点画线,粗虚线

3. 肋位剖面图的图形一般画出(　　)。

A. 全部　　B. 一半　　C. 一半略多　　D. 一半略少

4. 剖面图根据剖面的(　　)顺序(　　)依次布置。

A. 肋位号,从右至左　　B. 水线号,从右至左

C. 肋位号,从左至右　　D. 水线号,从左至右

5. 货舱底部结构中(　　)属于纵向构件。

A. 实肋板　　B. 中桁材　　C. 舭肘板　　D. 内底板

6. 中横剖面图通常由(　　)和(　　)组成。

A. 甲板图　　B. 肋位剖面图　C. 主尺度栏　　D. 平台图

7. 中横剖面图中,表达的横向构件一般有(　)。

A. 肋板　　B. 肋骨　　C. 横梁　　D. 舭龙骨

8. 中横剖面图表达的内容有(　　)。

A. 横向构件以及支柱的尺寸、结构形式和相互连接的方式

B. 纵向构件的尺寸、结构形式及布置情况

C. 外板、内底板和甲板板的纵向排列及厚度

D. 舱口的宽度以及舱口围板的尺寸和结构形式

二、识图题

识读附图 4,回答以下问题。

1. 机舱区域:从图中可知,为了表示机舱区域横剖面结构,选择绘制(　　)号肋位剖面图,其投影方向是(　　)。该船的机舱平台的高度为(　　)mm,上层建筑共有五层甲板,其中罗经甲板距基线的高度为(　　)mm;主轴距基线的距离为(　　)mm。

2. 货舱区域:(　　)号肋位剖面图反映的是强框架结构,(　　)号肋位剖面图反映的是普通框架结构,140 号肋位剖面图反映的是(　　)区域的横剖面结构。

双层底的高度为(　　)mm,甲板梁拱高为(　　　)mm,货舱口纵向围板距船体中线的距离为(　　)mm。

3. 机舱结构:图中出现(　　)(填线型),则代表该图采用了重叠画法绘制,机舱平台以下区域,舷侧普通肋骨采用的是(　　)(填型材类型),其尺寸是(　　)。而强肋骨采用的是(　　)(填型材类型),其尺寸是(　　)。

实肋板的厚度为(　　)mm,实肋板上的加强筋采用的是(　　)(填型材类型),其尺寸是(　　)。与基座纵桁连接的旁底桁的板厚为(　　)mm。

4. 上层建筑结构:船长甲板的板厚为(　　)mm,其围壁的高度为(　　)mm,围壁的板厚为(　　)mm,围壁上的垂直扶强材采用的是(　　)(填型材类型),其尺寸是(　　)和(　　)。

5. 货舱结构:平板龙骨的宽度为(　　)mm,厚度为(　　)mm,舭部列板的厚度为(　　)mm,中底桁的板厚为(　　)mm。内底纵骨采用的是(　　)(填型材类型),其尺寸是(　　)。舷侧纵桁采用的是(　　)(填型材类型),其尺寸是(　　)。舱口围板的板厚是(　　)mm,舱口围板采用的钢材类型是(　　),舷墙厚度为(　　)mm。

在强肋位上,舷侧采用横隔板的厚度为(　　)mm,板上垂直加强筋采用的是(　　)(填型材类型),其尺寸是(　　)。横隔板上共开(　　)个孔,其中最大开口的尺寸为(　　)。

第 7 章　基本结构图

7.1　基本结构图的地位与作用

基本结构图是全船结构的主、俯视图，是施工时的指导性图样。它由一个纵向剖面图和若干个水平方向的剖面图（或俯视图）组成，是一张全船性的结构图样。它与中横剖面图组成了表示全船结构的三向视图，从而完整地表达全船主要纵、横构件的尺寸和结构形式。它的主要用途：

（1）校核船体强度的依据；

（2）绘制其他结构图样的主要依据。

7.2　基本结构图的组成

基本结构图由主尺度栏和一组视图所组成。

7.2.1　主尺度栏

基本结构图的主尺度栏的主要内容有总长、设计水线长、垂线间长、型宽、型深、吃水、肋骨间距和各层甲板间高度等，应将其注写在图样的右上方。

7.2.2　基本结构图的视图

基本结构图的视图有纵剖面图，各层甲板、平台图，舱底图。

1. 纵剖面图

1）剖切位置

纵剖面图通常是通过船体中线面剖切船体而得到的纵向剖面图，也可以是根据需要再用平行且距中线面一定距离的平面剖切船体而得到的表示船体某一部分结构情况的纵向剖面图，用船体中线面剖切船体所得到的纵向剖面图称为中纵剖面图（通常采用此种形式）。用距中线面一定距离的平面剖切船体所得到的纵剖面图，在图中应标注出距中心线的尺寸。

纵剖面图作为基本结构图的主视图，一般布置在图面的上方，表示船体构件在船长和船深方向的布置及某些纵向构件的连接情况。

2）表达内容与图线的应用

（1）穿过中线面且为剖切面所截的船体构件，主要是船体的外板、各层甲板及平台、内底板和船体横向构件，如肋板、横舱壁板、船底横骨、内底横骨、横舱壁上的水平骨架、甲板横梁、甲板强横梁及其他穿过中线面的构件。

这部分构件被剖切平面截断，其轮廓（截面形状）采用简化画法，用粗实线表示，如图 7-1 所示。

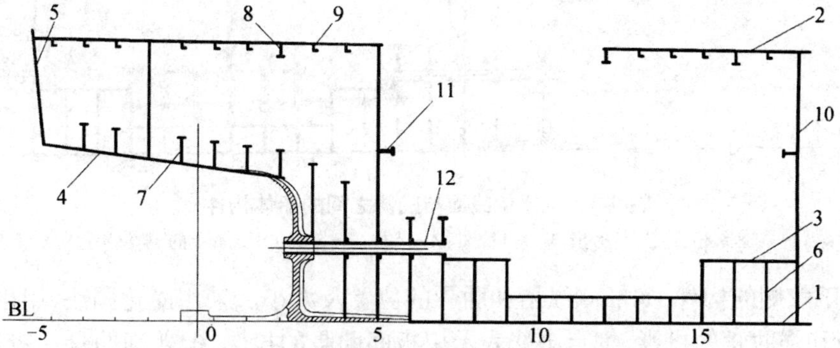

图 7-1　穿过中线面且为剖切面所截的船体构件

1—船底板；2—甲板板；3—内底板；4—船壳板；5—艉封板；6—机舱肋板；7—肋板；8—甲板强横梁；9—甲板横梁；10—横舱壁板；11—舱壁水平桁；12—艉轴管

（2）位于中线面的构件，如中桁材或中内龙骨、甲板中纵桁、中纵舱壁及其扶强材的结构形式、尺寸和与其他构件连接的方式。

这些构件的可见轮廓用细实线表示，以细虚线表示不可见轮廓，如图 7-2 所示。

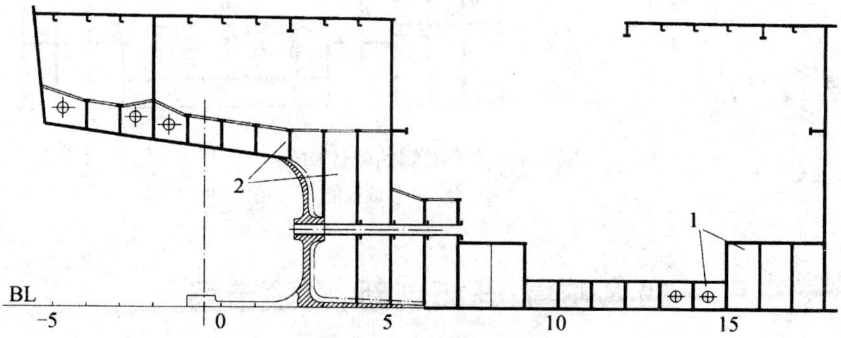

图 7-2　位于中线面的船体构件

1—中底桁；2—中内龙骨

（3）位于中线面与舷侧之间的构件，如舱口的纵向围板、甲板纵桁和支柱等的位置、尺寸和结构形式。采用重叠画法，以细双点画线来表示这些构件的可见外形轮廓，细虚线表示其不可见投影轮廓，如图 7-3 所示。

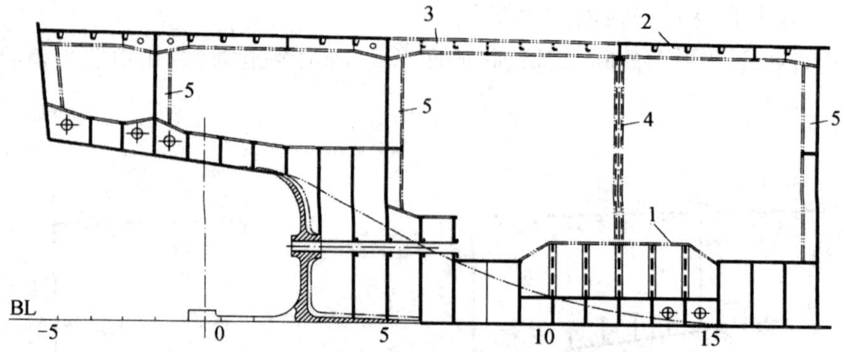

图 7-3 位于中线面与舷侧之间的船体构件

1—基座纵桁;2—甲板旁桁;3—舱口纵桁;4—支柱;5—(不在中线面上的)舱壁垂直桁

(4)位于舷侧的构件,如舷侧纵桁和肋骨的位置及大小。采用简化画法,用粗点画线表示舷侧纵桁和强肋骨的投影,细点画线表示甲板间肋骨的投影,但普通肋骨一般省略不画,如图 7-4 所示。

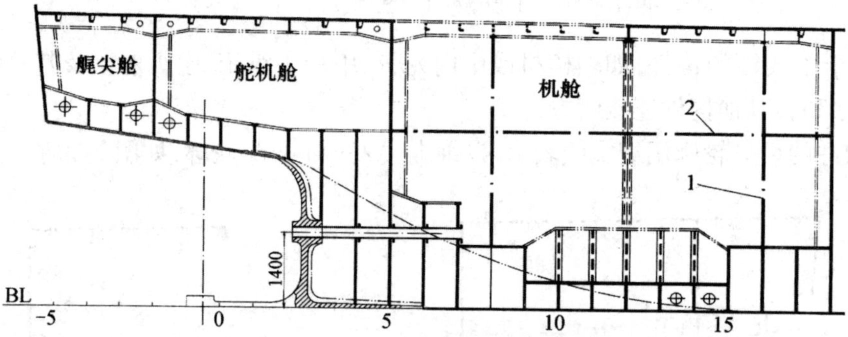

图 7-4 位于舷侧的船体构件

1—强肋骨;2—舷侧纵桁

船人舶事:开拓创新,引领市场

20 世纪 90 年代末期至 21 世纪初期,船市在经历亚洲金融危机带来的一波低速期后正酝酿复苏,此时国际上又推出了许多新的造船规则、公约,对船舶的开发设计产生了重大的影响。在这样的形势下,急需要加强船型开发,包括对已有船型的更新换代和对船型空白的填补。

鉴于国际上一些散货船发生严重事故的经验教训,国际海事组织推出了新的防污染公约,该公约的完整稳性要求对船宽受限制的巴拿马型油船的影响特别大,包括对船舶型深(反映为货船舱容)的严厉限制和对压载水舱分舱及设置相应的垂直通道的设计考虑。

船舶设计大师杨葆和主持了新一代巴拿马型油船的开发设计工作。在仔细分析研究了公约的要求后,杨葆和提出了舷侧纵舱壁向内折的设计措施,它一方面可以提高稳性,使船的型深增加;另一方面有利于甲板骨架和舷侧舱内骨架的有效过渡,增加结构的连续性。在压载舱分舱方面，提出了“L”形舱、“J”形舱和纯舷侧舱混合布置方案，满足公约对超过 75 000 t 油船的破损稳性要求。凭借上述这些措施，新船型的载质量突破了 75 000 t，同时船的型深达到 21.1 m，比没有这些设计措施的船高出约 0.5 m，从而使货舱舱容能与大载质量相匹配。而当时国际上根本没有载质量超过 75 000 t 的巴拿马油船，可见这一船型指标的先进性。

2003 年，全国多处造船基地的工程建设已接近尾声，需要大量承接大型船舶。中国船舶工业集团公司要求中国船舶及海洋工程设计研究院加紧开发 VLCC 船型，填补该船型在公司内的空缺，支持集团内大船厂的经营接单工作。杨葆和受命主持 VLCC 船舶的开发设计。VLCC 船型在国际上是一个成熟船型，这种超大型船舶有它独特的技术特点，尤其是结构布置的设计理念。他首先瞄准了经济性非常好、国内外许多著名船东普遍认同的日本日立公司的 VLCC 船型，并以此为母型船。在分析该船型的设计特点后，他发现确实有许多值得学习的地方。同时，针对当时世界上 VLCC 船型的流行趋势和规则公约的新要求，他提出约 60 项需要改进的地方。方案设计完成后，2004 年 9 月，中国船舶工业集团组织设计院和相关船厂分别向国际、国内船东推介 VLCC，参加推介会的国内外船东有数十家。经过与各家船东的多次深入交流，并根据船东的反馈意见进行修改，2005 年 10 月杨葆和设计的船型作为中国船舶工业集团公司的首个 VLCC，由南京长江油运公司与江南长兴造船有限责任公司签订了建造合同，此后一年内共接到 29.7 万吨 VLCC 的订单就达 28 艘。这些订单标志着本船型的开发成功，为中国打开了 VLCC 市场的大门。

（摘自 http://maric.cssc.net.cn/component_production_capacity/news_detail.php?id=15，略有改动）

此外，纵剖面图还表示了烟囱、机舱棚顶和桅杆的位置。在图中以粗实线表示它们的剖面，以细双点画线表示可见轮廓投影（此规定也适用于甲板图、舱底图）。

2. 甲板图和平台图

1）剖切位置

甲板图和平台图是用剖切面沿着甲板或平台上表面剖切船体俯视而得到的剖面图。甲板图和平台图是一组视图，布置在图面的中部，它们表示甲板和平台以及与其直接连接的构件的结构情况。

2）表达内容与图线的应用

甲板图主要表达甲板板和与甲板直接相连的加强和支撑构件，主要有三部分内容。

（1）甲板以上且与甲板直接相连的壁板以及其他构件，如甲板以上的舱壁板、围壁板、支柱等。这些构件为剖切平面所截，剖面轮廓线用粗实线表达，如图 7-5 所示。

（2）甲板板或平台板的布置和厚度以及甲板板或平台板上的加强覆板和开口的位置及大小。图中用细实线表示板缝的投影和开口的形状，加强覆板的轮廓线内要加细斜线，以区别于开口轮廓线，如图 7-6 所示。

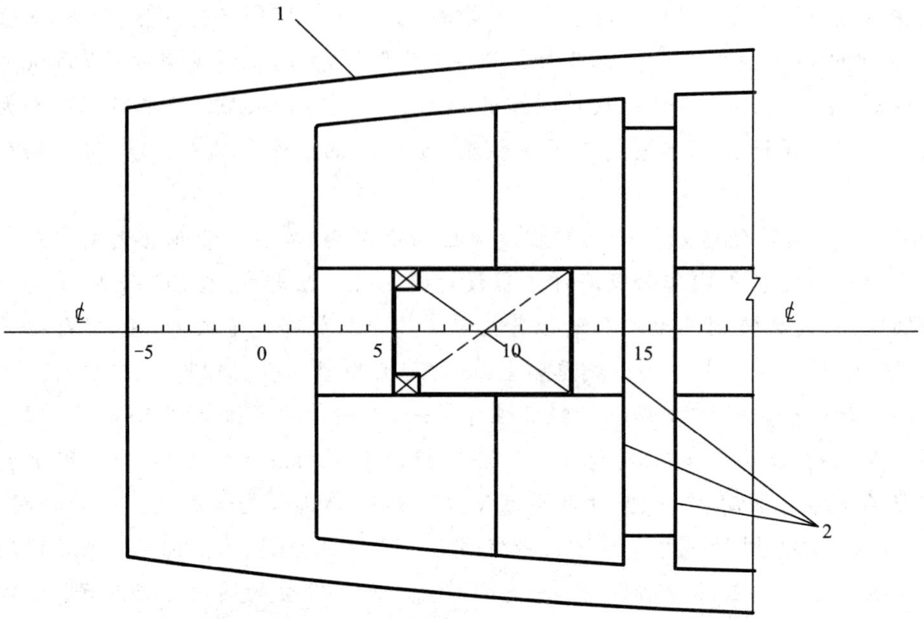

图 7-5 甲板以上且与甲板直接相连的壁板以及其他构件

1—外板；2—围壁板

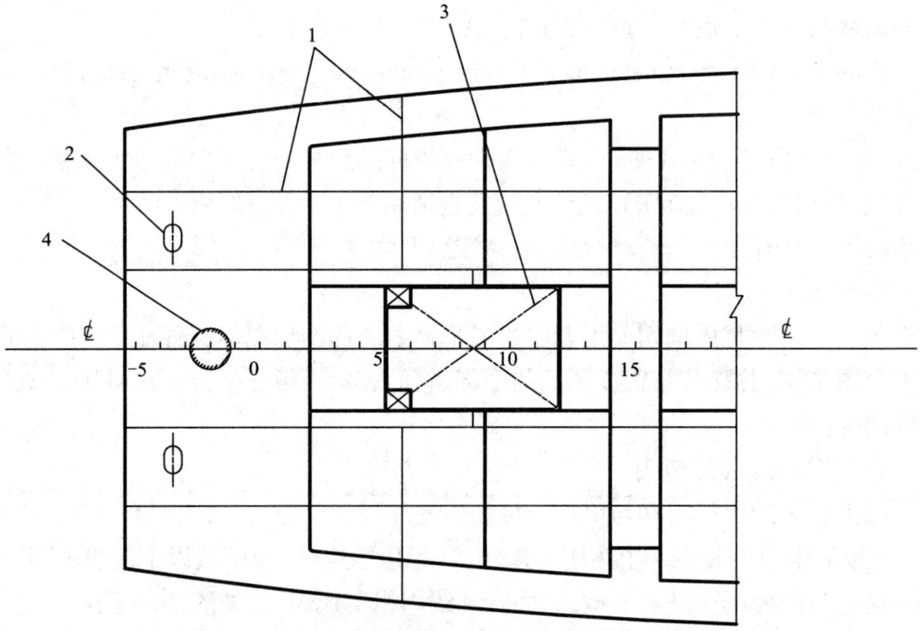

图 7-6 甲板板或平台板的布置和厚度以及加强覆板和开口的位置及大小

1—甲板板缝；2—甲板开口；3—甲板开口符号线；4—覆板

（3）甲板板以下且与甲板直接相连的支承构件，如甲板以下的舱壁板、围壁板、甲板纵桁、甲板强横梁、甲板横梁和甲板纵骨等。这些构件被甲板遮挡，均为不可见构件，采用简化画法表达。

非水密舱壁及围壁板用粗虚线表示；水密舱壁板用轨道线表示；甲板强构件（甲板纵桁、甲板强梁、舱口强构件）用粗双点画线表示；普通构件（甲板横梁、甲板纵骨、小开口加强材等）用细虚线表示，如图 7-7 所示。

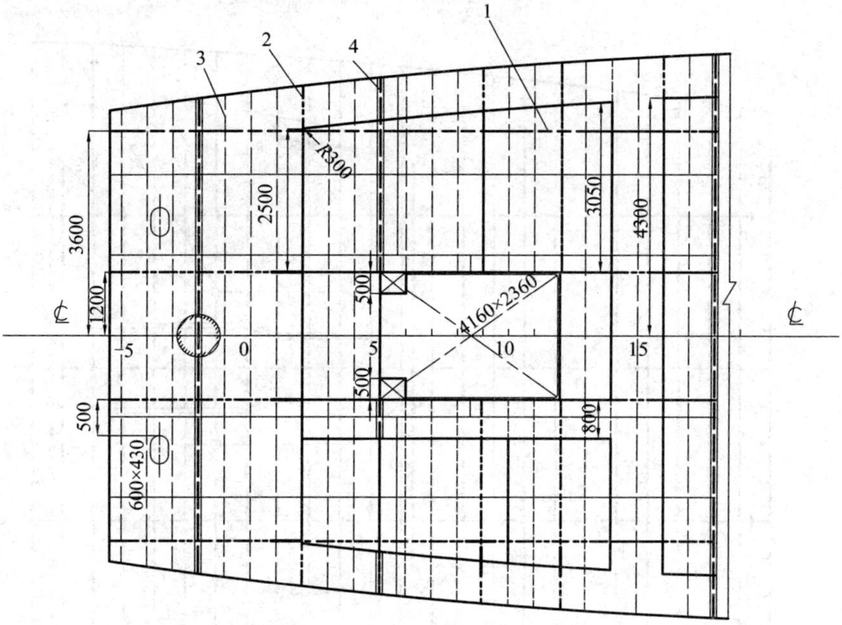

图 7-7　甲板板以下且与甲板直接相连的支承构件

1—甲板纵桁；2—甲板强横梁；3—甲板横梁；4—水密舱壁

3. 舱底图

1）剖切位置

舱底图的表达形式通常有两种：一种是在最下层甲板与底部构架之间选取一剖切面剖切船体俯视而得到的剖视图；另一种是在靠近底部构架上缘用阶梯剖的方法（双层底部分用靠近内底板上表面的剖切面，单底部分用靠近肋板上缘的剖切面）剖切船体俯视而得到的剖视图，采用阶梯剖可以同时表达几个不在同一高度的平面结构。前一种剖视图可以把必须表达的舷侧结构表达清楚，后一种剖视图可以不带舷侧结构，这样图形比较简洁。

在舱底图的双层底部位，通常左舷部分表示内底板结构（内底板不剖），右舷部分采用局部剖视的方法剖去内底板，表示双层底舱内的结构。这样，就可以将左舷内底板上面的结构视为可见构件，内底板下面的结构视为不可见构件，而右舷双层底舱内的结构视为可见构件来表达。局部剖视的分界线用折断线来表示。

2）表达内容与图线的应用

（1）单底结构：对于单底结构的舱底图，构件相对较少，主要有中内龙骨、旁内龙骨和舭肘板。它们之间的连接关系也比较简单，舱底构件和可见的舷侧构件采用简化画法表达，如图 7-8 所示。

采用简化画法时，强构件（龙骨、肋板）用粗点画线表示；普通构件用细点画线表示。

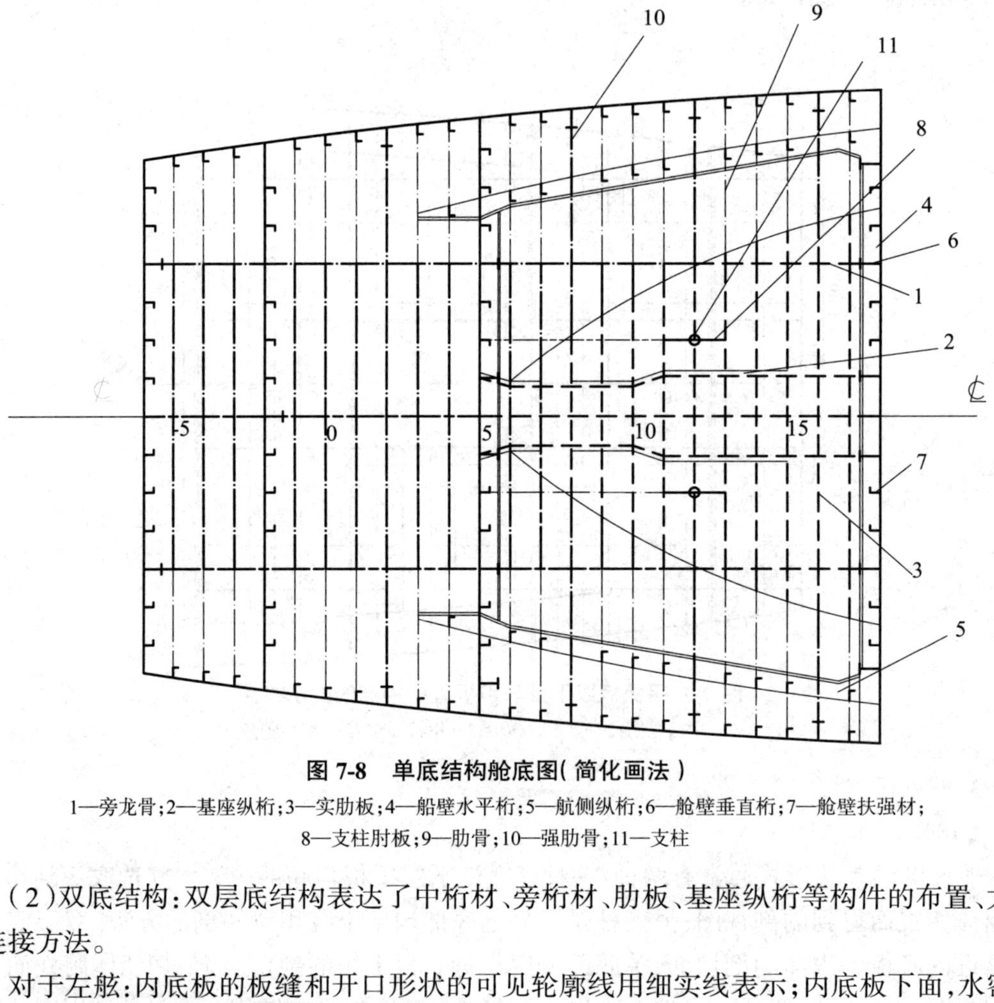

图 7-8　单底结构舱底图（简化画法）

1—旁龙骨；2—基座纵桁；3—实肋板；4—船壁水平桁；5—航侧纵桁；6—舱壁垂直桁；7—舱壁扶强材；8—支柱肘板；9—肋骨；10—强肋骨；11—支柱

（2）双底结构：双层底结构表达了中桁材、旁桁材、肋板、基座纵桁等构件的布置、大小和连接方法。

对于左舷：内底板的板缝和开口形状的可见轮廓线用细实线表示；内底板下面，水密板用轨道线表示；非水密板用粗虚线表示；内底纵骨用细虚线表示。

对于右舷：局部剖视后，被剖构件用粗实线表示，外底纵骨用细点画线表示。

图中，板缝的投影、开孔的形状、加强覆板的表示方法与甲板图相同，肋板上的开口用小开口剖面符号表示。

基本结构图中构件的定位尺寸也是以（CB/T 253—1999）《金属船体构件理论线》为依据来度量的。通常，高度方向以距基线的尺寸来表示，宽度方向以距船体中线的尺寸来表示，长度方向以构件所在的肋位号或距某肋位号的尺寸来表示。

基本结构图中构件的定形尺寸，一部分直接标注在图形内，另一部分标注在构件所在范围的图形外面。

7.2.3　基本结构图的图线应用

基本结构图表达全船构件及其连接关系,图形复杂。表 7-1 归纳了基本结构图各视图中图线的运用。

表 7-1　基本结构图图线的应用

图线名称	中纵剖面图中图示构件	甲板图中图示构件	舱底图中图示构件
粗实线	被中纵剖面截切的船底、各层甲板、舱壁、围壁剖面轮廓;各横向骨架的截面轮廓	甲板以上的舱壁、围壁截面轮廓;各垂向构件如支柱等的截面轮廓	船体外轮廓;船体内各舱壁的剖面轮廓;采用剖面表示的船底强骨架如肋板、底桁等
细实线	位于中纵剖面内的各种纵向构件,如甲板中纵桁、中底桁、中内龙骨等的可见轮廓线	甲板板缝线、开口轮廓线、甲板边线、舷墙顶线	内底板板缝线、开口轮廓线、内底板边线
粗虚线	—	甲板以下和甲板相连的非水密舱壁、围壁、支柱等与甲板的交线	内底板以下的非水密肋板、底桁、肘板
细虚线	不可见轮廓线;中纵舱壁上的不可见扶强材	不可见轮廓线;甲板以下不可见的普通构件,如甲板横梁、甲板纵骨等	内底板以下的纵骨、横骨
粗点画线	舷侧的强构件,如舷侧纵桁、强肋骨等;纵舱壁上的可见桁材	甲板以上的强构件,如油舱甲板之上反装的甲板纵桁、甲板强横梁等	单底船船底的强构件,如肋板、龙骨等
细点画线	中心线;中纵舱壁上的可见扶强材	开口、开孔线;对称中心线	船底普通构件(船底横骨、船底纵骨)
粗双点画线	中纵舱壁上不可见的桁材	甲板以下的强构件(甲板纵桁、甲板强横梁、舱口纵桁、舱口端梁)	—
细双点画线	位于中纵剖面和舷侧之间的各种构件(甲板旁桁、支柱等)的可见轮廓	—	肋板边线,被剖切后的内底板边线
轨道线	—	甲板以下水密舱壁与甲板的交线	内底板以下的水密肋板、水密底桁与内底板的交线
阴影线	—	甲板上的覆板、垫板的轮廓线	内底板上的覆板、垫板的轮廓线
斜栅线	—	甲板的分段接缝线	内底板的分段接缝线
波浪线、折断线	—	—	内底板采用剖视图表达时的断裂线

7.3　基本结构图的识读

附图 5 所示为 6 500 t 散货船基本结构图,它由主尺度栏和一组视图组成。通过船体基本结构图的识读,可了解该船的全船结构概貌并具体了解甲板、平台和舱底各部分的结构情况。

识读基本结构图的要求与方法基本上与中横剖面图相似。首先是了解全船结构的概貌,然后详细识读。读图通常从纵剖面图入手,结合各层甲板图、平台图及舱底图进行,必要时还需参阅总布置图和中横剖面图等图样,以便完整地了解船体结构。

7.3.1 识读标题栏和主尺度栏

根据主尺度栏和标题栏可以了解船舶类型和大小。例如,该船是散货船,总长为108.00 m、垂线间长 100.00 m、型宽 18.50 m、型深 9.00 m、设计吃水 6.50 m。

7.3.2 识读纵剖面图,了解全船结构概况

了解全船结构的概貌,主要是根据纵剖面图,并结合甲板图、平台图和舱底图进行识读。

1. 确定全船的甲板层数及设置位置

确定主船体甲板和上层建筑甲板的层数,再结合相应的甲板图,确定它们的设置位置及高度。本船的主船体有一层连续甲板,即主甲板,它从船艏一直通至船艉。上层建筑设有艉楼和艏楼,艉楼在机舱上部,按自下向上的顺序有艉楼甲板、救生甲板、船长甲板、驾驶甲板和罗经甲板。

艉楼甲板设置在船艉至 #23 肋位之间,距主甲板 2 700 mm;救生甲板设置在 #3~#22 肋位之间,距艉楼甲板 2 600 mm;船长甲板设置在 #7~#22 肋位之间,距救生甲板 2 600 mm;驾驶甲板设置在 #12~#23 肋位之间,距船长甲板 2 600 mm;罗经甲板设置在 #13~#23 肋位之间,距驾驶甲板 2 500 mm;艏楼甲板位于 #130 肋位至船艏范围内,距主甲板 2 400 mm。

2. 了解船底设置

纵剖面图中内底板的剖面为粗实线,结合舱底图内底板的排列,了解内底板的设置区间。例如:从该船的纵剖面图并结合船底图可以看出,内底板设在 #7~#133 肋位之间,艏艉的其余部分为单层底。

3. 了解主船体横舱壁的设置

结合上甲板图可以了解主船体横舱壁的位置、数目、水密还是非水密,从而了解纵向舱室划分的情况。例如:主船体在 #4、#25、#76、#128、#133、#140 肋位处,设置了 6 道横舱壁。结合主甲板图中相应肋位处不可见板材的简化线可知,除 #140 肋位处的横舱壁是非水密的(粗虚线表示),其余 6 道横舱壁都是水密横舱壁(轨道线表示)。

4. 了解主船体纵舱壁的设置

结合各层甲板图可以了解纵舱壁的位置及沿横向舱室的划分情况。例如:对照主甲板图中纵向的轨道线及粗虚线可知,该船在船艉至 #4 肋位之间,在左右两舷距离中线面 2 700 mm 的位置,设有水密纵舱壁;在货舱区, #25~#133 肋位之间,在左右两舷距离中线面 6 500 mm 的位置,设有水密纵舱壁;在 #128~#135 肋位之间,在左右两舷距离中线面

1 240 mm 的位置，设有水密纵舱壁。

5. 了解大开口设置的位置

对照主甲板图可以了解各种舱口的设置情况。例如，在 #12~#21 肋位之间开有机舱舱口，在 #29~#73 肋位之间以及 #79~#123 之间开有货舱舱口。

7.3.3　识读甲板图、平台图和舱底图

了解各部分的结构情况，主要是了解各部分结构中构件的布置、结构形式、大小和连接方式。读图时，要把纵剖面图和各种水平剖面图结合起来，对照进行。必要时，还要参阅中横剖面图，以完整地了解全船的结构情况。

1. 识读甲板、平台图

下面以艉楼甲板结构为例，说明读图的方法和注意点。

1）了解甲板板的排列、形状和厚度

甲板、平台板的排列由板缝线确定（图中以细实线表示），相邻两条纵向和横向接缝围成一块板，板厚可以从图中直接查得。由艉楼甲板结构图的板缝线可知，该区域甲板的钢板为纵向排列，每块板形状也可确定，甲板一共有两种板厚，分别是 8 mm 和 10 mm。

2）了解甲板开口的位置和大小

通过甲板、平台图上所标注的肋位号和尺寸标注，可以具体确定甲板、平台开口在船长和船宽方向的位置及开口的大小。在艉楼甲板图中，艉楼甲板在左舷部分 #0~#6 肋位之间开有大小为 780 mm × 780 mm 的方形孔，孔中心距船体中心线 3 090 mm；#6~#14 肋位之间有开口，开口的尺寸是 5 000 mm × 3 300 mm；在 #15~#17 肋位之间有开口，开口的尺寸是 900 mm × 1 650 mm。

3）了解甲板板上面构件的位置和大小

通过甲板、平台图中的线条及其轮廓，结合纵剖面图，并参照尺寸标注可具体查阅。艉楼结构图中，根据图形外面的尺寸标注可知，艉楼甲板上的侧壁板的板厚为 9 mm 和 10 mm，其扶墙材采用 160 mm × 36 mm × 8 mm 的球扁钢，内壁板的厚度为 5 mm，其扶墙材采用的是 75 mm × 50 mm × 6 mm 的角钢，前围壁板的厚度是 8 mm，其扶墙材采用 160 mm × 36 mm × 8 mm 的球扁钢。

4）了解甲板板下面构件的布置和大小

图中甲板、平台板下面的构件采用简化画法，读图时要根据各种图线所表达的含义来确定各类构件的布置。如轨道线表示水密横舱壁，粗双点画线表示强横梁和甲板纵桁，细虚线表示相应肋位的普通横梁。

艉楼甲板图中，#0 是强横梁，采用 T 型材，腹板的尺寸是 7 mm × 220 mm，面板的尺寸为 10 mm × 100 mm。其他肋位均为由角钢构成的普通横梁，其尺寸为 100 mm × 75 mm × 8 mm。距船中 5 100 mm 两边各有一道沿船长方向设置的甲板纵桁，该甲板纵桁采用 T 型材，腹板的尺寸是 7 mm × 220 mm，面板的尺寸为 10 mm × 100 mm。

2. 识读舱底图

1)了解内底板的排列、形状和厚度

内底板的排列由板缝线确定(图中以细实线表示),相邻两条纵向和横向接缝围成一块板,板厚可以从图中直接查得。由左舷舱底结构图可知,该区域内底板的钢板为纵向排列,除了内底板边板的厚度为 10 mm 和 11 mm 外,其他每块板厚均为 14 mm。

2)了解内底板上加强覆板和开口的位置和大小

通过舱底图上所标注的肋位号和尺寸标注,可以具体确定内底板上加强覆板和开口在船长和船宽方向的位置及开口的大小。在舱底结构图中,内底板上 #73 到 #75 肋位开有人孔,大小为 400 mm × 500 mm,其中一个人孔的中心线距船中 1 550 mm,另一个人孔的中心线距船中 5 863 mm。

3)了解船底构件的布置和大小

图中内底板下面的构件采用简化画法,读图时要根据各种图线所表达的含义来确定各类构件的布置,横向构件的剖面形状由纵剖面图确定,构件的大小查阅图外面标注的相关尺寸。

图中从 #25 到 #76 肋位(第二货舱区),#27,#29,#31,#33,#35,#38,#41,#44,#47,#50,#53,#56,#59,#62,#65,#68,#71,#73 肋位设置实肋板,其厚度分别为 10 mm 和 11 mm。船体中心线处设有中底桁,其厚度为 12 mm。在距船体中心线 2 480 mm 和 4 960 mm 处,左、右舷对称设置旁底桁,其厚度分别为 10 mm 和 11 mm。内底纵骨采用球扁钢,其尺寸为 200 mm × 48 mm × 11 mm,船底纵骨采用球扁钢,其尺寸为 200 mm × 44 mm × 10 mm。其他构件具体尺寸参见图外的集中标注。

船人舶事:“瓦良格”号:让中国航母经验进步 26 年

众所周知,中国的第一艘航母改装自从乌克兰买来的“瓦良格”号。这艘航母原本是苏联海军订购的,但是由于苏联的解体,这艘完成度只有 68% 的航母一下没了归属。而且,由于当时乌克兰本身的经济情况极其恶劣,根本无力继续独自续建这艘航母,于是黑海造船厂决定出售这艘航母。我国抓住机会从乌克兰买回了这艘可能改变中国海军发展的半成品航母。

当时的黑海造船厂同时承建了苏联海军的三艘航母,其中两艘为“库兹涅佐夫”级常规动力中型航母,即“库兹涅佐夫”号和“瓦良格”号,另一艘则是苏联的第一艘核动力超级航母“乌里扬诺夫斯克”号。其中,“库兹涅佐夫”号完成度已经接近 100% 并被俄罗斯海军强行开回了俄罗斯,成为其到目前为止唯一一艘航母。“瓦良格”号则被中国购买。而“乌里扬诺夫斯克”号这一仅次于美国“尼米兹”级超级航母的庞然大物,被拆解后当作废铁卖掉,终结了苏联的航母梦。

我国从乌克兰买回“瓦良格”号时,不仅仅是将航母买了回来,而且还附带了其重达 40 t 的全套设计图纸。这套图纸的价值甚至比“瓦良格”本身还重要许多,掌握了图纸就等于了解了船体的所有结构与设计。而且,“库兹涅佐夫”号可以算作苏联真正意义上的第一代航母，其历经了 26 年的发展才有这么一艘航母。中国拿到了图纸，就等于得到了苏联 26 年的航母发展经验。

同时，中国也没有一味遵从苏联的设计，因为在苏联海军的定义中，“瓦良格”号属于载机巡洋舰，其上甚至还安装了反舰导弹。但反舰导弹安装在航母上有一个非常严重的弊端，那就是当处于反舰作战状态时，要将垂直发射系统厚厚的盖子打开，此时，舰载机就无法在航母上实施起飞和下降作业，在一定程度上影响了航母的作战性能。显然，这一理论在如今是不适合的。因此，中国买回“瓦良格”号后，就对其进行了改装并在首艘国产航母“山东舰”上彻底解决了这一问题。山东舰增加了机库容积，至少可以搭载 36 架歼 -15 舰载机，相比辽宁舰数量提升了 50%。因此中国在吃透图纸的过程中已经完全做到了融会贯通，并有了自己的一套设计理念。

（摘自 http://www.360doc.com/content/21/0121/19/73475927_958198938.shtml，略有改动）

未完工的“瓦良格”号

7.4　基本结构图的绘制

基本结构图的轮廓线根据型线图绘制；分舱位置根据总布置图确定。

基本结构图绘制的基本步骤如下。

1. 绘制基本结构图

利用计算机绘制基本结构图，可以按实船大小采用 1 ∶ 1 的比例绘图。出图比例根据图纸幅面，由比例、主尺度和甲板及平台图的数量来决定。常用的比例有 1 ∶ 25、1 ∶ 50、1 ∶ 100、1 ∶ 200 等几种。如果船体尺度较大、甲板层数较多，可选用两张以上的图纸。打印出图时，只需按设定的比例出图即可。

定义图线属性与比例，定义文字属性，定义尺寸属性。

2. 选择剖切位置

1)纵剖面图

纵剖面图通常选取中线面作为剖切平面。

2)甲板图和平台图

甲板图和平台图通常选取沿着甲板或平台上表面的一个面作为剖切面。剖切的方式也可以采用阶梯剖,把不完全连续的甲板和升高甲板或平台表示在同一个剖面图中。

3)舱底图

舱底图的剖切位置可根据图形中需要表示的结构而定,可选取在最下层甲板与底部构架之间的剖面(包含舷侧结构),也可选取在靠近底部构架上缘的阶梯形剖面(以简化图面)。

3. 绘制各视图基准线

定出中纵剖面图的基线、甲板图和舱底图中线。在基线和中线上分别绘出肋位符号,并加以标注。

4. 绘制各视图的轮廓线

1)纵剖面图

根据型线图画出中纵剖线和甲板中线,根据总布置图画出上层建筑中的各层甲板、平台线。

2)甲板图和平台图

在船体中线上先作出若干根肋位线,再根据型线图量得相应肋位上的甲板边线或平台边线的半宽型值,连接各点即得甲板图和平台图的外形。

3)舱底图

舱底图的外形与剖切位置有关。如果在最下层甲板与底部构架之间选取剖切面,则通常取最下层甲板边线为外形轮廓;如果选取靠近底部构架上缘的阶梯剖,则取肋板边线、内底板边线及舵机舱平台边线等作为外形轮廓。画法与甲板图相似。

5. 绘制各视图

(1)纵剖面图:从中线面向舷侧绘制。

(2)甲板图和平台图:先绘制甲板板(平台)及其以上构件(可见部分),再绘甲板板(平台)以下构件(不可见部分)。

(3)舱底图:双层底结构采用剖视表达时,内底部分按甲板图的方式绘制。船底部按简化画法表达。

绘制各视图时,应特别注意投影关系的一致性,即同一构件在不同视图中相互对应。

6. 尺寸标注

(1)各视图的定位尺寸基准,一般应取基线和中线;纵向定位尺寸可以标注于最近的肋位上。

(2)各结构的定形尺寸,可以以线性尺寸标注的方式集中标注于表达构件最清晰、最完整的某个视图的下方,也可以单独标注于构件的某一视图上。

一般情况下,舱壁扶强材及其肘板的尺寸通常标在纵剖面图中,舷侧构件和支柱的尺寸通常标注在纵剖面图的下方,甲板和平台下的构件尺寸标注在相应图形的外面,底部构件尺寸标注在舱底图的外面。

7. 检查内容,标注舱室名称,布置图纸幅面

各视图的内容绘制完成后,应逐图逐项仔细检查。然后将纵剖面图布置在图纸上方,甲板图和平台图依次布置在纵剖面图的下方,舱底图布置在图纸的最下方。由于上层建筑甲板层数较多,其位置可不与纵剖面图对应,通常按自下向上、自左至右的顺序布置。

合理布置图面后,将舱室名称标注在纵剖面图中相应舱室位置,甲板图中标注大舱口的名称,舱底图中还要写出舱壁或肋板是否水密。

主尺度栏安排在图纸的右上方。

最后填写标题栏和反向标题栏的内容。

十大名船之“向阳红10号”

向阳红10号是中国自行设计制造的首艘载有直升机的多功能大型远洋综合调查船。向阳红10号于1979年11月由江南造船厂建成并交付国家海洋局使用。向阳红10号总长156.2 m,型宽20.6 m,吃水7.75 m,巡航速度20 kn,排水量13 000 t。

因当时经费困难,向阳红10号需承担多项任务,故该船综合了海洋调查船、天气船和通信船等三种船型的特点,是一个大型多用途船舶。在前甲板上布置有起重机,可吊放深潜器,在后甲板上布置有直升机起降平台,可起降考察直升机。船上装备有先进的海洋调查设备以及完善的导航、通信设备,它能远涉重洋,到世界各地的海洋中进行海洋调查和科学考察活动。向阳红10号为中国的航天事业和海洋科学发展立下了汗马功劳。1980年4月,它参加了中国首次向太平洋海域发射运载火箭的试验;1984年4月,完成中国首次发射的同步试验通信卫星定点区域气象预报及通信联络任务;1999年7月改装为远望4号科学测量船,先后参加了中国神舟5号、神舟6号载人飞船的远洋测控任务。

该船设计的一个难点是,根据任务要求需设置一个直升机起飞、降落和停放的场所。而当时,舰载直升机在我国的造船史上还是第一次,这方面的技术完全是空白,只能依靠国外技术,而国外对此类技术的保密极其严格,很难找到有价值的参考资料。当时,设计人员通过对国内陆地机场进行调查研究,同时结合船上的情况进行综合分析后,最终拟定舰载直升机系统。

(选自《甲板上的中国:揭秘当代中国十大名船》,大连海事大学出版社,2016)

向阳红 10 号

练习题

一、选择题

1. 基本结构图中，中纵剖面图上的舷侧纵桁简化线用(　　)表示。

   A. 粗实线　B. 粗点画线　C. 粗双点画线　D. 细点画线

2. 基本结构图中，中纵剖面图上的普通肋骨简化线一般用(　　)表示。

   A. 粗实线　B. 粗点画线　C. 粗双点画线　D. 省略不画

3. 基本结构图中，甲板图中的强横梁简化线用(　　)表示。

   A. 粗实线　B. 粗点画线　C. 粗双点画线　D. 细点画线

4. 船体结构图中，板接缝线采用(　　)表示。

   A. 折断线　B. 斜栅线　C. 细实线　D. 波浪线

5. 基本结构图中，穿过中线面的构件用(　　)表示其剖面形状。

   A. 粗实线　B. 粗点画线　C. 粗双点画线　D. 细点画线

6. 船体结构图中，不可见强构件简化线可以用(　　)表示。

   A. 粗实线　B. 粗虚线　C. 粗点画线　D. 粗双点画线

7. 基本结构图与(　　)组成了表示全船结构的三向视图。

   A. 纵剖面图　B. 外板展开图　C. 中横剖面图　D. 型线图

8. 基本结构图中，中纵剖面图上可以用粗实线表示的有(　　)。

   A. 横梁　B. 肋板　C. 横舱壁　D. 水密舱壁

二、识图题

识读附图 5，回答以下问题。

1. 识读纵剖面图：货舱区设置两道舷侧纵桁，其中距船底 3 550 mm 的舷侧纵桁采用的是(　　)(填型材类型)，其尺寸是(　　)。另外一道舷侧纵桁距船底(　　)mm，采用的是(　　　)(填型材类型),其尺寸是(　　　)。#76 肋位设置一道水密横舱壁,横舱壁上的扶强材采用的是(　　　)(填型材类型),其尺寸是(　　　)。

#7~#25 肋位机舱区域内,舷侧普通肋骨采用的是(　　　)(填型材类型),其尺寸是(　　　)。实肋板的板厚为(　　　)mm。机舱纵桁用细双点画线绘制,采用(　　　)画法,其腹板的厚度为(　　　)mm。

2. 识读救生甲板:救生甲板的前围壁板厚度为(　　　)mm,其上扶强材采用的是(　　　)(填型材类型),其尺寸是(　　　)。

3. 识读纵舱壁图:纵舱壁最低一列板的厚度为(　　　)mm,板的宽度为(　　　)mm。纵舱壁上设置垂直扶强材,其采用的是(　　　)(填型材类型),其尺寸是(　　　)。

4. 识读货舱区主甲板图:第二货舱的舱口开口沿船长方向从 #(　　　)到 #(　　　)。两侧甲板板的厚度为(　　　)mm,采用的钢材类型为(　　　),左舷甲板上设置了(　　　)道甲板纵骨,其采用的是(　　　)(填型材类型),其尺寸是(　　　)。舱口端强横梁的腹板采用的钢材类型是(　　　),其尺寸为(　　　)。

第 8 章　肋骨型线图

8.1　肋骨型线图的地位与作用

船体肋骨型线图是表示全船肋骨剖面形状、外板纵横接缝位置以及甲板、平台和与外板相接的各纵向构件布置的图样，是一张全船性结构图样。肋骨型线图是以型线图为依据，在各个肋位处剖切平面与船体外板型表面的交线在投影面的投影。

为了布置外板及船体放样等，需绘制肋骨型线图。肋骨型线图和外板展开图共同表示船体外板结构和主要构件的位置。它的主要用途：

（1）在船体放样中作为肋骨型线、外板接缝线和船体结构线放样的依据；

（2）在绘制外板展开图时，作为伸长肋骨型线、求取肋骨型线实长和确定构件位置的依据；

（3）在绘制其他船体图样时，作为选取或剖切求得所需船体横剖面形状的依据，同时也是船体建造的主要图样。

由此可见，肋骨型线图是绘制其他图样的原始资料和船体建造中的施工图样。因此，要求肋骨型线绘制正确，线条光顺，图中构件的位置与有关结构图样一致。

8.2　肋骨型线图的组成、表达内容和图线的运用

8.2.1　肋骨型线图的组成

肋骨型线图由主尺度栏和肋骨型线图组成。

1. 主尺度栏

主尺度栏一般放在图纸的右上方，其内容包括总长、垂线间长、型宽、型深、吃水、肋距值和梁拱值等。

2. 肋骨型线图

肋骨型线图的图形与型线图中的横剖线图有些相似。但是，横剖线图中的横剖线是以 10 等分或 20 等分垂线间长的横向平面作为剖切平面与船体型表面的交线；而肋骨型线图中的肋骨型线则是以型线图为依据，以通过各肋位的横向平面（即肋骨平面）为剖切平面与船体型表面的交线，它表示了各肋位处的船体肋骨型线的真实形状。除此之外，在肋骨型线图中，还表达了各种板缝线分布、排列情况以及构件交线的投影。

8.2.2　肋骨型线图的线条

肋骨型线图中的线条，除了水线和纵剖线外，基本可分为四类。

1. 肋骨型线

肋骨型线是肋骨平面与船体外板型表面的交线在投影面上的投影，表示了肋骨型线的真实形状。由于船体左右对称于中线面，所以肋骨型线只画一半，在中线面的左面画中站面至艉部的各肋骨型线，在中线面的右面画中站面至艏部的各肋骨型线。

大中型船舶的肋位较多，为了保持图面的清晰，一般间隔一挡肋位绘制一根肋骨型线，通常逢双号绘制。因为在船体艏艉部分的线型变化较大，故要求绘制出每挡肋位的肋骨型线。

对所绘出的肋骨型线都须注出相应的肋位号，见附图 6，肋骨型线图左舷绘制 #-2 肋位到 #48 肋位的肋骨型线，而右舷绘制 #48 肋位到 #82 肋位的肋骨型线。

2. 外板接缝线

外板接缝线是外板之间的连接线，表示了全船外板的排列和每块外板的形状。外板接缝线有三种。

（1）边接缝线：是船体纵向相邻两列外板间接缝的投影，用细实线绘制。对于边接缝线，图中须注写其名称，如 B × C（B 和 C 为列板的编号）等。

（2）端接缝线：是同一列外板中，相邻两块外板间接缝的投影，用细实线绘制，即外板横向接缝的投影。见附图 6，如肋骨型线图左舷在 #32 肋位肋骨型线和 #34 肋位肋骨型线之间的样条曲线，即为一道端接缝线。

（3）分段接缝线：是相邻两分段间接缝的投影，可分为横向分段接缝线（沿肋骨围长方向）和纵向分段接缝线（沿船长方向），用斜栅线绘制。见附图 6，如肋骨型线图左舷在 #22 肋位肋骨型线和 #24 肋位肋骨型线之间的斜栅线，即为一道分段接缝线。

3. 构件交线

构件交线是船体甲板、平台、船底纵骨、旁底桁、旁内龙骨、内底边板、舷侧纵桁、舭龙骨等与外板的交线在投影面上的投影，表示了这些构件的位置及其与板缝的相对位置，见图 8-1 中的 1、3、4、5。

构件交线在图中须用文字写明，并用尺寸表示其位置，不易表达清楚的纵向构件还须注明起点和终点。

4. 假想连线

假想连线是某些同一类构件上特定点的假想连接线在投影面上的投影。它表示了某些构件距基线高度沿船长方向的变化。

如舭肘板顶线即是舭肘板与外板交线顶端各点连线的投影，见图 8-1 中的 2；又如肋板边线即是肋板与外板型表面交线顶端各点连接线的投影。

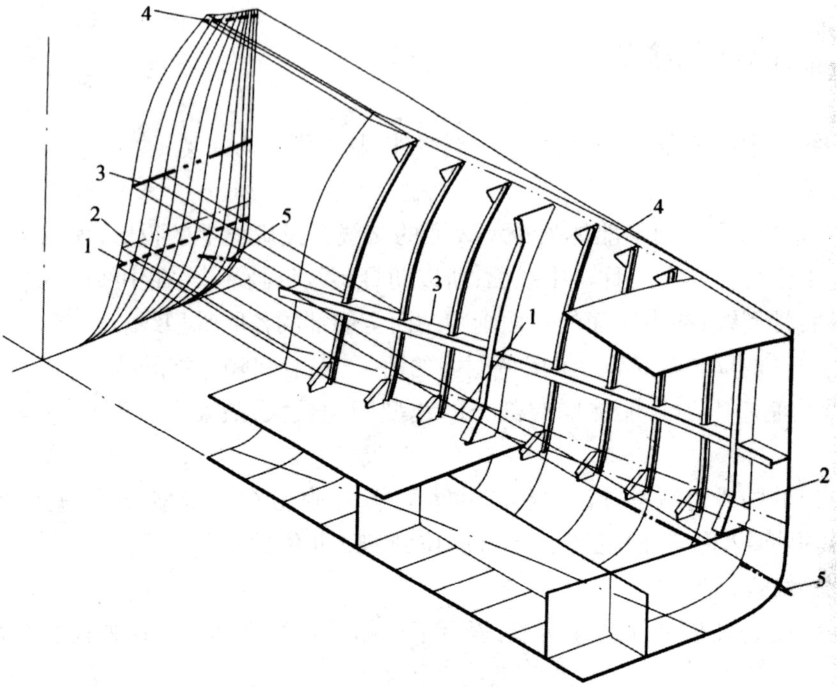

图 8-1 肋骨型线图的投影

1—内底板边线；2—舭肘板顶线；3—舷侧纵桁与外板的交线；4—甲板边线；5—舭龙骨与外板的交线

8.2.3 肋骨型线图的主要图线及其应用

肋骨型线图的表达内容和图线的应用见表 8-1。

表 8-1 肋骨型线图的表达内容和图线的应用

序号	表达内容		图线
1	肋骨型线		细实线
2	板缝线	外板边接缝线	细实线
3		外板端接缝线	细实线
4		分段接缝线	斜栅线
5	构件交线	外板与甲板、平台甲板、内底板和船底桁的交线	粗虚线
6		外板与舷侧纵桁、龙骨的交线	粗双点画线
7		外板与舭龙骨的交线	粗点画线
8		外板与船底纵骨、舷侧纵骨的交线	细虚线
9	假想连线	肋板边线、舭肘板顶线	细双点画线

8.3　肋骨型线图的识读

识读肋骨型线图,首先应该清楚地了解图中各种线条的含义,然后在了解型线图、中横剖面图和基本结构图的基础上来识读。识读肋骨型线图:一是可以通读全船,了解全船的情况;二是重点专看某一部分内容。

8.3.1　外板的边界

了解外板在肋骨型线图上的投影形状,首先要知道外板的边界构成。外板的横向边界通常由横向分段接缝线或端接缝线构成,外板的纵向边界通常由各列板之间的纵向边接缝线构成。故图中相邻的两条纵向接缝线和相邻的两条横向接缝线所围成的图形即表示一块外板的投影形状。如图 8-2 中四周加短斜线的外板,边界就是由边接缝线 C × D、D × S 和 #60 与 #50 肋位附近的分段接缝线围成的。又如在附图 6 中,外板边界就是由边接缝线 E × F、F × S 和 #60 与 #70 肋位附近的分段接缝线围成的。

图 8-2　板缝和构件的投影

8.3.2 外板的布置和数量

1. 外板的列数

肋骨型线图中由相邻两条边接缝形成的一列板称为列板。从边接缝的数目就可确定外板的列数。

《金属船体制图》(GB/T 4476—2008)规定:外板板的编号用大写的拉丁字母加阿拉伯顺序数表示。其中平板龙骨为 K 列板,舷顶列板为 S 列板,其余各列板自平板龙骨向舷顶列板依次用 A、B、C……来命名,即平板龙骨两侧的船底板为 A 列板,与 A 列板相邻的列板为 B 列板,其余类推,见图 8-3。K 列板与 A 列板之间的接缝线称为 K × A 接缝,其他类同。图 8-2 中,#40~#60 肋位之间有 K × A、A × B、B × C、C × D、D × S、S × E 共 6 条边接缝,其中 K 列板由于对称于中线面布置,故在 #40~#60 肋位之间左右舷共由 11 列板组成。

在附图 6 中,#12~#22 肋位之间有 K × A、A × B、B × C、C × D、D × E、E × F、F × S、S × G 共 8 条边接缝,其中 K 列板由于对称于中线面布置,故在 #12~#22 肋位之间左右舷共由 17 列板组成。

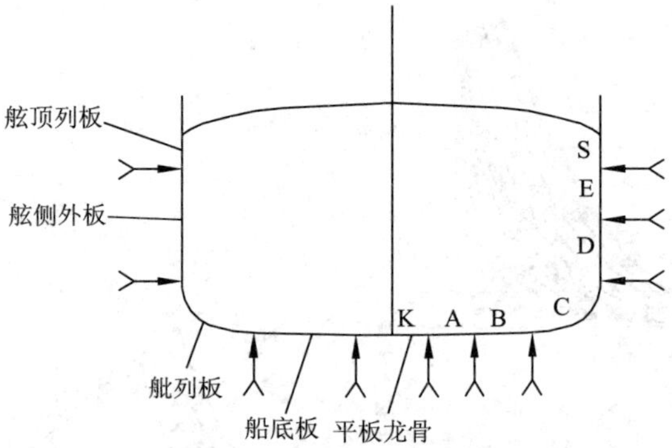

图 8-3 外板的名称

2. 每列板由几块钢板构成

在每一列外板中,相邻两条横向接缝线构成一块外板,根据一列外板中的横向接缝线数目即可确定组成该列外板的钢板数,综合各列板的钢板数,就可以确定全船外板的数量。图 8-2 中, #40~#60 肋位之间的每列外板只有三条横向端接缝线,所以整个区间共由 22 块钢板组成。

在附图 6 中, #12~#22 肋位之间的每列外板无横向端接缝线,所以整个区间共由 17 块钢板组成。

8.3.3 构件的位置

构件的位置由各种构件交线和假想连线确定。在附图 6 中, #32~#58 肋位之间,内底板距基线的高度为 1 200 mm,旁桁材距中线 1 875 mm,安装在 #22~#39 肋位之间。

8.4　肋骨型线图的绘制

绘制肋骨型线图和外板展开图(见第 9 章)是同时进行、相辅相成的过程。例如,通过肋骨的展开确定外板展开图的轮廓,并在展开的外板上布置板缝;通过外板展开图中的接缝线的位置来绘制肋骨型线图中的板缝线,在肋骨型线图中光顺后,又返回外板展开图中,逐步精确、完善。

绘制肋骨型线图所需的相关图纸有型线图、中横剖面图、基本结构图和外板展开图。肋骨型线图的绘制步骤如下。

(1)利用计算机绘制肋骨型线图,可以按实船大小采用 1 ∶ 1 的比例绘图。出图比例的大小一般取型线图比例的 2 倍或 4 倍。常用比例有 1 ∶ 25、1 ∶ 50 等几种。如果打印出图,只需按设定的比例出图即可。

定义图线属性与比例,定义文字属性,定义尺寸属性。

(2)根据主尺度及型线图绘制格子线,如图 8-4(a)所示。

(3)绘制肋骨型线图的轮廓线,即外板顶线、甲板边线、舷墙顶线、船底线和最大横剖面轮廓线,作图方法与型线图中绘制横剖线图轮廓线的方法相同,如图 8-4(b)所示。

(4)绘制肋骨型线。绘制肋骨型线可利用型线图,在半宽水线图的每一肋位(或者双号肋位)上作横剖线(即肋骨型线);量取横剖线与各条水线交点的半宽值,根据投影关系,在肋骨型线图对应的水线上截取半宽得到交点,连接各交点和轮廓线上的对应点即为各肋位的肋骨型线。尽可能将肋骨型线的号排在一条线上,以方便读图,如图 8-4(c)所示。

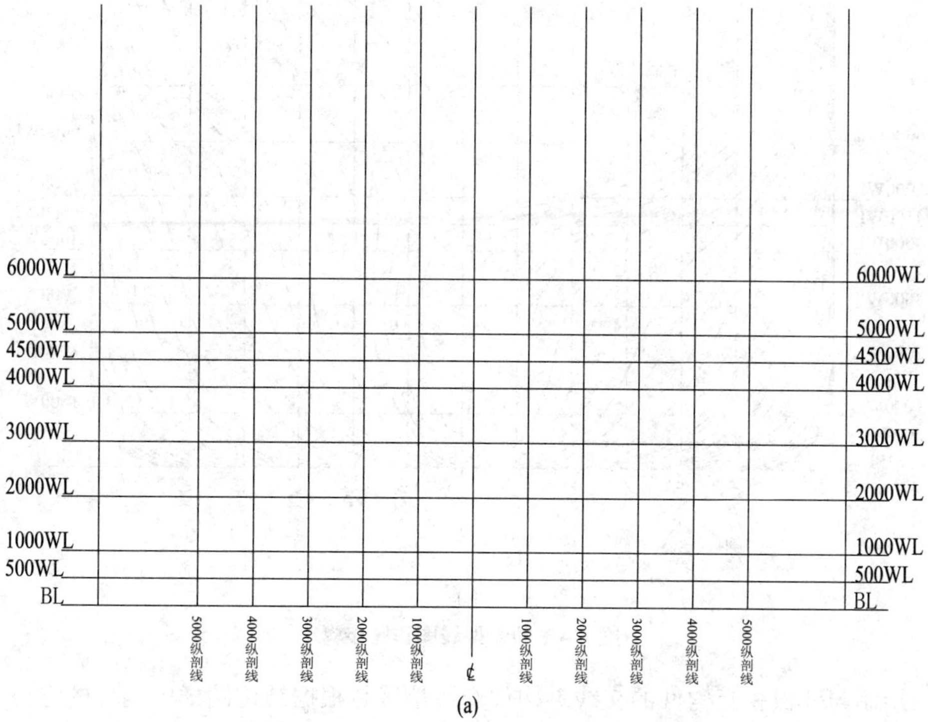

(a)

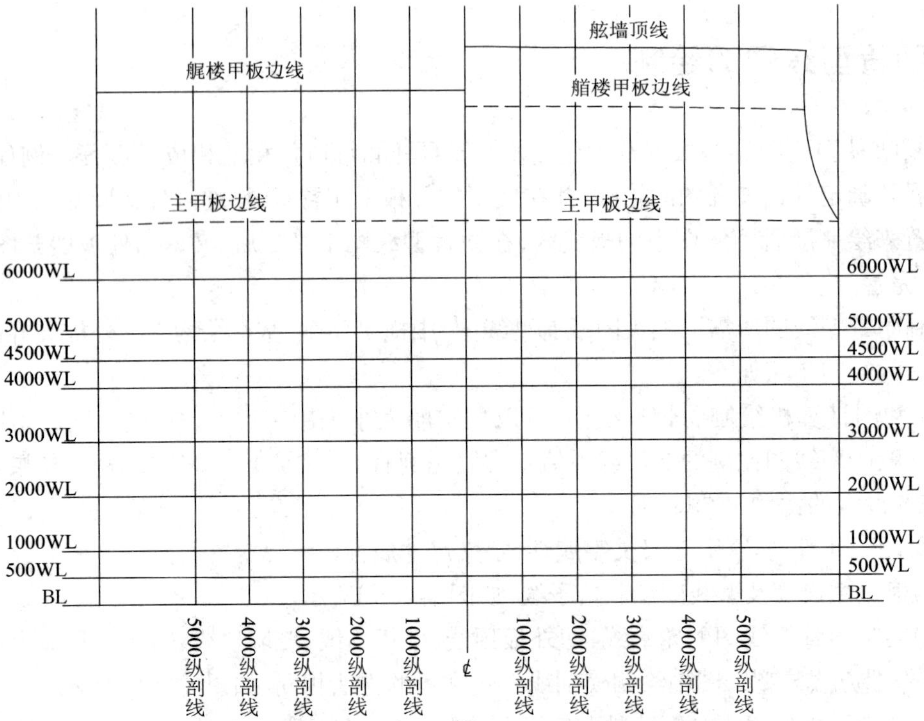

(b)

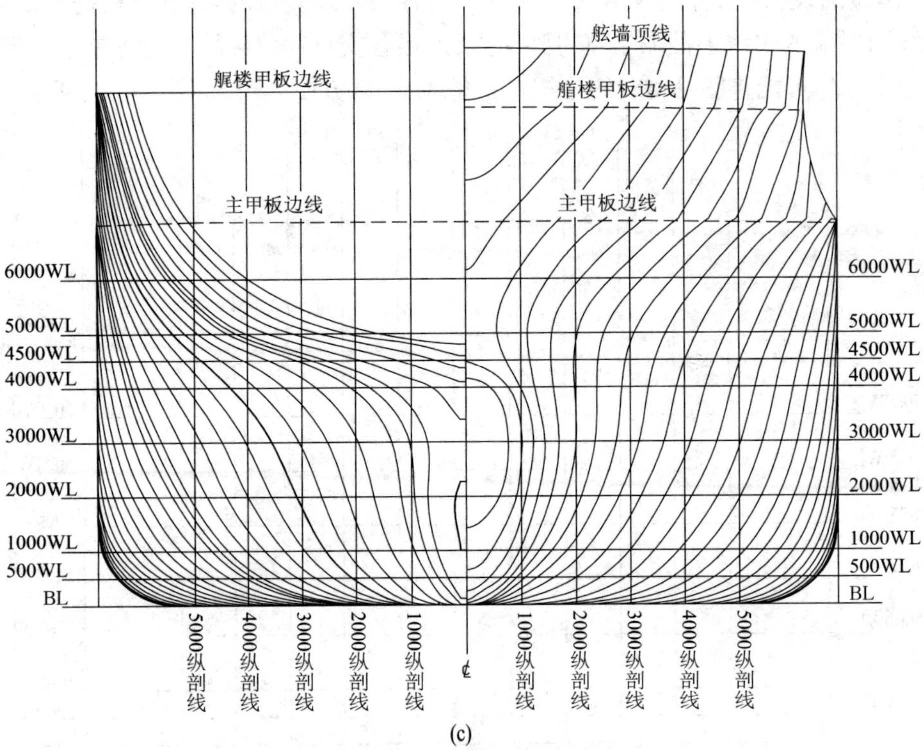

(c)

图 8-4 肋骨型线图作图步骤

（5）绘制与外板相交构件的交线。构件交线位置是根据结构图样中构件的定位尺寸画出的。根据基本结构图和中横剖面图中给出的构件在某一肋位处距基线高度或距船体中线的半宽值，在相应肋骨型线上定出交点，连接各点即为该构件交线。

以艏部 2 500 平台为例，如图 8-5 所示，从基本结构图可以看出，该平台距基线的高度为 2 500 mm。利用这一特点，确定平台与外板交线即与相应肋骨型线的交点，用粗虚线连接各交点，即为所求的构件交线，与图 8-5 中内底、舷侧纵桁与外板的交线作图方法相同。

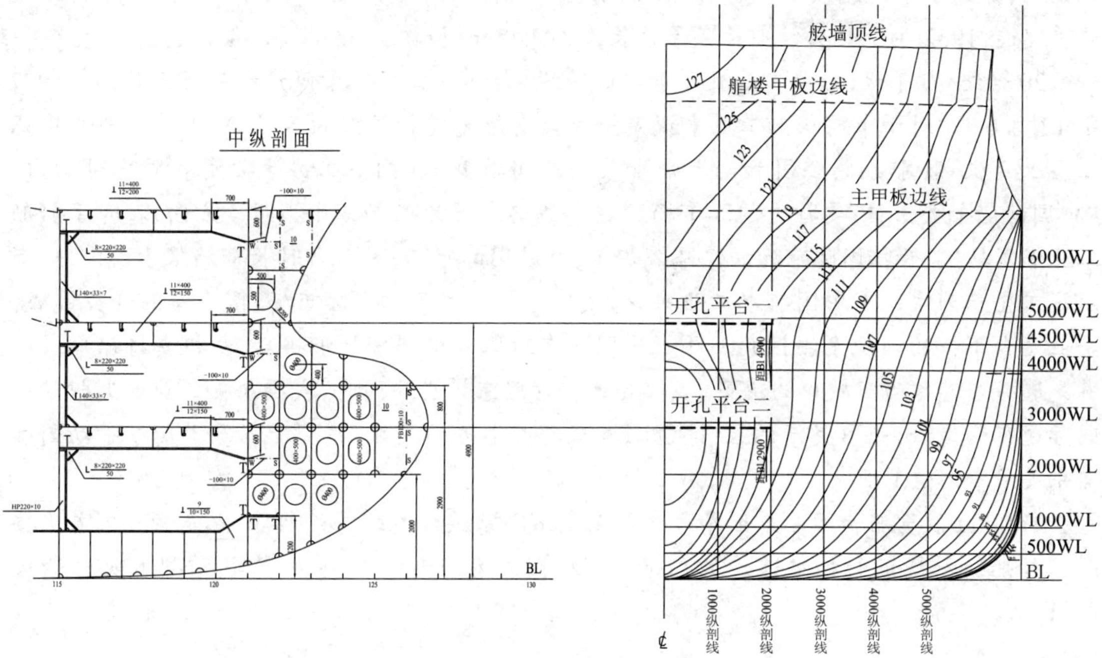

图 8-5　绘制与外板相交构件的交线

（6）绘制外板接缝线。外板接缝线是根据外板展开图中板的接缝位置绘制的。

①边接缝线和纵向分段接缝线：根据外板展开图中边缝线的位置，逐肋位量取基线至该边缝线的肋骨型线长度，利用 CAD 测量工具，于肋骨型线图中求取对应肋骨型线的交点。连接各肋位的交点即为所求。

②端接缝线和横向分段接缝线：根据外板展开图确定端接缝或横向分段接缝线的纵向位置，在型线图的半宽水线图和纵剖线图上相应位置处作平面剖切船体（即垂直线），余下作法与肋骨型线相同。如果端接缝只是一段，则取相应横剖线的一部分。

（7）绘制艏柱缝线。根据艏柱结构图提供的艏柱板尺寸，首先在型线图中画出艏柱接缝线，然后，量取该接缝线与各水线、甲板边线、外板顶线和舷墙顶线交点的半宽值，按比例在肋骨型线图相应的型线上绘出这些交点，连接各点即为所求。

（8）标注各构件定位尺寸、肋骨型线编号、构件交线的名称、假想连线的名称，注明边缝线的名称。

（9）检查内容，布置图纸幅面。

肋骨型线图的内容绘制完成后，逐图逐项仔细检查。

主尺度栏安排在图纸的右上方。

最后填写标题栏和反向标题栏的内容。

十大名船之“长城号”

长城号是我国按照国际标准建造的第一艘大型出口船舶,它率先叩开了走向国际市场的大门,开创了中国船舶出口的新纪元。该船为 27 000 t 远洋散货船,于 1980 年 11 月正式开工建造,1982 年 1 月交付。长城号总长为 197.45 m,型宽 23 m,型深 14.3 m。

20 世纪 70 年代,船舶工业处于崩溃的边缘,大部分工厂处于停产和半停产状态。1977 年 12 月 6 日,对于中国船舶工业来说是一个具有历史转折意义的日子,邓小平同志在接见三、五、六机部(船舶总公司和两大船舶集团公司前身)和国防工办主要负责同志时指出:“中国的船舶要出口,要打进国际市场。”这一战略决策为船舶工业指明了方向,拉开了船舶工业保军转民、开拓国际市场的序幕。但是,打进国际市场,对于当时长期局限于国内、一直以军工生产为主的新中国船舶工业来说,谈何容易!不开拓国际市场,国内军品任务锐减,企业无米下锅的困境无法摆脱。邓小平同志在听取六机部领导汇报后,积极支持船舶工业首先选择香港作为突破口的决策,多次会见香港船东。与此同时,我国船舶工业也大胆借鉴国际通行的做法,采取灵活的经营策略,积极与香港方面接触,希望能以香港船东带动国际船东关注中国造船业。

27 000 t 散货船长城号是世界著名船王包玉刚家族订购的首条船舶,也是新中国首次按照国外船级社规范和标准建造的船舶。(注:因香港当时仍归英国管理,该船入英国劳氏船级。)

长城号

长城号完全按照国际规范和标准设计建造,这在现在看来可能并非难事。但在当时,长城号的设计完全从零开始。此前,我国的船舶设计标准大都是从苏联沿袭下来的,或者是中国自己的标准,与英国劳氏标准完全不同。按照国际规范和标准建造长城号,从观念到设计、规范、管理、技术、设备、操作、施工等方面,一切都要转轨。在 20 世纪 80 年代初,我国船企对国际规范和标准几乎一无所知,缺少建造出口船的经验。忽然间要求设计人员采用陌生的规范和标准，一没资料，二没图纸，而且时间紧迫，其难度可想而知。长城号技术设计由上海 708 所负责，为保证能够按时拿出技术设计的报审图纸资料，708 所发动所有人查资料、找规范，通过在国外的亲戚和朋友不惜一切代价找资料。收集完资料后，由英语好的工程技术人员通宵达旦地翻译，然后提供给设计人员。经过努力，4 个月后终于拿出了整个设计图纸。长城号于 1981 年 9 月 14 日下水，经过近一年试航，横渡太平洋、印度洋和大西洋，顺利通过巴拿马运河、美国五大湖区、苏伊士运河和地中海、红海等，经受住了无数次重大考验。长城号的建造成功吸引了一大批外国船东。随后，香港长江实业公司、环球航运公司、汇德丰集团公司、意大利货船海运公司等陆续与我国签订造船合同。

（选自《甲板上的中国：揭秘当代中国十大名船》，大连海事大学出版社，2016）

练习题

一、选择题

1. 肋骨型线图中的肋骨型线是以（　　）为依据绘制的。

A. 型线图　B. 典型横剖面图　C. 总布置图　D. 结构节点图

2. 肋骨型线图中以（　　）表示肋板边线、舭肘板顶线。

A. 粗虚线　B . 粗点画线　C. 细双点画线　D . 粗双点画线

3. 某肋骨型线图局部图如习题图 8-1 所示，共显示了（　　）道边接缝线。

A.1　B.2　C.3　D.4

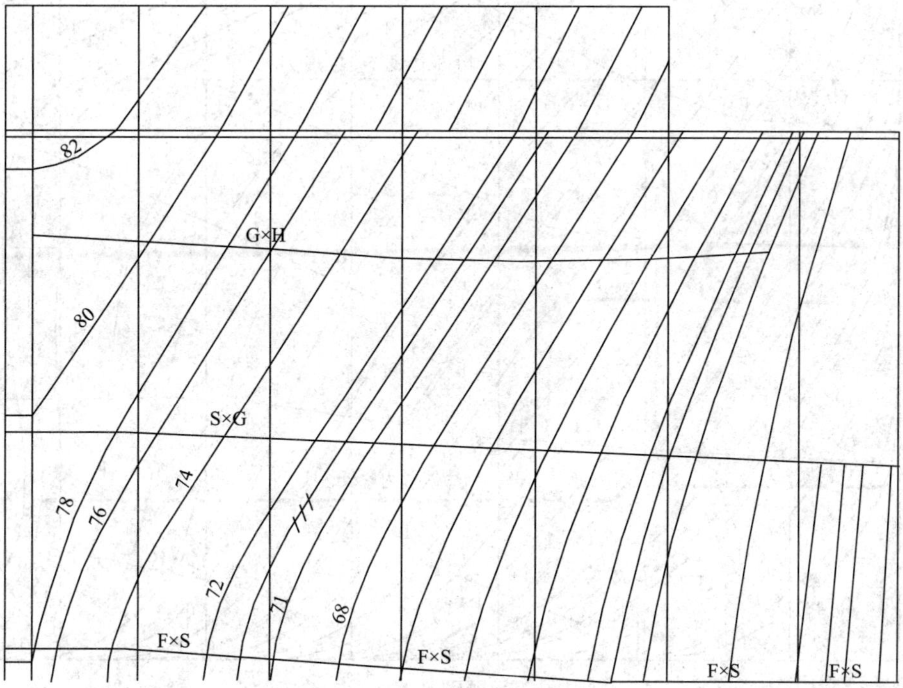

习题图 8-1

4. 某肋骨型线图局部图如习题图 8-1 所示，分段接缝线是(　　)。

A.S × G

B.FS

C.#70 与 #72 肋位之间的那根线

D. 没有分段接缝线

二、识图题

1. 习题图 8-2 所示为肋骨型线图的局部图，请写出：

（1）该船的边接缝线；

（2）舷侧纵桁的起止肋位号及其高度值；

（3）#6~#14 肋位之间，主甲板以下一共多少块外板，分别写出其边界（即写出由某接缝到某接缝）。计算数量时，请注意船的左、右舷。

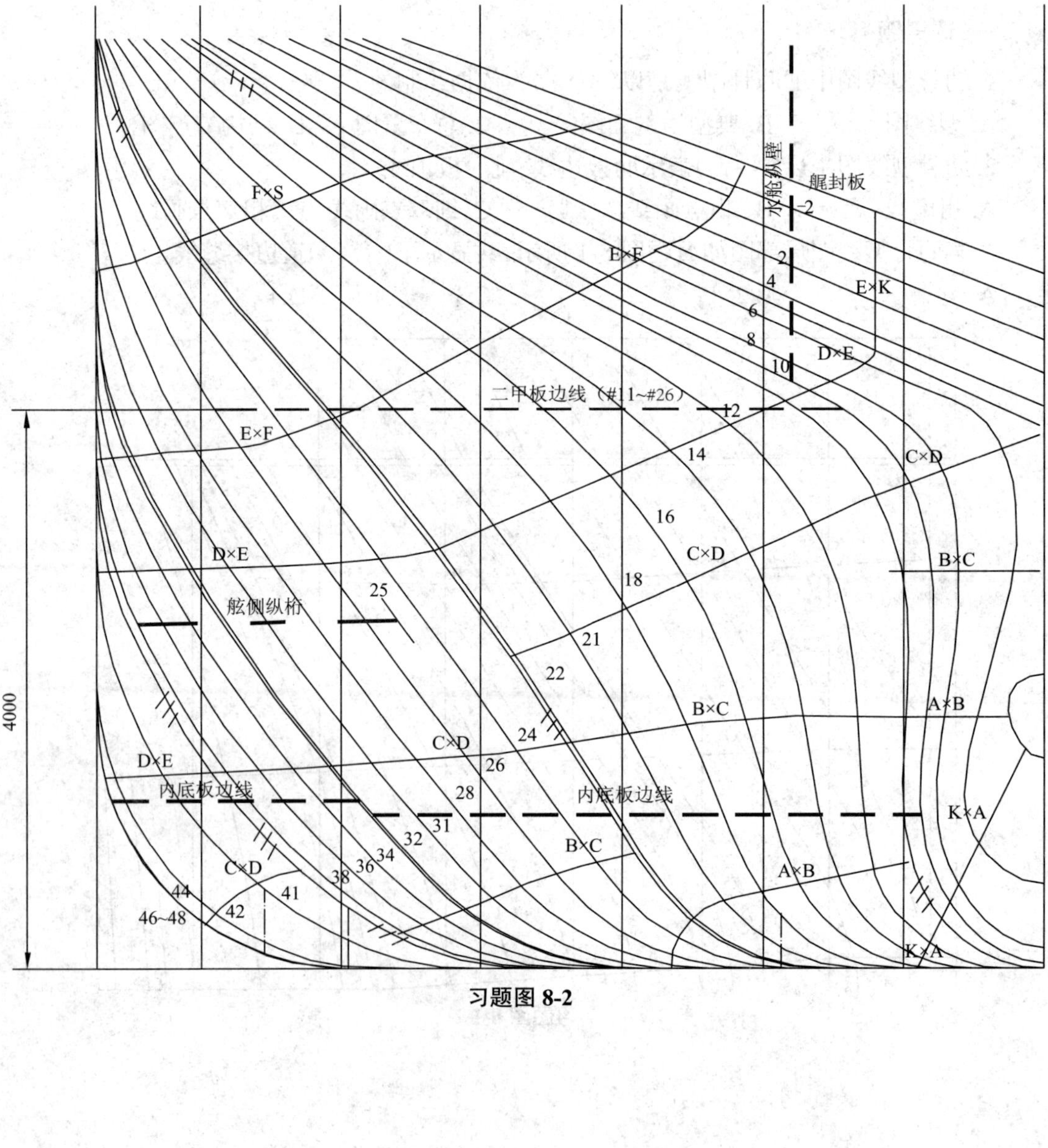

习题图 8-2

第 9 章　外板展开图

9.1　外板展开图的地位与作用

外板展开图主要是表示全船外板的排列、厚度分布以及外板上开口位置和大小的结构图样，它是一个右舷侧视的近似展开图。外板展开图是生产准备和外板放样、下料以及拼板工作的施工依据。其主要用途：

(1)与肋骨型线图配合，确定外板的接缝和外板拼板的位置，作为船体放样时的参考依据；

(2)统计组成全船外板所需要的钢板数量和规格，以便订货或备料；

(3)作为计算船体质量和重心位置的主要依据；

(4)作为绘制分段结构图的参考。

船人舶事：船体放样的数学之美

苏步青(1902—2003)，数学家，有"东方第一几何学家""数学之王"之称。苏先生和他的学生在极其艰难的条件下，长期坚持微分几何的研究和教学，为我国计算机辅助设计作出巨大贡献。

20 世纪 60—70 年代，国际上造船、汽车等工业迅速发展，计算机的工业应用也日趋广泛，计算学科逐渐形成了第一个船舶线型光顺计算程序。当时国内科研停滞，造船工业中还在沿用传统复杂的手工船舶线型放样方法。然而，手工放样有很大的局限性。手工放样是在放样楼里，把初步设计好的船体表面的三向剖线(横剖线、水线和纵剖线)画在地板上，进行光顺处理。手工放样通常按 1 ∶ 1 的比例进行，造多大的船就要有多大的楼，而且需要耗费几个月才能把船体的三向剖线光顺好。这种人工的放样不仅又慢又差，而且工人耗费体力很大。1959 年初，我国首艘万吨远洋货船"东风号"正式下料开工，其放样工序就不顺利：放样楼场地不够长，无法进行线型放样。放样工人们经过研究，最终采用按比例缩小 3/4 的方法。

1972 年 9 月，苏步青先生来到上海的百年老厂——江南造船厂，参加船体数学放样的研究工作。当时船厂的船体放样技术落后，劳动强度大，精度差。苏步青查阅了国内外大量资料，虽然许多国家都在研究船体数学放样，但其中有一个关键问题——船艏的线性光顺问题都还没有彻底解决。他和复旦大学的同事爬上船台仔细考察后，用平行圆面数学模型方法，把曲面光顺变成曲线光顺，使问题迎刃而解。接着，他们又把计算机用到船体放样和钢板切割中去，只要把数据输入计算机，绘图机就会伸出灵巧的"手"，自动绘图、放大，切割机就会喷出绚丽的火花，把钢板切成预定的形状，解决了国外造船界长期没有解决的问题，使工作效率成倍提高。经过夜以继日的钻研,苏步青翻译国外相关论文并编印出《样条拟合译文选》,引导了全国数学放样的工作。最终,在苏步青的指导下,算法程序成功计算了几条不同类型的船。江南造船厂数学放样小组顺利完成了线型光顺课题。

1978 年,上海江南造船厂"船体数学放样"课题获得了全国科学大会奖,"船体结构几何语言"课题荣获了中华人民共和国国务院国防工业办公室颁发的重大技术改进成果三等奖。后来,苏步青连续发表系列论文,为我国计算机辅助几何设计的发展作出了重要贡献。1982 年,他组织成立了全国计算几何协作组,为我国计算机辅助设计和制造方面的高科技项目提供理论和方法,并培养了一批理论和实际相结合的人才。

(摘自 https://news.fudan.edu.cn/2019/1112/c64a102887/page.htm 和 http://www.wenming.cn/wmzh_pd/rw/rwdt/201403/t20140312_1797650.shtml,略有改动)

9.2 外板展开图的组成、表达内容和图线的应用

9.2.1 外板展开图的组成

外板展开图由主尺度栏和外板展开视图组成。主尺度栏中所列的主尺度与肋骨型线图中的主尺度相同。外板展开图通常只有一个展开视图,图面组成相对简单。

9.2.2 外板展开图的特点

船体外板表面通常是一个双曲度的曲面,它既有横向曲度又有纵向曲度,在数学上为不可展开曲面。但是,为了工程上的实际需要,外板展开图采取了近似的展开方法,其表达特点如下。

(1)采用近似展开的方法,即只展开船体表面的横向曲度(将肋骨型线展直),而纵向曲度不加展开,仍保持投影长度,见图 9-1,这样就得到了船体外板的近似展开视图。

(2)外板的横向尺寸是展开后的尺寸,即实长,而纵向仍是投影长度。

(3)由于船体形状和外板的排列通常对称于中线面,故外板展开图只画展开图形的一半,习惯上用右舷展开图形来表达。所以外板展开图是一右舷侧视的近似展开图。外板展开图是从船体右舷一侧向正立投影面投影得到的视图。因此,构件与外板的交线被视为不可见,并且在视图中要区分水密性。

9.2.3 外板展开图的表达内容

1. 全船外板的排列和尺寸

根据船体分段划分的情况、外板的厚度和板材规格以及工艺和结构上的要求排列外板接缝线,从而表示全船外板的布置及尺寸,图中对每块钢板进行编号和标注板厚。

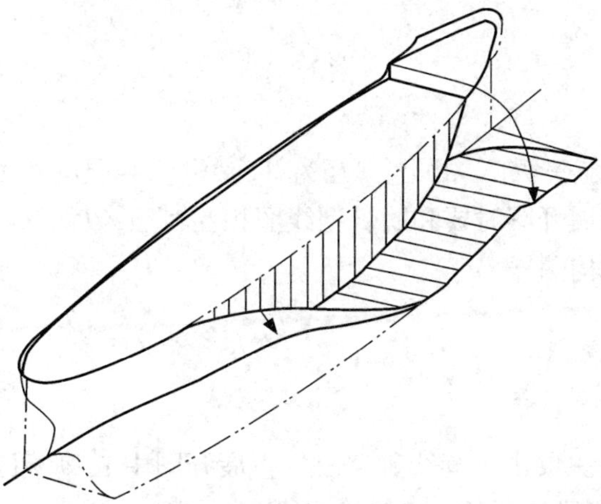

图 9-1　船体曲面的近似展开

外板展开图

2. 外板上开口的位置和大小

外板展开图表示了外板上的开口及加强覆板的位置与大小，其中覆板的轮廓用阴影线表示。开口尺寸的下方注写的“仅左舷”表示的是仅船左舷有一个开口，其轮廓用假想轮廓线(细双点画线)表示；“仅右舷”表示的是仅船右舷有一个开口；没有以上字样的，表示开口在船左、右舷对称各有一个。

3. 与外板直接相连的纵横构件的位置

根据结构图样，外板展开图表示了与外板直接相连的纵横向构件的位置，借以说明这些构件与外板接缝及开口的相对位置。在设计过程中，也以此检查板缝和开口的布置是否满足工艺和结构上的要求。此外，有些外板展开图还表示舷墙和舭龙骨的具体结构，外板接缝典型的坡口形式以及表明外板用料和规格、数量的明细表。

9.2.4　外板展开图主要图线的应用

外板展开图中各种图线的应用见表 9-1。

表 9-1　外板展开图的表达内容与图线

序号	表达内容	图线名称
1	外板板缝线、开孔轮廓线、艏艉轮廓线、外板或舷墙顶线	细实线
2	船底纵骨、肋骨	细虚线
3	非水密平台、舱壁、旁底桁与外板的交线	粗虚线
4	水或油密甲板、平台、内底板边线、舱壁、肋板与外板交线	轨道线
5	肋板边线的假想连线、护舷材的投影线	细双点画线
6	舭龙骨	粗点画线
7	强肋骨、舷侧纵桁旁内龙骨、基座纵桁与外板的交线	粗双点画线
8	分段缝线	斜栅线

9.3 外板展开图的识读

外板展开图和肋骨型线图之间关系密切，互相配合，互为补充，它们共同反映了全船外板的结构和布置情况。因此，识读外板展开图时要和肋骨型线图相互对照，以加深对图样表达内容的理解，同时还要参照有关的结构图样。

9.3.1 了解外板的排列与尺寸

与肋骨型线图相似，板的排列情况主要由板缝线确定。外板展开图中 K 列板因对称于中线面布置，仅绘制一半，由一条边接缝线和两条端接缝线围成。

除 K 列板外，其余各列板都是左右舷各一块，由两条相邻的纵向接缝线与两条相邻的横向接缝线围成。

为了区分同一列中的每一块板，在列板的名称后带有数字下标，用于表示外板序号，如 K_4、A_4、B_4 等；外板序号由艉向艏依次编排，并注写在直径为 8 mm 的细实线圆内。板厚由数值加下画线组成。每块板的近似长度可由其所占肋位数及肋距值估计，每块板的宽度可由比例尺量得。

例如，在附图 7 外板展开图中 #49~#52 肋位之间的外板由 K_9、A_9、B_9、C_9、D_9、E_9、F_9、S_9 板组成，除了 K_9 板为一块外，其余板都是左右舷各一块板，因此 #49~#52 肋位之间共有 15 块板，K_9 板厚为 12 mm，其余板厚为 10 mm。又如，#10~#23 肋位之间的外板由 K_3、A_3、B_3、C_3、D_3、E_3、F_3、S_3、G_3、H_3 板组成，除了 K_3 板为一块外，其余板都是左右舷各一块板，因此 #10~#23 肋位之间共有 19 块板，K_3 板厚为 12 mm，其余板厚为 10 mm。依次类推，从而确定出全船的外板数量及厚度。

9.3.2 了解外板上开口与加强覆板的位置和大小

外板开口的可见轮廓用封闭的细实线表示，加强覆板的可见轮廓用封闭的细实线加短斜线表示，大小和位置可直接在图中查得。

有些开口或覆板上注明“仅左舷”或“仅右舷”等字样，即开口或加强覆板仅设于左舷或右舷一边，另一舷对称位置上不设置。

例如，在附图 7 外板展开图中 #61~#62 肋位之间的外板上，在左舷的 B_{12} 板上开有海底门，其尺寸为 310 mm × 462 mm。

9.3.3 了解纵横构件的位置

外板展开图除了纵向构件线及甲板、平台、内底板等与外板的交线外，还有横向构件线，构件的位置由这些构件交线及假想连线确定。根据线条种类及标注的构件名称，可以确定是哪种构件，同时还可以了解构件线与板的接缝线及开口之间的相对位置。

例如，在附图 7 外板展开图中，横向的垂直细虚线为普通肋骨，垂直粗双点画线为强肋骨；纵向粗双点画线为舷侧纵桁、旁桁材，纵向细双点画线为肋板边线，等等。

9.4　外板展开图的绘制

外板展开图以型线图、基本结构图和分段划分图为依据，结合肋骨型线图绘制。

（1）利用计算机绘制外板展开图，可以按实船大小采用 1 ∶ 1 的比例绘图。出图比例的大小一般取肋骨型线图比例的一半。常用的比例有 1 ∶ 25、1 ∶ 50、1 ∶ 100 等几种。另外，外板展开图通常采用加长的图纸，如图纸过长，可分两张绘制，根据船长在图纸适当位置布置视图。

如果打印出图，只需按设定的比例出图即可。

定义图线属性与比例，定义文字属性，定义尺寸属性。

（2）绘制基准线；依据型线图，绘制反映实形的艏艉轮廓线。由于外板展开图纵向不展开，只展开横向曲度，因此外板展开图中的艏艉轮廓形状与型线图中的艏艉轮廓形状相同，可以根据型线图中提供的尺寸画出，见图 9-2。

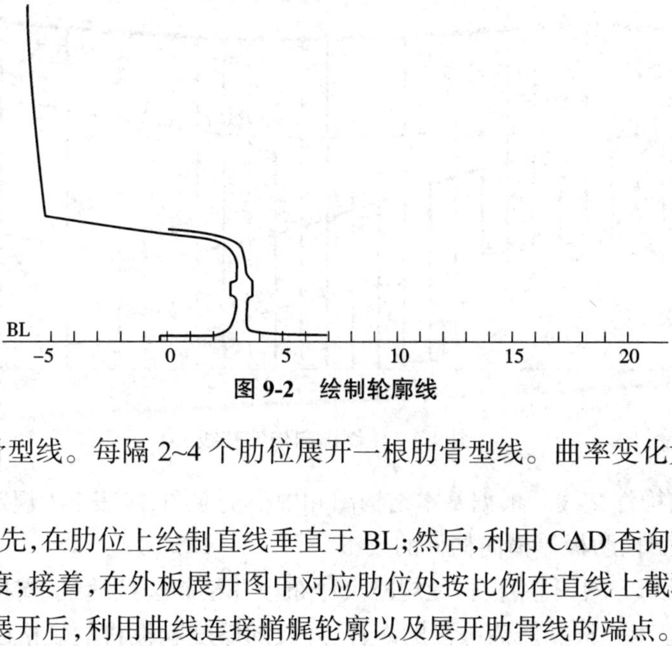

图 9-2　绘制轮廓线

（3）展开肋骨型线。每隔 2~4 个肋位展开一根肋骨型线。曲率变化大的部位，根据需要增加肋骨型线。

展开方法：首先，在肋位上绘制直线垂直于 BL；然后，利用 CAD 查询功能，在肋骨型线图中量取肋骨长度；接着，在外板展开图中对应肋位处按比例在直线上截取肋骨长度，将所需肋骨型线全部展开后，利用曲线连接艏艉轮廓以及展开肋骨线的端点。曲线包围区域即为船体一舷的近似展开面积，见图 9-3。

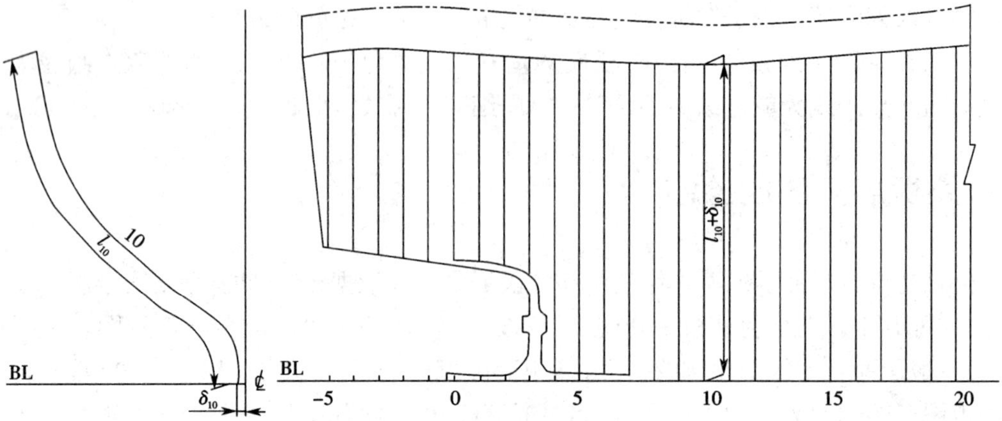

图 9-3 绘制展开轮廓线

(4)绘制纵向构件交线。构件交线包括外板与内底板、甲板板、平台板、舷侧纵桁、旁底桁、旁龙骨等的交线。在肋骨型线图中量取某一构件的边线与肋骨型线的交点;再次利用展开原理(步骤(3)的方法),将交点距船中的肋骨型线长度截取在外板展开图对应的肋骨型线上。按表 9-1 规定的线型连接各肋骨型线上同一构件相应的交点,即为所求,如图 9-4 所示。

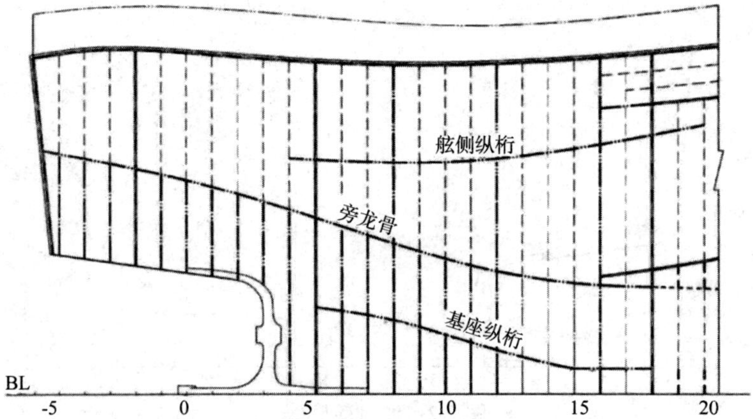

图 9-4 绘制纵向构件交线

(5)绘制横向构件交线。根据基本结构图和中横剖面图,按表 9-1 规定的线型绘出横舱壁、强肋骨、普通肋骨、肋板等横向构件的投影。

(6)根据分段划分图,利用板材的规格尺寸布板并绘制边接缝线、端接缝线和分段接缝线。布置外板接缝线要根据船体分段的划分、外板的厚度和板材的规格以及工艺和结构上的要求进行。

外板的布置在外板展开图上进行。排板时,应综合考虑用材经济合理、避免应力集中、焊缝排列美观等基本原则。具体排板过程中,应注意如下几方面的要求。

①平板龙骨和舷顶列板的宽度由《钢质海船入级和建造规范》或强度计算确定,不能任意改变。所以,通常先布置平板龙骨和舷顶列板的接缝线,再由工艺性确定舭列板宽度,布

置舭列板接缝线，最后布置其他边接缝线。在确定外板的边接缝线时，应考虑甲板、平台、纵桁、纵骨和内底边板等纵向构件的布置情况。

②外板边接缝线与纵向构件的角焊缝避免重合或形成 $\alpha<30°$ 的交角，如图 9-5（a）所示。如若不然，可改为阶梯形接缝线，如图 9-5（b）所示。

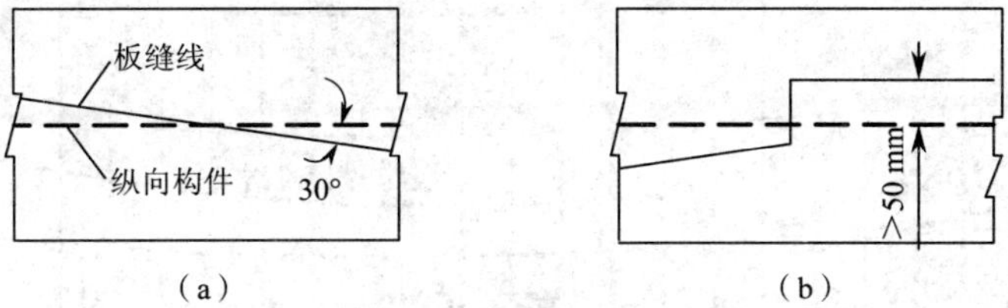

图 9-5　外板接缝线

（a）交角过小，应大于或等于 30°　（b）阶梯形板缝

③边接缝线在很长一段距离与纵向构件角焊缝形成等距时，其间距大于 50 mm。

④艏艉由于线型的变化，外板列板的数量相应要减少。通常采用并板方式过渡，其形式有：双并板，即用加宽列板替代相邻两列板，如图 9-6（a）所示；阶梯形并板，即相邻两列板端接缝在不同肋位中断，与另一加宽列板形成阶梯形接缝，如图 9-6（b）所示。

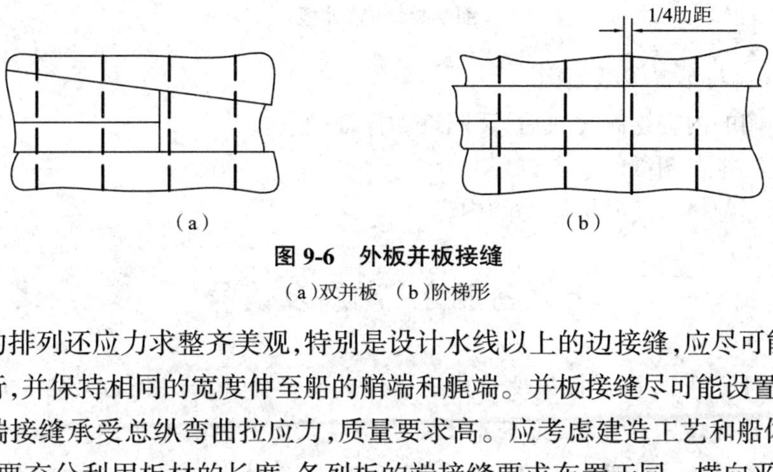

图 9-6　外板并板接缝

（a）双并板　（b）阶梯形

⑤外板的排列还应力求整齐美观，特别是设计水线以上的边接缝，应尽可能与甲板边线或折角线平行，并保持相同的宽度伸至船的艏端和艉端。并板接缝尽可能设置在水线以下。

⑥外板端接缝承受总纵弯曲拉应力，质量要求高。应考虑建造工艺和船体分段的划分情况，同时又要充分利用板材的长度，各列板的端接缝要求布置于同一横向平面上，以减少装配和焊接的工作量，为使用垂直自动焊创造条件，同时容易控制船体的焊接变形。

端接缝应避开横向构件的角焊缝及大开口角隅部位。端接缝应尽可能布置在 1/4 肋距处或 3/4 肋距处。

（7）绘制外板上的加强覆板和开口并标注其定形、定位尺寸。必要时，可在覆板和开口附近用文字说明“仅左舷”或“仅右舷”。

（8）对外板进行编号、尺寸标注。外板板件编号基本顺序为：由基线向舷顶（即由下至上）按 K，A，B，…，S 编排；由船艉至船艏每列板按 1，2，3，4，…编排。在每块板上标记相应的编号及板厚，编号标注在直径为 8 mm 的圆内，规格线应对准圆心引出，板厚注写在规格线上，如图 9-7 所示。

纵向构件在图中通常要注写名称，以方便看图。此外，为了说明外板厚度在船长方向不同区域的变化，按规范要求，一般在基线下方要注明船端 0.075 L 或船中 0.4 L 等范围，L 为船长。

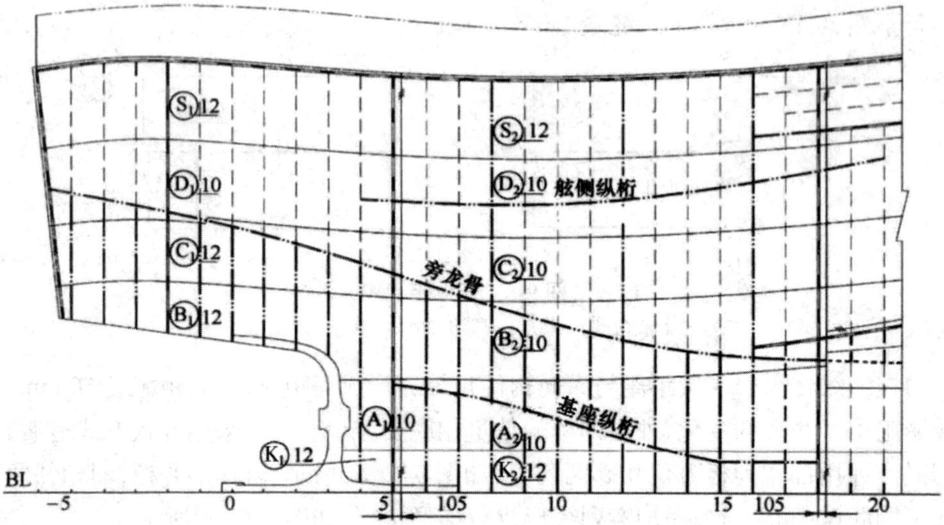

图 9-7　布置外板

（9）检查内容，布置图纸幅面。

外板展开图的内容绘制完成后，逐图逐项仔细检查。

主尺度栏安排在图纸的右上方。

最后填写标题栏和反向标题栏的内容。

十大名船之"渤海友谊号"

渤海友谊号是中国首艘自行设计建造的浮式生产储油船（FPSO），它实现了中国浮式生产储油船设计建造零的突破，是世界上首次将浮式生产储油船用于有冰海域。作为海洋石油开发产业链中的关键设施，FPSO 属于"高风险、高技术、高投入、高回报、高附加值"的综合性海洋工程。其设计与建造集中反映出一个国家的综合工业水平和技术开发能力。渤海友谊号于 1987 年 6 月在上海沪东造船厂全面开工建造，1989 年正式建成。渤海友谊号总长 215.62 m，型宽 31 m，型深 17.6 m，设计吃水 10.7 m，总载质量为 52 000 t。

时任渤海友谊号副总设计师兼船体专业负责人的赵耕贤研究员，在国内率先解决了 FPSO 船体抗冰设计、特殊海域船体载荷选取等关键技术问题。

渤海友谊号设计过程中面临的最大难题是冰区海域 FPSO 设计技术。众所周知，我国渤海是有严重冰冻的海域，北部的辽东湾海域每年冰期 105~120 天，面积从几百平方米到几平方千米，冰厚 10~40 cm。因此，渤海友谊号的作业海域非常危险，而当时世界上还没有 FPSO 用于冰区海域的先例。首先，将 FPSO 所在海域的冰载按浮动的流冰考虑，也就是船体达到常规船舶抗浮冰级的要求。随后，工程技术人员赴荷兰瓦格宁根水池进行 FPSO 与单点水池模型试验。工作人员用等效冰块模拟方法模拟流冰与FPSO的相互作用,进行了不同的流冰速度、冰块大小的多工况试验,摸索冰与FPSO相互作用的机理、冰荷载计算方法、结构加强范围等。这些为FPSO成功用于冰区油田奠定了良好基础。最终,提出采用应急解脱的软钢臂YOKE单点系泊系统,首次解决了严重冰冻海域中FPSO安全作业问题,该项技术比国外建造的抗冰型FPSO早了整整10年。

特定海域FPSO波浪弯矩的确定,是船体设计的另一个关键技术。由于FPSO要永久系泊在油田连续作业长达20~30年之久,所以必须能经受住海上狂风恶浪的袭击。在设计渤海友谊号期间,国际上既无同类实船可供参考,也没有母型船相关资料可查,甚至连船级社的专门规范都没有。那么,应该如何计算波浪弯矩呢?经过研究与分析,首先要做的就是查找特定海域实际海况资料与海浪谱,然后根据各实际海况下的船舶运动和载荷响应,用统计分析法获得波浪弯矩,进而校核船体的总强度。根据海况,通过FPSO全生命周期数十种配载计算分析,得到渤海海域波浪弯矩的设计参数,并运用在实际工程中。这样一来,船体结构更加先进合理,节省了上千万美元的外汇。

划分FPSO的危险区是又一个设计关键。当时国内船舶设计中从未经历过,毫无资料可循。1987年4月,赵耕贤研究员在去摩纳哥单点系泊公司(SBM)进行软钢臂系统技术协调的途中,先取道东非,继而前往西非尼日利亚AKAM油田考察,发现了一张完全按美国石油工业协会(American Petroleum Institute,简称API)指导文件绘制的FPSO"危险区划分图",如获至宝。几经周折后,他才将复印件带回国内。设计人员以此为参考,绘制了中国造船业内第一张"危险区划分图",并被美国船级社批准。之后,其成为其他船舶及海洋工程设计的重要参考蓝本。

(选自《甲板上的中国:揭秘当代中国十大名船》,大连海事大学出版社,2016)

渤海友谊号

练习题

一、选择题

1. 外板展开图采用了近似展开方法，只展开船体表面的（　　）向曲度。

A. 横　　B. 纵　　C. 竖　　D. 垂

2. 外板展开图中，用（　　）表示强肋骨、舷侧纵桁等构件的简化线。

A. 粗实线　　B. 粗虚线　　C. 粗点画线　　D. 粗双点画线

3. 某外板展开图的局部图如习题图 9-1 所示，#48 肋位处的舷顶列板板厚为（　　）。

A.8 mm　　B.9 mm　　C.10 mm　　D.14 mm

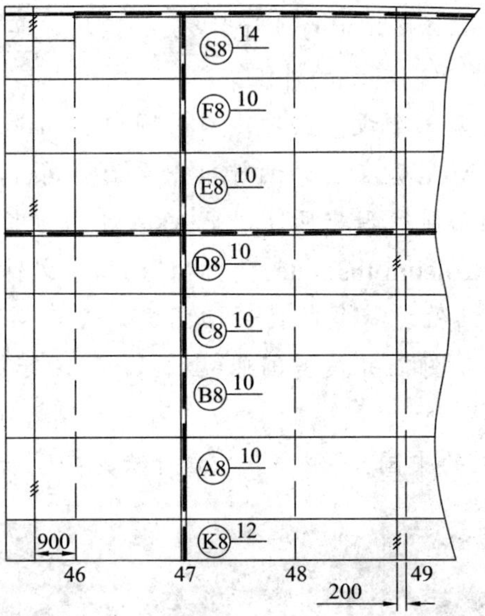

习题图 9-1

4. 某外板展开图的局部图如习题图 9-1 所示，$\#46^{-900}\sim\#49^{-200}$ 处的平板龙骨 K8 长度为（　　）。

A.4 × 肋骨间距 +900+200

B.4 × 肋骨间距 +900-200

C.4 × 肋骨间距 -900+200

D.4 × 肋骨间距

5. 外板展开图中，开孔的可见轮廓用细实线表示，其加强覆板用覆板轮廓线加（　　）表示。

A. 阴影线　　B. 细斜线　　C. 标示文字　　D. 涂黑

6. 外板展开图表示了（　　）。

A. 船体外板的排列情况

B. 船体外板的厚度分布情况

C. 开口位置

D. 开口大小

E. 外板上的构件布置情况

7. 布置外板展开图的边接缝线时，(　　)的宽度不能任意改窄。

A. 平板龙骨　　B. 船底外板

C. 舭列板　　D. 舷侧外板

E. 舷顶列板　　F. 甲板边板

第 10 章　分段划分图

10.1　分段划分图的地位与作用

船体分段划分图是表示全船分段划分情况的生产设计图样。当船舶的设计进行到一定阶段，整个船舶的结构图已经完成，船台装配方式已经确定之后，就需着手研究船体分段的划分。

从分段划分图中可以了解全船分段的数量、分段接缝位置、分段理论质量以及船台装配余量的数量和加放位置。某些分段划分图还表示了各分段在船台上的定位吊装顺序。分段划分是否合理，关系到能否有效地利用造船设备，提高生产效率，改善劳动条件，提高建造质量和降低成本。也就是说，船体分段的尺寸、质量、形状及划分位置，对船舶建造的周期、成本和质量，都有相当大的影响。分段划分是一项复杂而细致的工作，必须根据工厂生产条件（包括起重能力）、船舶建造工艺和船体结构特点等多方因素，进行反复分析研究、全面比较，以求得在技术和经济上最为合理的分段划分方案，从而绘制出分段划分图和分段结构图。

船体分段划分图的主要用途：

（1）是其他结构图样绘制分段接缝位置的依据；

（2）是船台装配时分段吊装、定位以及起重、运输配置设备的依据。

10.2　分段划分图的组成与特点

10.2.1　分段划分图的组成

分段划分图主要由一组视图、船体分段的编号、分段明细栏、主尺度和余量与补偿布置组成，如附图 8 所示。

1. 分段划分图的视图

分段划分图的视图主要表达分段的划分情况以及分段接缝位置。船体分段划分图中，只表示分段的接缝，不表示一般的板缝。分段接缝线用细实线表示，分段划分图的视图包括侧面图、甲板平面图、舱底图、纵剖面图和横剖面图。

1）侧面图

侧面图是从船体右舷向正立投影面投影所得的视图，是分段划分图的主视图。它表达了船体分段沿船长和船深方向的分段接缝位置。从该图可以了解全船分段划分的概貌。

2）甲板平面图

甲板平面图是用剖切面沿甲板上表面剖切船体所得的剖面图。它表示了船体甲板分段沿船长和船宽方向的分段接缝位置。甲板平面图主要用来表示甲板分段或与甲板相关的分段位置。

3）舱底图

舱底图是用剖切面沿底部构件的表面剖切船体而得到的剖视图。它主要表达了船体底部分段沿船长和船宽方向的分段接缝位置。

除上述基本视图外，如果船体分段的板和内部骨架的分段接缝不在同一平面（图 10-1）时，则分段划分图进一步划分为纵剖面图、横剖面图等。

4）纵剖面图

纵剖面图是用纵向平面剖切船体而得到的剖视图。它表达了剖切平面处分段的板和内部纵向骨架沿船长方向的分段接缝位置。

5）横剖面图

横剖面图是用横向平面剖切船体而得到的视图，它表达了剖切平面处分段的板和横向骨架沿船宽方向的分段接缝位置。

纵剖面图和横剖面图不仅表示了分段的接缝位置，而且表示了内部纵、横骨架的接缝位置，体现了船体分段划分时内部骨架的处理结果，表示了分段处板与骨架之间的分段接缝线的相对位置，而侧面图、甲板平面图、舱底图是不表示内部骨架接缝位置的。

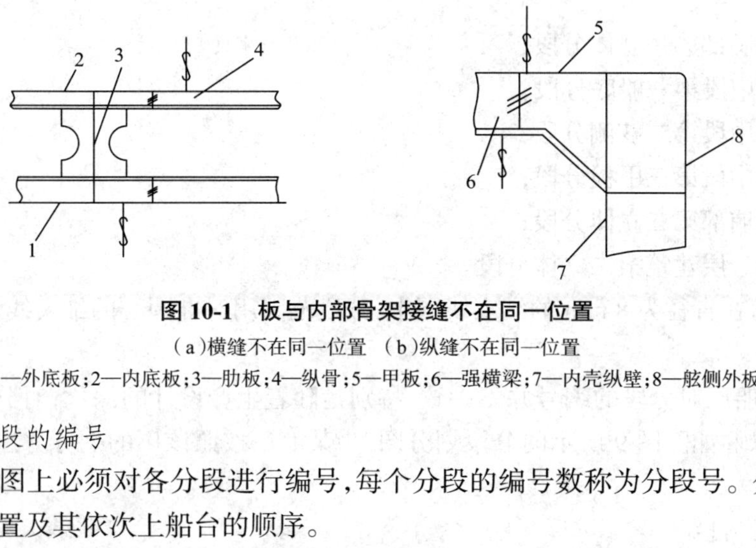

图 10-1　板与内部骨架接缝不在同一位置

（a）横缝不在同一位置　（b）纵缝不在同一位置

1—外底板；2—内底板；3—肋板；4—纵骨；5—甲板；6—强横梁；7—内壳纵壁；8—舷侧外板

2. 船体分段的编号

分段划分图上必须对各分段进行编号，每个分段的编号数称为分段号。分段号要体现分段的所在位置及其依次上船台的顺序。

船体分段采用三位数字编号。其中百位数字表示分段的区域，用“1”代表艉段；“2”代表中段，“3”代表艏段，如图 10-2（a）所示；上层建筑分段百位用“6”表示。同一分段左右两舷和船中采用同一区域号，仅在数字后以“P”（表示左舷）、“S”（表示右舷）、“C”（表示船中）加以区别，如图 10-2（b）所示。十位数表示分段部位：“1”表示底部；“2”表示舷侧；“3”表示甲板；“4”表示舱壁；“0”表示立体分段，如图 10-2（c）所示。个位数表示纵向由艉至艏、横向由下至上的分段顺序位置。

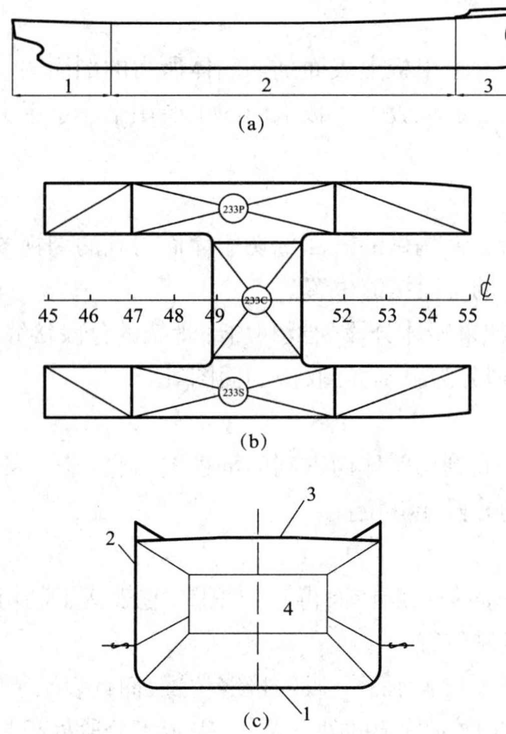

(a)

(b)

(c)

图 10-2 分段的编号

例如：

101 表示艉部第一立体分段；

211 表示中段第一船底分段；

222 表示中段第二舷侧分段；

233 表示中段第三甲板分段；

302 表示艏部第二立体分段；

602 表示上层建筑第二立体分段。

分段号写在直径为 8 mm 的细实线圆中，分段范围用对准圆心的细实线对角线表示，见附图 8。

目前，各船厂对分段的编号并不一致，特别是随着生产设计的深化，对分段编号有进一步细化的要求。如附图 9 所示的分段划分图，为某船厂按照该厂的划分方法对船舶进行分段划分。

3. 分段明细栏

分段划分图在标题栏上方编有明细栏，明细栏中列出了全船各分段的序号、分段号、名称、质量及外形尺寸等，其格式见图 10-3，表 10-1 为分段明细栏示例。明细栏在船台装配时，可作为定位、吊装以及起重、运输配置设备的依据。

(1)序号：表示全船分段的次序号，通常的次序是由艉向艏、自下向上编排。可以从序号中知道全船分段的位置。

（2）分段号：各分段的代号。

（3）名称：表示各分段的名称及沿船长方向的位置。

（4）质量：表示该分段的理论质量，单位为 t（吨）。

（5）外形尺寸：表示分段长 × 宽 × 高的外形轮廓尺寸，单位为 mm（毫米）。

（6）附注：填写必要的说明。

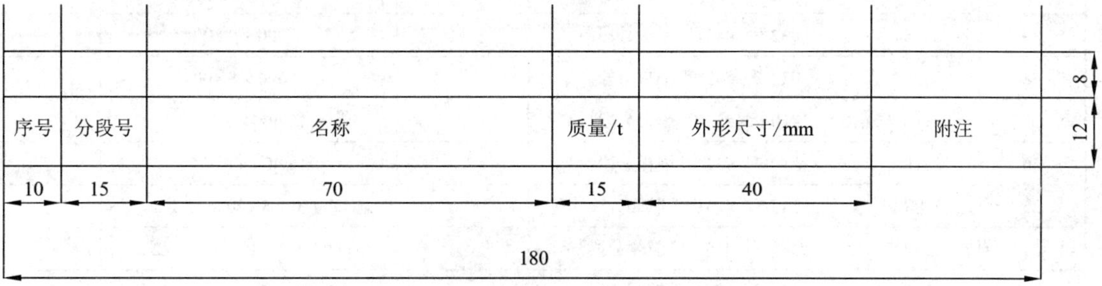

图 10-3　分段划分图的分段明细栏格式

表 10-1　分段划分图明细栏

66	606	艏楼立体分段		11 560 × 17 270 × 1 329	
65	605	烟囱立体分段		4 157 × 12 970 × 7 038	
64	604	罗经甲板及其下围壁分段		7 000 × 12 970 × 2 250	
63	603	驾驶甲板及其下围壁分段		11 900 × 12 970 × 2 530	
62	602	起居甲板及其下围壁分段		16 600 × 12 500 × 2 530	
61	601	艇甲板及其下围壁分段		17 500 × 12 800 × 2 688	
60	301	#161^{-260}~ 艏 艏部立体分段		11 395 × 17 270 × 13 608	
59	247L	#154~#161 中纵舱壁分段		4 900 × 10 050	
58	246L	#138~#154 中纵舱壁分段		11 200 × 10 050	
57	245L	#118~#138 中纵舱壁分段		14 000 × 10 050	
56	244L	#98~#118 中纵舱壁分段		14 000 × 10 050	
55	243L	#78~#98 中纵舱壁分段		14 000 × 10 050	
54	242L	#58~#78 中纵舱壁分段		14 000 × 10 050	
53	241L	#41~#58 中纵舱壁分段		11 900 × 10 050	
52	246T	#154 横舱壁分段		16 000 × 10 050	
51	245T	#138 横舱壁分段		16 000 × 10 050	
50	244T	#118 横舱壁分段		16 000 × 10 050	
49	243T	#98 横舱壁分段		16 000 × 10 050	
48	242T	#78 横舱壁分段		16 000 × 10 050	
47	241T	#58 横舱壁分段		16 000 × 10 050	
46	239	#145^{-170}~#161^{-260} 甲板分段		11 110 × 11 960	
45	238	#128^{-170}~#145^{-170} 甲板分段		11 900 × 11 960	

续表

44	237	#111^{-240}~#128^{-170} 甲板分段		11 970 × 11 960	
43	236	#94^{-310}~#111^{-240} 甲板分段		11 970 × 11 960	
42	235	#76^{+320}~#94^{-310} 甲板分段		11 970 × 11 960	
41	234	#59^{+250}~#76^{+320} 甲板分段		11 970 × 11 960	
40	233	#42^{+180}~#59^{+250} 甲板分段		11 970 × 11 960	
39	232S	#32^{+180}~#42^{+180} 甲板分段		7 000 × 9 600	
38	232P	#32^{+180}~#42^{+180} 甲板分段		7 000 × 8 400	
37	231S	#10^{+180}~#32^{+180} 甲板分段		15 400 × 9 575	
36	231P	#10^{+180}~#32^{+180} 甲板分段		15 400 × 8 375	
35	229S	#145^{-170}~#161^{-260} 舷侧分段		11 110 × 3 020 × 12 342	
34	229P	#145^{-170}~#161^{-260} 舷侧分段		11 110 × 3 020 × 12 342	
33	228S	#128^{-170}~#145^{-170} 舷侧分段		11 970 × 3 020 × 10 346	
32	228P	#128^{-170}~#145^{-170} 舷侧分段		11 970 × 3 020 × 10 346	
31	227S	#111^{-240}~#128^{-170} 舷侧分段		11 970 × 3 020 × 9 825	
30	227P	#111^{-240}~#128^{-170} 舷侧分段		11 970 × 3 020 × 9 825	
29	226S	#94^{-310}~#111^{-240} 舷侧分段		11 970 × 3 020 × 9 367	
28	226P	#94^{-310}~#111^{-240} 舷侧分段		11 970 × 3 020 × 9 367	
27	225S	#76^{+320}~#94^{-310} 舷侧分段		11 970 × 3 020 × 9 367	
26	225P	#76^{+320}~#94^{-310} 舷侧分段		11 970 × 3 020 × 9 367	
25	224S	#59^{+250}~#76^{+320} 舷侧分段		11 970 × 3 020 × 9 367	
24	224P	#59^{+250}~#76^{+320} 舷侧分段		11 970 × 3 020 × 9 367	
23	223S	#42^{+180}~#59^{+250} 舷侧分段		11 970 × 3 020 × 9 384	
22	223P	#42^{+180}~#59^{+250} 舷侧分段		11 970 × 3 020 × 9 384	
21	222S	#32^{+180}~#42^{+180} 舷侧分段		7 000 × 10 088	
20	222P	#32^{+180}~#42^{+180} 舷侧分段		7 000 × 10 088	
19	221S	#10^{+180}~#32^{+180} 舷侧分段		15 400 × 10 528	
18	221P	#10^{+180}~#32^{+180} 舷侧分段		15 400 × 10 528	
17	219S	#145^{-170}~#161^{-260} 底部分段		11 110 × 7 967 × 2 150	
16	219P	#145^{-170}~#161^{-260} 底部分段		11 110 × 5 668 × 2 150	
15	218S	#128^{-170}~#145^{-170} 底部分段		11 900 × 9 868 × 2 150	
14	218P	#128^{-170}~#145^{-170} 底部分段		11 900 × 7 570 × 2 150	
13	217S	#111^{-240}~#128^{-170} 底部分段		11 970 × 10 119 × 2 150	
12	217P	#111^{-240}~#128^{-170} 底部分段		11 970 × 7 819 × 2 150	
11	216S	#94^{-310}~#111^{-240} 底部分段		11 970 × 10 119 × 2 150	
10	216P	#94^{-310}~#111^{-240} 底部分段		11 970 × 7 819 × 2 150	
9	215S	#76^{+320}~#94^{-310} 底部分段		11 970 × 10 119 × 2 150	
8	215P	#76^{+320}~#94^{-310} 底部分段		11 970 × 7 819 × 2 150	

续表

序号	分段号	名称	质量 /t	外形尺寸 /mm	附注
7	214S	$\#59^{+250}$~$\#76^{+320}$ 底部分段		11 970 × 10 114 × 2 150	
6	214P	$\#59^{+250}$~$\#76^{+320}$ 底部分段		11 970 × 7 814 × 2 150	
5	213S	$\#42^{+180}$~$\#59^{+250}$ 底部分段		11 970 × 9 874 × 2 150	
4	213P	$\#42^{+180}$~$\#59^{+250}$ 底部分段		11 970 × 7 574 × 2 150	
3	212	$\#32^{+180}$~$\#42^{+180}$ 底部分段		7 000 × 14 245 × 1 500	
2	211	$\#10^{+180}$~$\#32^{+180}$ 底部分段		15 400 × 10 467 × 1 500	
1	101	艉 ~$\#10^{+180}$ 艉部立体分段		9 174 × 16 213 × 11 789	

4. 主尺度

分段划分图的主尺度主要有总长、垂线间长、型宽、型深、吃水和肋距等。

5. 余量与补偿布置

1）留放余量与补偿的缘由

在船体建造时，其零件在切割、加工和焊接过程中会产生变形。为了把船体精度控制在标准范围内，必须考虑船体零件在切割、加工、装配和焊接工序中产生的变形。

在精度设计中要求在船体分段设计阶段进行补偿量和余量的加放，以确定现场余量的修割。相应的补偿量在零件基本尺寸上加放。

因此，在分段划分图中，一般需要将全船各分段的余量的性质和留放的位置标注出来。其中，侧面图反映长度和高度方向的余量，甲板平面图和底部平面图反映长度和宽度方向的余量，横剖面图反映宽度方向的余量。

余量和补偿都是构件的边缘（板缝及骨架端部）在放样及下料时放出的大于理论尺寸的部分。余量和补偿的区别是：余量在施工到一定阶段，经过定位画线后要进行切割；补偿一般不需切割，它是为弥补由构件偏离理论尺寸和焊接收缩产生的误差，以满足反变形而留放的余量。补偿在船体装配焊接后自行消失，余量和补偿在图中用符号“▼”表示。

2）留放余量与补偿的符号和含义

目前，余量符号在船体图样中还没有统一的标准。各船舶设计及生产单位的标准不同。本书采用的符号，仅是为了说明余量表示而选用的一种。

余量与补偿的符号由一个三角形和数字组成，如图 10-4 所示。符号的含义有三方面。

（1）余量（补偿）留放部位。三角形顶点指向留放余量分段的接缝，如图 10-4（b）所示。

（2）余量（补偿）的数值。图 10- 4（a）中，x 为余量值，y 为补偿值。y 值为 0 或无值时，表示余量切割后不留补偿。

表示在 × × 阶段后，保留 y 值的补偿量，其余 x–y 切除。

（3）余量加工工艺在全船余量布置图中用不同的图形符号来表示。

▼——船台大合拢余量，在船台合拢过程中，分段在第一次定位画线后切割。

▽——船台分段无余量符号。分段装焊结束吊离胎架前，根据实测数反馈，在分段上预先画出基准线，重新修正画线，切割余量后再吊上船台。

▼——船台合拢补偿余量,表示分段在船台合拢后,相邻分段尚未合拢前画线切割。

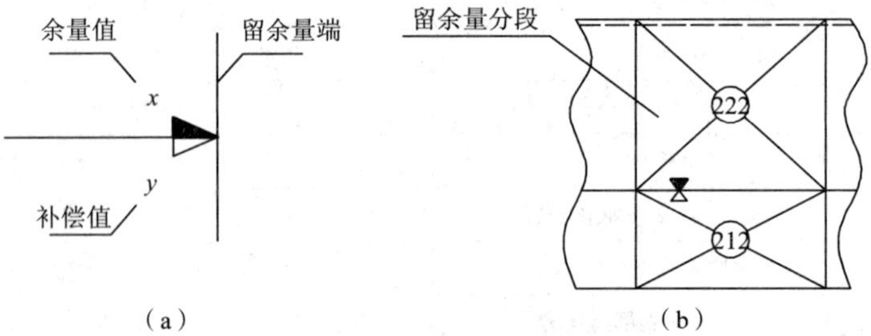

图 10-4 余量符号及标注

10.2.2 分段划分图的标注

分段划分图中标注的尺寸如下。

船体主尺度:通常标有总长、垂线间长、型宽、型深、吃水、肋距等。船体主尺度一般置于图纸的右上方。

分段接缝位置的定位尺寸:通常沿船长方向为靠近分段接缝最近的肋位,沿船宽方向为船体中线,沿船深方向为甲板、平台、内底等相关构件。

10.2.3 分段划分图的特点

1. 分段划分图视图的示意性

因为分段划分图主要表明分段接缝的位置,所以视图中,除与分段定位有关的结构(如甲板、平台、舱壁、内底、水密肋板等)外,其他结构均不画。图中也不画一般的板缝线,只画分段接缝线且分段接缝线用细实线表示。这样图样简洁、清晰,画图方便,便于使用。

2. 图线的特殊性

除纵、横剖面图外,其余视图的外形轮廓用细实线表示;甲板板、平台板、舱壁板、内底板等与外板的不可见交线不论其水密性,均用粗虚线表示。

10.3 分段划分图的识读

附图 8 所示为某船的分段划分图,它主要由一组视图、标题栏、分段明细栏和主尺度组成。其中明细栏主要表示出全船各分段的分段号、名称、质量及分段位置等;侧面图、甲板图和舱底图一组视图表示出各分段的划分情况以及分段接缝位置;为了便于图样识读和船厂中分段及船体的建造工作,对组成船体的各分段进行了编号,分段的编号方法按《金属船体制图》(GB/T 4476—2008)规定,表示出分段所在的位置。

通过船体分段划分图的识读,主要了解该船全船分段的划分情况。

分段划分图的视图表示比较简单,所识读内容与其他船体图样相比也较少,主要了解船体分段位置、分段的数量及分段的质量和大小。识读时，明细栏、侧面图、甲板图、舱底图和分段号要相互参照。

1. 了解船体的分段划分概况

根据明细栏，结合侧面图、甲板图、舱底图和分段号可知主船体的艏、艉段划分情况，中段划分的底部分段数、舷侧分段数、甲板分段和舱壁分段数，还可了解上层建筑中艏楼、艉楼等的划分情况，这样可对整个船体的分段划分情况有个概括的了解。

例如：附图 8 中，根据明细栏，结合侧面图、甲板图、舱底图和分段号可知该船主船体的艏和艉各划分成 1 个立体分段，即艏段（301）、艉段（101）。

中段则划分成 16 个底部分段、18 个舷侧分段、11 个甲板分段和 13 个舱壁分段。

上层建筑中，艉楼划分成 5 个立体分段（包括烟囱分段），艏楼为 1 个立体分段，共计 6 个分段。

全船一共被划分成 66 个分段。

这样可对整个船体的分段划分情况有个概括的了解。

2. 具体了解各分段的位置

根据侧面图并对照相应的甲板或舱底图，结合分段号逐段了解各分段的具体位置，分段的位置由分段的接缝线位置来确定。识读时，可从艉向艏、自下向上逐段进行。通过逐段识读，就能将全船分段的具体位置和关系搞清。

例如，附图 8 中 101 为艉部分段，船长方向是自艉端至 #10 向船艏 180 mm，记为艉端 ~$\#10^{+180}$ 肋位（距相近肋位向艏为“+”，向艉为“−”），船深方向是自船底至上甲板以上的外板顶线。

附图 8 中 211 底部分段，船长方向是自 #10 向船艏 180 mm 至 #32 向船艏 180 mm 肋位，记为 $\#10^{+180}$~$\#32^{+180}$ 肋位，船深方向分段接缝线的位置自船底至内底以上，船宽方向对照舱底图可知，没有再进行划分。

附图 8 中 223 舷侧分段，船长方向是自 $\#42^{+180}$~$\#59^{+250}$ 肋位，船深方向内底以上至上甲板以上的外板顶线，左右舷对称设置，因此分成左右两舷两个分段，分别是 223P 和 223S。

附图 8 中 231 甲板分段，船长方向是 $\#10^{+180}$~$\#32^{+180}$ 肋位，左右舷对称设置，因此分成左右两舷两个分段，分别是 231P 和 231S。

3. 了解各分段的质量和外形尺寸

由于分段质量和外形尺寸与起重运输设备及工艺装备的选用有直接关系，因此需查阅明细栏了解各分段的质量和外形尺寸，并应知道全船分段中哪个分段最重，哪个分段外形尺寸最大。这样就可有效地配置适当的起重运输设备。

4. 了解各分段的留放余量与补偿

图 10-5 为甲板平面图的局部，图框中的余量与补偿符号的含义为：231P 分段在下料时，材料下料尺寸中含 30 mm 的余量，留余量端为距船中 600 mm 的分段边界位置，在分段合拢后，这 30 mm 全部切除，无保留补偿量。

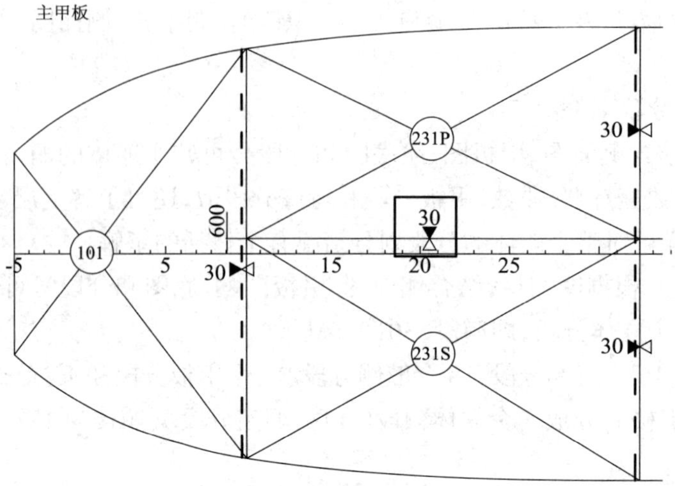

图 10-5 甲板平面图局部

船人舶事:模块造船技术

模块造船就是在满足船舶总体性能、强度、结构和功能的前提下,将船舶划分成若干模块,按照这些模块进行船舶设计,由专业厂家进行模块建造,然后由总装厂进行总装,最后形成所需船舶。模块化造船就像搭积木一样,可根据不同作用和任务进行组件装配,大大简化设计,方便制造,提高生产力水平。在此基础上,运用现代计算机管理技术,建立舰船模块数据库、图形库等母型船资料,其可广泛运用于新船设计中。

20 世纪 60 年代,模块造船技术因建造军用舰船的需要而产生。这一新技术一经产生便表现出无与伦比的先进性和巨大的生命力,创造了很高的经济效益,引起各国重视,并逐步延伸到商船建造中,如油船、散货船、集装箱船等。随着计算机技术和全球经济一体化的发展,模块造船技术日臻完善,凸显出独特的适应社会化大生产下分工和协作的优势。

中国造船业在郑和与其船队消逝在历史的长河之后由衰败转为落后,而且持续了几个世纪。直到中华人民共和国成立后中国造船业才有了新的生机,特别是改革开放以来,发展迅速。但从技术发展上看,日、韩等国家的造船业已经开始实施敏捷制造模式,利用数字化技术和智能设计技术,建立虚拟企业,实施造船的全面模块化和数字化。而我国造船技术仅仅发展到集成制造阶段,同时存在设计制造过程中尺寸和公差传递环节多、计划调度困难等问题,从而造成企业管理难度大,生产效率比日本、韩国低。因此我国要完成从“造船大国”向“造船强国”的转变,适应世界造船业竞争日益加剧的严峻形势并赢得竞争,还需要建立现代的模块化造船模式,大幅度地提高设计、制造、管理效率和产品质量。

(摘自 http://www.eworldship.com/index.php?m=wiki&a=doc_detail&did=3929,略有改动)

10.4 分段划分图的绘制

绘制分段划分图主要参考型线图、中横剖面图、基本结构图和肋骨型线图。绘制的步骤如下。

1. 确定视图的数量

前述分段划分图的视图种类和数量取决于船舶类型、大小及分段划分情况。这里的确定视图数量主要是确定除侧面图以外的其他视图的数量。一般原则:在完整、清晰表达分段位置的前提下,力求较少的视图,以减少画图的工作量。

2. 利用计算机绘制分段划分图,可以按实船大小采用 1 ∶ 1 的比例绘图。分段划分图表达的内容比较简单,因此选用的比例可适当小些,常用的比例有 1 ∶ 25、1 ∶ 50、1 ∶ 100、1 ∶ 200 等几种。根据所选比例、视图数量及主尺度确定图纸幅面。图纸幅面不宜过大,以免使用不便。如果打印出图,只需按设定的比例出图即可。

定义图线属性与比例,定义文字属性,定义尺寸属性。

3. 绘制视图

(1)画基准线(基线或中心线)和确定肋位,其方法与基本结构图相同。

(2)画出各图的外形。侧面图、甲板平面图以及舱底图的外形可以型线图为依据画出,其方法可参见基本结构图各图外形的作法。横向剖面图的外形可根据肋骨型线图中相应的肋骨型线画出。

(3)画出侧面图中有关结构。在侧面图外形基础上,可依据基本结构图画出侧面图中的各层甲板、平台、内底、横舱壁和水密肋板等结构。

(4)画出甲板平面图上的有关结构及开口。在甲板平面图外形的基础上,根据基本结构图画出该甲板以下的有关结构,如横舱壁、纵舱壁等,该甲板上面的结构通常均省略不画。甲板的开口通常只画大开口,如机舱口、货舱口等,小的开口(如梯口、人孔等)均省略不画。

(5)画出舱底图上的有关结构。舱底图上的有关结构通常也只画内底以下的结构,如水密肋板、水密纵桁等。

(6)画出分段接缝线,编制分段号及画出分段对角线。根据已定的分段划分方案所确定的分段接缝线位置,在各图形上画出接缝线,并对各分段进行编号,然后画出分段对角线(用细实线画出)。画分段对角线主要是使分段的范围更清晰、更醒目。

(7)画出留放余量与补偿符号。

4. 尺寸标注

分段划分图中的尺寸,一般只标注船体主尺度及分段的定位尺寸和分段接缝线的位置。

5. 检查内容,布置图纸幅面,编制明细栏,填写标题栏

分段划分图的内容绘制完成后,应逐图逐项仔细检查。

分段划分图的图面布置:侧面图布置在图纸左上方,向下依次布置甲板平面图和舱底图,图纸中间部分布置纵剖面图和横剖面图。

明细栏布置在标题栏上方,应根据分段序号自下而上填写;若明细栏不设置在标题栏上方,则应根据分段序号自上而下填写。

主尺度列于图纸的右上角。

最后填写标题栏和反向标题栏的内容。

十大名船之“东风号”

东风号是中国首艘自行设计建造的万吨级远洋船，该船在1959年初正式投料开工，1965年交付使用。该船的设计水线长152.5 m，垂线间长147.2 m，设计吃水8.46 m，载货量10 000 t，航速为17.3 kn。

1958年，中国将自行设计、制造万吨级远洋船列为国家科学技术发展十年规划重点项目。当时，设计人员仅用3个半月时间就完成了整个施工设计图纸，比过去5 000 t货船的设计周期缩短了3/4以上。之后，交通部远洋运输局根据设计图纸的要求，委托江南造船厂承造，双方于1959年1月正式签订了协议书。在进入船体装配阶段时，为加快装配速度，工程技术人员参阅了数百份图纸资料，研究学习苏联的造船装配方法，采用三岛式建造法代替过去的双岛建造法，使万吨船底板一上船台，即可分三路同时施工，从而大大加快装配速度。从1960年1月起，全船一百多个分段相继上船台进行合龙。

东风号是全国大协作的胜利成果。船用高强度低碳合金钢材由冶金部钢铁研究所与鞍山钢铁公司共同研究成功，鞍钢生产。船用主机是上海沪东造船厂试制的中国第一台8 820匹马力低速柴油机。其他船用辅机、仪表仪器等配套设备的协作单位涉及全国18个部、16个省市所属的291个工厂和院校，这些协作单位为东风号提供了2 600多项器材和设备，其中包括40余项新试制的船用产品。

东风号能在海上连续航行40昼夜，远航至欧洲、非洲和拉丁美洲。东风号在航运中，许多海外侨胞都把它当作祖国的领土。轮船到达一个港口，当地的侨胞纷纷来船上与祖国亲人相见。有一次，一位双目失明的老侨胞，由亲属陪同远道赶来，他从船头一直摸到船艉，激动地说：“我们华侨就盼着祖国早日富强啊！”

（选自《甲板上的中国：揭秘当代中国十大名船》，大连海事大学出版社，2016）

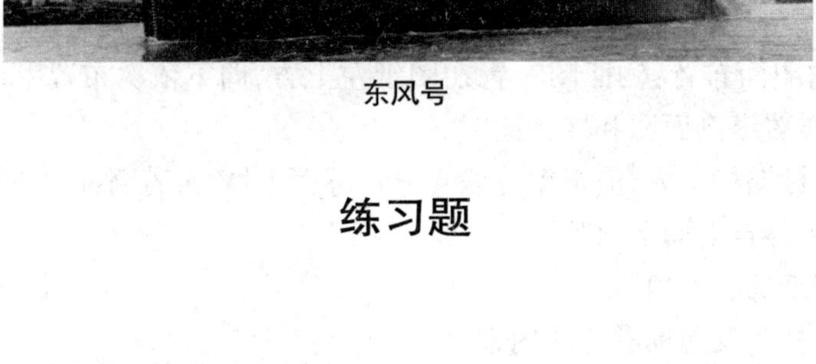

东风号

练习题

一、选择题

1. 分段划分图中，分段接缝线用(　　)表示。

A. 波浪线　B. 粗实线　C. 细实线　D. 粗虚线

2. 纵剖面图表示剖切平面处的分段的板和内部纵向骨架沿(　　)方向的分段接缝位置。

A. 船长　B. 船宽和船深

C. 船长和船宽　D. 船宽

3.《金属船体制图》(GB/T 4476—2008)规定,主船体分段采用三位编号,其中百位数字表示分段的区域,用 2 表示(　　)。

A. 艉段　B. 中段　C. 艏段　D. 船宽

4.《金属船体制图》(GB/T 4476—2008)规定,主船体分段采用三位编号,其中十位数字表示分段的区域,用 1 表示(　　)。

A. 底部　B. 舷侧　C. 甲板　D. 舱壁

5. 在同一分段中,如果在中间,用字母(　　)表示。

A.P　B.S　C.C　D.E

6. 船体分段的类型有(　　)。

A. 平面分段　B. 曲面分段　C. 立体分段　D. 总段

7. 分段划分图的明细栏可以列出(　　)。

A. 分段号　B. 名称　C. 质量　D. 外形尺寸

8. 从分段划分图可以了解(　　)。

A. 全船的分段数量　B. 各分段接缝位置

C. 分段的理论质量　D. 船台装配余量

二、思考题

1. 分段划分图上的分段接缝线用什么图线表示?分段范围如何表示?

2. 指出下列分段号的含义:211(P)、233、241、102、301、603。

三、识图题

识读附图 8,回答以下问题。

1.214P 和 214S 的含义分别是(　)和(　),其中 214P 沿船长方向自(　)肋位向(　)250 mm 至(　)肋位向(　)320 mm,沿船长方向总长为(　)mm,船深方向自船底至距基线(　)mm。

2. 全船共有(　)个甲板分段,其中 235 分段,沿船长方向自 #76 肋位向(　)320 mm 至(　)肋位向船艉(　)mm,沿船长方向总长为(　)mm。

3.228S 为(　)(填“左”或“右”)舷的(　)分段,沿船长方向自(　)肋位向(　)170 mm 至(　)肋位向(　)170 mm,沿船长方向总长为(　)mm,船深方向自距基线(　)mm 至上甲板以上的外板顶线。

4. 全船共有 6 个横舱壁分段,其中在 #58 肋位的横舱壁的分段号为 241T,“T”代表横舱壁(transverse bulkhead),而 241 的含义是(　)。其余几个横舱壁设置在(　)肋位,(　)肋位,(　)肋位,(　)肋位,(　)肋位。

5. 全船共有(　　)个纵舱壁分段,其中在 #78~#98 中纵舱壁分段的分段号为 243L,“L”代表纵舱壁(longitudinal bulkhead),而 245L 分段沿船长方向从(　　)肋位到(　　)肋位。

6. 全船上层建筑共有(　　)个分段,分段号从(　　)到(　　)。其中艏楼立体分段编号为(　　)。

第 11 章　分段结构图

11.1　分段结构图的地位与作用

分段结构图是技术设计阶段的结构详图，它按照船体分段的划分情况，以中横剖面图和基本结构图等基本图样为依据，用较大比例绘制，用于完整表达船体分段中构件的布置、形状、尺寸、连接形式、材料、数量、质量和工艺要求等，并注明分段建造中的特殊工艺要求，是直接用于施工生产的施工图样。

目前，现代船厂建造船舶时大多采用分段建造、船台合龙的方法。即根据船体结构的情况和船厂生产工艺、起重设备能力等条件，将船体划分为若干分段，先在车间或其他场地的胎架或平台上分别建造分段，然后将建造好的分段运往船台上进行船体的总装。一艘大、中型船舶的船体，往往被分成几十个分段到近百个分段。因此，分段建造的工作量在船体建造过程中占有很大的比例。另外由于船体构件繁多，仅靠中横剖面图和基本结构图等基本图样无法清楚完整地表达每个分段的结构，为此还必须增绘分段结构图，使之成为分段建造的主要依据。

分段结构图的用途：

（1）作为船体建造中放样、加工、装配、焊接等工序的施工依据；

（2）作为编订装配工艺、施焊程序、胎架设计、考虑工艺加强等工艺工作的依据；

（3）作为编制材料明细表、准备原材料及构件配套等工作的依据；

（4）作为计算船体质量和质心位置的依据，分段理论质量可供分段完工后起重、运输分段时参考；

（5）作为分段建造中质量检验的依据。

11.2　分段结构图的表达和组成内容

11.2.1　分段结构图的种类及数量

分段结构图通常以其表示的结构来分类。一般有底部分段结构图、舷侧分段结构图、甲板分段结构图、舱壁分段结构图、艏部分段结构图、艉部分段结构图、上层建筑分段结构图、艏柱分段结构图和艉柱分段结构图等。如果分段结构图表示的是船体某一环形段的结构，则称为总段结构图。

对于同一类分段结构图，则以其表示的分段位置来区分，如 $\#6^{-350}$~$\#15^{+100}$ 甲板分段结构图、#55 横舱壁分段结构图等。

分段结构图的数量取决于船舶大小和分段划分的情况,大、中型船舶的船体分段数量较多,一般有几十个甚至上百个分段,因此分段结构图的数量也就较多。

11.2.2 分段结构图的组成和表达内容

分段结构图主要由视图和明细栏组成。根据施工需要,可以用文字对分段的技术要求、工艺措施和注意事项作简要说明。

1. 分段结构图的视图

分段结构图的视图通常有主视图、剖面图和节点详图。视图中标注构件尺寸、件号和构件连接的焊缝代号。

1)主视图

主视图是表示分段的总体结构的视图。主视图反映构件的布置、板缝的排列、构件的尺度及焊接要求。

一般来说,各平面(如甲板、平台、上层建筑、底部)分段的主视图,常以基本结构图中相应位置的甲板图、平台图或舱底图的俯视图为依据,用较大比例绘制而成;舷侧分段的主视图常以外板展开图中相应位置的图形为依据,用较大比例绘制而成,也可以从舷侧有构架的一面进行投影所得的视图作为主视图;横舱壁分段则以它的肋位剖面图作为主视图;艏部分段和艉部分段结构常以基本结构图中相应位置的纵剖面图为依据来绘制主视图:艏柱分段与艉柱分段是以它的侧面投影图为主视图,如图 11-1 所示。

底部、舷侧、甲板、平台、舱壁、上层建筑分段结构图的主视图因视向的不同,构件在视图中有可见和不可见两种情况。对于不可见的构件,分段结构图的主视图与基本结构图和外板展开图一样,采用简化画法;对于可见的构件,既可以采用简化画法,也可以采用钢材与型材投影的小比例画法。

主视图采用简化画法绘制,图线的含义与基本结构图相同。不同的是,凡不属本分段或与本分段关系不大的构件在主视图中可不画出,如在绘制某甲板的基本结构图时,货舱口围板用粗实线画出,而在其分段结构图的主视图中则没有表示。但对于与本分段关系较大的构件,在主视图中须画出,其可见构件的断面仍用粗实线表示,轮廓线用细双点画线表示。

2)剖面图

由于分段结构图的主视图采用简化画法,仅表示了各个构件在图中布置的位置,因此需用剖面图来详细表达分段中构件的形状、结构形式、尺寸和连接方式。常用的有肋位剖面图、一般位置剖面图和分剖面图等几种形式。

这些剖面图的含义与表示方法在本书 5.6 节中已介绍,这里不再重复。

3)节点详图

节点详图是表示节点处结构连接情况的局部放大图。因为主视图和剖面图通常不能完全将节点处的结构、尺寸及焊接要求表达清楚,因此在分段结构图中,对主视图和剖面图内图形较小、连接形式不同、表达又不够清晰的节点,另行绘制节点图,详细表达构件的结构形式和连接方式,并在图中完整地标注构件的尺寸和焊接符号。如果节点详图尚未把节点的结构完整地表达清楚,也可以节点详图为主视图,再画其他视向的视图表达。当采用大比例绘制节点详图,板和型材厚度的投影大于 2 mm 时,其剖面要绘制剖面符号。

节点详图的标注方法:在主视图或剖面图中,将要绘制详图的节点用细实线圆圈出,圆的直径视节点图形大小而定,并用 7 号字体的阿拉伯数字顺序编号,在画好的节点详图上方画一水平粗实线,在水平粗实线上方用同样大小的字体注写相应的数字,下方注写节点详图的比例,如图 11-1(a)所示。

当节点详图较少时,可以不编号,而直接将其画在节点附近,并用箭头指出对应节点,如图 11-1(b)所示。

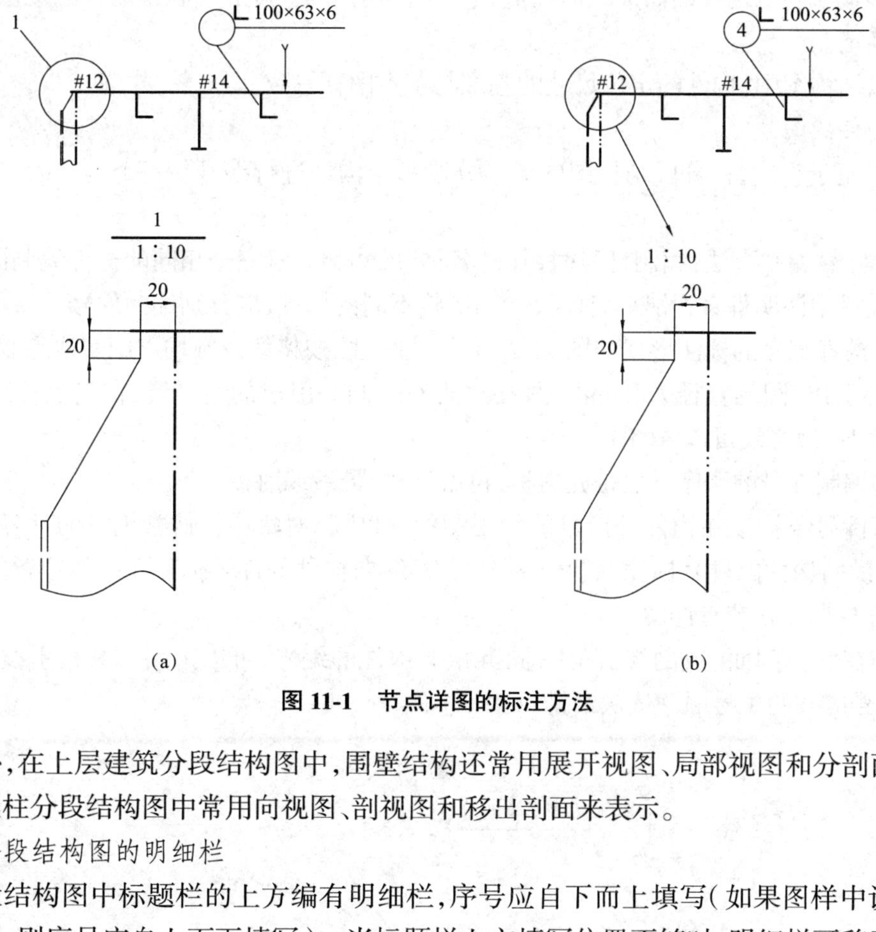

图 11-1　节点详图的标注方法

此外,在上层建筑分段结构图中,围壁结构还常用展开视图、局部视图和分剖面图来表示,艏、艉柱分段结构图中常用向视图、剖视图和移出剖面来表示。

2. 分段结构图的明细栏

分段结构图中标题栏的上方编有明细栏,序号应自下而上填写(如果图样中设置单独的明细栏,则序号应自上而下填写)。当标题栏上方填写位置不够时,明细栏可移至标题栏左边由下而上继续填写。

明细栏用以统计分段中所有构件的名称、尺寸、数量、材料、质量等。明细栏可以作为编制全船材料明细表和准备原材料的原始文件,也可作为配套的依据。现在船舶设计中,随着生产设计细化,明细栏也发生了很大变化,进行生产设计的船厂均采用分段零件册形式,以便于生产管理。

11.2.3 分段结构图中构件的尺寸、件号和焊接符号

1. 构件尺寸的标注

分段结构图中构件尺寸的标注与一般零件尺寸的标注不同。由于船体外板和甲板的表面形状与构件的形状都比较复杂，同时，很多构件的正确形状和尺寸还有待船体放样后才能确定。

因此，分段结构图中，板材结构的构件通常只标注厚度；型材只标注断面尺寸，不以标注尺寸的形式来表示构件的曲面或曲线形状。这些构件的长度和形状由放样间提供的图形或样板来确定。

分段结构图中，构件的定位尺寸的基准与基本图样一致。

2. 构件的编号

为了便于识读，在分段结构图中对本分段每个构件进行编号。每个构件的编号数称为件号。

(1)件号编制方法：编制件号时，凡是名称、尺寸和形状完全相同的构件编制同一件号，并在明细栏中注明件数；凡是名称、尺寸和形状不同的构件，应分别编制件号。

(2)构件编号的标注形式如图 11-2 所示，指引线、规格线及圆均用细实线绘制。指引线对准圆心引出，圆的直径为 8 mm。规格线为对准圆心引出的水平线，在其上标注尺寸（不标注尺寸时，规格线可以省略）。

(3)编制件号的顺序一般是先编板，再编型材，最后编肘板。

(4)件号要标注在构件外形显著的视图中，且应相对集中。通常板材的件号标注在平面图中，横向构件的件号标注在肋位剖面图中，纵向构件的件号标注在一般位置剖面图中，肘板的件号标注在节点详图中。

(5)在肋位剖面（或剖视）图中，同类相似构件的编号，可以采用公共指引线并加以简化，其件号应按肋位号顺序依次编排，见图 11-3。

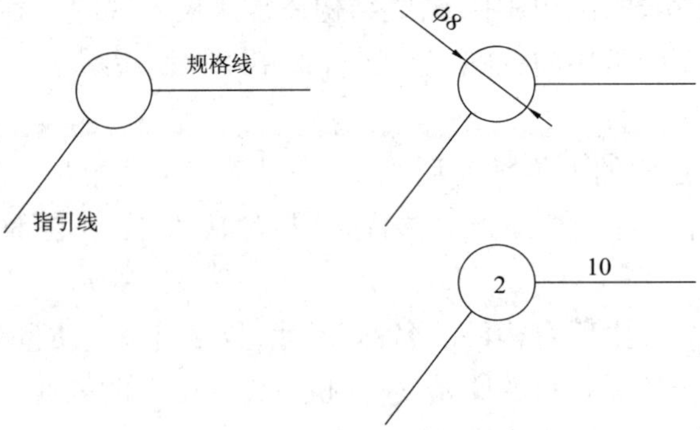

图 11-2 构件编号的标注形式

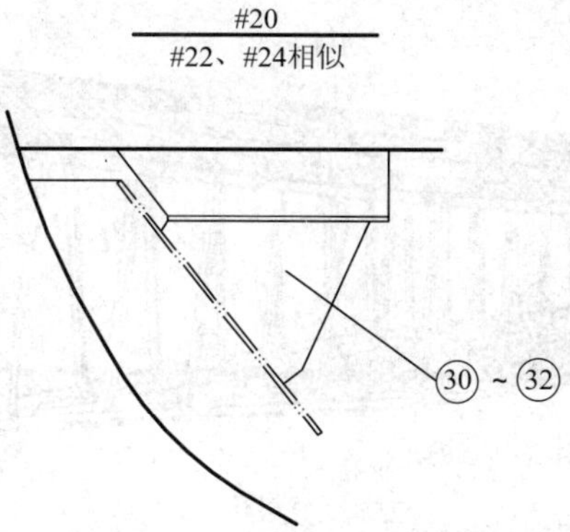

图 11-3　相同构件标注形式

目前,各船厂对生产设计图中构件的编号都有一定的严格要求,各个构件的编号都采用编码形式,编码不仅表示其尺寸、形状,而且还要表示出该构件的下料方法、加工方法、下料后的去向以及该构件所在船上的位置。各船厂采用的构件编码不相同。如习题图 11-3 所示的分段结构图,为某船厂按照该厂的画法要求绘制的图纸。

3. 焊缝符号的标注

分段结构图中需要标注焊缝符号,以表示构件连接处的焊缝形式、坡口式样、焊接尺寸和焊接方法等。

焊缝符号应标注在能清晰表示焊缝的视图中,并相对集中,便于读图。同一条焊缝一般只需标注一次。焊接形式相同、位置又邻近的焊缝,可用公共横线的形式标注。

通常板与板的焊缝符号标注在平面图中,横向构件的焊缝符号标注在肋位剖面图中,纵向构件的焊缝符号标注在一般位置剖面图中,节点处的焊缝符号标注在节点详图中。

船人舶事:分段建造如何保证龙骨强度?

龙骨指的是在船底中央连接船艏和船艉的一个大型纵向主构件,在龙骨上面会安装横向的船肋,形成船舶的主体基本结构。古代,龙骨通常由长而粗的树干制作而成,因其形似中国古代的龙,而得名龙骨。在木帆船时代,龙骨主要起承重受力作用,龙骨的长度通常决定了船舶的长度,而现代船舶全部使用高强度的钢铁结构打造而成,承力已经分散到整个船体,所以传统意义上的龙骨基本上已经消失。因此,现代船舶铺设龙骨时只举行仪式,更多是为祈求好运,表达造船人和航海人对大海敬畏的态度,而不再需要铺设龙骨。

现代船舶采用分段建造工艺,事先造出不同的船体大小分段,然后使用焊接的方法将这些分段在船台上组合在一起,最后成为一个完整的船身。船身建造完毕后,进行上层建筑分段的吊装、船舶的舾装、涂漆等作业,这些作业完成后才算是真正完成了一艘船舶的建造。传统的龙骨在分段式建造中已经不复存在,唯一能够称为龙骨的就是分段式船身焊接后连接船身的底部钢梁结构。

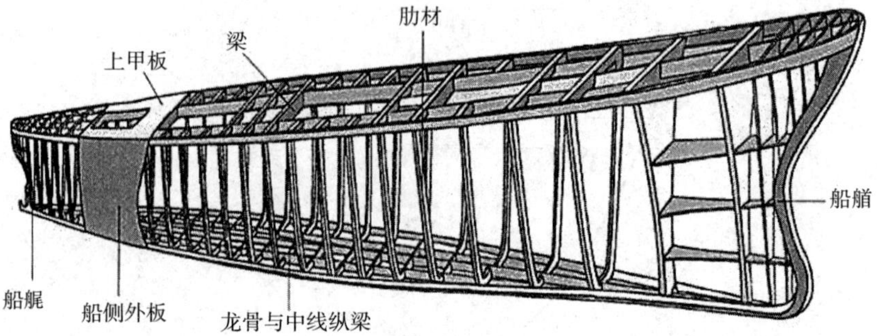

龙骨示意图

那么在分段建造中分段船体如何能保证焊接处的强度呢？遇到大风大浪，焊接处会不会有开缝断裂的危险？其实对于这个我们完全不必担心。目前，氩弧焊、二氧化碳保护焊、电渣焊、分段对称焊接等焊接手法以及各种切削填缝打磨工艺足以将各种厚度的板材焊接得严丝合缝。而且在焊接过后，还会经过各种应力试验与探伤检测，如果有微小的裂缝形变，都会重新加固甚至推倒重来。

（摘自 https://kuaibao.qq.com/s/20190912A0QOMJ00?refer=spider，略有改动）

11.3 分段结构图的识读

分段结构图的基本表示方法与全船性的结构图样是一致的，因此两者的识读方法基本相同。在识图过程中，除了主视图、剖面图和节点详图要相互对照识读外，还要随时查阅明细栏，了解构件的数量和所用的材料及质量。

另外，分段结构图是船体构件加工、装配、焊接的施工依据，因此读图时不仅要求了解每个构件的形状、大小、相对位置、结构形式以及与其他构件连接的方式，而且还要了解结构细节部分的内容，如装配间隙、切角大小、流水孔和通气孔的位置和大小、型材削斜形式、焊接要求等。要结合技术要求分析分段结构的特点，弄清分段施工时的工艺措施和注意事项等。

附图 10 所示为某船上甲板分段结构图，它由主视图、肋位剖面图、一般位置剖面图、节点详图及标题栏和明细栏组成。

11.3.1 识读标题栏和明细栏

根据标题栏和明细栏，了解分段所在的部位、分段的质量及组成分段的构件数。由附图 10 中的标题栏和明细栏可以看出，该分段为甲板分段，从 $\#6^{-300}$~$\#15^{+100}$ 肋位，质量为 2 964.8 kg，共由 83 件构件组成。

11.3.2 了解分段的基本概貌

分析视图，了解剖切面和节点详图的数量，并找出各剖面图的剖切位置和投影方向，各节点详图所表示节点的位置，从而弄清各剖面图、节点详图与主视图的关系及所表达的基本内容。

附图 10 中左下角平面图为主视图，一般位置剖面图有四个，剖切位置和投影方向可在主视图中查得；肋位剖面图有 #6、#7、#8、#9、#11 肋位共五个，均为船艏向船艉看；节点详图共四个，放大部位可由 D-D、#6、#7、#8 肋位剖面图查得。右下角还有一个向视图——A 向视图，取自 A-A 剖面图中。

11.3.3　识读主视图

阅读主视图，可知该上甲板分段的分段位置为 #6 肋位向艉 300 mm 到 #15 肋位向艏 100 mm（用斜栅线表示）。

通常图样中，板的排列由接缝线确定，焊接要求由标注在接缝线上的焊缝代号确定，板厚从图中查阅，根据主视图中图线的含义来确定分段中构件的组成和布置。由附图 10 上甲板分段结构图的主视图可知，甲板板由件号 1~ 件号 5 的板材焊接而成，钢板的厚度为 7 mm。钢板接缝用 V 形坡口的对接焊（板缝线用细实线表示），封底焊缝在甲板上表面。

#7~#15 肋位之间有机舱口，宽度为 1 650 mm；在 #10~#13 肋位之间有梯口，长度为 860 mm，宽度为 660 mm，开口轮廓线距构件的距离为 20 mm、20 mm、100 mm（开口范围用细实线表示）。

#6 肋位为普通全横梁；#8、#10、#11、#12、#14 肋位为普通半横梁（用细虚线表示）；#7 肋位和 #15 肋位舱口两端为舱口端梁，而靠近舷侧为半横梁；#9 和 #13 肋位为强半横梁（用粗双点画线表示）。

在 #6^{-300}~#7 肋位之间的船体中线上装有甲板中纵桁；在 #6^{-300}~#15^{+100} 肋位之间，距中线 1 650 mm 的两侧装有甲板边纵桁（用粗双点画线表示）。

#7~#15 肋位之间距中线 835 mm 的两侧装有机舱口纵围板（或称舱口纵桁，用粗双点画线表示）；在甲板边纵桁之间，#7、#15 肋位上装有机舱口横围板（或称舱口端横梁，用粗双点画线表示）。在船体左舷 #10~#13 肋位之间距船体中线 2 350 mm 处设有梯口短纵骨（用细虚线表示）。

11.3.4　识读剖面图和节点详图

1. 一般位置剖面图——A-A 剖面图

A-A 剖面图表示甲板边纵桁结构。

从尺寸标注可知，甲板边纵桁为 T 型材结构，它由件号 6~件号 9 四部分组成，大小可查看标注的尺寸。第一部分从 #5 肋位到 #6^{+100} 肋位，件号为 6，尺寸为 $\perp \frac{8}{10\times120}$；第二部分从 #6^{+100} 肋位到 #9 肋位，件号为 7，尺寸为 $\perp \frac{8\times250}{10\times120}$；第三部分从 #9 肋位到 #13 肋位，件号为

8，尺寸为 $\perp \dfrac{8\times250}{10\times120}$；第四部分从 #13 肋位到 #15 肋位向艏 300 mm 处，件号为 9，尺寸为 $\perp \dfrac{8\times250}{10\times120}$。

纵桁与甲板板以及纵桁面板与腹板的连接采用交错断续焊，焊脚高为 5 mm，每段焊缝长为 75 mm，相邻两段焊缝的间距为 125 mm。

件号 6 与件号 7 之间的连接采用 V 形坡口封底焊。

甲板边纵桁通过件号为 6 的纵桁肘板与 #5 横舱壁连接，纵桁肘板与横舱壁及甲板板采用双面连续焊，焊脚高为 4 mm。

甲板边纵桁腹板上开切口以穿过普通横梁，切口形式为 CW-3。甲板边纵桁与 #7、#11、#12、#15 肋位的横梁相交处安装肘板，具体结构参见 #7 肋位剖面图。甲板边纵桁与强横梁的连接方式是甲板边纵桁间断、强横梁连续，相互间的连接采用双面连续角焊，焊脚高为 4 mm。

2. 一般位置剖面图——B-B 剖面图

B-B 剖面图表示机舱口纵向围板结构。

从尺寸标注可知，纵向围板为折边钢板，件号为 10，大小可查看标注的尺寸。纵向围板与甲板板的连接采用交错断续焊，焊脚高为 4 mm，断续焊每段焊缝长为 75 mm，相邻两段焊缝的间距为 125 mm。纵向围板与舱口横围板采用双面连续角焊，焊脚高为 4 mm。

3. 一般位置剖面图——C-C 剖面图

C-C 剖面图表示甲板中纵桁。

甲板中纵桁是 T 型材，件号为 11，大小可查看标注的尺寸。 甲板中纵桁与横舱壁、甲板板、横围板采用双面连续角焊，焊脚高为 4 mm。甲板中纵桁面板与腹板采用交错断续焊，焊脚高为 5 mm，断续焊每段焊缝长为 75 mm，相邻两段焊缝的间距为 125 mm。甲板中纵桁在腹板上开切口让普通横梁穿过。

4. 一般位置剖面图——D-D 剖面图

D-D 剖面图表示梯口短纵骨，它由不等边角钢∟ 90 × 56 × 6 制成，件号为 12。纵骨与普通横梁采用双面连续角焊，焊脚高为 4 mm。纵骨与甲板板的连接采用交错断续焊，焊脚高为 4 mm，断续焊每段焊缝长为 75 mm，相邻两段焊缝的间距为 125 mm。

梯口短纵骨与强横梁采用肘板（件号 38）连接，具体细节参见节点详图 1。肘板厚 8 mm，一边长 100 mm，其与梯口短纵骨、强横梁采用双面连续角焊，焊脚高为 4 mm。

5.#6 肋位剖面图

#6 肋位剖面图表示普通全横梁结构，剖面的视向为从船艏向船艉看。

普通全横梁由不等边角钢∟ 90 × 56 × 6 制成，件号为 13。普通横梁通过甲板纵桁腹板上的切口，在两舷通过梁肘板与肋骨相连，具体细节参见节点详图 2，梁肘板尺寸为 8 mm × 165 mm × 165 mm，梁肘板与横梁及肋骨的连接采用焊脚高为 4 mm 的双面连续焊。图中说明 #6~#8，#10~#12，#14~#15 肋位上的梁肘板的结构和尺寸与此相同。普通全横梁与甲板板采用交错断续焊，焊脚高为 4 mm，断续焊每段焊缝长为 75 mm，相邻两段焊缝的间距为 125 mm。

6.#7 肋位剖面图

#7 肋位剖面图表示机舱口横围板与普通半横梁结构。

从尺寸标注可知,机舱口横围板为折边钢板,件号为 27,大小可查看标注的尺寸。横围板与甲板板的连接采用交错断续焊,焊脚高为 4 mm,断续焊每段焊缝长为 75 mm,相邻两段焊缝的间距为 200 mm,与甲板边纵桁、普通半横梁采用肘板(件号 39)连接,具体细节参见节点详图 3,肘板厚 8 mm,一边长 100 mm,肘板与甲板边纵桁、普通半横梁以及舱口横围板与甲板边纵桁之间采用双面连续角焊,焊脚高为 4 mm。

普通半横梁由不等边角钢∟ 90 × 56 × 6 制成,件号为 14。普通半横梁与舷侧通过梁肘板与肋骨相连,普通半横梁与甲板板采用交错断续焊,焊脚高为 4 mm,断续焊每段焊缝长为 75 mm,相邻两段焊缝的间距为 175 mm。

#15 肋位剖面图与 # 7 肋位剖面图相似。

7.#8 肋位剖面图

#8 肋位剖面图表示普通半横梁结构。半横梁由不等边角钢∟ 90 × 56 × 6 制成,件号为 15。它与甲板板的连接采用交错断续焊,焊脚高为 4 mm,断续焊每段焊缝长为 75 mm,相邻两段焊缝的间距为 175 mm。

半横梁与甲板边纵桁的连接方式是在甲板纵桁腹板上开切口,让半横梁穿过(参见 A-A 剖面图)。半横梁通过肘板(件号 40)与纵向围板连接,具体细节参见节点详图 4,肘板板厚为 8 mm,边长为 100 mm,肘板与半横梁及纵向围板的连接采用焊脚高度为 4 mm 的双面连续角焊。半横梁通过梁肘板与两舷肋骨相连,梁肘板的结构尺寸以及与其他构件连接的情况可见节点详图 2。

#10、#14 肋位剖面图与 #8 肋位剖面图相似。

8.#9 肋位剖面图

#9 肋位剖面图表示强半横梁结构。强半横梁由尺寸为 $\perp \dfrac{8\times250}{10\times120}$ 的 T 型材制成,件号为 16。它的一端直接与舱口纵围板焊接,采用双面连续角焊,焊脚高为 4 mm,另一端通过 T 形的梁肘板与肋骨连接。由图中可见,梁肘板是 T 形构件,腹板厚为 8 mm,与肋骨连接的一边长为 500 mm,另一边长 700 mm,面板厚为 10 mm,宽为 120 mm,与甲板板、舷侧外板采用焊脚高为 4 mm 的双面连续角焊,梁肘板与强半横梁、肋骨采用 V 形坡口的封底焊。强半横梁的面板与腹板以及与甲板板的焊接采用交错断续焊,焊脚高为 5 mm,断续焊每段焊缝长为 75 mm,相邻两段焊缝的间距为 175 mm。

#13 肋位剖面图与 #9 肋位剖面图相似。

9.#11 肋位剖面图

#11 肋位剖面图表示了梯口处的结构及连接情况。梯口短纵骨与普通半横梁之间采用双面连续焊,焊脚高度为 4 mm。

#12 肋位剖面图与 #11 肋位剖面图相似。

11.4 分段结构图的绘制

绘制分段结构图的主要依据是船体分段划分图、中横剖面图、基本结构图、外板展开图、肋骨型线图等。在仔细阅读和理解这些图样的基础上，了解分段构件的组成和主要构件的尺寸及连接情况。

11.4.1 确定视图

1. 确定主视图

一般选择能全面反映分段结构情况的视图作为主视图。

2. 确定剖面图

根据主视图表示的结构基本情况来确定剖面图，对形式不同的结构分别绘制剖面图来表示，对形式相同的结构只绘制一个剖面图来表示。

3. 确定节点详图

通常，连接形式不同、图形较小、表达不够清晰的节点都需绘制详图。

11.4.2 选取图样比例和图纸幅面

利用计算机绘制分段结构图，可以按实船大小采用 1 ： 1 的比例绘图。由于分段结构图直接用于施工，目前各企业都将分段图绘成幅面为 A3 的图册。所以，图形比例由 A3 图幅面确定。如果打印出图，只需按设定的比例出图即可。

定义图线属性与比例，定义文字属性，定义尺寸属性。

11.4.3 绘制分段结构图

绘制各种分段结构图的图形时，一般先绘制主视图，其次绘制剖面图，在剖面图上将要绘制详图的节点用细实线圆圈出，在图面空余处以适当比例绘制节点详图，并标注相应的节点号及比例。

最后，检查视图，补漏查错。

注意节点图应排列整齐，并尽量做到有序、规律，以方便读图。

11.4.4 编制件号、标注尺寸和焊缝代号

件号的排列应齐整，件号、焊缝符号端的指引线应避免相交。

11.4.5　检查内容，布置图纸幅面，编制明细栏，填写标题栏

分段结构图的内容绘制完成后，应逐图逐项仔细检查。

分段结构图的图面布置：主视图一般布置在图纸的左下方，纵剖面图按投影关系依次布置在主视图的上方对应位置，各肋位剖面图依一定规律布置于图纸中间；明细栏布置在标题栏上方，节点详图布置在其余空白的地方，如图 11-4 所示。

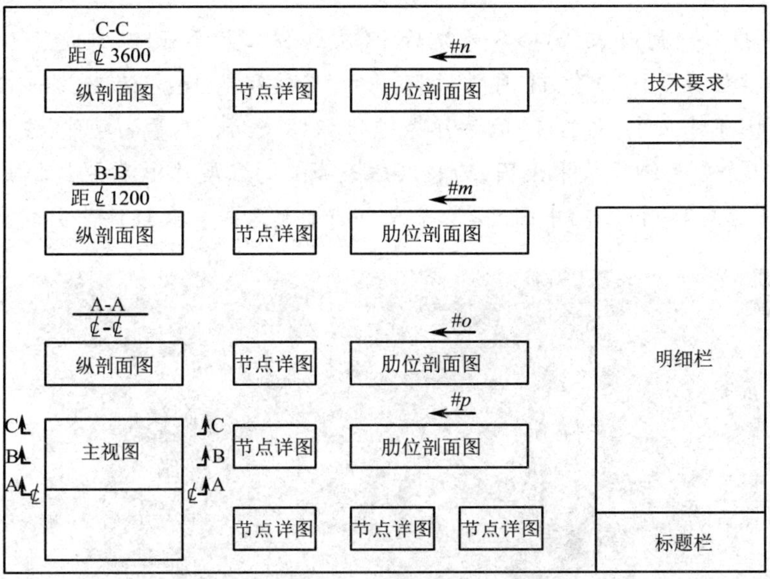

图 11-4　视图布置

明细栏布置在标题栏上方，应根据分段序号自下而上填写；若明细栏不设置在标题栏上方，则应根据分段序号自上而下填写。

如采用图册形式，则主视图和相关的主要视图各占一个 A3 幅面；纵剖面图占若干幅面，其中每一纵剖面图占一个幅面；节点图集中绘制成节点图册。明细栏、施工说明及技术要求单独占幅面。

最后填写标题栏和反向标题栏的内容。

十大名船之“远望 3 号”

航天测控船远望 3 号被誉为“海上科学城”，它是中国自行设计和建造的新型航天测控船，主要担负卫星、飞船和其他航天器全程飞行试验的海上测量和控制任务。全船集中了 20 世纪 90 年代的科学技术精华，汇集了我国当今船舶、机械、电子、气象、通信、计算机等方面的先进技术，其硬件设施达到了国际先进水平。远望 3 号于 1995 年 5 月建成并投入使用，该船长 180 m，宽 22.2 m，高 37.8 m，满载排水量 17 000 t。

远洋航天测量船的建造难度非常大。因为要把占地至少几平方千米的测量基地立体浓

缩到约 3 000 m^2 的一艘测量船上，并且还要有效配置，使其发挥地面测量站的全部作用，同时还要在波涛起伏的大海上创造平稳如陆地的测量环境，可以想象其难度有多大。众所周知，航天测量所用到的测量、气象、通信等仪器都是一些高精密仪器设备，这些设备造价高昂，使用环境要求非常高。即使在陆地选址，对环境、气象、空气、交通等因素都有非常严格的要求。那么在波涛起伏、动荡剧烈、高盐高湿等恶劣的海洋环境中，对船体的设计提出了更加苛刻的要求。船在风浪中航行，难免会产生弯曲变形，这在正常设计中是无须修正的。但是对于远望 3 号不行，装在它甲板上的主要测控设备——雷达和激光电影经纬仪必须在一条水平线上，不能因船体变形而产生丝毫误差。

自 1995 年投入使用以来，远望 3 号先后 13 次远征三大洋，圆满完成了 14 次国家级大型试验海上测控任务，1999 年 11 月首过好望角，总航程达 16 万海里，累计海上作业 675 天。远望 3 号具有对卫星、飞船、潜地导弹等进行指挥、控制、测量的功能，它的建成使我国成为世界上第四个航天测控技术大国，为我国航天事业的发展作出了突出贡献。

（选自《甲板上的中国：揭秘当代中国十大名船》，大连海事大学出版社，2016）

远望 3 号

练习题

一、选择题

1. 分段结构图的主视图常采用(　　)画法。

A. 重叠　　B. 简化　　C. 缩小　　D. 放大

2. 使用简化画法时，可见强构件，如强肋骨、舷侧纵桁等用(　　)表示。

A. 细双点画线　　B. 粗双点画线　　C. 细点画线　　D. 粗点画线

3. 分段结构图中构件的尺寸标注，板材构件通常只标注(　　)，而不标注(　　)和(　　)。

A. 厚度，长度，宽度　　B. 长度，厚度，宽度

C. 宽度，长度，厚度　　D. 厚度，宽度，厚度

4. 分段结构图中的节点详图的比例可选(　　)。

A.1：500　　B.1：200　　C.1：100　　D.1：10

5. 绘制分段结构图时，绘制的顺序是(　　)。(①主视图；②剖面图；③节点详图)

A. ①②③　　B. ③①②　　C. ②①③　　D. ③②①

6. 分段结构图的明细栏在标题栏(　　)方。

A. 上　　B. 下　　C. 左　　D. 右

7. 分段结构图的剖面图常用的有(　　)。

A. 肋位剖面图　　B. 一般位置剖面图

C. 分剖面图　　D. 肋骨剖面图

8. 分段结构图中主视图和剖面图的外形尺寸可从(　　)中获取。

A. 型线图　　B. 肋骨型线图　C. 外板展开图　D. 分段划分图

二、识图题

1. 识读习题图 11-1，回答以下问题。

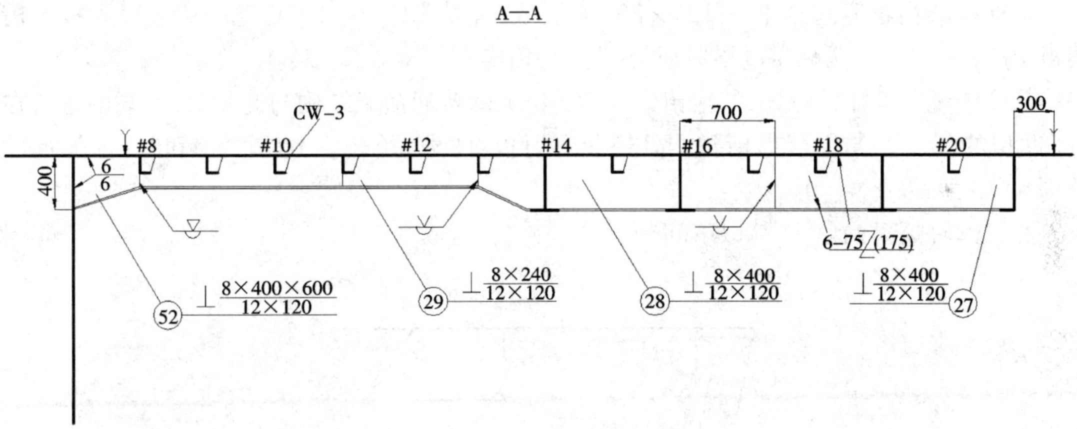

习题图 11-1

A-A 剖面为甲板旁纵桁结构。

从尺寸标注可知，甲板旁纵桁为 T 型材，它由件号(　　)到件号(　　)三部分组成，大小可查看标注的尺寸。第一部分从 #8 肋位到 #13 肋位，件号为 29；第二部分从 #(　　)肋位到 #(　　)肋位向艏(　　)mm 处，件号为 28，#13 肋位到 #14 肋位之间有一从小到大的过渡；第三部分从 #(　　)肋位向艏(　　)mm 处到 #21 肋位向艏(　　)mm 处，件号为(　　)。

甲板旁纵桁与甲板板以及纵桁面板与腹板的连接采用(　　)焊，焊脚高为 6 mm，每段焊缝长为 75 mm，相邻两段焊缝的间距为(　　)mm，纵桁三段之间的连接采用(　　)焊接。

甲板旁纵桁通过件号为(　　　)的纵桁肘板与 #7 横舱壁连接，纵桁肘板与横舱壁及甲板板采用(　　　)焊，焊脚高为(　　　)mm。

甲板旁纵桁腹板上开切口以穿过普通横梁，切口形式为(　　　)，可查阅标准。

甲板旁纵桁与 #11 肋位的横梁相交处安装(　　　)，具体结构参见相应的肋位剖面图。

2. 识读习题图 11-2，回答以下问题。

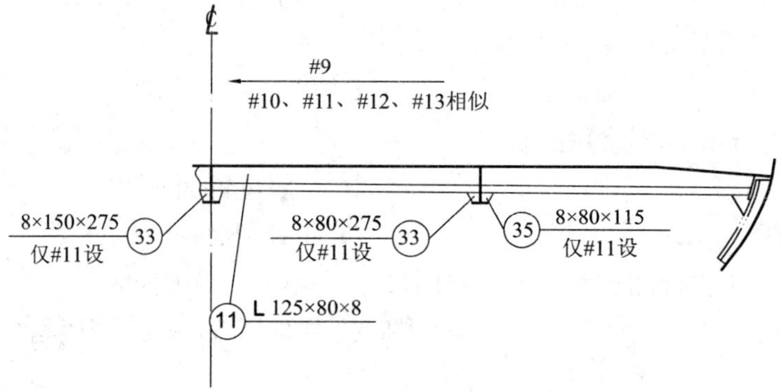

习题图 11-2

#9 肋位剖面图给出普通横梁结构。

普通横梁由不等边角钢∟ 125 × 80 × 8 制成，件号为(　　　)。普通横梁通过甲板纵桁腹板上的(　　　)，在两舷通过梁肘板与(　　　)相连。

从图中说明可知，#(　　　)~ #(　　　)肋位上的普通横梁结构与此相似，不同的是仅在 #11 肋位的(　　　)与甲板纵桁相交处还装有肘板，件号为(　　　)、(　　　)和(　　　)，尺寸分别为(　　　)及(　　　)。

3. 识读习题图 11-3，回答以下问题。

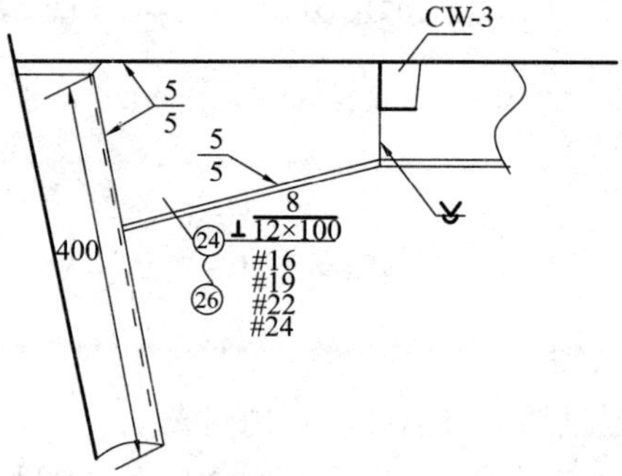

习题图 11-3

节点 2 表示梁肘板结构。

由图中可见，梁肘板是 T 型材，腹板厚度为(　　　)mm，与肋骨连接的一边长为(　　　)mm，另一边长由放样时确定，面板厚为(　　　)mm，宽为(　　　)mm。

腹板与面板采用焊脚高为 5 mm 的(　　　)焊，梁肘板与强半横梁采用(　　　)的封底焊，与肋骨及甲板板采用焊脚高为(　　　)mm 的(　　　)焊。

强半横梁与甲板纵骨的连接方式是在强半横梁(　　)上开切口,让甲板纵骨穿过,切口形式和尺寸可按标准(　　)查得。

4. 附图 11(a)所示为某 4 950 t 油船的双层底分段结构图。它由主视图、肋位剖面图、一般位置剖面图、节点详图及标题栏和明细栏组成,该分段结构图共计 15 页图纸。

从标题栏和明细栏可以看出,该双层底分段从 $\#65^{+100}$ 至 $\#76^{+350}$ 肋位,质量为 49 857.30 kg,共由 118 种构件组成。

本双层底分段结构图包括一个理论线和视图方向说明图,主要对整个图纸所采用的规范和焊接方式工艺作了统一说明,并明确了理论线的确定规则。明细栏用于统计分段中所有构件的名称、尺寸、数量、材料、质量、加工工艺等。共有 2 个主视图(分别为内底平面图和外板展开图)、13 个纵剖面图、7 个肋位剖面图、12 个一般位置剖面图、5 个节点详图和 7 个典型焊缝说明图。

由于图纸量过大,现仅选取典型局部视图作为习题,请识读附图 11(b),回答以下问题。

(1)请阅读理论线和视向方向说明图,回答以下问题。

①该图以 #73 为例,其剖面视向为向(　　)看。

②图中平板龙骨的宽度为(　　)mm,并且该宽度应在整个船长内保持不变。

③图中舭列板的厚度为(　　)mm。

(2)请阅读内底图,回答以下问题。

①内底板由件号(　　)到件号(　　)的板材焊接而成,钢板的厚度为(　　)mm。

②内底纵骨的间距为(　　)mm,其采用的是(　　)(填型材类型),尺寸是(　　)。

③图中 #67 到 #68 肋位有开孔,其尺寸为(　　),工艺要求是现场开孔。

(3)请阅读双层底下距中 400 mm 纵剖面右舷图,回答以下问题。

①通过分析,判断该结构为旁底桁,其板厚为(　　)mm。

② #65 肋位到 #66 肋位的旁底桁上开人孔,其尺寸为(　　),开孔一圈的加强筋采用(　　)(填型材类型),尺寸是(　　)。

③在距离船底(　　)mm 位置设置旁桁材的水平扶强材,其具体尺寸可参考一般位置剖面图(　　)(填图名),水平扶强材尺寸为(　　),该扶强材由件号 75 和件号 76 的型材组成,其中件号 75 从 #(　　)肋位到 #(　　)肋位,而件号 76 从 #(　　)肋位到 #(　　)肋位。

(4)请阅读 #66 肋位剖面图,回答以下问题。

①该肋位为(　　)肋位(填“强”或“普通”)。

②肋板由件号(　　)到件号(　　)组成,肋板的厚度为(　　)mm。

③实肋板上开有椭圆形的人孔和圆形的减轻孔,人孔尺寸为(　　),减轻孔尺寸为(　　)。

④肋板上边缘开有通气孔,下边缘开有流水孔,孔的尺寸分别为(　　)和(　　)。

(5)请在主视图上找到 E-E 剖面的位置并阅读 E-E 剖面图,回答以下问题。

图中件号 96 和件号 97 为两块加强(　　),其厚度为(　　),它们的功能是用于连接(　　)和中纵剖面上的内底纵骨。

第 12 章　船体图样的未来展望

以信息技术和制造业深度融合为重要特征的新科技革命和产业变革正在孕育兴起，数字化、网络化、智能化日益成为未来制造业发展的主要趋势，世界主要造船国家纷纷加快智能化制造步伐。船舶制造是典型的离散型生产，具有行业特殊性，对数字化、网络化、智能化技术应用提出了特殊要求。

21 世纪以来，我国船舶工业实现了快速发展，骨干造船企业逐步建立起以中间产品组织生产为特征的现代总装造船模式，并不同程度开展了智能化转型探索工作，取得了一定成效。但是，总体上我国船舶制造业仍处于数字化制造起步阶段，各造船企业发展水平参差不齐，三维数字化工艺设计能力严重不足，关键工艺环节仍以机械化、半自动化装备为主，基础数据缺乏积累、信息集成化水平低等突出问题亟待解决。

我国的造船企业应紧密围绕制造强国和海洋强国的建设战略目标，以提升造船质量、效率和效益为核心，以全面推进数字化造船为重点，以关键环节智能化改造为切入点，促创新、补短板、强基础、推示范，促进船舶设计、建造、管理与服务数字化网络化集成，加快提升船舶建造技术水平，增强国际竞争力，支撑我国船舶工业由大向强转变。

12.1　船舶数字化三维设计

随着计算机辅助设计（CAD）与计算机辅助制造（CAM）技术的不断发展，三维设计技术得到更加广泛的应用，加快了船舶数字化三维设计的过程。数字化三维设计包括自动化，在整个软件上整合项目管理和成熟度管理，使得船厂可以下发工作单，减少对二维图纸的依赖，同时提高设备供应商的协同性，加快数字化造船的过程。通过应用三维设计方法，可以显著提升船舶质量以及生产效率，这对于船舶制造业的发展至关重要。

目前可进行船体三维设计的软件类型较多，不同国家的主流软件各不相同，在我国通常使用 CATIA、NAPA 以及 TRIBON 进行船体三维设计。运用三维设计软件进行船舶设计有以下优点。

（1）三维软件能直观呈现设计。三维软件的一个突出特征就是直观、清晰、全面地展示船舶结构。直观的三维模型可以有效减少返工次数，保证设计成果的可建造性。

（2）三维软件可以对设备进行干涉检查。大型船舶设计复杂，设备类型多样，在平面图纸中难以发现设备之间是否有干涉，若设备间存在干扰问题，会直接影响船舶建造的进度。而三维软件能够通过干涉检查识别设备之间的干涉和评估这些干涉。干涉检查对复杂的工业产品非常有用，能够有效避免设计中存在的不合理问题。

（3）三维软件能够实行多专业、多领域的并行协同设计。在三维软件中进行设计，可以使得整个设计过程不断迭代更新。同时，可协调船机电各个专业，依据成熟度理念实现多专业协同设计，完善整个船舶的三维模型。

（4）三维软件能够实现设计和制造之间高效和及时的变更响应。将设计工作置于三维软件中，如果设计的船舶存在数据上的变更，能够保证数据及时传递到各个终端，使得数据具有一致性。同时，三维设计的船舶模型中的数据可直接应用于施工当中，避免数据传递过程中误差的出现。

12.1.1 基于 CATIA 的船舶设计与制造

CATIA 系统是由法国达索公司开发的三维设计软件，它具有强大的曲面造型功能、先进的混合建模技术，可以通过建模帮助制造厂商设计未来的产品，并支持包括项目前阶段，具体的设计、分析、模拟、组装及维护在内的全部工业设计流程。

CATIA 提供的多模型链接的工作环境及混合建模方式，只要总体设计部分将船舶的基本结构尺寸发放出去，各个子系统的设计人员便可以协同设计，而不互相牵连。另外，软件拥有强大的曲面设计模块，在界面设置上十分人性化，用户可方便快捷地对产品进行修改。其面临的主要问题是 CATIA 系统本身在航天和汽车领域应用较多，在船舶领域应用较少，未针对船厂实际进行设计。此外，CATIA 系统对计算机性能要求很高，一般只能在配置较好的图形工作站上运行。

CATIA V6 软件系统能满足船舶从基本设计到生产设计不同阶段的研制需求，总体、船体、轮机、电气各专业均可在该软件上开展设计工作。

（1）总体设计。总体设计主要是建立全船坐标系以及创建船体型表面，具体设计在 Space Referential 模块中完成。其中，曲面建模包括船体外板、甲板、上层建筑、舭龙骨、轴支架等内容。

（2）船体设计。船体设计涉及基本设计阶段和详细设计阶段。在基本设计阶段，主要实现船体整体的造型功能，将船舶视为一个系统化的整体结构，每一个分段看作一个零件，分段上的具体结构可看作一个零件的特征。基本设计完成后，需要把船舶的整体设计模型分为若干个分段，防止因数据量过大而导致系统运算报错。后续需结合分段进行详细设计，包括模型的板厚、方向、材料等信息，准确反映船体结构。

（3）轮机设计。轮机设计是船舶设计中的一个重要组成部分，船舶轮机专业管路系统由管材、管附件、设备、管路吊架等组成。而三维附件标准件主要包括三维几何模型、接口和具体属性信息等内容。CATIA V6 提供了从管路原理图绘制到三维放样的功能，可满足轮机专业的建模需求，功能较为强大。

（4）电气设计。电气设计主要由电气原理图 / 接线图设计、电缆通道设计和电缆敷设三大模块组成。相比于传统的二维设计，在 CATIA 中进行电气设计可以直观展示电气设备、电缆等的空间位置；方便、高效地与各专业并行协同设计；准确导出各类清单的统计信息。应用 CATIA 进行电气设计可分为建模、入库、原理图 / 接线图绘制、电气设备布置、电缆通道绘制、电缆敷设六个阶段。

此外，达索公司结合 CATIA、ENOVIA、DELMIA 三大软件平台实现了基于模型的定义技术（Model Based Definition，MBD）。该技术利用全三维模型定义，将产品数据、产品形状以及包含制造特征在内的工程信息全部表达在三维模型中,使三维模型成为生产制造过程中的唯一依据,其目的是想把企业从传统的以图纸为中心逐步发展到以模型为中心,实现数字化、智能制造。

目前的船舶设计是三维模型与二维图纸相结合的双数据源。这种模式增加了工程错误和更改风险;对数据文件的管理烦琐;设计和制造部门沟通交流不方便;需要对三维模型和二维图纸分别进行维护。但 MBD 技术与传统的二维图纸标注相比,有着本质的区别:它实现了单一数据源,解决了长期困扰的一个重大问题,即三维标注和模型一体的问题。三维标注和模型成为一体,其构成的产品数模可以直接应用于仿真分析、工艺设计等。

12.1.2 基于 NAPA 的船舶设计与制造

NAPA 软件是由芬兰 NAPA 公司开发的用于船舶总体性能计算的软件,也可用于船舶初步设计、详细设计、船舶结构的有限元建模、强度分析等。NAPA 软件提供与众多其他软件的接口,其内置 40 多种对外接口,可以与很多不同的图形处理软件、设计软件、数值计算软件等进行模型和数据传递。在实际设计过程中,除标准接口外,NAPA 还提供了二次开发工具(NAPA 宏程序)。通过 NAPA 宏程序,可以根据不同的软件灵活输出不同的数据格式。

NAPA 软件具有以下优点:普遍适用于各种类型的船舶设计;有灵活多样的输入输出格式;直观地呈现船舶立体模型;对电脑软、硬件环境有宽泛的适应性;被全球权威海事管理机构和船级社认可并采用,诸如美国船级社(ABS)、挪威船级社(DNV)、劳氏船级社(LR)等均使用 NAPA 软件;具有完备的客户技术支持体系,并定期举办专门培训。

在 NAPA 软件中,对船舶的总体性能进行计算,通过以下四个步骤进行。

(1)船体型线建模。船体型表面是复杂曲面,建立船体三维模型需要定义一系列曲线(最大横剖线、艏艉轮廓线、平边线、平底线、艉封板线、甲板边线等),通过这些线构成曲面。需要特别指出的是,NAPA 软件利用曲线建模的过程中没有控制点的概念,输入的点即是船体型线轮廓实际通过的点。其优点是便于调整型线轮廓,使其通过任一点,缺点是形成的型线可能不够光顺。

(2)舱室建模。在船体线型定义完成后,需要定义船舶舱室以及布置舱室。船舶舱室的定义是通过对舱室在纵向、横向、垂向三个方向上的限定完成的。定义舱室仅仅是定义了独立的几何空间,还需要将这些舱室组合起来,并赋予其一些属性,如燃油舱、压载水舱等,以便后续进行性能计算。

(3)加载。船舶三维模型建立完成后,要考虑船舶加载情况。首先,需要定义空船的质量重心,空船质量由每个单元的质量组成。空船质量确定后,根据需要对舱室加载,包括货物、燃油、淡水、人员、设备质量等。

(4)性能计算。NAPA 软件的总体性能计算完善,可以快速准确地完成各种船舶性能计算,并输出相应的文档。性能计算包括:船舶静水力计算;舱容计算;装载状态计算;稳性衡准;破舱稳性等。

此外,芬兰 NAPA 公司着眼于高效节能环保航运业技术发展趋势,开发船用配载仪软件系统(即 Onboard-NAPA),将多元化业务从设计进一步延伸至船舶产品后再延伸至航运服务,为船东、船厂及航运业提供更多优质服务。NAPA 公司利用其自身先进的船舶研发设计和软件开发能力,在航行优化和性能检测等方面提供先进的技术服务,包括纵倾优化、航线优化、实时航行 KPI 监测等,并可以将航行中记录的数据传至岸上数据中心,便于船队统一管理,分析船舶航行表现,给出改进建议。

12.1.3　基于 TRIBON 的船舶设计与制造

TRIBON 系统作为英国公司 AVEVA 开发设计的专门用于船舶设计与建造的 CAD/CAM 集成系统,包含船体设计、轮机、电气、舾装设计等模块,基本覆盖了船舶设计的所有领域。TRIBON 的优势是深入了解船厂的实际需求,各个模块的设计均由船舶领域的专家完成。同时该软件实现了各个模块之间的数据互通。另外,各模块之间的数据信息可共享,该软件集船体、舾装、涂装和信息管理于一体,能帮助船厂开展从详细设计到生产设计的各个工艺流程。但是该软件封闭性较强,不利于与其他 CAX 软件进行系统集成。

TRIBON 系统可应用于船体设计、舾装设计、管系设计、电缆设计、舱室布置以及系统管理等。

(1)船体设计。船体设计主要包括船体平面模设计、线型光顺、船体曲面模设计、零件分离、性能计算、数控套数、切割指令等。将 TRIBON 软件应用于船体设计中可以有效实现船体 CAD/CAM 的集成目标,能够迅速对船体结构进行建模和零件编码,统计零件、材料、质量与重心,计算涂装面积和展开的样板,切割套料等。

(2)舾装设计。舾装基础数据包括附件库、符号库和设备库等,最常用的是附件库,该模块的作用是存储整个舾装系统的部件信息,并通过建立数据库对这些信息进行必要的修改与维护。舾装系统有许多子系统,像电缆模块、管路模块等,这些子系统的设计基础就是附件库。应用于舾装设计的 TRIBON 软件的附件库一般都采用单一数据库,如果项目不同,只需要建立一次相同的附件,然后在后续的设计工作中建立其他附件,这样可以节省很多时间,并能够实现各子系统信息的共享与统一。

(3)管系设计。管系设计所包含的模块有管系原理设计、管路建模、生产信息提取等。由于 TRIBON 采用单一数据库管理。在管系原理图设计时,其管材、设备、法兰、规格、阀门等符号都能够和附件信息建立联系,与此同时,还可以与管系的三维模型建立联系。因此,在管系三维放样设计时,可以利用原理图检验设计是否前后一致,或有无缺漏。

(4)电缆设计。电缆设计系统包括电缆原理图设计与电缆放样两大模块。原理图设计类似于管系原理图设计,系统能自动导出电缆布放原理图和有关清单。电缆放样是在三维图形环境中进行的,通过调入相关的船体分段、管路和其他专业设备、电气设备及支架布置等,构成电缆路径、托架和贯通,具有检查电缆路径的连接情况、电缆敷设、电缆路径、真实贯通的填充率等功能。

(5)舱室布置。舱室布置系统的主要工具是计算机辅助工具,工作人员在设计舱室布置方案时要用计算机出图并输出清单，灵活输出任意区域的局部视图，同时可以以房间为单位进行任意拷贝、删除、修改。

（6）系统管理。系统管理具体包括新船数据准备、数据库维护及管理和数据提取子语言三个部分。

AVEVA 公司推出 AVEVA MARINE 作为 TRIBON 的升级产品。AVEVA MARINE 系列是专门用来设计、建造船舶和海工项目的集成软件。AVEVA MARINE 在保留 TRIBON 在设计和生产两个环节的技术的同时，结合了 AVEVA 独特的以对象为中心的技术和设备应用软件，形成了最终的船舶设计和生产工具，能够全面提升海事行业项目的效率。

AVEVA MARINE 支持从概念生成、设计、船舶维护、改造翻新到退役的船舶整个生命周期的所有阶段，有力支撑着船舶建造、工程、设计以及生产。AVEVA MARINE 通过使用单一项目模型，船体、舾装、工程以及设计实现了跨专业的功能集成，进而实现了高交互性、高并发性的工作方式，并在项目执行过程中保证了设计意图的完整性。同时，AVEVA 的数据管理系统是一个全球性数据库，实现了利用 AVEVA MARINE 进行异地协同设计。此外，AVEVA MARINE 可以利用“回滚”功能，返回任何一次调整变化前的状态，保证数据的安全性。

12.2 船舶智能设计发展

智能设计是指应用现代信息技术，模拟人类的思维活动，提高计算机的智能水平，从而使计算机能够更多、更好地承担设计过程中的各种复杂任务，成为设计人员的重要辅助工具。智能设计在船舶领域的应用是发展的必然趋势。船舶是一种复杂的工业产品，其设计工作量巨大、设计周期漫长。同时，传统的船舶设计过分依赖设计人员，引入智能设计可以大大减少设计者的工作量，提升设计效率。结合 AI 技术与计算机强大的计算能力的智能设计会成为未来船舶设计的主要方式，同时智能化集成程度也是衡量船舶设计水平的重要依据。总的来说，船舶智能设计发展具体可以分为计算机辅助设计、智能算法优化设计、人工智能化应用设计三个阶段。

12.2.1 计算机辅助设计

随着计算机计算能力的提高以及计算机可视化等学科的发展，计算机辅助设计已成为许多行业的主流设计方法。计算机辅助设计是智能设计的初级发展阶段，利用计算机进行船舶设计，能够大大节省时间成本、人力成本、管理成本，提高设计生产的效率。船舶设计人员利用计算机进行设计，摆脱了传统低效的设计工具。使用数字化的存储方式，会使得数量巨大的图纸在存储和传递上更为便捷，设计单位、船厂、船东三方协同处理问题效率上升。

12.2.2 智能算法优化设计

现代船舶设计逐渐摆脱了依靠经验进行设计的状况,而是应用智能算法提升船舶设计的合理性及设计效率。以优化算法为基础,结合计算机强大的计算能力和编程能力来优化某一具体的设计方案是智能设计发展的第二阶段。

面对复杂的设计要求,仅依靠经验进行设计容易造成结果不合理,很难设计出满足多目标条件的最优解。船舶设计人员可以在完成设计后应用相应的算法优化设计。目前,遗传算法、退火算法、粒子群算法等多种智能优化设计方法在专向工程问题领域中表现良好。目前,我国船舶制造业正处于智能设计发展的第二阶段,借助优秀的数学优化方法,完成多目标、多对象的合理决策,让最终的评价结果能够更加趋于合理和科学。将智能算法优化与船舶设计中的实际问题相互结合,使智能算法适用于船舶设计是目前的研究热点。

12.2.3 人工智能化应用设计

船舶智能设计发展的第三阶段是借助人工智能技术完成产品整体设计。人工智能是对人的意识、思维的信息过程的模拟。智能化设计的最终目的是利用人工智能技术实现设计思维模拟,使计算机掌握学习等进化功能,并逐步在设计中替代设计人员的地位,大幅提高工作效率。数字化设计已经全面应用于船舶生命周期的各个阶段,但智能算法的应用大多是局部设计的优化。目前,船舶智能设计处在智能算法阶段,并且正逐步向第三阶段发展。

附　　录

附录 1　船舶通用术语

一、船舶种类(Types of Ships)

(1)普通干货船(general dry cargo ship):以载运干货为主,也可装运成桶液货的船舶。但不包括散货船、集装箱船、滚装船、冷藏货船、水泥运输船、牲畜运输船、甲板货船和双舷侧普通干货船。

(2)水泥运输船(cement carrier):专门设计和建造用于运输散装水泥的船舶。

(3)甲板货船(deck cargo ship):不设货舱、全部货物堆装在甲板上的货船。

(4)冷藏货船(refrigetated cargo ship):具有货物冷藏装置,专运保鲜的鱼、肉、水果、蔬菜等时鲜易腐货物的船舶。

(5)牲畜运输船(livestock carrier):专门设计和建造用于运输牛、羊等牲畜的船舶。

(6)客船(passenger ship):载运乘客超过 12 人的船舶。

(7)滚装船(RO-RO ship):能装载车辆或使用车辆装卸集装箱或托盘货的船舶。

(8)客滚船(RO-RO passenger ship):具有滚装处所或特种处所,能载运公路车辆的客船。

(9)铁路车辆客滚船(train/RO-RO passenger ship):载运乘客超过 12 人,又能载运铁路车辆的客滚船。

(10)渡船(ferry):具有全通甲板结构,载运乘客(不设卧铺)和 / 或车辆往返于海峡两岸或岛屿间作定班期营运的船舶。

(11)散货船(bulk carrier):主要用于运输散装干货的船舶,在装货处所通常具有单甲板、顶边舱和底边舱以及双层底,货舱边界为舷侧壳板。

(12)矿砂船(ore carrier):在装货处所具有单甲板、两道纵舱壁、中舱为双层底,仅中舱用于装载矿砂的船舶。

(13)运水船(water tanker):可授予载运淡水的液货船。

(14)油船(oil tanker):载运原油或石油产品的船舶。

(15)矿 / 油船(ore/oil carrier):单壳、单甲板两道纵舱壁、双层底、全部或大部中间货舱装矿,边舱或边舱和部分中舱装油的船舶。

(16)矿 / 散 / 油船(ore/bulk/oil carrier):双壳、单甲板、双层底、顶边舱和底边舱,载运油或散装干货(包括矿砂)的船舶。

(17)集装箱船(container ship):双层底、双壳、舷顶设抗扭箱、甲板开口大,载运集装箱或用双层底、有抗扭箱或其他等效的单层壳舷侧结构代替的船舶。

（18）车辆运输船（car carrier）：专门设计和建造用于运输商品轮式车辆的船舶。

（19）敞口集装箱船（open-top container ship）：双层底、双壳、舷顶设抗扭箱、甲板开口大，载运集装箱或用双层底、有抗扭箱或其他等效的单层壳舷侧结构代替，但货舱无舱口盖的船舶。

（20）运木船（timber carrier）：专运原木和木材，备有系固设备的普通货船。

（21）驳船（barge）：未设置用于航行目的的主推进设备的船舶。

（22）油驳（oil barge）：舱内装载原油或石油产品的驳船。

（23）混凝土搅拌船（floating concrete mixer）：在水上从事混凝土搅拌并在施工场地直接进行混凝土浇注的驳船。

（24）化学品驳（chemical barge）：舱内装载化学品的驳船。

（25）气体运输驳（gas barge）：舱内装载液化气体的驳船。

（26）箱形驳（pontoon barge）：方形，甲板上装载不易受水侵蚀的货物的驳船。

（27）下水驳（launch barge）：专用于海洋工程导管架结构的运输，在导管架下水作业时采用尾倾方式将导管架滑入水中。

（28）载驳船（barge carrier）：具有较大的甲板面积，专运货驳和重型设备的船舶。

（29）大件运输船（bridge crane and heavy equipment carrier）：具有较大的甲板面积，专门用于在甲板上装/卸并进行海上远程运输桥吊和重型设备等尺度/重量相对很大的成套大件和项目设备的运输船舶。

（30）活鱼运输船（live fish carrier）：设有活鱼舱，采用循环水或换水方式，有些还备有增氧、净水和/或降温等装置，专用于运输活鱼的船舶。

（31）半潜船（semi-submersible vessel）：在装卸作业或操作需要时能呈半潜状态的船舶。

（32）拖船（tug）：设有拖曳设备，专用于在水上拖曳船舶或其他浮体的船舶。

（33）化学品液货船（chemical tanker）：类似油船，设有货物围护系统，专运《散装运输危险液体化学品船舶构造与设备规范》中所列的液体货品的船舶。

（34）液化气体船（liquefied gas carrier）：设有货物围护系统，专运《散装运输液化气体船舶构造与设备规范》中所列的液化气体或其他货品的船舶。

（35）LPG 运输船（LPG carrier）：专门载运液化石油气的液化气体船。

（36）LNG 运输船（LNG carrier）：专门载运液化天然气的液化气体船。

（37）发电船（power barge）：设有以天然气或燃油为燃料的发电装置，并对外供电的驳船或自航船。

（38）CNG 运输船（CNG carrier）：专门载运压缩天然气的液化气体船。

（39）石油沥青船（asphalt carrier）：专门装运熔化的散装石油沥青的船舶。

（40）近海供应拖船（offshore supply ship）：专为近海作业的海上设施、船舶供应物资和食品等补给的船舶。

（41）近海供应拖船（offshore tug/supply ship）：既有近海供应船的特征，亦具有拖曳作业能力的船舶。

（42）守护船（stand-by ship）：承担海上移动式钻井平台和海上油（气）生产设施守护任务的船舶。

（43）浮船坞（floating dock）：供修造船舶用的能半潜和起浮的水上建筑物，是一种两端开敞、横断面呈槽形的特殊船体。

（44）布缆船（cable layer）：设有布缆机等专用设备的船舶。

（45）铺管船（pipe layer）：设有铺管专用设备的船舶。

（46）化学品/油液货船（chemical/oil tanker）：既可装运化学品亦可装运石油产品的船舶。

（47）渔船（fishing vessel）：具有捕鱼设备的船舶。

（48）起重船（floating crane）：甲板上有起重设备，专供水上作业起吊重物的船舶。

（49）打捞船（salvage ship）：设有打捞设备，用于打捞水下沉船、沉物的船舶。

（50）救助船（rescue ship）：担负海上防险救助任务、搜救失事船舶及船员的船舶。

（51）打桩船（pile driving barge）：在甲板端上设有打桩设备，专为水上工程打桩用的驳船。

（52）挖泥船（dredger）：具有挖泥设备的船舶，一般不单独使用。

（53）耙吸式挖泥船（trailing suction hopper dredger）：具有耙头等挖泥设备的船舶。

（54）绞吸式挖泥船（cutter suction dredger）：具有绞刀等挖泥设备的船舶。

（55）链斗式挖泥船（bucket dredger）：具有链斗挖泥设备的船舶。

（56）抓斗式挖泥船（grab dredger）：具有一台或多台抓斗机挖泥设备的船舶。

（57）铲斗式挖泥船（dipper dredger）：具有铲斗挖泥设备的船舶。

（58）斗轮式挖泥船（cutter wheel dredger）：具有斗轮挖泥设备的船舶。

（59）吹泥船（reclamation craft）：具有吸管、吸嘴等设备的船舶。

（60）对开式挖泥船（split hopper dredger）：整个主船体可从纵中剖面处打开而达到卸泥目的的船舶。

（61）泥驳（hopper barge）：专门输送泥浆的驳船。

（62）对开式泥驳（split hopper barge）：整个主船体可从纵中剖面处打开而达到卸泥目的的驳船。

（63）穿浪双体船（wave piercer craft）：具有大宽长比，小水线面面积的一种特殊船型的双体高速船。

（64）全垫升气垫船（air cushion vehicle）：能借助气垫支承其全部重量的高速船。

（65）高速三体船（trimaran HSC）：具有三个排水船体的船型，即中间主船体和两边支撑小侧体，并由连接桥结构将三个船体相连。

（66）高速双体船（catamaran HSC）：具有两个相互平行的船体，其上部用强力构架连成一个整体的高速船。

（67）高速单体船（mono-hull HSC）：只有一个船体的高速船。

（68）水翼船（hydrofoil craft）：非排水状态航行时，能被水翼产生的水动升力支承在水面以上的船舶。

(69)小水线面双体高速船(SWATH-HSC):具有小水线面面积,且片体水下部分呈鱼雷状的一种特殊船型的双体高速船。

(70)小水线面双体船(SWATH):具有小水线面面积,且片体水下部分呈鱼雷状的一种特殊船型的双体船。

(71)地效翼船(wing in ground craft):重量由机翼利用其与贴近水表面或其他表面之间的地面表面效应所产生气动升力支持的船舶。

(72)小型客船(passenger boat):船长 20 m 以下的客船。

(73)小型货船(cargo boat):船长 20 m 以下的货船。

(74)水下观光潜水艇(passenger submersible craft):用于运送或搭载乘客,并能在水下观光旅游的自由自航的潜水艇。

(75)固定式联结顶推船驳船组合体——顶推船(rigid connection PB combination—pusher):由顶推船和一艘驳船组成的船队.

(76)固定式联结顶推船驳船组合体——驳船(rigid connection PB combination—barge):由顶推船和一艘驳船组成的船队。

(77)铰接式联结顶推船驳船组合体——顶推船(articulated connection PB combination—pusher):由顶推船和一艘驳船组成的船队。

(78)铰接式联结顶推船驳船组合体——驳船(articulated connection PB combination—barge):由顶推船和一艘驳船组成的船队。

(79)水产品运输船(aquatic product carrier):专门用于运输水产品的船舶。

(80)游艇(yacht):从事非营业性游览观光、休闲娱乐等活动的船舶。

(81)近海工程支持船(offshore engineering support ship):为海洋工程作业提供多功能支持的船舶。

(82)下水工作船(launching work barge):在船厂和/或港区水域内,专用于船舶、海上设施或其他大件货物从岸上平移下水作业的工作船。

(83)双体船(catamaran):在两个分离的船体上部用强力构架连成一个整体的船舶。

(84)沙船(sand carrier):专门设计和建造用于运沙的船舶。

(85)潜水系统支持船(diving support vessel):授予永久性支持潜水系统的船舶。

(86)极地破冰船(ice breaker):授予极地冰区独立航行的极地级船舶。

(87)固定锚地储油船(oil SV fixed at × × × anchorage):满足如下条件的浮式储油船:①双壳油船搁置,其货油舱及相关系统具备储油功能;②离岸不超过 20 海里,限定海域环境的固定锚地。

二、总体设计(General Design)

(一)船舶布置及主要舱室划分

1. 一般术语

(1)总布置(general arrangement):对全船的舱室、上层建筑、通道以及各种主要设备、装置、系统等所作的全面统筹的规划和布局。

(2)舱室布置(interior arangement):对舱室内部的设备、装置和管系等所作的统筹布置。

(3)机舱布置(engine room arrangement):对机舱内部的主、辅机及其有关设备、装置和系统所作的布置。

2. 甲板、平台、通道

(1)罗经甲板(compass deck):在驾驶室顶上安装标准磁罗经的甲板。

(2)驾驶甲板(navigation deck, bridge deck):布置有驾驶室的甲板。

(3)艇甲板(boat deck):放置救生艇或工作艇及艇架的甲板。

(4)游步甲板(promenade deck):为旅客散步或运动提供较多的甲板面积而设置的甲板。

(5)起居甲板(accommodation deck):主要设置起居舱室的甲板。

(6)直升机甲板(helicopter deck):船上供直升机停放、起飞和降落的甲板。

(7)上甲板(upper deck):船体从艏到艉的最上层连续甲板。

(8)起货机平台(winch platform):装设起货机的平台。

(9)通道(passage, passage way):船上供人员通行的过道。其中非敞露的通道叫内通道(interior passage way),敞露的通道叫外通道(exterior passage way)。

3. 工作和设备舱室

(1)驾驶室(wheel house):驾驶人员指挥和操纵船舶的房间。

(2)海图室(chart room):设有海图桌和必要的航海仪器,进行海图作业和保管海图、航海日志以及有关航海资料的房间。

(3)报务室(radio room):安置无线电通信设备,进行对外通信联络的房间。

(4)雷达室(radar room):安置并操作雷达发射和接收设备的房间。

(5)机舱(engine room):安装主机和辅机及其附属设备的舱室。

(6)机舱集控室(centralized control room for machinery):以机械或电气方式集中操纵主、辅机及其附属设备的房间。

(7)反应堆舱(reactor room):核动力船上安置核反应堆的舱。

(8)锅炉舱(boiler room):安置锅炉及其附属设备的舱。

(9)泵舱(pump room):专供安置泵的舱。

(10)锚链舱(chain locker):贮藏锚链的舱。

(11)舵机舱(steering engine room, steering gear room):安置舵机的舱。

(12)通风机室(fan room):安置通风机及控制设备的房间。

(13)空调机室(air-conditioning unit room):安置空气调节设备及其控制器的房间。

(14)冷冻机室(refrigerator room):安置冷冻机及其控制设备的房间。

(15)灭火装置室(fire-smothering unit room):集中安装化学灭火装置的房间。

(16)应急发电机室(emergency generator room):安置应急发电机组及其控制设备的房间。

(17)变流机室(commutator room):安置各种变流机的房间。

(18)蓄电池室(battery room):安置蓄电池的房间。

(19)陀螺罗经室(gyro-compass room):安置陀螺罗经的主罗经及其附属设备的房间。

(20)桅室(mast room):设置在上甲板上,位于桅的周围或门形桅的两柱间的房间。

(21)声纳舱(sonar transducer space):安置声纳升降装置及能源转换设备的舱。

(22)计程仪舱(log room):安置计程仪的舱。

4. 生活用舱

(1)起居舱室(accommodation):船上居住舱室、厨房、餐厅、盥洗室、浴室、厕所、俱乐部等与人员日常生活有关的各种舱室。

(2)居住舱室(cabin):船上人员住宿用的舱室。

(3)船长室(captain's room):船长办公和住宿用的房间。

(4)船员室(crew's room):普通船员办公和住宿用的房间。

(5)客舱(passenger cabin):设有固定座位或铺位,专供旅客休息用的舱室。

5. 货舱

(1)货舱(cargo hold, cargo space):装载货物的各种舱的统称。

(2)货油舱(cargo oil tank):装载油类货物的舱。

(3)集装箱舱(container hold):设有专用导轨和紧固设备装载集装箱的舱。

(4)冷藏货舱(refrigerated cargo hold):设有冷藏设备、专供装载冷藏货物的舱。

(5)液化天然气舱(liquified natural gas tank):装载温度为 -162 ℃左右液化天然气的舱。

(6)液化石油气舱(liquified petroleum gas tank):装载具有不同温度或压力要求的液化石油气的舱。

(7)邮件舱(mail room):存放邮件的舱。

(8)行李舱(luggage room):存放旅客行李的舱。

6. 液舱

(1)液舱(liquid tank):贮存燃油、滑油、压载水、淡水等各种船用液体的舱的统称。

(2)燃油舱(fuel oil tank):贮存燃油的舱。

(3)滑油舱(lubricating oil tank):贮存润滑油的舱。

(4)溢油舱(overflow oil tank):贮存从油舱通过溢流管溢出的油的舱。

(5)污油舱(dirty oil tank):贮存污油及污油水的舱。

(6)压载水舱(ballast water tank):用于注水加载来调整船的浮态和稳性,以改善船的航行性能的水舱。

(7)淡水舱(fresh water tank):贮存淡水的舱。

(8)饮水舱(drinking water tank):贮存饮用水的舱。

(9)锅炉水舱(feed water tank):贮存锅炉用水的舱。

(10)污水舱(bilge tank):贮存污水的舱。

(11)污油水舱(slop tank):液货船上贮存清洗货油舱时产生的污油水所用的舱。

7. 贮藏室

（1）贮藏室（store）：船上各种供贮藏物品的小房间的统称。

（2）帆缆间（hawser store）：船上供贮藏帆布、缆绳等的房间。

8. 其他舱室

（1）艏尖舱（fore peak）：位于防撞舱壁以前的舱。

（2）艉尖舱（after peak）：位于艉部最后一道水密舱壁以后的舱。

（3）底边舱（bottom side tank）：散货船上位于货舱底部两侧角隅处的舱。

（4）顶边舱（top side tank）：散货船上位于货舱顶部两侧角隅处的舱。

（5）边舱（wing tank）：位于船侧的舱。

（6）底舱（hold）：具有两层以上货舱的船舶的最下层的货舱。

（7）深舱（deep tank）：通常设置在舱内，主要用于贮存油或水及其他液体的除双层底舱、顶边舱和底边舱等以外的较狭小的舱。

（8）甲板间舱（tween deck cargo space）：设置在两层甲板之间的货舱。

（9）空隔舱（cofferdam）：为避免两个相邻舱所载的不同液体相互渗透或满足某些规范要求，而在其间设置的狭小隔离空间。

（二）船体几何形状和尺度

1. 一般术语

（1）船体型表面（molded hull surface）：不包括附体在内的船体外形的设计表面。对于金属和钢丝网水泥船体，系指通过船体骨架外缘的表面；对于木质、混凝土、水泥、玻璃钢船体，则指外板、甲板的外表面。

（2）船体线型（hull form）：由船体型表面的剖切线和投影线所确定的船体外形。

（3）裸船体（bare hull，naked hull）：船体型表面所围封的船或船模的船体。

（4）型排水体积（molded volume）：任一水线面下，船舶裸船体所排开的水的体积。

（5）附体（appendages）：水线以下突出于船体型表面以外的物体，包括轴包套、艉轴架、轴、舵、螺旋桨、舭龙骨、方龙骨、减摇鳍、导流罩等，但不包括外板在内。

（6）主要要素（principal particulars）：船体主尺度、载重量、载客量、主机型号、主要参数、功率、航速、船员定额、续航力、船级等主要量度的总称。

2. 基准面和基准线

（1）主坐标平面（principal coordinate planes）：固定于船舶上，三个直角坐标轴组成的坐标平面，即基平面、中线面和中站面。

（2）基平面（base plane）：通过龙骨线与中站面交点的水平面。

（3）中线面（center line plane）：将船体对称划分，并垂直于基平面的纵向平面。

（4）中站面（midstation plane）：中站处垂直于基平面和中线面的横向平面。

（5）基线（base line）：基平面与中线面或横向垂直平面相交的直线。

3. 船体尺度

（1）主尺度（principal dimensions）：船体外形大小的基本量度，即船的长度、宽度、深度和吃水。

（2）总长（length overall）：包括两端上层建筑在内的船体型表面最前端与最后端之间的水平距离，记为 L_{OA}，见附录图 1-1。

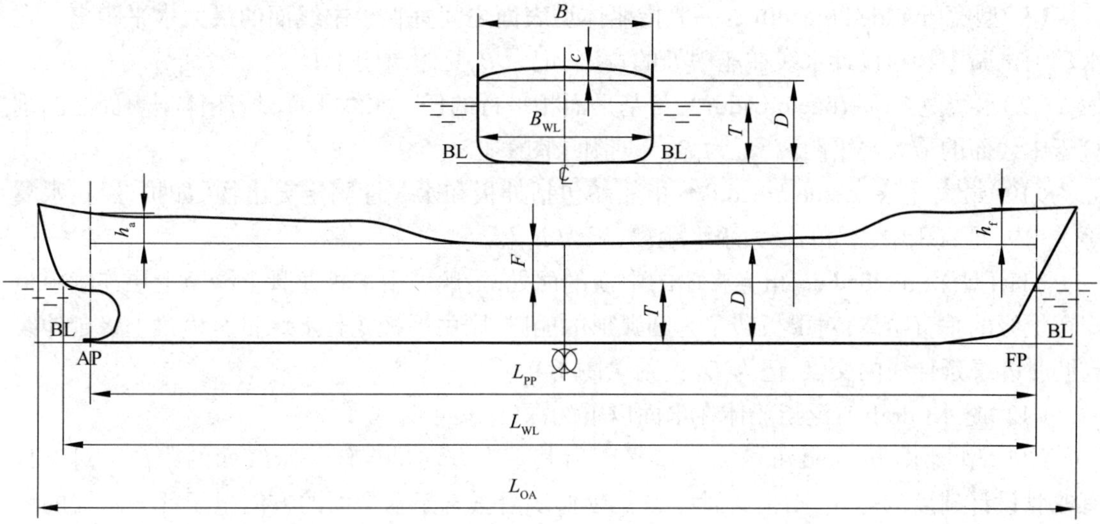

附录图 1-1　船舶主尺度

（3）最大长（extreme length）：船舶最前端与最后端之间包括外板和两端永久性固定突出物（如顶推装置等）在内的水平距离。

（4）垂线间长（length between perpendiculars）：艏垂线与艉垂线之间的水平距离，记为 L_{PP}，见附录图 1-1。

通过设计水线与艏轮廓线交点所引的垂线称为艏垂线（FP）；根据船型不同，艉垂线（AP）是通过船艉某一固定点所引的垂线，这一固定点是：

①设计水线面与舵柱后缘的交点（有舵柱船舶），如附录图 1-2（a）所示；

②设计水线与舵杆中心线交点，如附录图 1-2（b）所示；

③设计水线与艉轮廓线交点（无舵船舶或海洋工程结构物等），如附录图 1-2（c）所示。

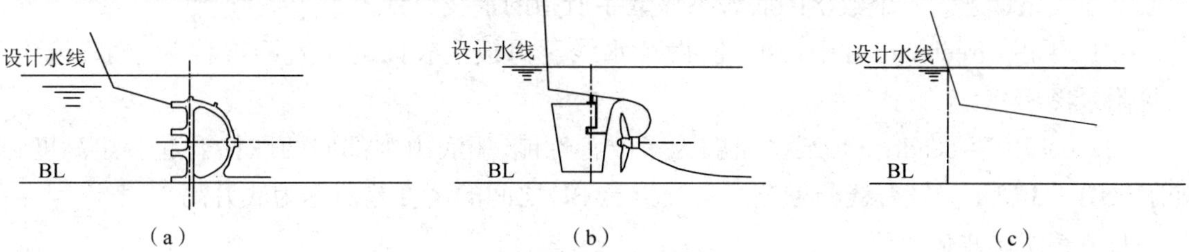

附录图 1-2　艉垂线

（a）有舵柱船舶的艉垂线　（b）舵杆中心线　（c）无舵船舶的艉垂线

（5）水线长（waterline length）：与基平面相平行的任一水线平面与船体型表面艏艉端交点之间的水平距离。

（6）设计水线长（designed waterline length）：设计水线平面与船体型表面艏艉端交点之间的水平距离，记为 L_{WL}，见附录图 1-1。

（7）满载水线长（load waterline length）：满载水线平面与船体型表面艏艉端交点之间的水平距离。

（8）型宽（molded breadth）：一般指船体型表面之间垂直于中线面的最大水平距离。在水动力试验中特指设计水线在船中处的宽度，记为 B，见附录图 1-1。

（9）水线宽（waterline breadth）：与基平面相平行的任一水线平面处，船体型表面之间垂直于中线面的最大水平距离，记为 B_{WL}，见附录图 1-1。

（10）最大宽（extreme breadth）：指船舶包括外板和永久性固定突出物（如护舷材、水翼等）在内，垂直于中线面的最大水平距离，记为 B_{MAX}。

（11）型深（molded depth）：在船的中横剖面处，沿船舷由平板龙骨上缘至上层连续甲板横梁上缘的垂直距离；对甲板转角为圆弧形的船舶，则由平板龙骨上缘量至横梁上缘延伸线与肋骨外缘延伸线的交点，记为 D，见附录图 1-1。

（12）吃水（draft）：泛指船体在水面以下的深度。

（13）型吃水（molded draft）：自基平面沿其垂直方向量至任一水线面的距离。对于具有龙骨设计斜度的船舶，则指龙骨线或其延伸线沿垂直于基平面的方向量至任一水线的距离。无特殊注明时，通常指在中横剖面处，按上述方法量至设计水线的距离。

（14）设计吃水（designed draft）：基平面与设计水线平面间的垂直距离。

（15）艏吃水（fore draft）：在艏垂线处的型吃水。

（16）艉吃水（after draft）：在艉垂线处的型吃水。

（17）平均吃水（mean draft）：艏吃水和艉吃水的平均值。当有横倾时，则指左右舷测量值的平均值。

（18）外形吃水（navigational draft）：指包括任何附体或水线下突出物在内的船舶最低点至水面的垂直距离。

（19）满载吃水（loaded draft）：船舶处于满载排水量状态时的平均吃水，称为满载吃水或设计吃水，简称吃水，记为 T，见附录图 1-1。

（20）吃水标志（draft mark）：在船的艏、艉及中部的两舷用于分别标明该处外形吃水值的数字和线条标志。每个数字的底缘系该数字所指的水线位置。

（21）干舷（freeboard）：中站面处，设计水线至甲板上表面的垂直距离称为干舷，记为 F，见附录图 1-1。

（22）底升高（deadrise）：某些船舶为了改善性能，船底由中部向两舷抬升起一定高度，如附录图 1-3 所示。底升线与舷侧线的交点至 BL 之间的高度差值称为底升高。

4. 型线图与几何形状

（1）型线图（lines plan）：在三个相互垂直的投影面上以剖切线、投影线和外廓线表示船体型表面形状的图样。

三个视图分别为：船体型表面及甲板边线、舷墙顶线等与各站的横向垂直平面的交线在正视方向的投影图为横剖线图；与中线面及与其相平行的各纵向垂直平面的交线在侧视方向的投影图为纵剖线图；船体型表面与对称于中线面一舷平行于基平面的各水线面的交线及甲板边线、舷墙顶线在俯视方向的投影图为半宽水线图。

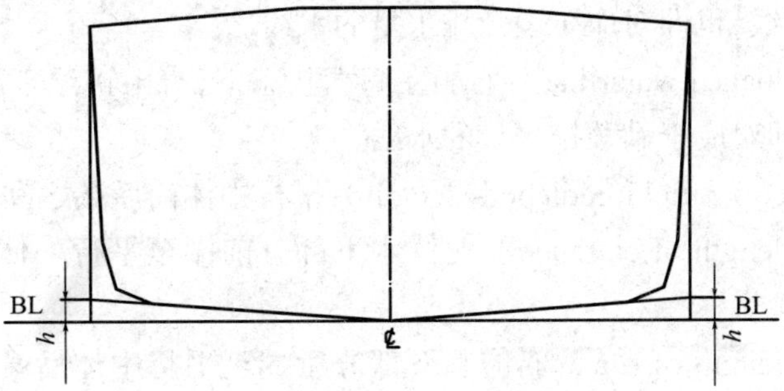

附录图 1-3　底升高

(2)艏垂线(forward perpendicular):艏柱前缘与设计水线交点处的垂线。

(3)艉垂线(after perpendicular):舵柱后缘与设计水线交点处的垂线,对无舵柱船舶为舵杆中心线。

(4)格子线(grid):在型线图中,由基线、水线、站线、纵剖线、中心线、半宽边框线组成矩形格子的水平线和垂直线。

(5)站(ordinate station):在型线图中,沿基线将垂线间长或设计水线长分成若干间距的各点及其在半宽水线图上沿中线面的相应投影点。

(6)中站(midstation):位于垂线间长或设计水线长中点处的站。

(7)站线(station ordinates):在型线图中通过各站并垂直于基线和中心线的直线。

(8)型线(molded lines):船体型表面及有关附体型表面的外廓线、投影线及与剖切平面的交线。

(9)数学型线(mathematical lines):能用数学公式表示的船体型线。

(10)型值(offsets):决定型线空间位置的各点坐标值。

(11)型值表(table of offsets):由型值组成的表或表册。

(12)横剖面(transverse sections):以平行于中站面的平面剖切裸船体或船体所形成的剖面。

(13)中横剖面(midship section):位于中站处的横剖面。

(14)最大横剖面(maximum section):横剖面中的最大剖面。

(15)水线面(water plane):由水线所围封的平面。

(16)中纵剖面(longitudinal section in center plane):以中线面剖切裸船体或船体所形成的剖面。

(17)纵剖线(buttocks):平行于中线面的平面与船体型表面的交线。

(18)横剖线(body lines):平行于中站面的平面与船体型表面的交线。

(19)斜剖线(diagonal):斜交于基平面和中线面,但垂直于中站面的斜平面与船体型表面的交线。

(20)外廓线(profile):中线面与船体型表面的交线。

(21)水线(waterline):在任何吃水及倾斜情况下,水面与船体型表面的交线。

(22)设计水线(designed waterline):船舶在预期设计状态下,自由正浮于静水中时,船体型表面与水面的交线，也即对应于设计排水量的水线。

（23）满载水线（loaded waterline）：船舶在满载状态下，自由正浮于静水中时，船体型表面与水面的交线，也即对应于满载排水量的水线。

（24）平行中体长（parallel middlebody length）：平行中体前后端之间的水平距离。

（25）进流段长（length of entrance）：船体水下部分前端至平行中体前端或最大横剖面之间的水平距离。

（26）去流段长（length of run）：船体水下部分后端至平行中体后端或最大横剖面之间的水平距离。

（27）半进流角（half angle of entrance）：设计水线前端处的切线与中线面之间的夹角。

（28）甲板线（deck line）：甲板边线和甲板中线的统称。

（29）甲板边线（deck side line）：甲板型表面的边缘线，对于甲板舷边圆弧形的金属船体，则指横梁上缘延伸线与肋骨外缘延伸线之交点的连接线。

（30）甲板中线（deck center line）：甲板型表面与中线面的交线。

（31）舷弧（sheer）：甲板边线的纵向曲度，其值以各站处甲板边线与型深的高度差表示。在艏垂线处的舷弧叫艏舷弧，记为 h_f。在艉垂线处的舷弧叫艉舷弧，记为 h_a，见附录图 1-1。

对于海船，标准舷弧可以参考下式求得：

$$h_f=50(L_{PP}/3+10)\text{mm}$$

$$h_a=25(L_{PP}/3+10)\text{mm}$$

（32）梁拱（camber）：在船的中横剖面处甲板的横向拱度，其值以甲板中线与甲板边线的高度差表示。

（33）梁拱线（camber curve）：具有梁拱的甲板，横向垂直平面与甲板型表面的交线。

甲板的横向曲度称为梁拱。其值为各肋位处甲板中线与甲板边线之间垂直高度的差值。型宽处对应的梁拱，称为标准梁拱，记为 C，如附录图 1-4 所示。

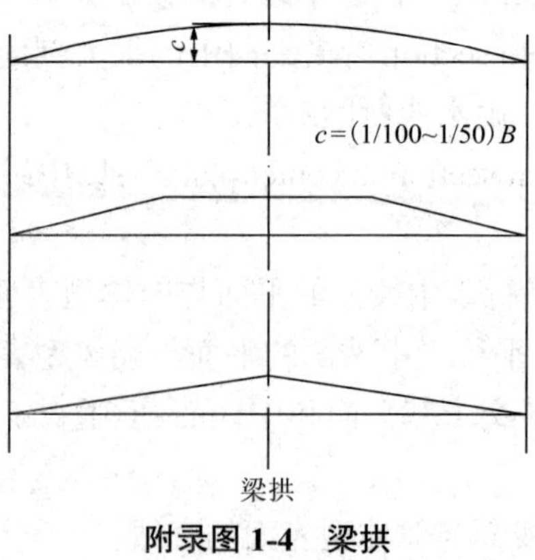

附录图 1-4　梁拱

甲板带有梁拱的目的是加速甲板积水的流泄，同时又能够提高甲板的强度。梁拱取值，可参考下式：

$c=(1/100\sim1/50)B$

(34)舭部升高(deadrise):在最大横剖面上,自船底斜升线与舷侧切线的交点至基平面的垂直距离。

(35)舭部半径(bilge radius):舭部呈圆弧形时,最大横剖面上舭部的圆弧半径。

(36)龙骨线(keel line):船体型表面的底部与中线面的交线。对于木质船舶,为龙骨槽口下缘线在中线面上的投影线。

(37)龙骨设计斜度(rake of keel):龙骨线呈直线时与设计水线的纵向平行度。其值以龙骨线的延伸线与艏艉垂线的两交点距设计水线的高度差表示。

(38)龙骨折角线(knuckle line of keel, chine line of keel):船底具有舭部升高时,船体型表面在平板龙骨板上近中线面处的纵向折角线。

(39)龙骨水平半宽(half-siding):中线面与龙骨折角线之间的水平距离。对具有方龙骨的船为方龙骨半宽。

(40)船底斜升线(floor line):在最大横剖面上龙骨折角点与舭部的切线。

(41)折角线(knuckle line):船体表面或船体结构曲度突变呈折角而形成的棱角交线。

(42)隧道顶线(tunnel top line):指隧道型艉船舶,通过轴系中心线并垂直于基平面的平面与船体型表面底部的交线。

(43)内倾(tumble home):设计水线以上船长中部舷侧表面向内的倾斜距离,其值以最大横剖面上横梁上缘线与肋骨外缘线之交点距中线面的水平距离与设计水线半宽值之差表示。

(44)外倾(flare):设计水线以上船长中部舷侧表面向外的倾斜距离,其值以最大横剖面上横梁上缘线与肋骨外缘线之交点距中线面的水平距离与设计水线半宽值之差表示。

(45)外飘(flare):指设计水线以上船艏部舷侧表面向外的倾斜。

(46)方艉浸宽(immersed transom beam):方艉端面在设计水线处的宽度。

(47)方艉浸深(immersed transom craft):方艉端面最低点至设计水线之间的垂直距离。

5. 船体部位及艏艉剖面形式

(1)前体(fore body):中横剖面前的船体部分。

(2)后体(after body):中横剖面后的船体部分。

(3)水线平行段(parallel waterline):平行于中线面的设计水线中部线段。

(4)水线前段(waterline beginning):水线平行段以前的设计水线前部线段。

(5)水线后段(waterline ending):水线平行段以后的设计水线后部线段。

(6)平行中体(parallel middle body):设计水线面下具有同样横剖面的船体部分。

(7)进流段(entrance):设计水线面下,最大横剖面或平行中体前端到船体最前端的部分。

(8)去流段(run):设计水线面下,最大横剖面或平行中体后端到船体最后端的部分。

(9)肩(shoulder):指进流段或去流段紧临平行中体的部分,与进流段紧临部分称前肩(forward shoulder),与去流段紧临部分称后肩(after shoulder)。

(10)舭(bilge):指船底和船舷之间的连接部分,呈圆角的舭称圆舭(soft-chine),呈尖角的舭称尖舭（hard-chine）。

（11）方艉端面（transom）：方形艉船体的艉端型表面。

（12）艏踵（forefoot）：艏柱与龙骨连接的部分。

（13）艉踵（aftfoot）：艉柱与龙骨连接的部分。

（14）轴包套（shaft bossing）：由船艉外板和眼镜形肋骨组成的船体两边突出于船体型表面以外全部或局部围蔽推进器轴或其他外伸部件的水下船体部分，仅围蔽推进器轴的最后一只船体轴承的轴包套，称短轴包套（short bossing）；从船壳起围蔽整个推进器轴、轴承和支架直至推进器为止的轴包套，称长轴包套（long bossing）。

（15）艉轴架（propeller shaft bracket，A-bracket，propeller struts）：装在船体外面的艉轴支架。

（16）艉鳍（deadwood skeg）：位于船艉底部中线面上或在其两侧，供坐坞和提高航行时直驶稳定性用的船体鳍状部分。

（17）双艉鳍（twin-skeg）：双桨船为提高伴流及改善伴流分布、提高船身效率，从船体后半体沿推进器轴方向做成的两个单体；或沿推进器轴方向，顺流线做成的连接在船体上的鳍状凸体，推进器轴从中穿出。

（18）前倾型艏（raked bow）：艏柱侧形呈直线前倾或接近直线前倾形式的船艏部。

（19）直立型艏（vertical bow）：艏柱侧形与艏垂线重合或接近重合，呈直线形式的船艏部。

（20）破冰型艏（icebreaker bow）：设计水线以下艏柱侧形与基平面成夹角形式的船艏部。

（21）球鼻艏（bulbous bow）：设计水线平面以下呈球鼻形的船艏部。

（22）椭圆艉（elliptical stern）：具有较短的艉伸部，折角线以上呈椭圆体向上扩大，折角线以下与船体底部线形相连续的船艉部。

（23）方艉（transom stern）：设计水线面以上艉端面为平面或微凸的曲面且与中线面垂直相交，并与外板成折角相交的船艉。

（24）巡洋舰艉（cruiser stern）：艉部侧形显凸形，满载水线具有较长的延伸部的船艉。

（25）隧道艉（tunnel stern）：为提高推进效率，增大螺旋桨直径，将螺旋桨所在处，船体底部线型局部设计成隧道状拱形曲面，并向前延伸与相邻的船体型表面平顺连接的船艉部。

（26）球形艉（bulbous stern）：为增大伴流，提高船身效率及改善伴流分布的不均匀性，在推进器轴出口处剖面接近圆形或卵圆形并向前延伸与相邻的船体型表面平顺连接的船艉部。

（27）球臌型剖面（bulb section）：船艏或船艉在设计水线以下局部呈球形臌出的横剖面。

（28）U 型剖面（U-section）：底部近似弧形而舷侧明显趋于垂直，如同 U 字形的横剖面。

（29）V 型剖面（V-section）：底部相对尖瘦而舷侧明显呈直线外倾，如同 V 字形的横剖面。

三、船体结构(Structure)

(一)一般术语

(1)船体(hull):不包括任何设备、装置、系统等的船身构造物及上甲板以上的围蔽建筑。

(2)船体结构(ship structure):组成主船体、上层建筑、甲板室等的各种具体构件的总称。

(3)主船体(main hull):强力甲板及其以下部分的船体。

(4)骨架(framing):支承外板、甲板、舱壁、内底板等的一切桁材与型材的统称。

(5)桁材(girder):由腹板与面板组成的大型组合件。

(6)腹板(web):与船体板材连接的立板。

(7)面板(face plate):与腹板自由边正交,沿桁材方向延伸的板条。

(8)纵骨架式(longitudinal framing):纵向骨架较密,横向骨架较稀的结构形式。

(9)横骨架式(transverse framing):横向骨架较密,纵向骨架较稀的结构形式。

(10)混合骨架式(combined system):船侧与艏、艉尖舱为横骨架式,强力甲板和船底为纵骨架式的船体结构形式。

(11)构件(member):板与骨架的统称。

(12)主要构件(primary member):支持多根小骨架并(或)支持其他大型骨架的构件,如舱口端梁、甲板纵桁、竖桁、水平桁等。

(13)次要构件(secondary member):支持板载荷的小型骨架,如横梁、甲板纵骨、扶强材等。

(14)连续构件(continuous member):在构件与构件相交处,连续通过未被隔断的构件。

(15)间断构件(intercostal member):在构件与构件相交处被隔断的构件。

(16)伸缩接头(expansion joint):可以伸缩或有较大弹性的接头。

(17)冰区加强(strengthening for navigation in ice):对航行于冰区船舶所作的局部结构加强。

(18)肘板(bracket):主要用于连接骨架的,近似三角形或其他形状的板。

(19)折边肘板(flanged bracket):自由边缘有90°折边的肘板。

(20)防倾肘板(tripping bracket):为防止所支持的构件倾倒而设置的肘板。

(21)贯通肘板(through bracket):贯通舱壁或肋板,而将它们两边的纵骨或横梁连接的肘板。

(22)加强筋(rib, stiffener):高大的桁材腹板或肘板上,或管形构件壁上沿轴向的型材,主要用于增加结构物的局部稳定性。

(23)嵌补板(insert plate):为了局部加强等工艺需要,而将原结构的板割去一部分,再嵌补的一块较厚或与原板等厚的板。

(24)覆板(doubling plate):为了局部加强,在原结构的部分板面上,再覆盖的一块板。

(25)扣板(gusset plate):为了加强构件连接而采用的梯形面板,例如舭肘板的面板与内底边连接处的板。

(26)压筋板(swaged plate):压有槽纹以增加其强度与刚度的薄板。

(27)人孔(man hole):构件上,供人通过而开的孔。

(28)齿形孔(scallop):在桁材腹板或型材与外板、舱壁、甲板等焊接的边缘上,为了便于间断焊分段围绕包角,并兼有减重、流水、透气等功能而开的一连串矩形带圆角或梯形的切口。

(29)肘板连接(bracket connection):骨架端部用肘板与其他构件连接的方式。

(30)直接连接(lug connection):骨架两端不用肘板,但保持骨架截面完整而与其他构件直接连接的方式。

(31)面板切斜连接(clip connection):骨架末端不用肘板,将面板角端切去,以便把完整的腹板与其他构件焊牢的连接方式。

(32)切斜端(snip end):骨架腹板切成斜尖形的末端。

(33)纵骨(longitudinal):船体外板、甲板、内底板上的纵向小骨架,通常用型材做成。

(二)外板

(1)外板(shell plating):构成船体底部、舭部及船侧外壳的板。

(2)方龙骨(bar keel):船底中线处,位于肋板下面的实心矩形截面的纵通构件。

(3)平板龙骨(plate keel):船底中线处的一列纵向外板。

(4)龙骨翼板(garboard strake):方龙骨两边的左、右各一列纵向外板。

(5)船底板(bottom plating):从龙骨到舭列板的底部外板。

(6)舭列板(bilge strake):船底与船侧之间过渡区的外板。

(7)舭龙骨(bilge keel):装设在舭部外侧,近似垂直于舭列板的条状减摇构件。

(8)舷侧外板(side plating):舭列板以上的外板。

(9)舷顶列板(sheer strake):与强力甲板连接的一列舷侧外板。

(10)舷墙(bulwark):露天甲板边缘处的防护矮墙。

(三)船底

(1)单底(single bottom):没有内底的单层船底。

(2)双层底(double bottom):①船底、内底及两者之间结构的总称;②船底、内底间的空间。

(3)内底板(inner bottom plating):双层底的顶板。

(4)内底边板(margin plate):与船体外板相交的内底边缘列板。

(5)中桁材(center girder):双层底中线处的纵向桁材。

(6)旁桁材(side girder):双层底中,除中桁材以外的其他由船底直达内底的纵向桁材。

(7)半高底纵桁(half depth girder):腹板高度约为双层底高度一半的旁桁材,一般用于加强前部船底外板或基座下面的内底板。

(8)箱形龙骨(duct keel):由与船底中线平行的两道中桁材与中列内底板和平板龙骨所组成的箱形结构。

(9)中内龙骨(center keelson):单底中线处的纵向桁材。

(10)旁内龙骨(side keelson):单底结构的船底,除中内龙骨以外的其他纵向桁材。

(11)实肋板(plate floor ,solid floor):船底的横向竖立板材。

(12)水密肋板(water tight floor):能在规定压力下,保持不渗水的实肋板。

(13)组合肋板(bracket floor, open floor):由船底横骨、内底横骨、撑材和肘板等组成的船底横向组合桁架。

(14)船底横骨(bottom frame):组合肋板下缘与外板连接的横向骨架。

(15)内底横骨(reverse frame):组合肋板上缘与内底板连接的横向骨架。

(16)撑材(strut):在组合肋板平面内,连接旁桁材、船底横骨和内底横骨的竖向型材短支柱;以及有时在船底纵骨和内底纵骨的跨距中点加设的型材短支柱。

(17)轻型肋板(lightened floor):厚度和高度都与实肋板相同,但具有较大开孔的肋板。

(18)艉肋板(transom floor):船艉的最后一道肋板。斜肋骨和艉柱都与艉肋板连接。

(19)船底横桁(bottom transverse):油船等纵骨架式单底结构中,用于支承船底纵骨的横向桁材。

(20)船底纵骨(bottom longitudinal):船底板上面的纵骨。

(21)内底纵骨(inner bottom longitudinal):内底板下面的纵骨。

(22)舭肘板(tank side bracket, hold frame bracket):连接各种肋板与各种底舱肋骨的舭部大肘板。

(23)污水井(bilge well):汇集舱底污水的沟槽,一般多设在舭部或双层底内靠内底板的一边。

(四)船侧骨架

(1)船侧骨架(side framing):船侧一切骨架的统称,例如:各种肋骨、船侧纵桁、船侧竖桁、船侧纵骨等。

(2)肋骨(frame):支承船侧外板的各种竖向小型和中型骨架。

(3)肋距(frame spacing, spacing of frame):相邻两肋骨型线平面之间的距离。

(4)底舱肋骨(hold frame):除艏、艉尖舱和梁舱以外,其余各船舱中,由舭部通到最下层甲板或平台的肋骨。

(5)主肋骨(main frame):底舱肋骨中,截面尺寸相同、数量最多的肋骨。

(6)尖舱肋骨(peak frame):艏、艉尖舱中的肋骨。

(7)斜肋骨(cant frame):不与船体横剖面平行,而作扇形布置的肋骨。

(8)甲板间肋骨(tween deck frame):甲板与甲板之间或甲板与平台之间的肋骨。

(9)强肋骨(web frame):用于局部加强或支持船侧纵骨的加大尺寸的肋骨,通常由腹板与面板组成。

(10)中间肋骨(intermediate frame):为局部加强而设在肋距中点位置的肋骨。

(11)船侧纵骨(side longitudinal):船侧外板上的纵骨。

(12)船侧纵桁(side stringer):与肋骨相交并连接的船侧外板上的纵向桁材。

(13)船侧竖桁(side transverse):与船底横桁和甲板横桁连接的船侧竖向桁材,用于纵骨架式的船侧结构。

（14）护舷材（fender）：装设在船侧满载水线以上，突出于甲板边缘外侧，用于保护船侧的结构。

（五）甲板与平台

（1）甲板（deck）：形成船内空间的顶盖，或将空间分隔为若干层，由板与骨架组成的结构。

（2）平台（platform）：主船体内部长度小于艏、艉尖舱舱壁间距离的短甲板。

（3）覆材甲板（sheathed deck）：铺有木板或其他材料的甲板。

（4）强力甲板（strength deck）：①在船中部 $0.5L$（船长）区域内，长度不小于 $0.15L$ 的长上层建筑甲板，和此长上层建筑区域以外的上甲板；②无前述的长上层建筑时的上甲板。

（5）第二甲板（second deck）：强力甲板下面的第一层甲板。

（6）下甲板（lower decks）：上甲板以下，所有各层甲板的统称。

（7）舱壁甲板（bulkhead deck）：主船体内部，所有的主水密横舱壁都能到达的最高层甲板。

（8）车辆甲板（wag（g）on deck，vehicle deck）：装载车辆的加厚甲板。

（9）舷伸甲板（sponson deck）：内河客货船在水面以上，伸出船舷以外的甲板。

（10）甲板边板（deck stringer，stringer plate）：与舷顶列板连接的强力甲板边缘的一列板。

（11）围板（coaming plate）：舱口周围，直接与甲板相连的一列竖板。

（12）围井（trunk）：四周用围壁围成的井形结构。

（13）舱口（hatch，hatchway）：甲板上为装卸货物、机件或供人员进出的开口。

（14）围罩梯口（companion，companion way）：专供人员进出，上面设有围罩的甲板开口。

（15）机舱棚（engine room casing）：机舱舱口上面的围壁和顶盖。

（16）甲板骨架（deck framing）：支承甲板的各种纵横骨架的统称，如横梁、甲板纵桁、强横梁、甲板纵骨等。

（17）横梁（beam）：支承甲板的横向小型骨架，通常由型材做成，两端与肋骨相连。

（18）梁肘板（beam knee）：连接横梁（或半梁、强横梁）与肋骨的肘板。

（19）半梁（half beam）：舷侧至舱口边的横梁。

（20）强横梁（web beam）：通常用于支承甲板纵骨的横向中型骨架。

（21）舱口端梁（hatch end beam）：货舱口前后两端的横向桁材。

（22）甲板横桁（deck transverse）：油船横舱壁之间的甲板下面横向的大型桁材。

（23）甲板纵桁（deck girder）：支承横梁、半梁或强横梁，并与甲板连接的纵向桁材。

（24）舱口纵桁（hatch side girder）：舱口两边的甲板纵桁。

（25）短纵桁（carling）：支承横梁的短跨距甲板纵桁。

（26）甲板纵骨（deck longitudinal）：支承甲板的纵向小型骨架，通常由型材做成。

（27）斜梁（cant beam）：与斜肋骨同平面的梁。

（28）艉横梁（transom beam）：船艉处与斜梁连接的最后一根强横梁。

（29）管形支柱（tubular pillar，pipe stanchion）：圆形或矩形空心截面的支柱。

（30）组合支柱（built-up pillar）：型材或板材组成的非封闭截面支柱。

（六）舱壁、轴隧

（1）舱壁（bulkhead）：分隔船内空间的竖壁或斜壁。

（2）横舱壁（transverse bulkhead）：沿船宽方向的舱壁。

（3）纵舱壁（longitudinal bulkhead）：沿船长方向的舱壁。

（4）斜舱壁（slopping bulkhead）：与甲板或船底平面斜交的舱壁。

（5）甲板间舱壁（tween deck bulk head）：甲板与甲板之间的舱壁。

（6）防撞舱壁（collision bulkhead）：船内最前面的水密横舱壁。

（7）艉尖舱舱壁（after peak bulkhead）：船内最后面的水密横舱壁。

（8）平面舱壁（plain bulk head，plane bulk head）：由平面舱壁板与扶强材等骨架组成的舱壁。

（9）槽形舱壁（corrugated bulkhead）：舱壁板为槽形的舱壁。

（10）制荡舱壁（swash bulkhead）：液舱内为减少液体剧烈晃动而装设的有孔舱壁。

（11）制荡板（swash plate）：液舱内为减少液体剧烈晃动而装设的不伸到舱底的竖向平板。

（12）水密舱壁（watertight bulkhead）：在规定压力下，能保持不渗水的舱壁。

（13）扶强材（stiffener）：舱壁上，主要承受舱壁压力的小骨架。

（14）水平桁（horizontal girder）：舱壁上，用来支持竖向扶强材的水平布置的桁材。

（15）竖桁（vertical girder）：舱壁上竖向布置的桁材，主要用来支持水平布置的扶强材或甲板纵桁。

（16）轴隧（shaft tunnel）：从机舱到船艉，围罩轴系并可供人员通过的水密隧道。

（七）艏艉结构

（1）艏柱（stem）：船体最前端，从船底到甲板，连接两侧外板和龙骨的结构。

（2）艉柱（stern frame，stern post）：船艉端，从船底到艉肋板连接两侧外板和龙骨的构件。

（3）推进器柱（propeller post）：支承推进器轴，并连接两侧外板的弓形骨架。

（4）轴毂（propeller boss）：推进器柱中央，横向鼓出的一段轴承座。

（5）舵柱（rudder post）：挂舵的立柱。

（6）持舵臂（rudder horn）：支承半平衡舵的船艉局部结构。

（7）强胸横梁（panting beam）：在艏、艉尖舱内，横贯船宽，支承艏、艉尖舱内抗侧击纵桁（panting stringer）的不带板的横梁。

（八）基座

（1）主机基座（main engine foundation）：固定船舶推进主机并与船底结构相连接的底座。

（2）推力轴承座（thrust bearing foundation，thrust block seating）：固定推力轴承并将其轴向推力传给船底结构的基座。

（3）辅机基座（auxiliary seating）：固定船用辅机并与船体结构连接的基座。

（4）锅炉座（boiler foundation，boiler bearer，boiler stool）：固定船用锅炉并与船体结构连接的基座。

（九）上层建筑与甲板室

（1）上层建筑（superstructure）：泛指上甲板上的一切围蔽建筑。规范中则指上甲板上由一舷伸至另一舷的或其侧壁板离船壳板向内不大于4%船宽的围蔽建筑。

（2）桥楼（bridge）：船体中部的上层建筑。

（3）艏楼（forecastle）：船艏的上层建筑。

（4）艉楼（poop）：船艉的上层建筑。

（5）甲板室（deck house）：上甲板以外，外侧壁不与船侧外板连成一片（对于运输船舶，它们的距离需大于4%船宽）的围蔽建筑。

附录 2　图样和技术文件分类号

附录表 2-1　图样及技术文件分类号

分类号	项目名称	分类号	项目名称
0	总体设计技术文件	1	总体、船体详细设计
00	报价设计（方案设计）	10	总体技术文件
000	一般的技术资料	100	总类
01	合同设计（方案设计）	101	总体性能计算书和技术条件
010	总体	103	总体区域布置
011	船体	105	固体压载及其布置
012	船舶设备和舱面属具	106	电子计算机计算程序
013	舱室	107	螺旋桨图
02	初步设计（技术设计）	108	设备订货明细表
020	总体	11	船体主要结构
021	船体	110	总类（船体结构部分技术文件和图样目录、船体说明书、各种计算书、主要横剖面图、基本结构图、肋骨型线图、外板展开图、船体分段划分图、船体典型节点图册、全船结构构件理论线图、钢料明细表、全船密性试验图、船东或船检部门退审意见答复等）
022	船舶设备和舱面属具		
023	舱室		
03	辅助设计		
031	船体		
032	船舶设备和舱面属具	111	船体立体分段和总段图
033	舱室	112	船体底部结构图
04	建造综合性工艺文件	113	船体舷部结构图
040	总类	114	端部结构（艏部结构图、艉部结构图、球鼻结构图、锚链舱、艏艉尖舱加强结构、挂舵壁结构图等）
041	建造工艺计划		
042	建造技术要求		
043	原则施工工艺	115	轴包架或轴支架结构
044	材料消耗定额表	116	特种结构
05	完工图样和技术文件	117	艏艉柱
050	总体	118	龙骨、舭龙骨、坞龙骨
051	船体	12	舱壁和小舱壁
052	船舶设备和舱面属具	121	主横舱壁
053	舱室	122	主纵舱壁
06	模型、试验和研究资料	123	其他舱壁和围壁
060	总体	124	轴隧及管隧结构
061	船体	125	活动舱壁
062	船舶设备和舱面属具	127	逃生围阱
063	舱室	13	甲板和平台

续表

分类号	项目名称	分类号	项目名称
130	总类	2	船舶设备和舱面属具详细设计
131	上甲板	200	总类
132	中间甲板	201	计算书、说明书和技术条件
133	下甲板	203	船舶设备的安装与布置
134	平台	208	设备订货明细表
135	艏楼及艉楼甲板	21	锚设备
136	金属铺板	210	总类（布置图、计算书、说明书、技术条件）
137	覆板、甲板覆板和舱口角隅加强覆板	211	锚设备
14	上层建筑	212	深水抛锚装置
140	总类	22	系泊和拖带设备
141	第一层上层建筑（或甲板室）	221	系泊设备
142	第二层上层建筑（或甲板室）	222	拖带、顶推设备
143	第三层上层建筑（或甲板室）	23	舵设备
144	第四层上层建筑（或甲板室）	231	舵设备
145	第五层上层建筑（或甲板室）	232	操舵系统及设备
146	外烟囱、机炉舱棚及其他棚顶结构	234	特种舵设备
15	基座和加强结构	24	起货、桅樯及信号设备
150	总类（基座图样目录）	241	起重设备
151	主机、主锅炉、主发电机、主变压器的基座	242	桅樯设备
152	机炉舱辅机、辅锅炉、轴系的基座	26	舱面属具
154	甲板机械基座	261	窗、舷窗及其装置
157	舱室设备的基座	262	特种门及其装置
16	液舱、煤舱、泥舱结构及其加强结构	263	普通门
160	总类	264	舷梯及其装置
161	液舱	265	小舱口盖、出入口
162	煤舱	266	舱口盖及其装置
164	泥舱	267	天幕、栏杆、梯
165	货舱	268	天桥、飞桥、防风围壁
166	减摇水舱	27	救生设备和消防设备
17	特种结构	271	艇和艇装置
173	调查船特种构架	272	救生工具及其装置
174	起重船特种构架	275	消防设备
175	渔捞特种构架	28	渔捞工程船、调查船等特种设备
176	轮渡、吊桥、浮架、特种船舶大开门结构	281	渔捞装置
18	护舷材及船体木质部分	282	挖泥设备
181	护舷材	283	起重、打桩、钻探设备
182	船外附件	29	其他设备
183	木铺板	3	舱室详细设计
185	货舱护肋材	301	计算书、说明书和技术条件
19	船体其他技术文件和图样	303	全船性甲板和舱室设备
190	总类（船体结构制造公差要求、原则工艺说明书、焊接方式与规格明细表、造价估算单）	308	设备订货明细表
		31	居住舱室和公共处所

续表

分类号	项目名称	分类号	项目名称
311	船员舱	34	工作舱室
312	客舱	35	舱室绝缘板及其结构
313	公共处所	38	舱室木质结构
32	仓库和伙食舱室	39	油漆涂料、绝缘和其他

注:本表内容选自《船舶产品专用图样和技术文件编号》(CB/T 14—2011)。

附录 3　造船　船舶布置图中元件表示法

以下内容摘自 GB/T 3894—2008/ISO 1964:1987。

附录表 3-1　舱壁（围壁）、舱壁板和舱壁孔的一般符号

名称	图形符号	名称	图形符号
A 级防火分隔	A60,A30,A15,A0	金属舱壁或围壁	
B 级防火分隔	B15,B0,B30	木质或其他非金属舱壁或围壁	
C 级防火分隔	C	预制隔板（如多孔板、金属格栅、金属网）	
绝缘		帘	
油密		有绝缘的金属舱壁	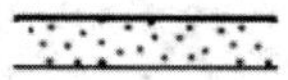

附录表 3-2　门窗符号

名称		图形符号
铰链门	金属	
	非金属	
双节铰链门	金属	
	非金属	
自闭铰链门	金属	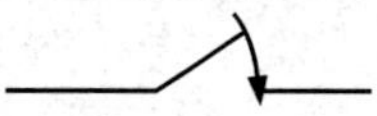
	非金属	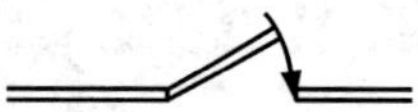
水平移门	金属	
	非金属	
弹簧门		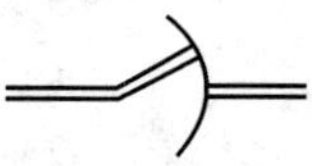

名称		图形符号
侧开铰链窗	外开	
	内开	
固定窗		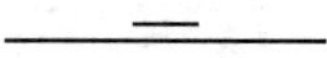
水平移窗		
铰链舷窗	上开或下开	
	侧开	
垂直移窗		
固定舷窗		
有衬板舱壁上的侧开舷窗		

附录表 3-3　舱室家具符号

名称	图形符号	名称	图形符号
架子		抽屉	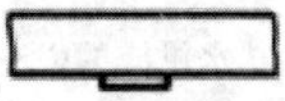
多层架子	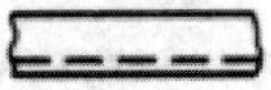	双层抽屉	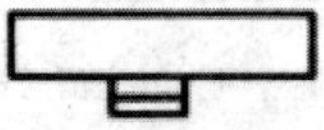
铰链架、铰链座或铰链桌		文件架	
铰链门	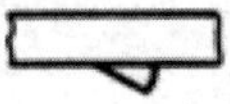	有文件架的写字台 *	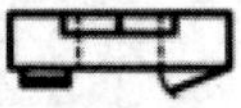
移门		有储藏柜、抽屉和敞开架的碗柜 *	
高衣柜 *	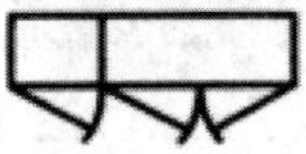	有镜子的梳妆台 *	
单人床	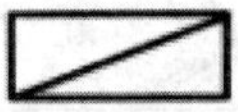	折叠床	
双层床		双人床	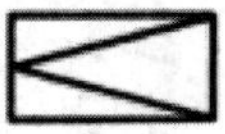
床头柜		上铺可折叠的双层床	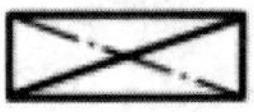
有柜和抽屉的单人床 *		双排床	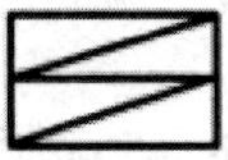
长凳或普通座位		普通座椅	 或 
有垫座位或沙发	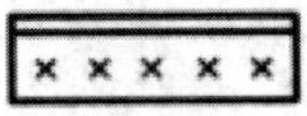	有垫扶手椅	 或 
圆凳		转椅	

附录表 3-4　卫生、厨房和洗衣间设备符号

名称	图形符号	名称	图形符号
洗脸盆等的冷热水供应		淋浴喷头	
冷水供应		盥洗盆	
独立式浴缸		嵌入式浴缸	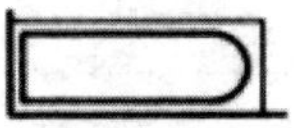
坐浴浴盆		下身浴盆	

续表

名称		图形符号	名称	图形符号
有冷热水供应的盥洗盆 *			有淋浴喷头的嵌入式浴缸 *	
有淋浴喷头的坐浴浴盆 *			带有泄水板的洗涤装置 *	
抽水马桶			蹲式便器	
小便池	平背式		有碗柜和架子的洗涤装置 *	
	角式			
燃煤炉灶		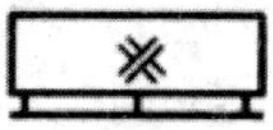	燃油炉灶	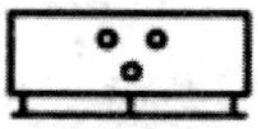
电炉灶			煤箱	
砧板			和面机	
揉面槽			土豆削皮器	
汤锅			洗衣机	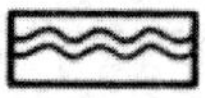
面包炉			小型洗衣机	
熨衣机		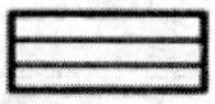	熨斗	

附录表 3-5　修理间、航行设备符号

名称	图形符号	名称		图形符号
带台钳的工作台		砂轮机	手动	
车床	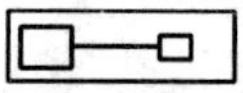		机动	
立式钻床		带隔板和箱柜的工作台 *		
操舵仪	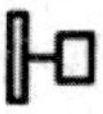	磁罗经		
雷达显示器		主电罗经		

续表

名称		图形符号	名称		图形符号
分电罗经(从动装置)			传话管		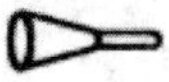
雷达扫描器		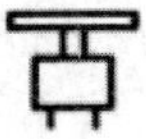	闭路电视摄影机		
雷达收发两用器			探照灯		
桅灯	俯视图		尾灯	俯视图	
	侧视图	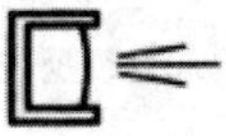		侧视图	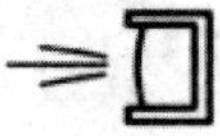
左舷灯	俯视图		右舷灯	俯视图	
	侧视图	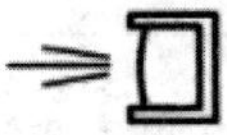		侧视图	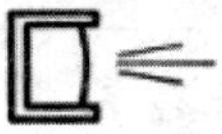

附录表 3-6　甲板设备符号

名称	图形符号		名称	图形符号	
双柱带缆桩	俯视图		单十字带缆桩	俯视图	
	侧视图	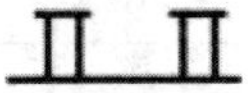		侧视图	
导缆钳	俯视图		闭式导缆器	俯视图	
	侧视图			侧视图	
独立竖式滚轮	俯视图		单滚轮导缆钳	俯视图	
	侧视图			侧视图	
多滚轮导缆钳	俯视图	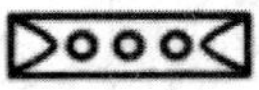	卧式蒸汽锚机 *	俯视图	
	侧视图			侧视图	

续表

名称	图形符号		名称	图形符号	
起艇绞车	手动	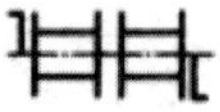	电动起货绞车	俯视图	
	机动	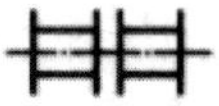		侧视图	
导缆孔	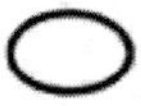		缆绳卷筒	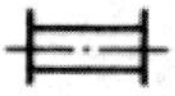	
手动缆绳绞车			起货绞车 **	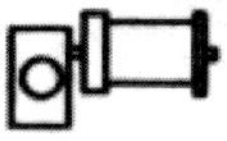	
起锚机 **	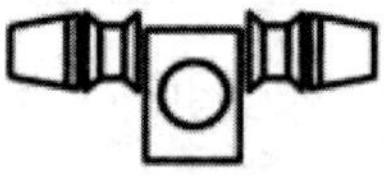		起锚绞盘 **		
绞缆绞车 **			系泊绞车 **	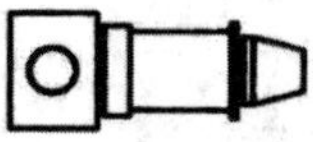	
自动系泊绞车 **			救生艇绞车 **		

附录表 3-7 梯、舷墙等的符号

名称	图形符号	名称	图形符号
向上梯		独立的向上梯	
下面有房间的向上梯		从下层上来的梯	
叠加梯		自动梯	
电梯		表示了甲板开口的从下层上来的梯	
固定栏杆,符号可表示栏杆数目	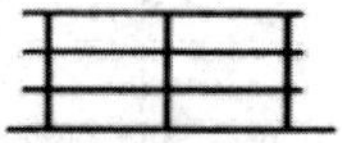	链条栏杆,符号可表示链条数目	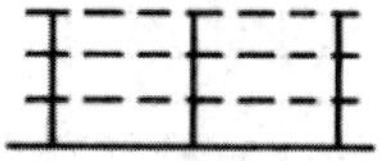
木质舷墙	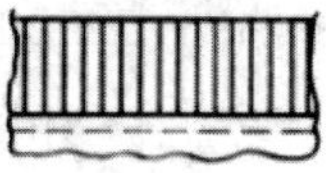	有出水口的舷墙上	

附录表 3-8　舱口和舱口盖的符号

名称	图形符号	名称	图形符号
带盖甲板孔		带盖人孔	
带盖检修舱口		带盖手孔	
无盖舱口		金属舱口盖	
带（金属或木质）滑动盖的舱口	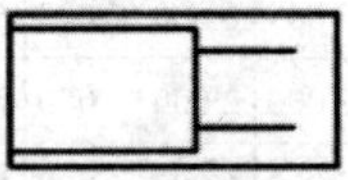	木质舱口盖	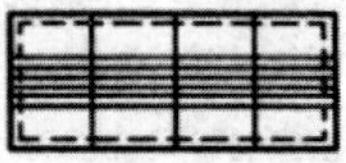
天窗（按形状表示）		端部有门及滑动盖的升高舱口 *	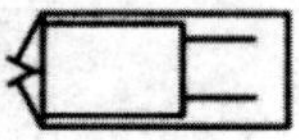

注：①以上所有表中带有“*”的设备符号为组合实例图形；

②以上所有表中带有“* *”的机械设备图形符号系从《造船及海上结构物　甲板机械术语和符号》（GB/T 3893—2008/ISO/FDIS 3828：2007）摘录。

附录 4　船体常用钢板、型钢的规格和质量

附录表 4-1　钢板的尺寸和质量

钢板公称厚度 /mm	按下列钢板宽度的最小和最大长度 /mm															
	700	710	750	800	850	900	950	1 000	1 100	1 250	1 400	1 420	1 500	1 600	1 700	1 800
4.0,4.5,5	2 000	2 000	2 000	2 000	2 000	2 000	2 000	2 000	2 000	2 000	2 000	2 000	2 000	2 000	2 000	2 000
	6 000	6 000	6 000	6 000	6 000	6 000	6 000	6 000	6 000	6 000	6 000	6 000	6 000	6 000	6 000	6 000
6,7	2 000	2 000	2 000	2 000	2 000	2 000	2 000	2 000	2 000	2 000	2 000	2 000	2 000	2 000	2 000	2 000
	6 000	6 000	6 000	6 000	6 000	6 000	6 000	6 000	6 000	6 000	6 000	6 000	6 000	6 000	6 000	6 000
8,9,10	2 000	2 000	2 000	2 000	2 000	2 000	2 000	2 000	2 000	2 000	2 000	2 000	2 000	3 000	3 000	3 000
	6 000	6 000	6 000	6 000	6 000	6 000	6 000	6 000	6 000	6 000	6 000	6 000	12 000	12 000	12 000	12 000
11,12								2 000	2 000	2 000	2 000	2 000	2 000	3 000	3 000	3 000
								6 000	6 000	6 000	6 000	6 000	12 000	12 000	12 000	12 000
13,14,15,16,17,18,19,20,21,22,25								2 500	2 500	2 500	2 500	2 500	3 000	3 000	3 500	4 000
								6500	6500	12 000	12 000	12 000	12 000	11 000	11 000	10 000
26,28,30,32,34,36,38,40										2 500	2 500	2 500	3 000	3 000	3 500	3 500
										12 000	12 000	12 000	12 000	12 000	12 000	12 000

钢板公称厚度 /mm	按下列钢板宽度的最小和最大长度 /mm															
	1 900	2 000	2 100	2 200	2 300	2 400	2 500	2 600	2 700	2 800	2 900	3 000	3 200	3 400	3 600	
4.0,4.5,5																
6,7	2 000	2 000														
	6 000	6 000														
8,9,10	3 000	3 000	3 000	3 000	3 000	4 000	4 000									
	12 000	12 000	12 000	12 000	12 000	12 000	12 000									
11,12	3 000	3 000	3 000	3 000	3 000	4 000	4 000									
	12 000	10 000	10 000	10 000	9 000	9 000	9 000									
13,14,15,16,17,18,19,20,21,22,25	4 000	4 000	4 500	4 500	4 500	4 000	4 000	3 500	3 500	3 500						
	10 000	10 000	10 000	9 000	9 000	9 000	9 000	9 000	8 200	8 200						
26,28,30,32,34,36,38,40	4 000	4 000	4 000	4 500	4 500	4 000	4 000	3 500	3 500	3 500	3 500	3 000	3 200	3 400	3 600	
	12 000	12 000	12 000	12 000	12 000	11 000	11 000	10 000	10 000	10 000	10 000	9 500	9 500	9 500	9 500	

附录表 4-2　等边角钢的尺寸和质量（摘自 GB/T 706—2016）

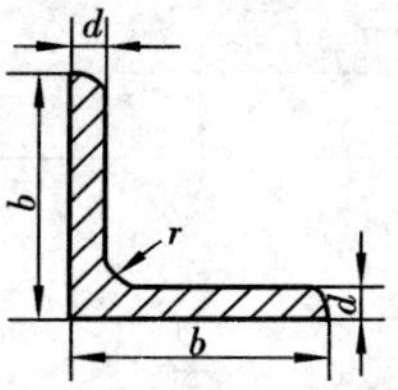

型号	截面尺寸 /mm			截面面积 /cm²	理论质量 /（kg/m）
	b	d	r		
2	20	3	3.5	1.132	0.89
		4		1.459	1.15
2.5	25	3		1.432	1.12
		4		1.859	1.46
3	30	3	4.5	1.749	1.37
		4		2.276	1.79
3.6	36	3		2.109	1.66
		4		2.756	2.16
		5		3.382	2.65
4	40	3	5	2.359	1.85
		4		3.086	2.42
		5		3.792	2.98
4.5	45	3		2.659	2.09
		4		3.486	2.74
		5		4.292	3.37
		6		5.077	3.99
5	50	3	5.5	2.971	2.33
		4		3.897	3.06
		5		4.803	3.77
		6		5.688	4.46
5.6	56	3	6	3.343	2.62
		4		4.39	3.45
		5		5.415	4.25
		6		6.42	5.04
		7		7.404	5.81
		8		8.367	6.57

续表

型号	截面尺寸 /mm			截面面积 /cm²	理论质量 /(kg/m)
	b	d	r		
6	60	5	6.5	5.829	4.58
		6		6.914	5.43
		7		7.977	6.26
		8		9.02	7.08
6.3	63	4	7	4.978	3.91
		5		6.143	4.82
		6		7.288	5.72
		7		8.412	6.60
		8		9.515	7.47
		10		11.66	9.15
7	70	4	8	5.570	4.37
		5		6.876	5.40
		6		8.160	6.41
		7		9.424	7.40
		8		10.67	8.37
7.5	75	5	9	7.412	5.82
		6		8.797	6.91
		7		10.16	7.98
		8		11.50	9.03
		9		12.83	10.1
		10		14.13	11.1
8	80	5		7.912	6.21
		6		9.397	7.38
		7		10.86	8.53
		8		12.30	9.66
		9		13.73	10.8
		10		15.13	11.9
9	90	6	10	10.64	8.35
		7		12.30	9.66
		8		13.94	10.9
		9		15.57	12.2
		10		17.17	13.5
		12		20.31	15.9

续表

型号	截面尺寸 /mm			截面面积 /cm²	理论质量 /(kg/m)
	b	d	r		
10	100	6	12	11.93	9.37
		7		13.80	10.8
		8		15.64	12.3
		9		17.46	13.7
		10		19.26	15.1
		12		22.80	17.9
		14		26.26	20.6
		16		29.63	23.3
11	110	7	12	15.20	11.9
		8		17.24	13.5
		10		21.26	16.7
		12		25.20	19.8
		14		29.06	22.8
12.5	125	8	14	19.75	15.5
		10		24.37	19.1
		12		28.91	22.7
		14		33.37	26.2
		16		37.74	29.6
14	140	10		27.37	21.5
		12		32.51	25.5
		14		37.57	29.5
		16		42.54	33.4
15	150	8		23.75	18.6
		10		29.37	23.1
		12		34.91	27.4
		14		40.37	31.7
		15		43.06	33.8
		16		45.74	35.9

续表

型号	截面尺寸 /mm			截面面积 /cm^2	理论质量 /(kg/m)
	b	*d*	*r*		
16	160	10	16	31.50	24.7
		12		37.44	29.4
		14		43.30	34.0
		16		49.07	38.5
18	180	12		42.24	33.2
		14		48.90	38.4
		16		55.47	43.5
		18		61.96	48.6
20	200	14	18	54.64	42.9
		16		62.01	48.7
		18		69.30	54.4
		20		76.51	60.1
		24		90.66	71.2
22	220	16	21	68.67	53.9
		18		76.75	60.3
		20		84.76	66.5
		22		92.68	72.8
		24		100.5	78.9
		26		108.3	85.0
25	250	18	24	87.84	69.0
		20		97.05	76.2
		22		106.2	83.3
		24		115.2	90.4
		26		124.2	97.5
		28		133.0	104
		30		141.8	111
		32		150.5	118
		35		163.4	128

附录表 4-3　不等边角钢的尺寸和质量(摘自 GB/T 706—2016)

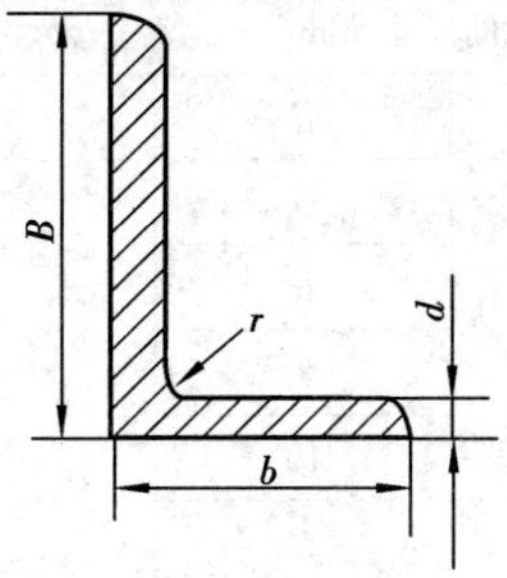

型号	截面尺寸 /mm				截面面积 /cm²	理论质量 /(kg/m)
	B	b	d	r		
2.5/1.6	25	16	3	3.5	1.162	0.91
			4		1.499	1.18
3.2/2	32	20	3		1.492	1.17
			4		1.939	1.52
4/2.5	40	25	3	4	1.890	1.48
			4		2.467	1.94
4.5/2.8	45	28	3	5	2.149	1.69
			4		2.806	2.20
5/3.2	50	32	3	5.5	2.431	1.91
			4		3.177	2.49
5.6/3.6	56	36	3	6	2.743	2.15
			4		3.590	2.82
			5		4.415	3.47
6.3/4	63	40	4	7	4.058	3.19
			5		4.993	3.92
			6		5.908	4.64
			7		6.802	5.34
7/4.5	70	45	4	7.5	4.553	3.57
			5		5.609	4.40
			6		6.644	5.22
			7		7.658	6.01

续表

型号	截面尺寸 /mm				截面面积 /cm^2	理论质量 /(kg/m)
	B	*b*	*d*	*r*		
7.5/5	75	50	5	8	6.126	4.81
			6		7.260	5.70
			8		9.467	7.43
			10		11.59	9.10
8/5	80	50	5		6.376	5.00
			6		7.560	5.93
			7		8.724	6.85
			8		9.867	7.75
9/5.6	90	56	5	9	7.212	5.66
			6		8.557	6.72
			7		9.881	7.76
			8		11.18	8.78
10/6.3	100	63	6	10	9.618	7.55
			7		11.11	8.72
			8		12.58	9.88
			10		15.47	12.1
10/8	100	80	6		10.64	8.35
			7		12.30	9.66
			8		13.94	10.9
			10		17.17	13.5
11/7	110	70	6		10.64	8.35
			7		12.30	9.66
			8		13.94	10.9
			10		17.17	13.5
12.5/8	125	80	7	11	14.10	11.1
			8		15.99	12.6
			10		19.71	15.5
			12		23.35	18.3

续表

型号	截面尺寸 /mm				截面面积 /cm^2	理论质量 /(kg/m)
	B	*b*	*d*	*r*		
14/9	140	90	8	12	18.04	14.2
			10		22.26	17.5
			12		26.40	20.7
			14		30.46	23.9
15/9	150	90	8		18.84	14.8
			10		23.26	18.3
			12		27.60	21.7
			14		31.86	25.0
			15		33.95	26.7
			16		36.03	28.3
16/10	160	100	10	13	25.32	19.9
			12		30.05	23.6
			14		34.71	27.2
			16		39.28	30.8
18/11	180	110	10	14	28.37	22.3
			12		33.71	26.5
			14		38.97	30.6
			16		44.14	34.6
20/12.5	200	125	12		37.91	29.8
			14		43.87	34.4
			16		49.74	39.0
			18		55.53	43.6

附录表 4-4　球扁钢的尺寸和质量（摘自 GB/T 9945—2012）

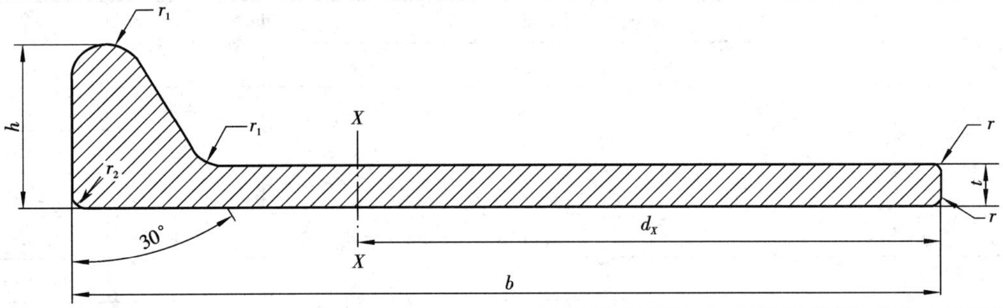

型号	公称尺寸 /mm				截面面积 /cm²	理论质量 /（kg/m）
	b	t	h	r1		
80×5	80	5	19	4	5.41	4.25
80×6	80	6	20	4	6.21	4.88
100×7	100	7	22.5	4.5	8.74	6.86
100×8	100	8	23.5	4.5	9.74	7.65
120×6	120	6	23	5	9.32	7.32
120×7	120	7	24	5	10.52	8.26
120×8	120	8	25	5	11.72	9.20
140×7	140	7	26	5.5	12.43	9.75
140×8	140	8	27	5.5	13.83	10.85
140×10	140	10	29	5.5	16.63	13.05
160×7	160	7	29	6	14.60	11.46
160×8	160	8	30	6	16.20	12.72
160×9	160	9	31	6	17.80	13.97
160×11	160	11	33	6	21.00	16.49
180×8	180	8	33	7	18.86	14.80
180×9	180	9	34	7	20.66	16.22
180×10	180	10	35	7	22.46	17.63
180×11	180	11	36	7	24.26	19.04
200×9	200	9	37	8	23.66	18.57
200×9	200	10	38	8	25.66	20.14
200×9	200	11	39	8	27.66	21.71
200×9	200	12	40	8	29.66	23.28
220×10	220	10	41	9	29.00	22.77
220×11	220	11	42	9	31.20	24.50
220×12	220	12	43	9	33.40	26.22
240×10	240	10	44	10	32.49	25.50

续表

型号	公称尺寸 /mm				截面面积 /cm^2	理论质量 /(kg/m)
	b	t	h	r_1		
240 × 11	240	11	45	10	34.89	27.39
240 × 12	240	12	46	10	37.29	29.27
260 × 10	260	10	47	11	36.11	28.35
260 × 11	260	11	48	11	38.71	30.39
260 × 12	260	12	49	11	41.31	32.43
280 × 11	280	11	51	12	42.68	33.50
280 × 12	280	12	52	12	45.48	35.70
280 × 13	280	13	53	12	48.28	37.90
300 × 11	300	11	54	13	46.78	36.70
300 × 12	300	12	55	13	49.79	39.09
300 × 13	300	13	56	13	52.79	41.44
320 × 12	320	12	58	14	54.25	42.60
320 × 13	320	13	59	14	57.25	45.09
320 × 14	320	14	60	14	60.85	47.60
340 × 12	340	12	61	15	58.84	46.20
340 × 13	340	13	62	15	62.24	48.86
340 × 14	340	14	63	15	65.54	51.50
370 × 13	370	13	66.5	16.5	69.70	54.70
370 × 14	370	14	67.5	16.5	73.40	57.60
370 × 15	370	15	68.5	16.5	77.10	60.50
400 × 14	400	14	72	18	81.48	63.96
400 × 15	400	15	73	18	85.48	67.10
400 × 16	400	16	74	18	89.48	70.20
430 × 14	430	14	76.5	19.5	89.7	70.60
430 × 15	430	15	77.5	19.5	94.19	73.90
430 × 17	430	17	79.5	19.5	102.79	80.70
430 × 19	430	19	81.5	19.5	111.39	87.40
430 × 20	430	20	82.5	19.5	115.00	90.80

附录表 4-5　槽钢的尺寸和质量（摘自 GB/T 706—2016）

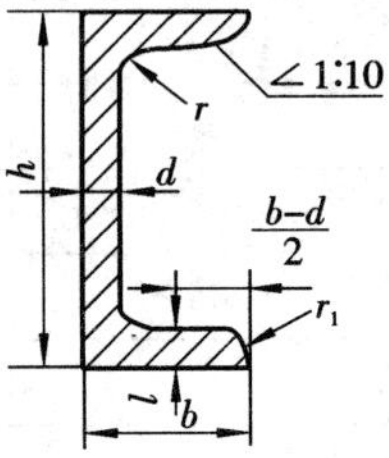

型号	截面尺寸 /mm						截面面积 /cm²	理论质量 /(kg/m)
	h	b	d	l	r	r_1		
5	50	37	4.5	7.0	7.0	3.5	6.925	5.44
6.3	63	40	4.8	7.5	7.5	3.8	8.446	6.63
6.5	65	40	4.3	7.5	7.5	3.8	8.292	6.51
8	80	43	5.0	8.0	8.0	4.0	10.24	8.04
10	100	48	5.3	8.5	8.5	4.2	12.74	10.0
12	120	53	5.5	9.0	9.0	4.5	15.36	12.1
12.6	126	53	5.5	9.0	9.0	4.5	15.69	12.3
14a	140	58	6.0	9.5	9.6	4.8	18.51	14.5
14b		60	8.0				21.31	16.7
16a	160	63	6.5	10.0	10.0	5.0	21.95	17.2
16b		65	8.5				25.15	19.8
18a	180	68	7.0	10.5	10.5	5.2	25.69	20.2
18b		70	9.0				29.29	23.0
20a	200	73	7.0	11.0	11.0	5.5	28.83	22.6
20b		75	9.0				32.83	25.8
22a	220	77	7.0	11.5	11.5	5.8	31.83	25.0
22b		79	9.0				36.23	28.5
24a	240	78	7.0	12.0	12.0	6.0	34.21	26.9
24b		80	9.0				39.01	30.6
24c		82	11.0				43.81	34.4
25a	250	78	7.0				34.91	27.4
25b		80	9.0				39.91	31.3
25c		82	11.0				44.91	35.3

续表

型号	截面尺寸 /mm						截面面积 /cm²	理论质量 /(kg/m)
	h	b	d	l	r	r_1		
27a	270	82	7.5	12.5	12.5	6.2	39.27	30.8
27b		84	9.5				44.67	35.1
27c		86	11.5				50.07	39.3
28a	280	82	7.5				40.02	31.4
28b		84	9.5				45.62	35.8
28c		86	11.5				51.22	40.2
30a	300	85	7.5	13.5	13.5	6.8	43.89	34.5
30b		87	9.5				49.89	39.2
30c		89	11.5				55.89	43.9
32a	320	88	8.0	14.0	14.0	7.0	48.50	38.1
32b		90	10.0				54.90	43.1
32c		92	12.0				61.30	48.1
36a	360	96	9.0	16.0	16.0	8.0	60.89	47.8
36b		98	11.0				68.09	53.5
36c		100	13.0				75.29	59.1
40a	400	100	10.5	18.0	18.0	9.0	75.04	58.9
40b		102	12.5				83.04	65.2
40c		104	14.5				91.04	71.5

附录 5　船体结构　相贯切口与补板

以下内容摘自 CB *3182—83。

(1)直通型切口形式、代号和尺寸见附录图 5-1 和附录表 5-1。

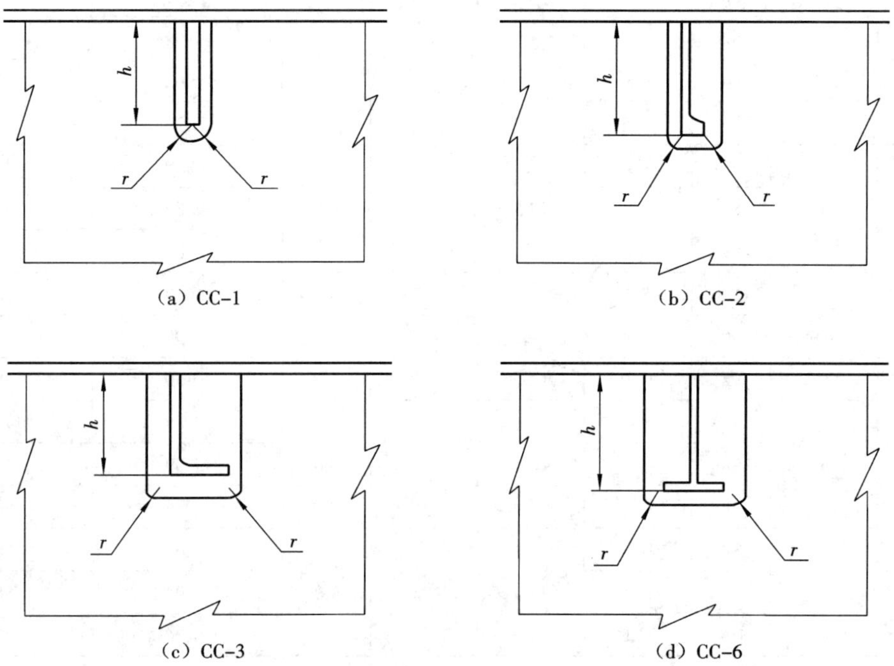

附录图 5-1

附录表 5-1

h/mm	r/mm
<100	15
≥ 100	25

（2）腹板焊接型切口形式、代号和尺寸见附录图 5-2 和附录表 5-2。

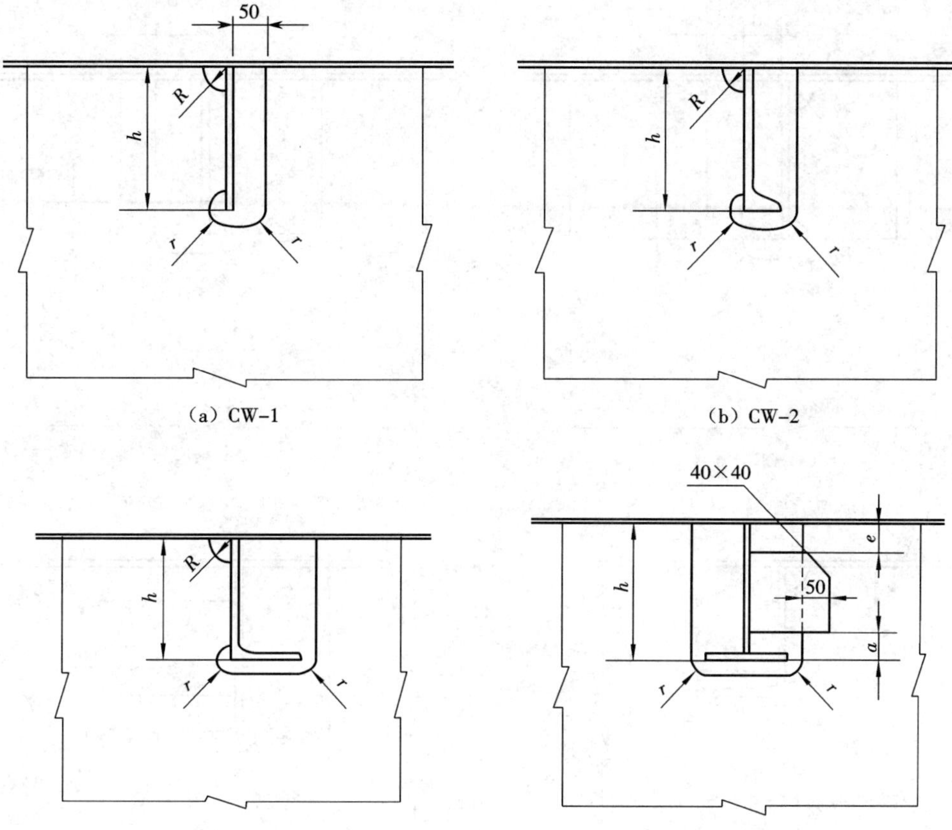

（a）CW-1　（b）CW-2　（c）CW-3　（d）CW-6

附录图 5-2

附录表 5-2

h/mm	R/mm	r/mm
<100	—	15
$100 \leqslant h<150$	25	25
$150 \leqslant h<250$	35	25
$\geqslant 250$	50	25

注：$h<100$ 时，R 用 CB * 3184—83 的通焊孔 WC 代替。

(3)非水密补板型切口与补板形式、代号和尺寸见附录图 5-3 和附录表 5-3。

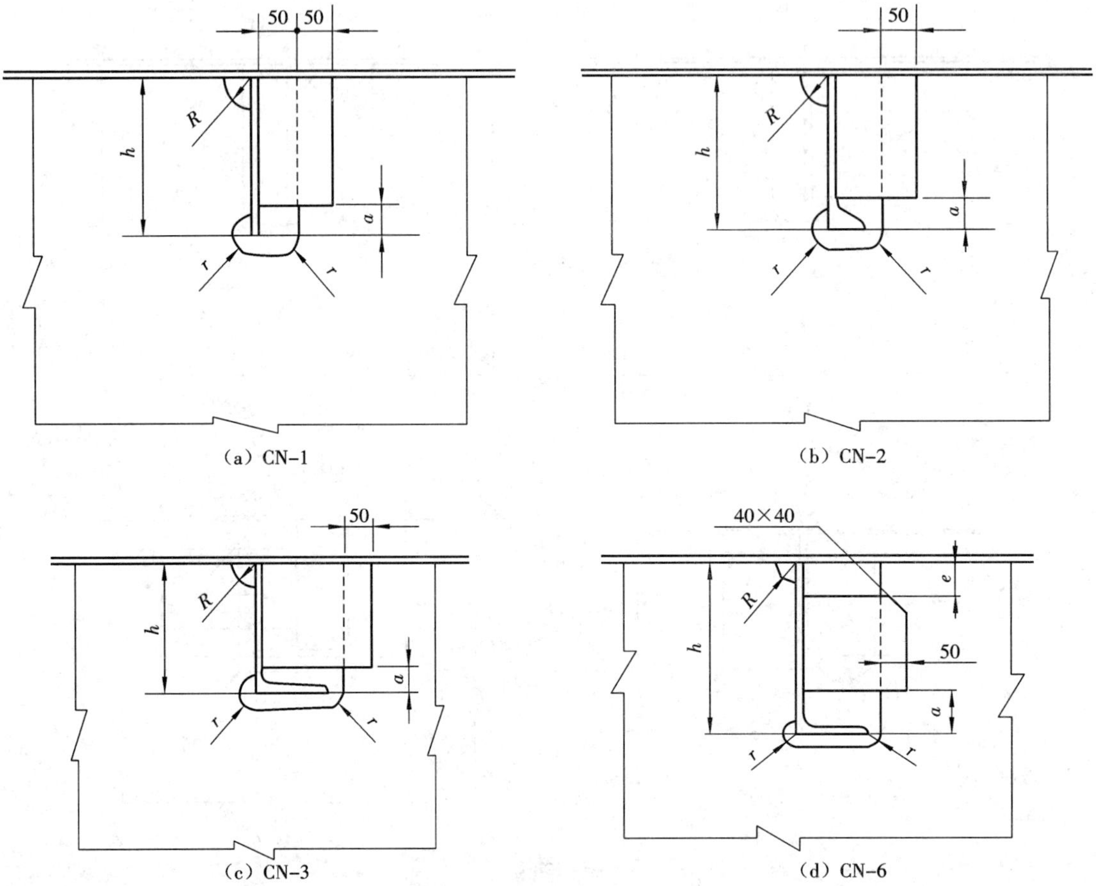

附录图 5-3

附录表 5-3

h/mm	R/mm	r/mm	a/mm	e/mm
<100	—	15	0.2h	—
100 ≤ h<150	25	25	0.2h	R
150 ≤ h<250	35	25	0.2h	R
≥ 250	50	25	0.2h	R

注:h<100 时,R 用 CB * 3184—83 的通焊孔 WC 代替。

（4）水密补板型切口形式与补板形式、代号和尺寸见附录图 5-4。

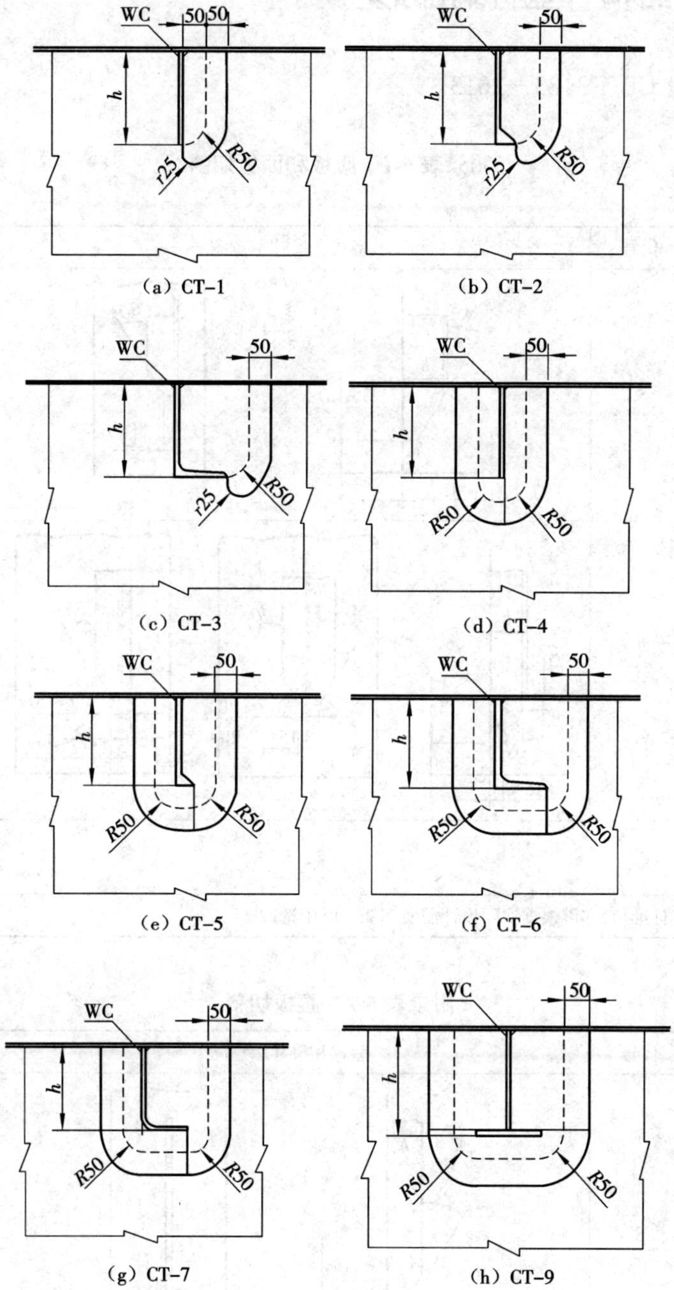

附录图 5-4

注 1：WC 为 CB *3184—83 的通焊孔标准代号。

注 2：水密与非水密补板的厚度等于该切口处被穿过构件的腹板或壁板厚度。

附录 6　船体结构　型材端部形状

以下内容摘自 CB/T 3183—2013。

附录表 6-1　腹板和面板切斜

mm

序号	名称	代号	型式和尺寸示意图	标记示例图
1	角钢、折边材	S	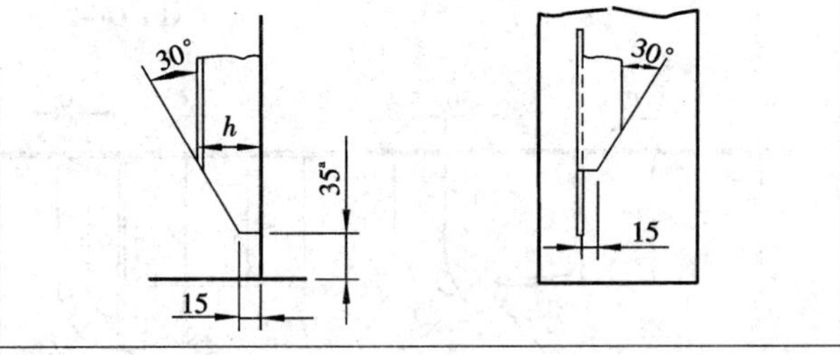	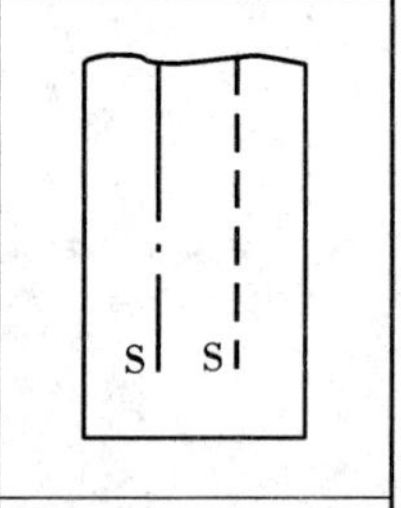
2	T 型材和不对称 T 型材	S	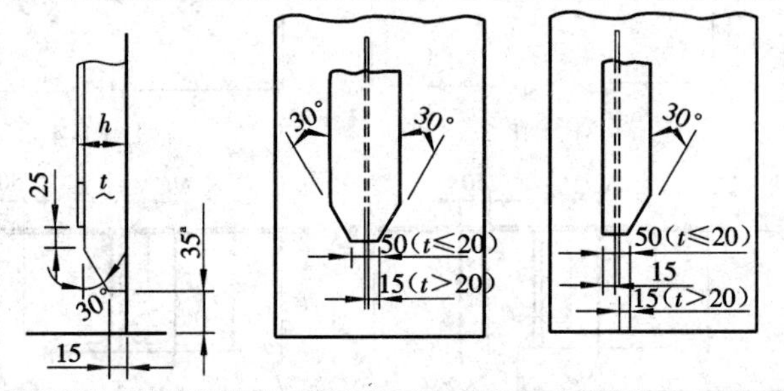	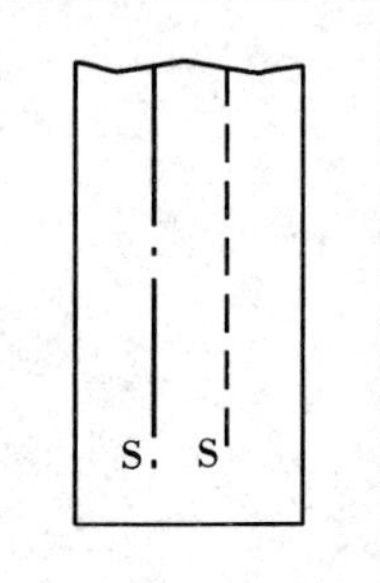
注：*t*—腹板厚度； *h*—型材高度。				
* 端部离空值 35 为其标准值，亦可根据实际设计需要在 25~40 中选取。				

附录表 6-2　腹板切斜

序号	名称	代号	型式和尺寸示意图	标记示例图
1	扁钢	S	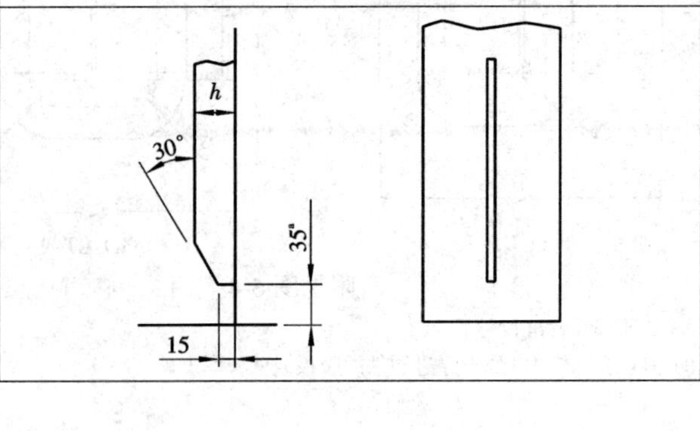	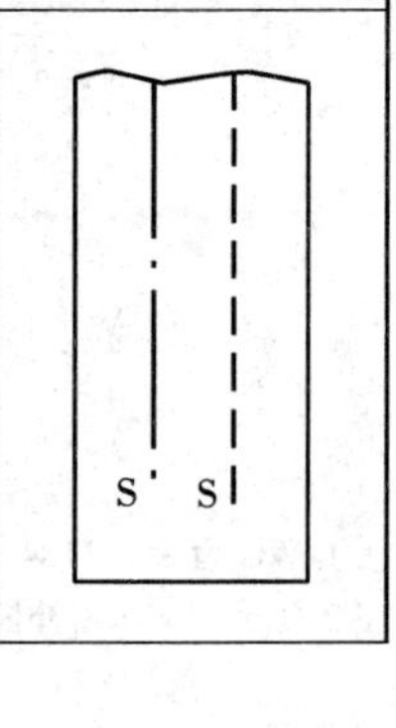

续表

序号	名称	代号	型式和尺寸示意图	标记示例图
2	球扁钢	S	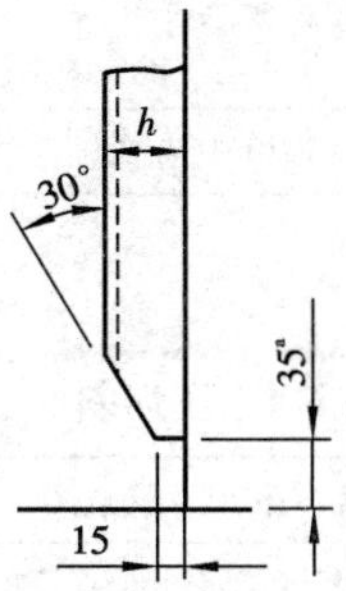	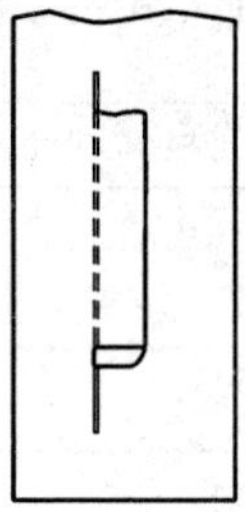
注：h—型材高度。				
* 端部离空值 35 为其标准值，亦可根据实际设计需要在 25~40 中选取。				

附录表 6-3　面板切斜

序号	名称	代号	型式和尺寸示意图	标记示例图
1	角钢、折边材	F	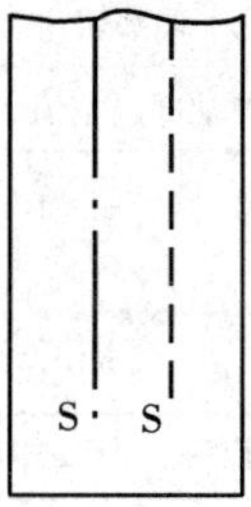	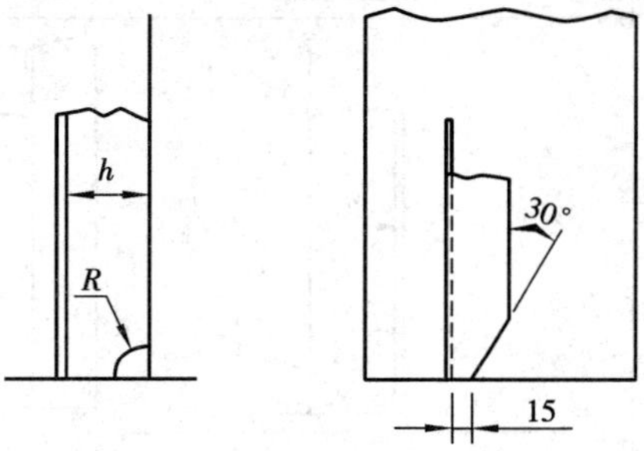
2	T 型材和不对称 T 型材	F	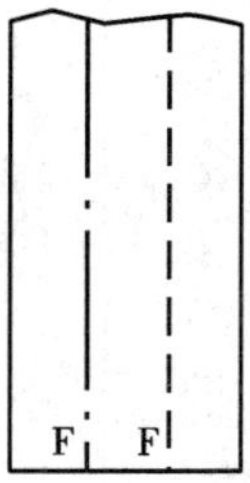	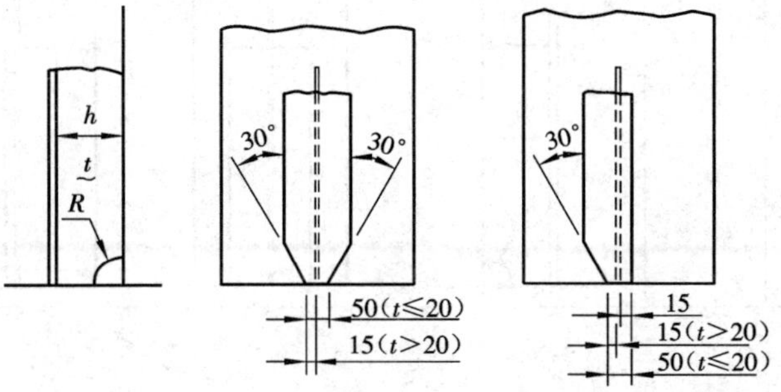
		FS	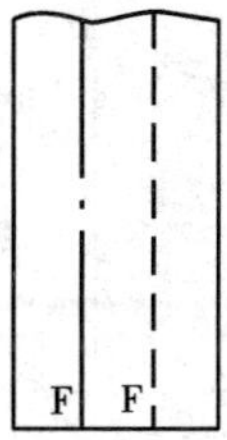	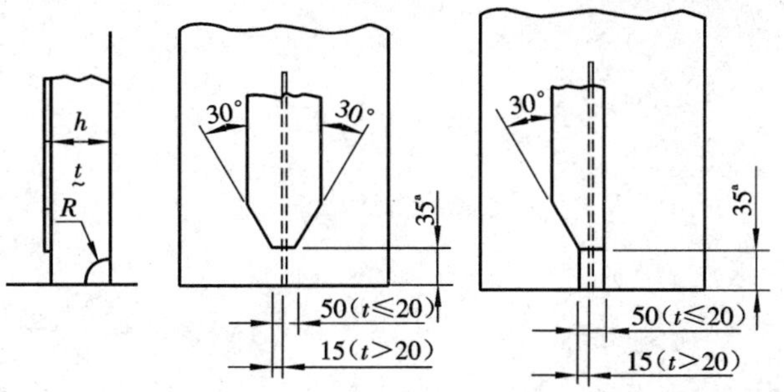

续表

注:*t*—腹板厚度; *h*—型材高度; *R*—端部切角。
* 端部离空值 35 为其标准值,亦可根据实际设计需要在 25~40 中选取。

附录表 6-4 不切斜

序号	名称	代号	型式和尺寸示意图	标记示例图
1	扁钢	L	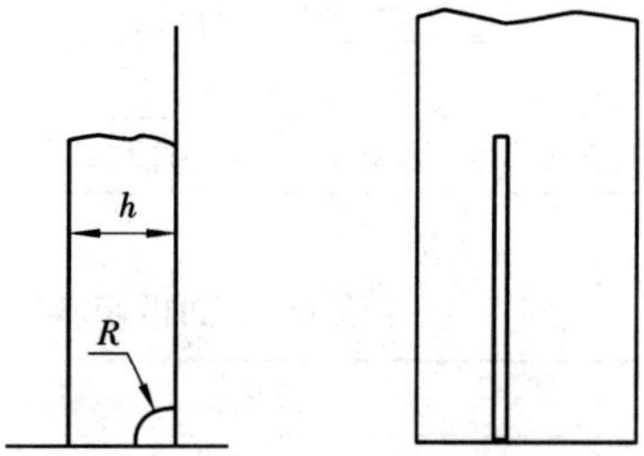	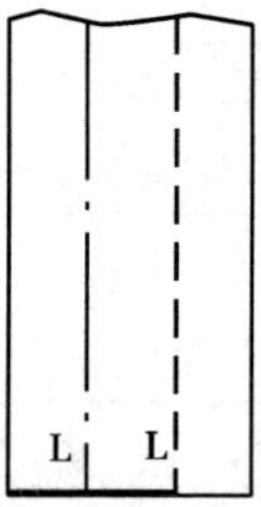
2	球扁钢、角钢、折边材	L	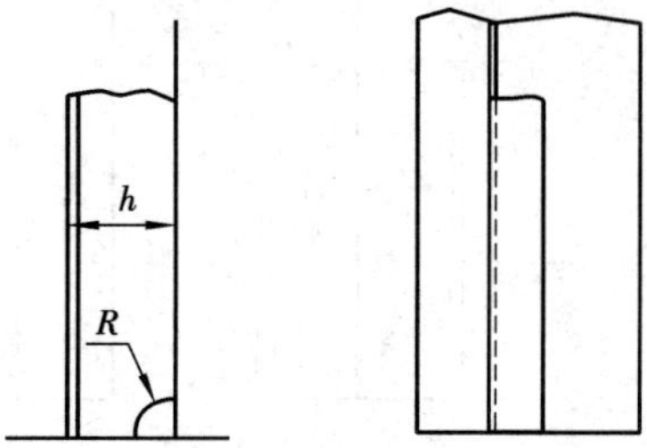	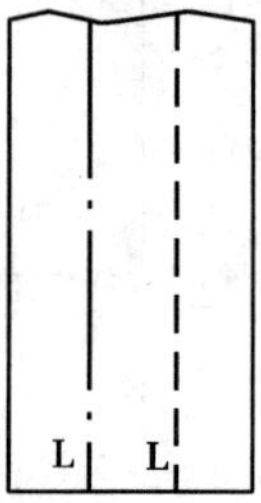
3	T 型材和不对称 T 型材	L	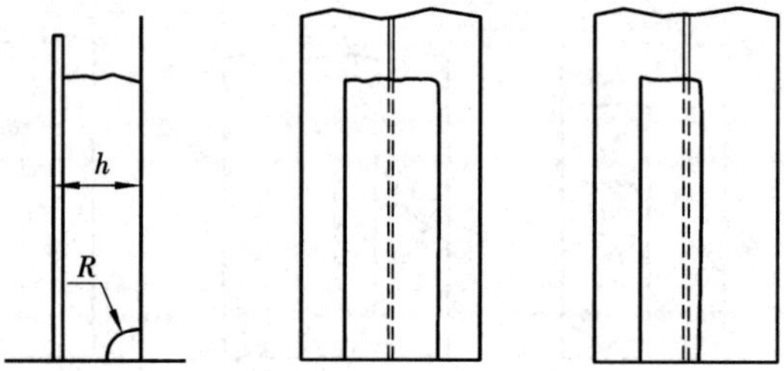	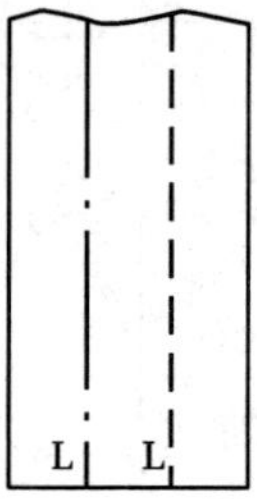
注:*t*—腹板厚度; *h*—型材高度。				

附录 7　船体结构　流水孔、透气孔、通焊孔

以下内容摘自 CB/T 3184—2008。

流水孔的型式和尺寸见附录表 7-1。

附录表 7-1　流水孔的型式和尺寸

mm

<table>
<tr><th>序号</th><th>名称</th><th>代号</th><th>型式和尺寸</th><th>图　示</th></tr>
<tr><td>1</td><td>圆形流水孔</td><td>Dø</td><td>
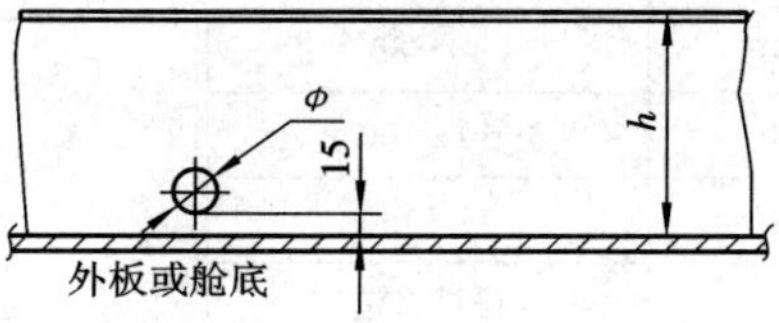

<table>
<tr><th>h</th><th>ϕ</th></tr>
<tr><td>h<120</td><td>25
且不大于 h/4</td></tr>
<tr><td>120 ⩽ h<160</td><td>30</td></tr>
<tr><td>160 ⩽ h<200</td><td>40</td></tr>
<tr><td>200 ⩽ h<300</td><td>50</td></tr>
<tr><td>300 ⩽ h<500</td><td>75</td></tr>
<tr><td>h ⩾ 500</td><td>设计者定</td></tr>
</table>
</td><td>

</td></tr>
<tr><td>2</td><td>半圆形流水孔</td><td>DR</td><td>
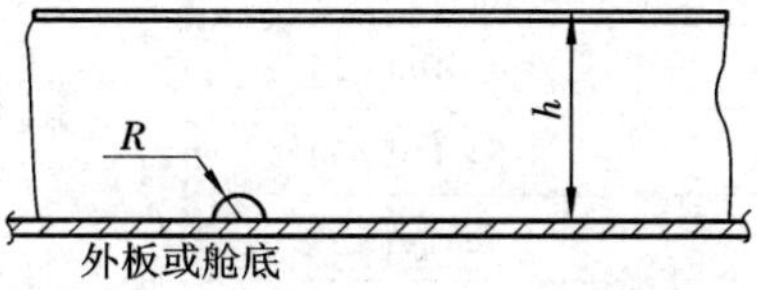

<table>
<tr><th>h</th><th>R</th></tr>
<tr><td>h<120</td><td>25
且不大于 h/4</td></tr>
<tr><td>120 ⩽ h<160</td><td>30</td></tr>
<tr><td>160 ⩽ h<200</td><td>40</td></tr>
<tr><td>200 ⩽ h<300</td><td>50</td></tr>
<tr><td>300 ⩽ h<500</td><td>75</td></tr>
<tr><td>h ⩾ 500</td><td>设计者定</td></tr>
</table>
</td><td>

</td></tr>
</table>

续表

<table>
<tr><th>序号</th><th>名称</th><th>代号</th><th colspan="2">型式和尺寸</th><th>图示</th></tr>
<tr><td rowspan="8">3</td><td rowspan="8">腰圆形流水孔</td><td rowspan="8">DY</td><td colspan="2">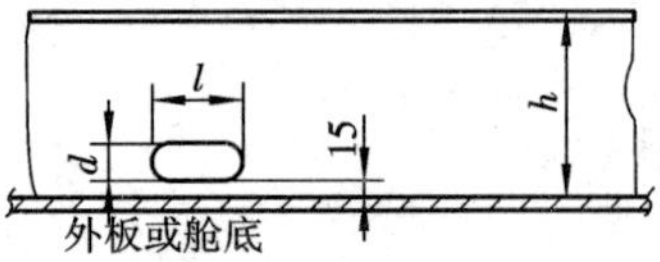</td><td rowspan="8">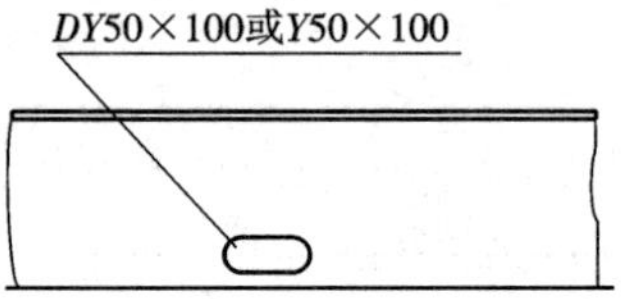</td></tr>
<tr><td>h</td><td>d×l</td></tr>
<tr><td>h<120</td><td>25×50
且 d 不大于 h/4</td></tr>
<tr><td>120 ≤ h<160</td><td>30×60</td></tr>
<tr><td>160 ≤ h<200</td><td>40×80</td></tr>
<tr><td>200 ≤ h<300</td><td>50×100</td></tr>
<tr><td>300 ≤ h<500</td><td>75×150</td></tr>
<tr><td>h ≥ 500</td><td>设计者定</td></tr>
<tr><td rowspan="8">4</td><td rowspan="8">半腰圆形流水孔</td><td rowspan="8">DL</td><td colspan="2">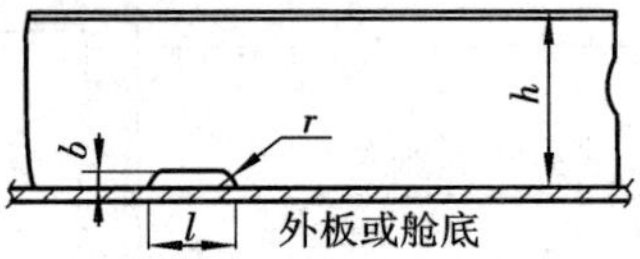</td><td rowspan="8">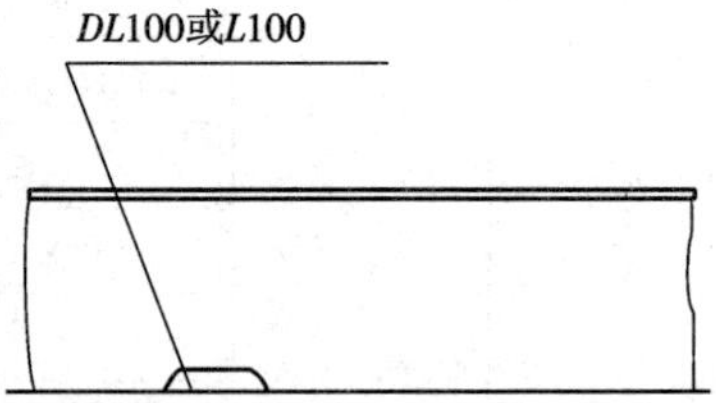
注:数字 100 表示 l 值</td></tr>
<tr><td>h</td><td>b×l×r</td></tr>
<tr><td>h<120</td><td>25×50×20
且 b 不大于 h/4</td></tr>
<tr><td>120 ≤ h<160</td><td>30×60×25</td></tr>
<tr><td>160 ≤ h<200</td><td>40×80×25</td></tr>
<tr><td>200 ≤ h<300</td><td>50×100×25</td></tr>
<tr><td>300 ≤ h<500</td><td>75×150×50</td></tr>
<tr><td>h ≥ 500</td><td>设计者定</td></tr>
<tr><td rowspan="8">5</td><td rowspan="8">椭圆形流水孔</td><td rowspan="8">DE</td><td colspan="2">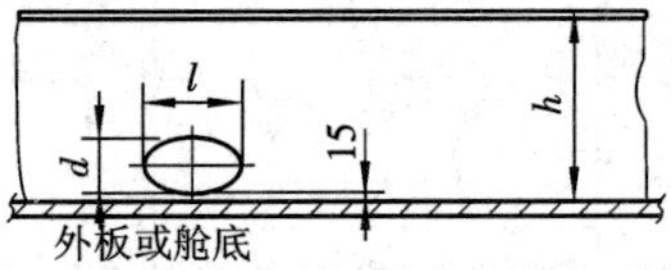</td><td rowspan="8">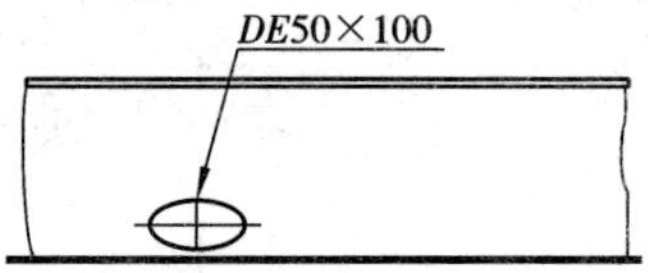
注:椭圆为标准椭圆</td></tr>
<tr><td>h</td><td>d×l</td></tr>
<tr><td>h<120</td><td>25×50
且 d 不大于 h/4</td></tr>
<tr><td>120 ≤ h<160</td><td>30×60</td></tr>
<tr><td>160 ≤ h<200</td><td>40×80</td></tr>
<tr><td>200 ≤ h<300</td><td>50×100</td></tr>
<tr><td>300 ≤ h<500</td><td>75×150</td></tr>
<tr><td>h ≥ 500</td><td>设计者定</td></tr>
</table>

透气孔的型式和尺寸见附录表 7-2。

附录表 7-2　透气孔的型式和尺寸

mm

<table>
<tr><th>序号</th><th>名称</th><th>代号</th><th>型式和尺寸</th><th>图示</th></tr>
<tr><td>1</td><td>圆形透气孔</td><td>Aø</td><td>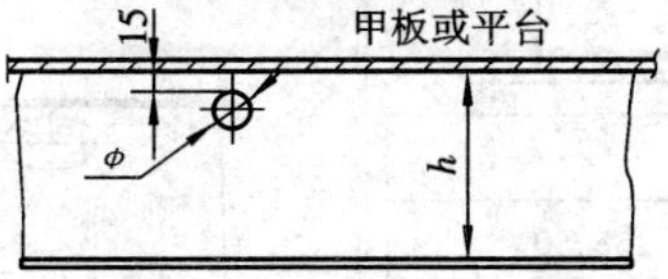

<table>
<tr><th>h</th><th>ø</th></tr>
<tr><td>h<120</td><td>25
且不大于 h/4</td></tr>
<tr><td>120 ≤ h<160</td><td>30</td></tr>
<tr><td>160 ≤ h<250</td><td>40</td></tr>
<tr><td>h ≥ 250</td><td>50</td></tr>
</table></td><td>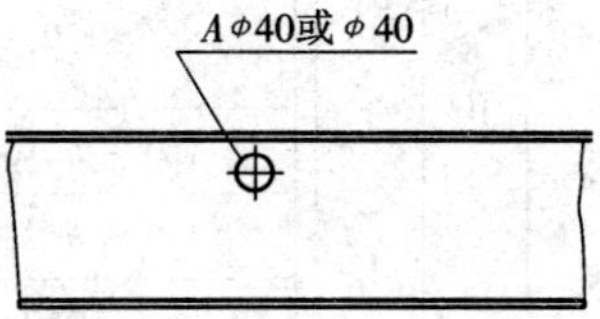
</td></tr>
<tr><td>2</td><td>半圆形透气孔</td><td>AR</td><td>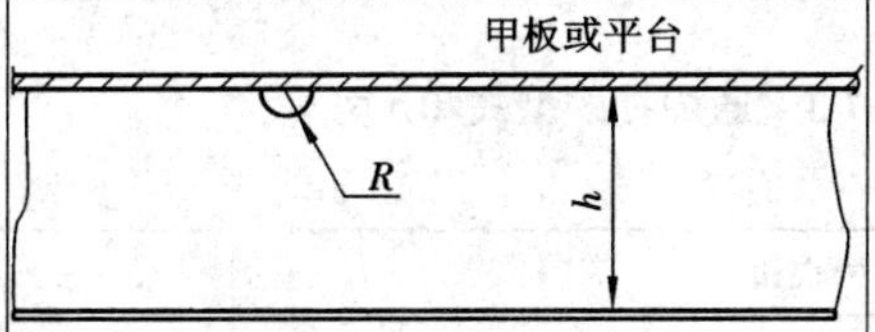

<table>
<tr><th>h</th><th>R</th></tr>
<tr><td>h<120</td><td>25
且不大于 h/4</td></tr>
<tr><td>120 ≤ h<160</td><td>30</td></tr>
<tr><td>160 ≤ h<250</td><td>40</td></tr>
<tr><td>h ≥ 250</td><td>50</td></tr>
</table></td><td>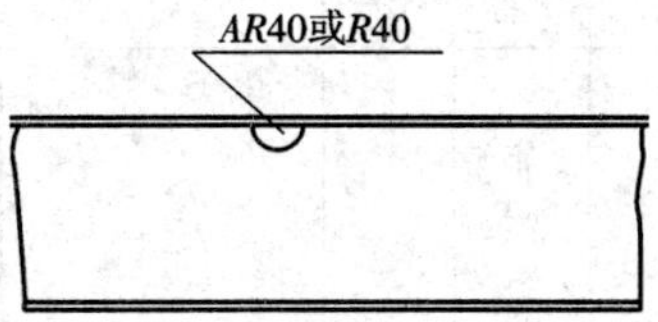
</td></tr>
<tr><td>3</td><td>腰圆形透气孔</td><td>AY</td><td>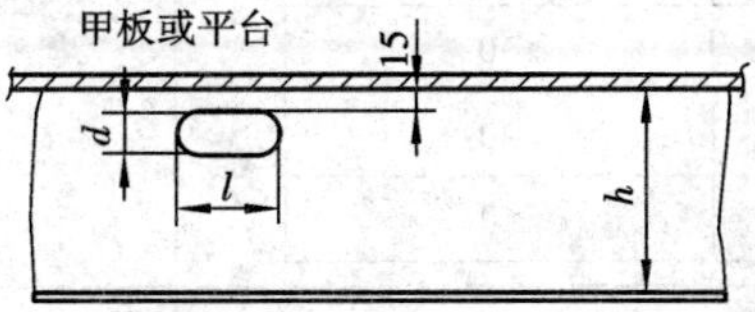

<table>
<tr><th>h</th><th>d × l</th></tr>
<tr><td>h<120</td><td>25 × 50
且 d 不大于 h/4</td></tr>
<tr><td>120 ≤ h<160</td><td>30 × 60</td></tr>
<tr><td>160 ≤ h<250</td><td>40 × 80</td></tr>
<tr><td>h ≥ 250</td><td>50 × 100</td></tr>
</table></td><td>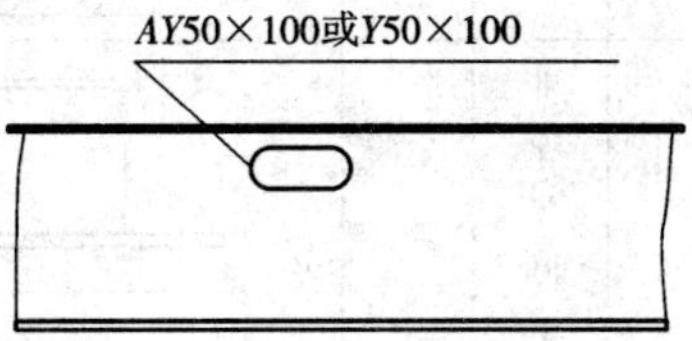
</td></tr>
</table>

续表

<table>
<tr><th>序号</th><th>名称</th><th>代号</th><th>型式和尺寸</th><th>图示</th></tr>
<tr><td>4</td><td>椭圆形透气孔</td><td>AE</td><td>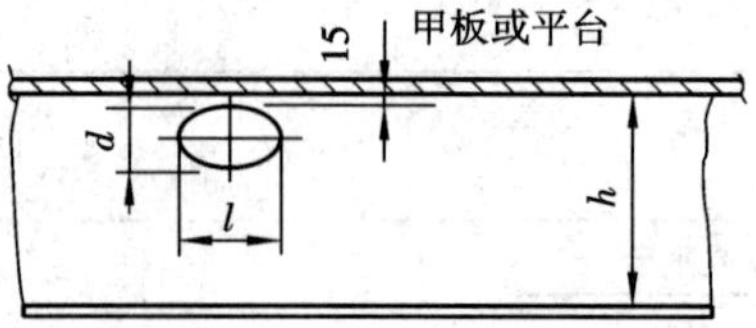

<table>
<tr><th>h</th><th>d×l</th></tr>
<tr><td>h<120</td><td>25×50
且 d 不大于 h/4</td></tr>
<tr><td>120≤h<160</td><td>30×60</td></tr>
<tr><td>160≤h<250</td><td>40×80</td></tr>
<tr><td>h≥250</td><td>50×100</td></tr>
</table></td><td>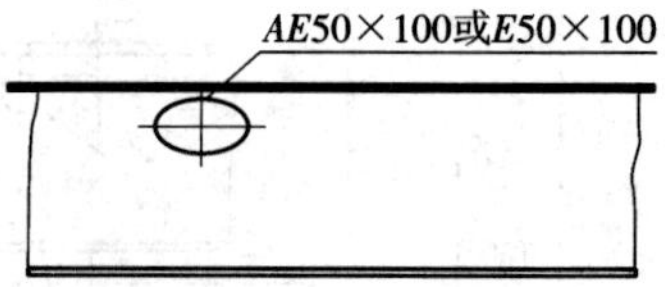

注：椭圆为标准椭圆</td></tr>
</table>

通焊孔的型式和尺寸见附录表 7-3。

附录表 7-3 通焊孔的型式和尺寸

mm

<table>
<tr><th>序号</th><th>名称</th><th>代号</th><th>型式和尺寸</th><th>图示</th></tr>
<tr><td>1</td><td>非密半圆形角焊缝通焊孔</td><td>RC</td><td>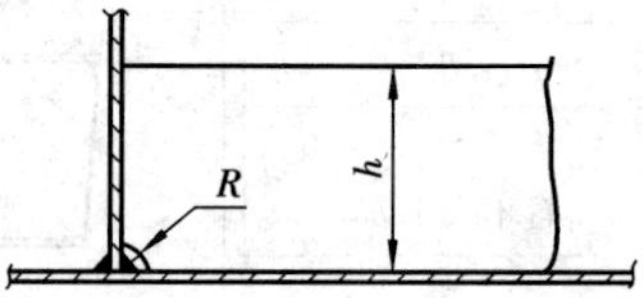

<table>
<tr><th>h</th><th>R</th></tr>
<tr><td>h<120</td><td>25
且不大于 h/4</td></tr>
<tr><td>120≤h<160</td><td>30</td></tr>
<tr><td>160≤h<250</td><td>40</td></tr>
<tr><td>h≥250</td><td>50</td></tr>
</table></td><td>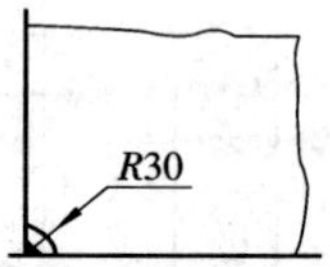

注：可不用尺寸引出线</td></tr>
<tr><td>2</td><td>非密半圆形对接焊缝通焊孔</td><td>RN</td><td>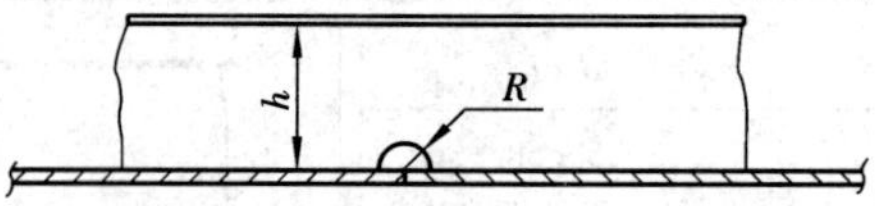

<table>
<tr><th>h</th><th>R</th></tr>
<tr><td>h<120</td><td>25
且不大于 h/4</td></tr>
<tr><td>120≤h<160</td><td>30</td></tr>
<tr><td>160≤h<250</td><td>40</td></tr>
<tr><td>h≥250</td><td>50</td></tr>
</table></td><td>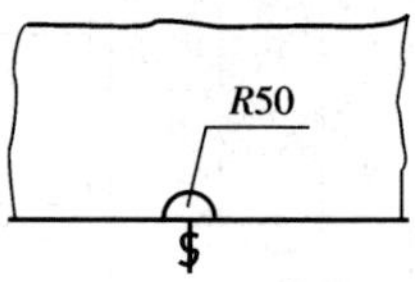
</td></tr>
</table>

续表

<table>
<tr><th>序号</th><th>名称</th><th>代号</th><th>型式和尺寸</th><th>图　示</th></tr>
<tr><td>3</td><td>非密半腰圆形对接焊缝通焊孔</td><td>LN</td><td>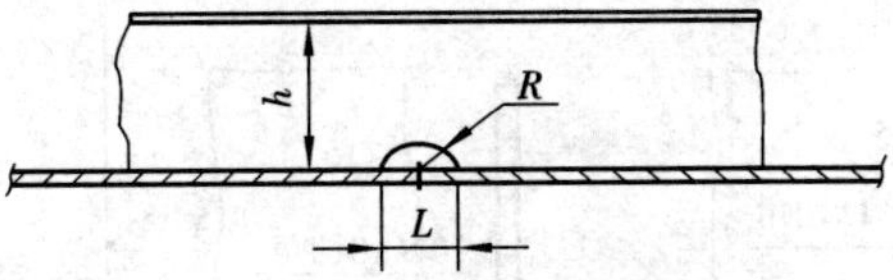

<table>
<tr><th>h</th><th>R×L</th></tr>
<tr><td>h<120</td><td>25×70
且 R 不大于 h/4</td></tr>
<tr><td>120 ≤ h<160</td><td>30×80</td></tr>
<tr><td>160 ≤ h<250</td><td>40×100</td></tr>
<tr><td>h ≥ 250</td><td>50×130</td></tr>
</table></td><td>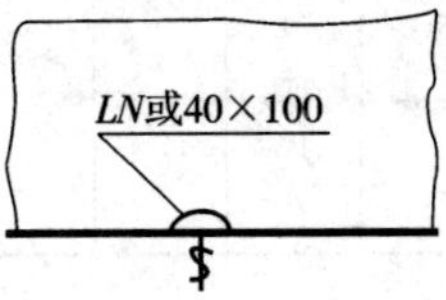
</td></tr>
<tr><td>4</td><td>密性半圆形对接焊缝通焊孔</td><td>WR</td><td>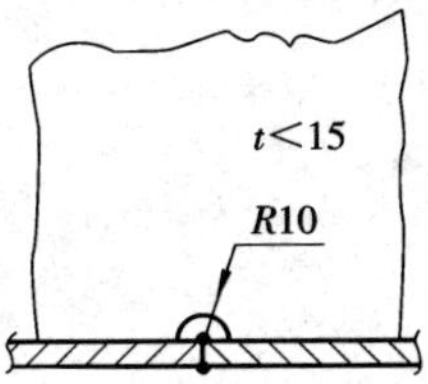

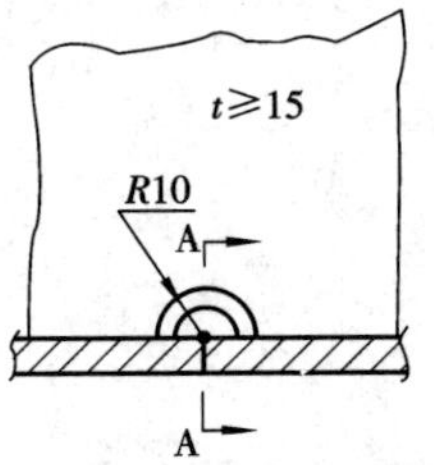

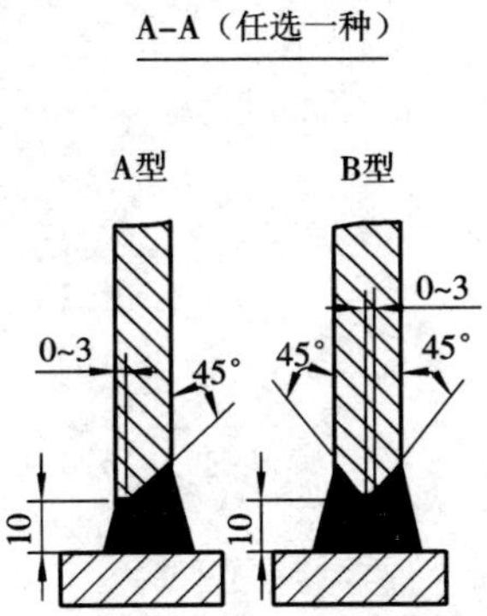

注:焊缝通过后用电焊填满。</td><td>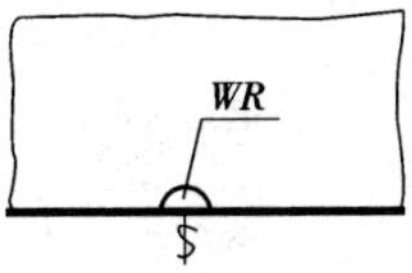
</td></tr>
<tr><td>5</td><td>密性半腰圆形对接焊缝通焊孔</td><td>WL</td><td>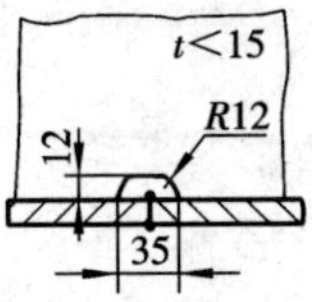

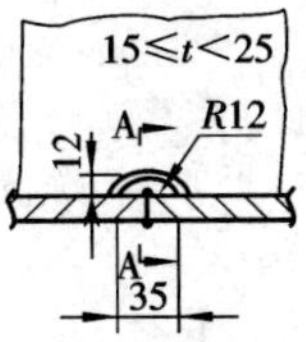

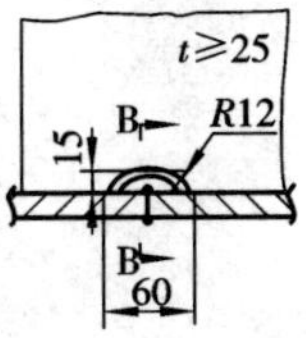

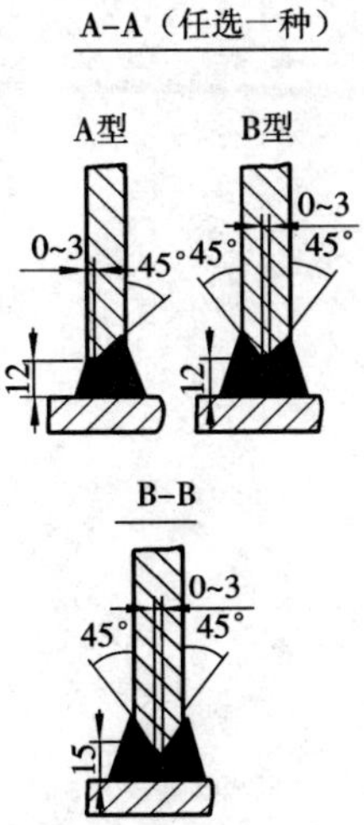

注:焊缝通过后用电焊填满。</td><td>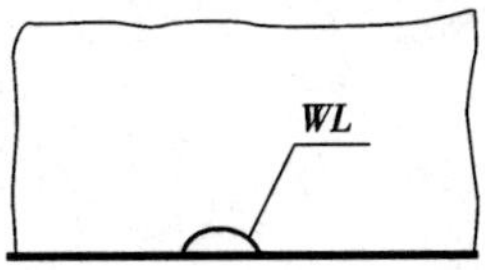
</td></tr>
</table>

续表

序号	名称	代号	型式和尺寸	图　示
6	密性角焊缝通焊孔	*WC*	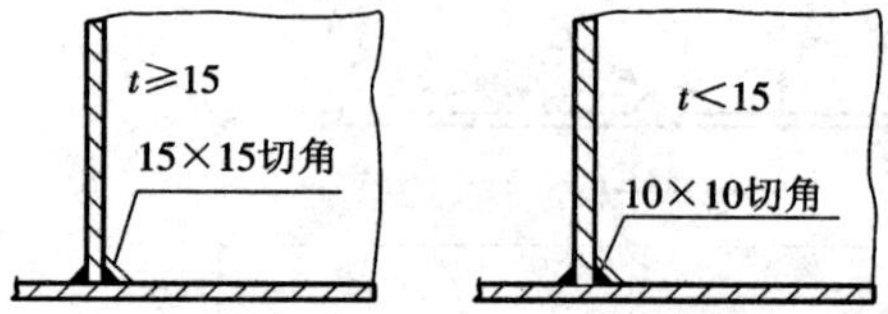 注:焊缝通过后切角处用电焊填满。	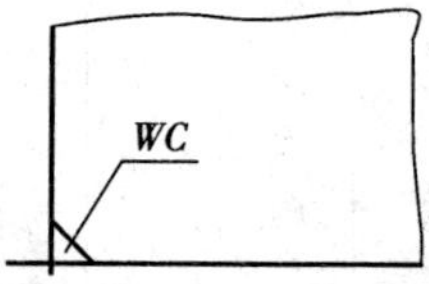 注:图面狭小处切角线可不画。

附录 8　船级社介绍

船级社(classification society,或称验船协会,有时统称为验船机构)是一个建立和维护船舶及离岸设施的建造和操作的相关技术标准的机构。其主要业务是对正在建造的船舶和建造后的船舶进行定期检验,并给符合检验要求的船舶颁发证书。

船级社最早产生于 200 多年前的英国。18 世纪中期,从事船舶生意的人们常在英国伦敦泰晤士河畔的咖啡馆中聚谈,大部分船舶的货物保险业务都在此办理。由于办理保险需要了解船舶的技术状况,伦敦的船东们于 1760 年在劳埃德咖啡馆里成立了一个对船舶安全性进行评价的组织(劳氏船级社),进行船舶检验和登记入级。最初劳氏船级社根据船体的技术状况,将船舶登记划分为五类:A(最好)、E(较好)、I(中等)、O(较坏)、U(最坏)。后来逐步根据需要,变革到现在的入级符号。classification 一词原是分级的意思,现在成为入级,不再对船舶划分等级。只要船舶建造符合船级社的建造规范,并经检验合格,该船即在该船级社入级。

劳氏船级社成立以后,鉴于船级社的作用和实际需要,各航运发达国家以及一些发展中国家也相继成立了自己的船级机构,以便发展航运事业和增强国际竞争能力。迄今世界上已有近 50 家船级社。

(一)国际船级社协会(International Association of Classification Societies,IACS)

国际船级社协会是为加强各船级社之间的联系,统一解决国际海事组织制定的国际公约、规则和建议案在实施中存在的技术问题,统一各国船级社的船舶建造规范的国际性联合组织。

国际船级社协会的历史最早可以追溯到 1930 年的国际载重线公约会议,该会议建议船级社之间加强联系,在干舷勘定上的标准趋于一致。1939 年,意大利船级社主持召开了第一届船级社会议,出席成员包括美国船级社(ABS)、法国船级社(BV)、挪威船级社(DNV)、德国船级社(GL)、英国劳氏船级社(LR)和日本海事协会(NK),与会代表一致同意进一步加强协会间的合作。至 1968 年,一共召开五届船级社会议。是年,国际船级社协会正式成立。目前世界上一共有 13 个船级社加入国际船级社协会,覆盖了世界上 90% 以上的货船设计、建造、维护和入级等任务。

协会由其理事会管理,理事会由各会员船级社分别指派的一名高级行政管理人员组成,每年召开两次会议。此外,协会设有 14 个工作小组,包括:集装箱;钻井装置;电气设备;轮机;防火;液化气和化学品运输船;船舶防污;材料和焊接;系泊和锚泊;管系和压力容器;船体强度;分舱、稳性和载重线;内河船舶;检验,报告与发证。国际船级社协会致力于持续提升服务质量,提高验船师的能力和可靠程度,保持雄厚的技术实力,在其船舶入级规范中反映材料、船体、轮机系统等最新成果,为国际海运安全作出巨大贡献。

(二)主要船级社简介

1. 中国船级社(China Classification Society,CCS)

中国船级社成立于 1956 年,总部设在北京,为交通部直属事业单位。中国船级社是中国唯一从事船舶入级检验业务的专业机构，是国际船级社协会的正式会员。中国船级社不仅在船舶、海上设施、集装箱以及相关工业产品领域提供检验业务，还在可再生能源、交通运输、基础设施、大型钢结构等领域广泛开展认证、审核、监理、检测、评估、试验、咨询、培训等服务。

中国船级社设有80多个分支机构，覆盖国内外主要港口，形成了遍布亚洲、欧洲、美洲、非洲、大洋洲的全球服务网络。目前，中国船级社接受了34个国家或地区的政府授权，为悬挂这些国家或地区旗帜的船舶代行法定检验。

2. 美国船级社（American Bureau of Shipping，ABS）

美国船级社成立于1862年，属非政府组织。迄今为止，美国船级社的业务范围涉及船舶、海洋工程、锅炉及压力容器、石油化工工业、电站动力设施、铁路与港口设施、船用设备与集装箱等检验业务。同时，美国船级社还开展了围绕着国际标准化组织的一系列标准、社会责任标准、商业社会标准等方面的认证工作。美国船级社的突出特点是开展了美国海军中小型战斗舰及军辅舰的检验业务。

3. 法国船级社（Bureau Veritas，BV）

法国船级社（必维国际检验集团、法国国际检验局、法国国际检验集团、法国国际验船协会）于1828年成立，总部位于法国巴黎，是国际船级社协会13个正式成员之一，世界领先的检验认证集团之一。

法国船级社的业务已经拓展到质量、健康与安全、环境和社会责任多个领域，在船舶入级与检验、体系认证、国际进出口商检、社会责任审核、消费品测试、工业建筑与基础设施、核安全等多个领域均处于世界领先地位。

4. 挪威船级社（Det Norske Veritas，DNV）

挪威船级社成立于1864年，总部位于挪威首都奥斯陆，是一家全球领先的专业风险管理服务机构。挪威船级社为客户提供全面的风险管理和各类评估认证服务，主要涉及船级服务、认证服务、技术服务等方面，其在全球100个国家中设立了约300个分支机构，员工逾9 000人，来自全球85个国家和地区。

2012年12月24日，挪威船级社与德国船级社宣布正式合并。合并后挪威船级社持股63.5%，德国船级社持有36.5%。新的DNV-GL集团总部将位于挪威奥斯陆，但船舶入级服务总部位于德国汉堡，挪威船级社与德国船级社将继续独立运行。

5. 德国船级社（Germanischer Lloyd，GL）

德国船级社成立于1867年，是世界上最大和历史最悠久的船级社之一，也是世界头号所有种类集装箱船船级社，全球有超过30%的集装箱船队和近乎半数的新造集装箱船经德国船级社认证。目前德国船级社在世界120余个国家设有400多个办事处，拥有2 000多名员工。德国船级社有着150多年的历史，在船舶测试、研究和改善安全等方面处于世界领先地位，为全球船舶业提供各种技术、安全和质量标准服务。

近年来，德国船级社提供的服务不断扩大，不再是一个单纯的船舶船级社，已发展成一个全球性运营技术监测机构。业务范围从船舶分级到运行噪声分析、防腐蚀技术咨询、离岸和船上设备安装等等。无论在什么领域，其目标都是成为客户合格、独立的合作伙伴。德国船级社的核心思想是在帮助客户优化安全运作的同时，增加其运行效益。

6. 劳氏船级社（Lloyd's Register of Shipping，LR）

劳氏船级社是国际性船级社之一。劳氏船级社从最初维护保险商的海上保险利益开始，逐步发展为保障船舶和海上生命财产安全的社会公益性机构。英国劳氏船级社是历史最悠久、规模最大的船级社，由船东、海运保险业承保人以及造船业、钢铁制造业、发动机制造业等各方面委员会组成并管理，其主要职责是为商船分类定级。西方航海发达国家仿效英国的做法，先后成立了法国船级社、挪威船级社、美国船级社、德国船级社等。

劳氏船级社是国际公认的船舶界权威认证机构，在军工、工程等方面也颇有名气。它主要从事有关船舶标准的制定与出版工作，进行船舶检验、检定船能、公布造船规则等。

附　　图

附图 1　附图 2　附图 3　附图 4　附图 5-1　附图 5-2

附图 5-3　附图 6　附图 7　附图 8　附图 9-1　附图 9-2

附图 10　附图 11-1　附图 11-2　附图 11-3　附图 11-4　附图 11-5

附图 11-6　附图 11-7　附图 11-8　附图 11-9　附图 11-10　附图 11-11

附图 11-12　附图 11-13　附图 11-14　附图 11-15　附图 11-16　附图 11-17

附图 11-18　附图（扫描可下载）

参考文献

[1] 沈华. 简明船舶结构图解词典 [M]. 大连:大连海事大学出版社,2002.

[2] 刘雪梅. 船舶识图与制图 [M]. 北京:北京理工大学出版社,2014.

[3] 龚昌奇,刘益清,谢玲玲. 船体结构与制图 [M].2 版. 北京:国防工业出版社,2013.

[4] 杨永祥,李永正,王珂. 船体制图 [M].3 版. 哈尔滨:哈尔滨工程大学出版社,2017.

[5] 马振伟. 船体结构与制图习题集 [M]. 哈尔滨:哈尔滨工程大学出版社,2009.

[6] 席龙飞. 甲板上的中国:揭秘当代中国十大名船 [M]. 大连:大连海事大学出版社,2016.

[7] 中国造船工程学会. 船舶与海洋工程装备:两院院士、船舶设计大师风采录 [M]. 哈尔滨:哈尔滨工程大学出版社,2016.